周宣王

吾車既攻吾馬既同爰隮爰雅載弁元功平襄
夷夏清肅岐豐如月既蝕如日再中

泥公俗跋

주周 선왕宣王

褒姒

周姜勤内政王延肇京師風
烏不復見龍蒙覺看斯傾城在一咲
此國是三思去驪山下倉皇埋玉座
梦蘭

포사褒姒

周平王

龍髯攀鼎禮爛我京師大讐未復大命若私
王者迹熄想惟其忍之哀小弁孝子之詩
戊子春王伯奎賣拜敬書

주周 평왕平王

蠻夷猾夏亘古
為患唯茲戎禍自搬其藩甗山
疏剔周轍遂東絃擾不息臣遠於終
吾觀戎狄豺狼弗如中和土防責在斯于退盧

견융왕犬戎王

魯桓公

老瞢覓裘焉逐志兮湯湯汶水自連死兮嗟彼凡人奈齊子何

戊子春日鶯鴻仙館主題

노魯 환공桓公

鄭武公

道子鉄号授子策号千古猗賢長詠
歎号
侯于秦立木将秋樹主伯奉氏賛

정鄭 무공武公

潁考叔

合肉之謀純
孝其毋三愧耶
事申之忠全
孝乎先諸耶
而今而後於人
有毋子獨得
嘗小人之食
耶伯奎述

영고숙潁考叔

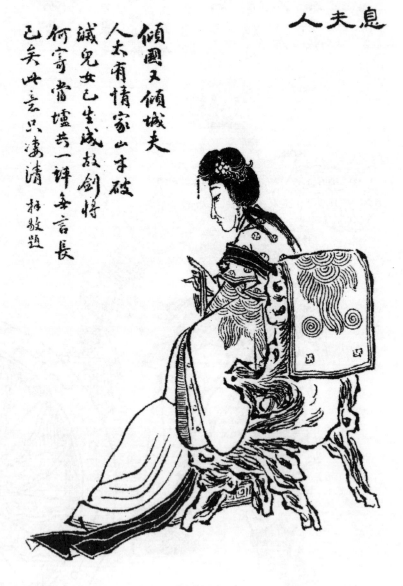

息夫人

傾國又傾城夫
人本有情家亡事破
誠兒女已生成故劍將
何寄當壚共一枰無言長
已矣此言只淒清 拓敬題

식부인息夫人

동주
열쿡지

문헌 고증 완역 결정판

동주 열국지

1

풍몽룡 지음 | 채원방 정리
김영문 옮김

글항아리

1. 『진병육국秦倂六國』 평화본平話本

2. 여상두가 펴낸 『열국지전평림』 중간본

墨憨齋新編 新列國志

3. 풍몽룡의 『신열국지』

4. 『동주열국지』 점석재본

한
양梁
함

(서주西周)

견융犬戎   진秦

구정
舊鄭

■함양咸陽
•옹雍

위수渭水

■   ■
풍酆   호경鎬京

교

한수漢水

용庸

●저苴

강수江水

촉蜀
■성도成都

파巴
■강주江州

춘추시대 초기 주요 제후국 및
주요 도시 위치.

산융山戎

조선
朝鮮

북적北狄

연燕
■ 계薊

고죽孤竹

무종無終

장고여
廧咎如

구유仇由

•선우鮮虞

소융小戎

•고鼓

대융大戎

백적白狄

하수河水

내萊

비肥

•기紀

적적赤狄

•형邢

제齊

양설羊舌

노潞

임치臨淄

탁진鐸辰

양평平陽

유우留吁

위衛

노魯

거莒

곡옥曲沃

갑씨甲氏

성복
城濮

곡부曲阜

•멸蔑

•진晉

조가朝歌

비費

담郯

■강絳

초구楚邱•

조曹

주邾

등滕

낭야邪琊

주周

천토踐土

도구陶邱

(동주東周)

필교

정鄭

기杞

•활滑

신정新鄭

송宋

상구商邱

•소蕭

회이淮夷

낙양洛陽

진陳

허許

언릉
鄢陵

완구宛邱

회수淮水

서徐

백柏

소릉召陵

채蔡

양
陽

여呂

상채上蔡

신申

도道

신채新蔡

•하채下蔡

종리
鍾離

우邘

요蓼

우방朱方。

뇌賴

식息

장蔣

등鄧

당唐

강江

육六

오吳

증鄫

황黃

고소姑蘇

언鄢。

수隨

서군舒群

소소巢

약郡

운郧

•백거柏擧

서舒

담聃

진軫

영英

진蓼

월越

초楚

한수漢水

권權

회계會稽

■영郢

강수江水(양자강揚子江)

강수江水

악鄂

주州

백복百濮

나羅

◉ 일러두기 ◉

1. 이 『동주열국지東周列國志』 번역본의 저본은 중국 청대淸代 광서光緖 14년(1888) 상하이 上海 점석재點石齋에서 간행한 『東周列國志』다. 점석재 간행본은 청 건륭乾隆 원년을 전후하 여 채원방蔡元放이 정리한 판본을 정교한 석인본으로 재간행한 것이다. 이 번역본의 삽화 도 점석재본의 것이다.

2. 점석재본을 저본으로 했지만 소설 원문을 제외한 채원방의 평어나 협주夾註는 모두 생 략했다.

3. 근래에 출판된 판본으로 참고가 되었던 것은 중국 런민문학출판사에서 1978년에 출판 한 『東周列國志』(上·下)다. 근래 중국 대륙의 판본이 대부분 간체자로 출판된 것에 비해 이 판본은 번체자(한국 한자 정자)로 되어 있을 뿐만 아니라 인명과 지명 및 서명 옆에 옆줄이 그어져 있어서 매우 유용하게 참고할 수 있었다.

4. 이외에 단락을 나누고 점석재본의 원문을 교감하기 위해 중화서국, 상하이고적출판사, 제노서사齊魯書社, 악록서사岳麓書社 등의 판본을 참조했다.

5. 인명과 지명은 모두 우리 한자음으로 표기했다. 『동주열국지』의 배경이 중국 춘추전국 시대이기 때문에 현대 중국어 발음보다 우리 한자음이 훨씬 더 중국 고대어 발음에 가깝 다고 보기 때문이다.

6. 중국 고대 지명을 표기할 때는 해당 지명을 쓰고 옆에 중국 현대 지명을 병기했다. 설 명이 필요할 경우 각주로 처리했다. 더러 상고할 수 없는 지명은 원래의 지명만 썼다.

7. 중국 고대 인명을 표기할 때 통상적인 한자음과 다르게 읽히는 경우, 고대의 주석서와 한자 자전字典 및 현대 중국어 발음에 의거하여 일일이 근거를 밝혔다. 예를 들면 '겸장자 鍼莊子' '위엄蓮掩' '투누오도鬪穀於菟' '양보梁父' '상영向寧' '하무저夏無且' 등이 그것이다.

8. 중국 고대 인명을 표기할 때 성姓은 물론이고 이름 첫 글자에도 모두 우리말 두음법칙 을 적용하여 읽었다. 예를 들면 '공영孔寧' '채약蔡略' '순역荀躒' '피이被離' 등이 그것이다.

9. 어떤 인명이나 지명이 장마다 처음 나올 때는 먼저 우리말 발음을 표기하고 해당 한자 를 병기했다. 또한 각 장 안에서 단락이 자주 바뀌면서 인명이나 지명이 혼동될 우려가 있 을 때도 한자를 병기했다.

10. 인명의 성과 이름은 띄우지 않고 전부 붙여 썼다. 그러나 제후의 아들이란 의미로 공 자公子를 인명 앞에 붙인 경우에는 공자와 이름을 띄어 썼다. 예를 들면 '공자 개방開方' '공 자 검모黔牟' '공자 규糾' 등이 그것이다. 공손公孫의 경우는 원래 제후의 손자란 의미지만 성씨로 굳어진 경우도 많기 때문에 전부 붙여 썼다. 예를 들면 '공손고公孫固' '공손주公孫 周' '공손교公孫僑' 등이 그것이다.

11. 제후국 이름과 제후의 시호諡號는 제후국의 특징과 존재를 분명하게 드러내기 위해 모두 띄어 썼다. 예를 들면 '진晉 문공文公' '진秦 목공穆公' '진陳 여공厲公' '위衛 영공靈公' '위魏 혜왕惠王' 등이 그것이다.

12. 중국 고대 장회소설章回小說에서 쓰이는 상투어 '화설話說' '각설却說' '재설再說' '단설單說' '차설且說' '부재화하不在話下' '하문부견下文復見' '불필세설不必細說' '자불필설自不必說' 등은 따로 직역하지 않고 문맥 속에서 다른 접속사로 처리하기도 하고, 굳이 번역할 필요가 없을 때는 생략하기도 했다.

13. 주周나라 천자를 부르는 호칭은 '상감' '아바마마' '주상' 등 우리 왕조 시대의 호칭을 상황에 맞게 사용했다. 그러나 제후국 군주를 부르는 호칭은, 춘추시대 자국의 제후를 부르는 경우 주로 '주상' 또는 '주상전하'를 사용했고, 타국의 제후를 부를 때는 '군주' '군후' '현후' '명공' 등을 상황에 맞게 사용했다. 제후가 자신을 지칭하는 경우는 '과인'을 사용했다. 그러나 전국시대에 들어 모든 나라가 '왕'을 칭할 때는 자국 타국을 막론하고 '대왕마마'란 호칭을 사용했고 경우에 따라 '주상'이란 호칭을 섞어 썼다.

14. 주 왕실 천자의 계승자는 '태자', 제후국 계승자는 '세자'로 구분했지만, 전국시대 후반기에는 모든 나라의 계승자를 '태자'로 호칭했다.

15. 춘추시대 제후국 세자 이외의 아들은 '공자公子', 전국시대 제후국 태자 이외의 아들은 '왕자王子'로 호칭했지만 더러 섞어 쓰기도 했다.

16. 제후국 군주의 부인은 '부인' 또는 '군부인'이란 호칭을 사용했다.

17. 우리에게 잘 알려진 고사성어의 경우 해당 부분에서 상세한 설명을 하고 원래의 출처를 밝혔다.

18. 두 사람의 대화가 두 번 이상 반복되며 '아무개 왈曰' '답왈答曰' 등의 말이 계속될 경우, 독서의 편의를 위해 '아무개 왈' '답왈'을 번역하지 않고 자연스럽게 두 사람의 대화가 이어지도록 했다.

19. 이 소설에 등장하는 다른 시대 인물의 경우 해당 부분에 주석을 달아 비교적 상세하게 보충 설명했다. 춘추전국시대 인물에 대해서는 『동주열국지 사전』 중 「인물 사전」에서 중요한 행적과 특징을 밝히고 각 등장 장회를 명기했다.

20. 이 소설에 나오는 각 제후국에 대해서도 『동주열국지 사전』 중 「제후국 사전」에서 한데 모아 흥망성쇠의 과정을 간단하게 보충 설명했다.

21. 이 번역본에서는 기존 번역본의 장회 나눔이 원본과 다른 경우 모두 원본의 형태로 바로잡았고, 기존 번역본에서 빠진 부분과 잘못된 부분도 모두 보충하고 정정했다. 기존의 어떤 번역본보다 원본에 더 가까운 형태를 유지하려고 애썼다.

머리말

인문학이 난리다. 부귀영화를 누리는 CEO들을 위한 인문학 강좌가 열리는가 하면, 의식주를 해결할 수 없어 거리로 나앉은 노숙인들을 위해서도 인문학 강좌가 열린다. 물질적 측면에서 서로 반대편에 있는 사람들 모두에게 인문학이 필요하다면 인문학이야말로 우리 시대의 모든 문제를 해결할 수 있는 만병통치약쯤 되는 셈이다.

그러나 문제는 그리 간단하지 않다. '인문'이란 말 그대로 사람이 그리는 무늬, 즉 인간다운 삶에 관한 근본적인 '지혜와 실천知行'을 의미하기 때문이다. 지금 모두에게 '인문'에 관한 배움이 필요하다면 우리는 여태껏 인간답게 살아오지 않았다는 사실을 자인하는 것이나 다름없다. 인간답지 않은 삶을 살아왔다면 어떤 삶을 살았는가? 인간답지 않은 삶은 바로 짐승 같은 삶이다. 따라서 문제는 인문학이 아니다. 인문학의 과잉을 불러온 근본 원인이 문제인 것이다. 인간답지 못한 삶, 즉 짐승 같은 삶을 초래한 정치·경제·사회·문화의 근본 문제에 대한 성찰과 진단이 없다면 바닷가 암초 위의 물거품 같은 인문학이 무슨 소용이 있겠는가? 아무리 인문학을 밥 먹듯 되뇐다 해도 성찰 없는 삶은 맹목적인 사욕으로 치닫고 맹목적인 사욕은 오히려 인간 사회의 관계를 파괴한다. 파괴된 인간 사회의 관계가 얄팍한 상술로 포장된 인문학 따위로 어떻게 봉합될 수 있겠는가? 어쩌면 인문학은 이미 부귀영화를 누리는 사람들에겐 문화적 교양을 뽐내기 위한 낭만적인 액세서리로, 삶의 곤궁에 처한 사람들에겐 임시로 고통을 줄여주는 싸구려 힐링 정도로 타락하고 있다는 느낌도 든다. 이제는 인문학의 타락을 막기 위한 인문학이 필요한지도 모르겠다.

　인간다운 삶을 성찰하고 진단하기 위해서는 우리 삶을 되돌아보고 더 나아가 지금 여기의 삶을 규정한 과거의 인간과 사회를 되돌아보는 일 또한 필요하다. 이탈리아의 역사학자 크로체는 "모든 역사는 현대사다"라고 설파하지 않았던가? 동양에서는 흔히 역사를 '거울鑑'에 비유했다. 과거의 역사도 모두 사람이 살아낸 삶의 자취인 만큼 그것을 통해 지금 여기의 인간을 투영해보는 것은 매우 긴요하고 절실한 일이다. 문학도 마찬가지이고 철학도 마찬가지다. 삶의 공동체란 인간이 인간을 억압하지 않고 존중하는 사회다. 다른 사람의 불행 위에 나의 행복을 건설하지 않는 사회다. 불의에 대한 저항이 존경받는 사회다. 이런 공동체가 금이 가고 파괴되었다면 그것은 자신의 욕망에만 집착하는 짐승의 군체 집단과 다를 바 없다.

　지금 인문학 열풍은 우리 사회의 인간다운 삶이 황폐화되고 무기력화되어 있다는 사실을 반증하지만, 그래도 이를 통해 그것을 되돌아볼 수 있다는 의미에서는 매우 중요한 사회현상이라고 할 만하다. 또 이로 인해 다행히 지금의 인간과 사회의 문제를 성찰하기 위해서 인문학과 관련된 수많은 동서양의 고전이 다시 번역되고 다시 읽히고 다시 해석되는 것도 바람직한 일이다. 고전이 고전일 수 있는 이유는 바로 언제나 새롭게 해석될 수 있는 풍요로운 보편성을 갖고 있기 때문이다. 이런 의미에서 『동주열국지』 새 번역도 지금 여기의 삶을 성찰하기 위한 인문학적 열정의 소산에서 시작된 일이다. 1964년에 김구용의 『열국지』 번역본이 출판되었으므로 무려 반세기 만에 새로운 번역이 이루어진 셈이다. 『동주열국지』에서 다루고 있는 내용은 바로 중국 춘추전국시대 550년의 역사다. 수백 개의 제후국이 명멸하고, 수많은 사상가가 온갖 꽃을 피웠으며百花齊放, 百家爭鳴, 각양각색의 인물 군상이 역사의 무대를 수놓았다. 지금 우리가 흔히 쓰고 있는 관포지교管鮑之交, 오월동주吳越同舟, 대의멸친大義滅親, 화씨지벽和氏之璧, 순망치한脣亡齒寒 등 이루 헤아릴 수 없이 많은 고사성어도 바로 이 시대에 출현했다. 그야말로 사람의 자취, 즉 인문학의 보고라 해도 과언이 아니다.

그러나 지금까지 『동주열국지』(이하 『열국지』)는 『삼국지연의三國志演義』의 아류 정도로 취급되어왔음도 사실이다. 기실 『열국지』는 다루고 있는 역사가 무척 장구하고 등장하는 인물도 매우 방대하여 소설의 일관된 흐름이나 플롯이 『삼국지』에 비해 조금 약하다는 사실은 부정할 수 없다. 하지만 바로 이 점이 『열국지』의 단점이자 장점이다. 소설에서 다루고 있는 역사가 장구하고 등장인물이 방대하기 때문에 『삼국지연의』에서처럼 3할의 허구조차 끼어들기가 어려웠다. 『춘추春秋』에 정통했던 풍몽룡馬夢龍은 여소어邵魚의 『열국지전列國志傳』을 개편하여 『신열국지新列國志』를 간행하면서 『춘추좌전春秋左傳』『전국책戰國策』『국어國語』『여씨춘추呂氏春秋』『사기史記』 등의 역사책에 게재된 사실史實을 소설의 본문으로 채용했다. 물론 그사이에 풍몽룡의 첨삭과 윤색이 전혀 가해지지 않은 것은 아니다. 그러나 『삼국지연의』의 허구가 3할이라면 『열국지』의 허구는 채 1할이 되지 않는다. 『열국지』의 마지막 정리자인 채원방蔡元放도 「열국지독법列國志讀法」에서 이 소설을 "완전히 정사正史로 간주하여 읽어야지 꾸며낸 소설과 같은 부류로 읽어서는 안 된다全要把作正史看, 莫作小說一例看了"고 했다. 우리가 『춘추좌전』이나 『사기』와 같은 역사책을 완독하기는 어려운 일이다. 그러나 『열국지』는 정사의 내용을 그대로 채록했음에도 나름의 문학적 배치와 윤색을 통해 소설로서의 읽는 재미를 배가했다. 따라서 『열국지』를 읽으면 채원방의 장담처럼 『춘추』『좌전』『국어』『전국책』을 모두 읽은 것과 같은 효과를 누릴 수 있다.

우리나라에서는 조선시대에 『열국지전』 언해본이 유행한 이후 1964년에 나온 김구용 번역본이 거의 유일한 완역본으로 『열국지』 독서 시장을 점유해왔다. 따라서 이번 새 번역본에서는 우선 원본 체제에 더 가까운 완역본을 지향하면서 기존 『열국지』 번역본의 오류를 바로잡기 위해 심혈을 기울였다. 또한 새 번역본에서는 『열국지』를 읽는 독자 여러분에게 독서의 편의를 제공하기 위해 다음과 같은 몇 가지 특징을 첨가했다.

1) 『동주열국지 사전』을 별도의 단행본으로 편집하여 독서의 편의를 제공했다.
2) 중국문학 전공자의 장점을 살려 『동주열국지』에서 많이 쓰이고 있는 백화체白話體 문장의 어감을 살리기 위해 힘썼다.
3) 각주를 통해 가급적 『동주열국지』 자체의 오류를 밝히고자 했다.
4) 통상적인 한자 발음과 달리 읽히는 인명과 지명의 근거를 각주로 밝혔다.
5) 기존 번역본의 장회章回 나누기가 원본과 다른 경우 모두 원본의 체제로 되돌렸다.

6) 원본의 장회 순서를 그대로 따르고 장회의 제목도 모두 번역했다.

7)『동주열국지』에 나오는 고사성어의 뜻을 풀고 본래의 출전을 밝혔다.

반세기 전 우리나라에서『동주열국지』를 처음으로 완역한 김구용은 서문에서『열국지』를 서양의 그리스 신화에 비견했다. 탁견이라 하지 않을 수 없다. 그리스 신화는 서양 인문학의 원천 중 하나다. 서양에서는 나라를 막론하고 그리스 신화를 그들 학문과 사유의 중요한 출발점의 하나로 삼는다. 그렇다고 그리스가 그리스 신화의 배타적 소유권을 주장하는 것도 아니고, 다른 나라의 학자들이 사대주의나 외세 의존주의로 매도되지도 않는다.

체계적이고 다양한 신화가 부족한 중국이나 동아시아에서는 오히려 풍부하게 기록된 역사에 기대 인간 사회의 온갖 양태를 조감하고 해석해왔다. 특히 춘추전국시대의 역사와 사상은 그 이후 동아시아 전체 사회에 많은 영향을 끼쳤다. 이는 마치 그리스 신화가 서양 전체 사회에 커다란 영향을 끼친 것과 흡사하다. 그러나 춘추전국시대의 역사를 화제나 논리의 증거로 삼으면 자칫 중화주의나 사대주의로 매도하기도 하는 듯하다. 또한 중국 입장에서는 춘추전국시대나 중국 고전의 배타적 소유권을 주장하며 국수주의적 발언을 내뱉기도 한다. 그러나 이는 모두 얼마나 편협한 태도인가? 춘추전국시대 역사는 그리스 신화와 마찬가지로 인류의 보편적인 공동 유산일 뿐이다. 특히 오늘날 동아시아 인문학에 깊은 자취를 남긴 인간 삶의 중요한 궤적 중 하나다. 그 춘추전국시대의 역사를 소설화한 작품이 바로『동주열국지』다. 우리가 서양인들의 희로애락과 흥망성쇠의 한 원천을 그리스 신화에서 찾아볼 수 있다면 동아시아인들의 희로애락과 흥망성쇠의 한 원천은 『동주열국지』에서 찾아볼 수 있다.

우리 시대에 인문학이 필요한 이유가 인간다운 삶이 파괴되었기 때문이라면 우리는 더더욱 『동주열국지』를 읽지 않을 수 없다. 『동주열국지』가 다루고 있는 춘추전국시대야말로 인간다운 삶이 극심하게 파괴된 시대가 아니었던가? 그런 시대에도 인간다운 삶을 위한 치열한 성찰과 모색이 있었다. 춘추오패春秋五覇와 전국칠웅戰國七雄의 대책, 제자백가諸子百家와 현신모사賢臣謀士의 사상이 어둠을 밝혔다. 어둠이 짙을수록 새벽은 가까운 법이다. 이제 거울로서의 역사와 형상으로서의 문학이 결합된 『동주열국지』의 새 번역본을 독서 시장에 띄워 보낸다. 그리하여 동아시아의 문사철文史哲 전공자뿐만 아니라, 우리 시대의 인간다운 삶을 열망하는 모든 이에게 '오래된 미래의 사람 무늬人文'를 제공해드리고자 한다. 지금부터 2500년 전 인간다운 삶이 극심하게 파괴된 시대에 제자백가의 찬란한 꽃이 핀 것과 마찬가지로 인문학의 열풍이 휩쓸고 있는 우리 시대에도 제자백가를 능가하는 화려한 꽃이 피어나기를 기원한다. 이 『동주열국지』가 그 바탕과 출발점이 되기를 감히 소망한다.

2015년 4월

청청재靑靑齋에서
옮긴이 김영문 삼가 씀

반세기 만에 『동주열국지』 새 완역본을 내며

김영문

1. 『열국지』의 형성

『동주열국지東周列國志』(이하 『열국지』)는 『삼국지연의三國志演義』(이하 『삼국지』)와 함께 중국 역사 연의소설演義小說[1]을 대표하는 대하소설의 하나다. 『열국지』는 명대明代 문인 여소어余邵魚에 의해 『열국지전列國志傳』이라는 이름으로 정본화된 이래, 그보다 앞서 나관중羅貫中에 의해 정본화된 『삼국지』와 함께 거론되면서 지금까지도 중국 역사소설의 대표작으로 명성을 누리고 있다. 『삼국지』가 『삼국지통속연의三國志通俗演義』란 이름을 달고 세상에 간행된 것은 명나라 홍치弘治 갑인년甲寅年(1494)으로 알려져 있고, 지금 남

1_ '연의演義'란 말은 본래의 역사나 사건 등 문학적 대상을 연역하고 보충하여 그 의미를 분명하게 드러낸다는 뜻이다.

아 있는 가장 오래된 판본은 가정嘉靖 임오년壬午年(1522) 간행본이다. 『열국지』의 정식 간행본은 이보다 조금 늦은 가정嘉靖·융경隆慶 연간에 여소어余邵魚가 『열국지전』이란 이름으로 간행했다. 지금 남아 있는 『열국지전』의 가장 오래된 판본은 여소어의 족질族姪 여상두余象斗가 만력萬曆 병오년丙午年(1606)에 『열국지전평림列國志傳評林』이란 이름으로 펴낸 중간본重刊本이다. 이후 『삼국지』가 만력 연간에 이탁오李卓吾의 비평을 거쳐 120회본으로 정착되는 것과 마찬가지로, 『열국지』도 명말 숭정崇禎 연간(1640년대)에 이르러 풍몽룡馮夢龍의 손을 거치면서 『신열국지新列國志』란 이름의 108회본으로 정착된다. 그러나 『삼국지』 '이탁오 비평본'이나 『열국지』 '풍몽룡 정리본'이 지금 우리가 읽고 있는 이 두 소설의 최종본은 아니다. 다시 『삼국지』는 청초淸初 강희康熙 18년(1679)에 모종강毛宗崗에 의해 지금의 판본으로 완성되었고, 『열국지』는 청 중기 건륭乾隆 원년(1736)을 전후하여 채원방蔡元放에 의해 『동주열국지』란 명칭의 최종 판본으로 완성되었기 때문이다. 간단하게 말하자면 지금 우리가 읽고 있는 『삼국지』는 '모종강본'이고, 『열국지』는 '채원방본'이다.

이처럼 『열국지』와 『삼국지』의 정본화 과정을 일별해보면 『삼국지』가 조금 앞서고 『열국지』가 그 뒤를 잇고 있음을 알 수 있다. 『삼국지』가 중국 역사 연의소설의 선하先河를 열었음을 상기해보면 이는 아주 당연한 과정이라고 할 수 있다. 그러나 역사의 전개 순서로 따져보면 이와는 정반대다. 『열국지』가 다루고 있는 내용은 대체로 주周 선왕宣王 39년(기원전 789)에서 진왕秦王 정政 26년(기원전 221)까지 선진先秦시대 약 550년의 역사다. 『삼국지』가 다루고 있는 내용은 이보다 훨씬 더 늦어서 대체로 후한後漢 말 영제靈帝 중평中平 원년 황건적黃巾賊 봉기(184) 때부터 진晉이 오吳를 멸하는 태강太康

원년(280)까지 100년이 채 안 되는 역사다. 말하자면 이야기의 발생은 『열국지』가 최소한 400여 년에서 최대한 970여 년 빠르고, 소설의 완성은 『삼국지』가 대략 70여 년 빠른 셈이다. 따라서 당연한 말이지만 이야기의 전승 역사로만 판단해보면 춘추전국시대의 파란만장하고 다양한 인물 및 고사故事가 위魏, 촉蜀, 오吳 삼국시대의 인물이나 고사보다 훨씬 더 이른 시기부터 중국 민간에 광범위하게 유포되었음을 알 수 있다. 춘추전국시대의 시작이 삼국시대의 시작보다 1000년 가까이 일렀다는 사실을 감안해보면 이는 아주 당연한 사실일지 모른다. 그러나 시기가 더 오래된 역사라고 해서 더 많은 이야기가 전해지는 것은 아니며, 시기가 늦다고 해서 모든 이야기가 민간의 환영을 받는 것도 아니다. 중국 역사에서 혼란의 시기라고 할 수 있는 춘추전국시대, 위진남북조시대, 오대십국시대, 남북송시대 등을 비교해보더라도 그중 가장 이른 시기인 춘추전국시대 이야기가 다른 어느 시대의 이야기보다 지금까지 훨씬 더 다양하고 광범위하게 사람들의 입에 회자되고 있다. 관포지교管鮑之交, 순망치한脣亡齒寒, 와신상담臥薪嘗膽 등 우리에게 널리 알려져 있는 춘추전국시대 고사성어를 상기해봐도 이런 사정을 쉽게 짐작할 수 있을 뿐 아니라, 오늘날까지 전해져오는 문학 서사 텍스트만 들춰봐도 이와 관련된 더욱 분명한 사실을 확인할 수 있다. 춘추전국시대 이야기와 삼국시대 이야기가 함께 들어 있는 텍스트로는 『전상평화오종全相平話五種』을 들 수 있다. 『전상평화』는 우리에게 『삼국지』의 가장 오래된 모본母本으로 잘 알려져 있다. 원元나라 지치至治(1321~1323) 연간에 건안建安(지금의 福建省 建甌)에서 우씨虞氏가 간행한 이 판본은 맨 위 3분의 1이 그림으로 되어 있고, 아래 3분의 2는 본문 내용으로 되어 있다. 『삼국지』의 경우 『전상평화』의 내용은 나관중이 정본화한 『삼국지통속연의』의 10분의 1 정도에 그치지만 그 주요 내용과 플롯 및 서사의 뼈대는 『전상평화』에 이미 다 갖추어져 있다. 말하자면 우리가 『삼국지』의 작가로 알고 있는 나관중은 바로 원대에 나온 『전상평화』본 『삼국지』를 바탕으로 내용이 더 풍부하고 세련된 『삼국지통속연의』를 완성한 것이다. 그러나 『전상평화』본에는 『삼국지』의 내용만 담겨 있는 것이 아니다. 지금 일본의 『내각문고內閣文庫』에 소장되어 있는 이 판본의 공식 명칭은 『원지치본전상평화오종元至治本全相平話五種』이다. 이름에서도 알 수 있듯이 『전상평화』에는 『삼국지』와 간행 형태는 같지만 스토리는 완전히 다른 4종의 이야기가 더 들어 있다. 『삼국지』를 포함한 총 다섯 종의 이야기는 다음과 같다.

『무왕벌주武王伐紂』
『악의도제칠국춘추후집樂毅圖齊七國春秋後集』
『진병육국秦併六國』
『여후참한신呂后斬韓信: 續前漢書』
『삼국지三國志』

그런데 놀랍게도 다섯 편 가운데 앞의 3편이 『열국지』와 관련된 내용이고, 『여후참한신』은 지금 우리나라에 출간되어 있는 『초한지楚漢志』와 관련된 내용이다. 평화平話가 창唱 없이 이야기로만 진행하는 민간 공연 양식이라는 것을 감안하면, 원대元代와 명대明代에 이르는 시기에 중국 민간에서는 이처럼 다양한 이야기가 공연 형식으로 존재했고, 특히 『열국지』와 관련된 내용도 매우 다채롭고 풍부하게 전승되고 있었음을 알 수 있다. 더욱이 이미 당대唐代에 속강俗講의 형태로 공연되던 『오자서변문伍子胥變文』의 대본이 지금까지 전해지고 있음을 상기해보면 춘추전국시대 이야기가 오랜 기간 끊임없이 민중에게 환영받아왔음을 확인할 수 있다.

2. 『열국지』의 난점

문제는 삼국시대 이야기보다 훨씬 더 빨리 발생했고 그 이후로도 중국 민간에 오랫동안 다양하게 전해지던 춘추전국시대 이야기가 왜 삼국시대 이야기보다 늦게 정본화되었느냐 하는 점이다. 여기에는 역사 연의소설로서의 『열국지』와 『삼국지』가 각각 어떤 기본 특성을 지니는지와 관련된 중요한 문제가 내포되어 있다.

그것은 첫째, 두 시기 역사의 길고 짧음과 관계가 있다. 춘추전국시대는 지금 『열국지』에서 다루고 있는 기간만 해도 550년에 달한다. 게다가 춘추전국시대 이야기를 처음 소설로 정본화한 여소어의 『열국지전』은 은殷나라 주왕紂王이 달기妲己를 궁궐로 불러들이는 시점에서 이야기를 시작하므로 무려 800년이 넘는 역사를 소설로 다루고 있다. 이에 비해 『삼국지』가 다루고 있는 기간은 100년이 채 안 되는 97년의 역사에 불과하다. 최단 550년에서 최장 800여 년의 역사를 하나의 소설 흐름에 넣어 플롯을 장치하고 스토리를 꾸려가기 위해서는 숙련된 필력과 끈질긴 노력이 요구된다. 그렇지 않으면 산만하고 지루한 구성으로 독서의 재미가 반감되기 때문이다. 당唐·송宋·원元·명明을 거치면서 춘추전국시대 이야기와 삼국시대 이야기가 함께 강사講史 형식으로 공연되었지만, 결국 『삼국지연의』가 가장 먼저 역사 연의소설의 기본 형식과 내용을 갖추게 된 이유 역시 근본적으로

5~8배 정도 짧은 역사 기간 때문이었다고 할 수 있다.(『수호전水滸傳』은 명실 상부한 역사 연의소설이라고 할 수 없다.)

둘째, 두 소설이 다루고 있는 제후국의 숫자도 『열국지』가 『삼국지』보다 텍스트화가 늦어진 주요한 원인으로 작용했을 터이다. 『삼국지』는 제목 그 대로 위魏·촉蜀·오吳 세 나라가 중원을 놓고 패권을 다투는 이야기다. 여기 에 한漢나라, 진晉나라를 포함하고 남만南蠻 등 주변국을 다 보태도 등장하 는 나라는 10여 국에 불과하다. 그러나 『열국지』에는 『삼국지』에 비해 열 배가 넘는 110여 국이 등장한다. 이 가운데 주요 제후국만 해도 수십 나 라에 달한다. 이 때문에 민간에서 공연되던 개별 '역사 이야기講史'가 하나 의 텍스트로 정본화되고 통합되는 과정에서 장기간에 걸친 시행착오가 있 었을 것으로 짐작된다. 『삼국지』 판본의 최종 완성자인 모종강은 이미 완성 된 텍스트 『열국지』에 대해서도 다음과 같이 진술하고 있다.

후인들이 『좌전』과 『국어』를 합하여 『열국지』를 완성했지만 나라가 많고 사 건이 번잡하여 그 단락이 나뉘는 곳마다 도대체 앞뒤 맥락을 일관되게 이어 갈 수 없다. 그러나 지금 『삼국연의』를 처음부터 끝까지 읽어보면 맥락이 단 절되는 곳이 한 곳도 없으므로 그 책 또한 『열국지』의 윗자리에 있는 것이다 後人合左傳國語而爲列國志, 因國多事煩, 其段落處, 到底不能貫串. 今三國演義, 自首至尾讀 之, 無一處可斷, 其書又在列國志之上.(毛宗崗, 『三國志演義』 「讀法」)

이미 완성된 『열국지』에 대해서조차 이와 같은 지적이 있는 것을 보면 110여 제후국의 역사를 하나의 텍스트에 융합해 넣는 『열국지』의 정본화 과정이 얼마나 지난했는지를 쉽게 짐작할 수 있다. 이에 비해 『삼국지』는 역사 전개의 기간이 채 100년도 안 되고 스토리의 구조도 위, 촉, 오 세 나라를 중심으로 이루어져 있기 때문에, 『열국지』보다는 훨씬 더 쉽게 수미일관한 소설 텍스트로 완성될 수 있었던 것으로 보인다.

셋째, 복잡하고 다양한 등장인물도 『열국지』 소설의 정본화가 늦어진 하나의 원인으로 작용했을 것이다. 단순한 숫자로만 집계해보면 『열국지』에는 무려 2500여 개의 인명이 등장한다. 그 가운데 중복된 인명과 전설상의 인물 및 춘추전국시대 이외의 인물을 제외하면 대체로 1650여 명의 인물이 등장한다. 1190여 명이 등장하는 『삼국지』, 830여 명이 등장하는 『수호전』, 970여 명이 등장하는 『홍루몽紅樓夢』과 비교해봐도 인물의 규모가 훨씬 더 방대하다는 사실을 알 수 있다. 550년 이상 되는 장구한 역사에 110여 나라의 1650여 명이나 되는 인물을 하나의 텍스트 속에 버무려 넣고 서로 일관된 맥락을 부여하기란 불가능에 가까울지도 모른다. 『열국지』의 최종 판본을 완성하여 『동주열국지』란 이름을 붙인 채원방도 그 어려움을 이렇게 토로하고 있다.

> 주나라 평왕平王이 동쪽으로 도읍을 옮기고 나서 여정呂政(秦始皇)에 이르기까지 상하 500여 년의 역사에 수십 개의 나라가 명멸했다. 그 수많은 변고와 복잡한 사건, 그리고 잡다한 인물은 눈에 잘 들어오지도 않고 입으로 쉽게 읽히지도 않아서, 이 시기 역사 읽기의 어려움은 다른 시기의 역사에 비해서 몇 배나 심하다고 할 만하다周自平轍東移, 下逮呂政, 上下五百有餘年之間, 列國數十. 變故萬端, 事緖紛糾, 人物龐雜, 最爲棘目聱牙, 其難讀更倍於他史.(蔡元放, 『東周列國志』「序」)

『열국지』는 이러한 어려움으로 인해 『삼국지』보다는 50~80년 늦게 연의

소설로서의 정본화 작업이 완성된다. 스토리의 발생은 『열국지』가 『삼국지』보다 400~900년 이상 앞섰지만, 민간 연예로부터 소설 텍스트로 완성된 시기는 『열국지』가 『삼국지』보다 50~80년은 늦은 셈이다. 물론 전체적으로 보아 『열국지』는 바로 앞서 연의소설의 선하를 연 『삼국지』의 영향 아래 탄생한 소설임을 부정할 수 없다. 그러나 위에서 서술한 몇 가지 난점으로 인해 소설이 구성이나 전개 방식에서는 『삼국지』와 다른 전략을 채택할 수밖에 없었다.

3. 『열국지』의 특성

『열국지』는 『삼국지』와 함께 지금까지도 역사 연의소설의 대표작으로 명성을 누리고 있지만, 앞서 언급한 정본화의 난점으로 인해 『삼국지』와는 구별되는 수사修辭 전략을 쓸 수밖에 없었다. 그 실마리는 『삼국지』를 평한 장학성章學誠의 다음 명구에서 찾을 수 있다.

7할은 사실이고 3할은 허구여서, 독자들을 혼란하게 한다七實三虛, 惑亂觀者.(章學誠, 『丙辰箚記』)

『문사통의文史通義』「내편內篇」에서 "육경은 모두 역사다六經皆史"라고 주장한 장학성의 입장에서는 경전뿐만 아니라 문학까지도 모두 역사 또는 사실에 근거해야 함을 역설하고 싶었는지 모른다. 청대 고증학의 폐단으로 인해 경전 연구가 자구字句에 대한 지리멸렬한 훈고에 빠졌던 상황을 돌이켜

보면, "육경은 모두 역사다"라는 장학성의 외침은 경전의 역사성과 현실성을 회복하기 위한 선언이었다고 해도 과언이 아니다. 그러나 지금의 문학적 관점에서 바라보면 장학성이 안타까워했던 3할의 허구(상상력)가 『삼국지』의 '삼국지다움'을 보증해주는 관건이었다고 해도 지나치지 않다. 진수陳壽의 정사正史 『삼국지三國志』를 촉한蜀漢 중심의 연의소설로 재해석하고, 『삼국지』 영웅들의 형상에 문학적 생명력을 불어넣은 것이야말로 3할의 허구가 빚어낸 창작 행위였기 때문이다. 우연과 필연이 무작위로 점철된 과거의 사건이 상상력에 의해 플롯을 부여받으며 문학으로서의 완전한 구조를 갖추게 되었다.

그러나 『열국지』는 550년의 장구한 역사, 110개에 달하는 다양한 제후국, 1650명이 넘는 방대한 인물군을 한 부의 소설로 완성해야 했기 때문에, 일관된 소설 구조로 플롯을 장치하기가 대단히 어려운 일이었음에 틀림없다. 따라서 『열국지』는 『삼국지』나 『수호전』처럼 허구 또는 상상력에 의지한 일관된 플롯이나 구조를 버리고 역사적 사실 중심의 스토리 서술에 중점을 둘 수밖에 없었다. 채원방의 진술이 이런 특징을 잘 드러내고 있다.

『열국지』는 여느 소설과 다르다. 다른 소설은 대부분 지어낸 이야기다. 예컨대 『봉신연의封神演義』『수호전』『서유기西遊記』는 완전히 가공으로 꾸며낸 것이다. 『삼국지』가 그래도 사실과 가장 가깝지만 그 속에도 꾸며낸 이야기가 많이 포함되어 있다. 『열국지』는 그렇지 않다. 어떤 역사 사실이 있으면 그것을 그대로 진술했고, 어떤 역사 기록이 있으면 그것을 그대로 기록했다. 실제 사실조차도 모두 기록할 수 없었는데 어떻게 조작된 이야기를 보탤 겨를이 있었겠는가? 이 때문에 『열국지』를 읽는 독자들은 이 소설을 완전히 정

사正史로 간주하여 읽어야지 꾸며낸 소설과 같은 부류로 읽어서는 안 된다列
國志和別本小說不同. 別本多是假話, 如封神水滸西遊等書, 全是劈空撰出. 即如三國志, 最爲
近實, 亦復有許多做造在於內. 列國志却不然, 有一件說一件, 有一句說一句, 連記實事也記不
了, 那裏還有工夫去添造. 故讀列國志, 全要把作正史看, 莫作小說一例看了.(蔡元放, 『東周列國
志』「讀法」)

소설을 정사로 간주해달라는 이 요청이야말로 『열국지』의 고충이며, 『열
국지』의 특징에 다름 아니다. 위에서 채원방도 언급하고 있듯이 "실제 사실
조차도 모두 기록할 수 없었는데 어떻게 조작된 이야기를 보탤 겨를이 있
었겠는가?" 말하자면 『열국지』는 소설이기를 포기하는 자리에서 문학성이
담보되는 아이러니를 보여주고 있는 셈이다. 그것은 어쩌면 춘추전국시대
의 역사가 소설보다 더 소설 같았기 때문에 가능한 일이었을 터이다. 당시
는 수많은 제후국이 다양한 인재를 초빙하여 정치·경제·외교·군사·문화
의 역량을 키우고 전쟁을 일삼던 시대였다. 이 때문에 온갖 학파가 다투어
자기 학설을 내세우던百家爭鳴 때였으며, 다양한 학문과 뛰어난 인재가 일제
히 꽃을 피우던百花齊放 시기였다. 뿐만 아니라 각양각색의 인간 군상이 자
신의 욕망·권력·이익을 위해 갖은 권모술수와 하극상을 일삼던 시대이기
도 했다. 어쩌면 이후 역사에 등장하는 모든 인물 형상의 특성이 춘추전국
시대에 집대성되어 있다는 느낌이 들 정도다. 비록 『열국지』는 『삼국지』처럼
상상력을 발휘할 공간은 부족했지만, 갖가지 역사적 사실과 온갖 인물 군
상을 채록하는 것만으로도 문학적 형상화를 이뤄낼 수 있었다. 따라서 『열
국지』는 전체 플롯은 약하지만 개별 스토리는 강한 '옴니버스 대하소설' 형
식의 서사 전략을 채용하고 있는 셈이다.

4. 『열국지』의 정리자

이와 같은 서사 전략으로 『열국지』 정본화 작업을 직접 수행한 문인은 앞서 소개한 대로 여소어, 풍몽룡, 채원방 세 사람이다.

여소어는 대체로 명대 가정·융경 때 사람으로 알려져 있지만 정확한 생졸년과 활동 상황은 미상이다. 호는 외재畏齋이며 건양建陽(지금의 福建省 建陽) 사람이다. 그의 집안 조카 여상두余象斗가 만력 34년 병오년(1606)에 『열국지전』 중간본 『열국지전평림』 8권본을 간행하면서 그를 가경·융경 때 사람으로 기록했고 융경의 마지막 해가 1572년이므로 적어도 16세기 중후반 중국 동남부 건양 일대에서 활동한 문인이었음을 짐작할 수 있다. 흥미롭게도 그가 활동한 건양은 원대 『전상평화오종』이 판각된 건안 바로 이웃에 위치해 있다. 『전상평화오종』에 포함된 『전상평화삼국지』가 나관중의 『삼국지통속연의』의 모본이 되었음을 상기해보면, 같은 간본刊本에 포함된 『무왕벌주』『악의도제칠국춘추후집』『진병육국』 평화본平話本도 여소어의 『열국지전』 형성에 상당한 영향을 주었으리라 짐작할 수 있다. 실제로 여소어의 『열국지전』은 오늘날의 통행본인 『동주열국지』와는 달리 주 무왕이 은 주왕을 정벌하는 이야기에서 시작해 진시황이 전국시대 여섯 나라를 병합하는 이야기로 끝을 맺고 있다. 여소어의 『열국지전』 초간본은 지금은 전해지지 않지만 여상두가 다시 펴낸 『열국지전평림』은 그 간행 형태가 『전상평화』본과 거의 같다. 즉 서책 한 면의 윗부분 3분의 1은 그림으로, 아래 3분의 2는 본문 내용으로 되어 있다. 따라서 여소어의 『열국지전』은 내용뿐만 아니라 판각 형태에서도 『전상평화』본의 영향을 크게 받았음을 알 수 있다. 여소어의 『열국지전』은 여상두의 중간본 외에 진계유陳繼儒가 교감하고 비평한 『진미공비평열국지전陳眉公批評列國志傳』12권본도 있다. 흔히 『진비열국지전陳批列國志傳』으로 불리는 이 판본은 명 만력 43년 을묘년(1615)에 진계유가 쓴 서문이 붙어 있다. 『진비열국지전』은 진계유의 평어評語를 제외하고는 여상두의 『열국지전평림』과 대동소이하나 판본의 형태는 완전히 달라졌다. 여상두의 판본이 여소어의 초판 형태를 따라 『전상평화오종』과 거의 같은 원시적인 모습으로 되어 있는 반면, 진계유의 판본은 권마다 맨 앞에 전면 그림 10폭씩을 판각하여 모두 120폭의 그림을 선보이고 있다. 진계유는 여소어와 여상두의 판각 형태를 완전히 새롭게 하여 이후 『열국지』 판본의 전형典型을 확립했다고 할 만하다. 게다가 『진비열국지전』은 우리나라에도 전래되어 조선시대 모든 『열국지』 번역본(언해본諺解本)의 저본이 되었다.

『진비열국지전』이 판본 형태에서 완전히 새로운 모습을 보였다면, 내용면에서는 풍몽룡의 『신열국지新列國志』가 참신한 면모를 드러내 보였다. 여소어가 『열국지전』에서 서주 초기 무왕 시대를 소설의 출발점으로 잡고 있는 것과는 달리, 풍몽룡은 『신열국지』에서 주 선왕宣王의 중흥 시기와 주 평왕平王의 동천東遷 시기를 소설의 들머리로 삼고 있다. 뿐만 아니라 풍몽룡은 여소어의 『열국지전』에 포함되어 있는 황당무계한 전설이나 근거가 부족한 사실史實을 『춘추좌전』과 『사기』 등의 정사와 비교하여 교감·삭제한 후 전체 내용을 사실 중심의 108회본으로 정리했다. 풍몽룡에 이르러 『열국지』는 명실상부하게 춘추전국시대 열국列國의 역사 이야기를 다룬 소설이 되었다고 할 수 있다.

『신열국지』의 편찬자 풍몽룡(1574~1646)은 명말의 학자로 유명한 소설가 겸 민간문학가다. 남직예南直隸 소주부蘇州府 장주長洲(지금의 江蘇省 蘇州) 사람으로, 자는 유룡猶龍, 공어公魚, 자유子猶, 이유耳猶 등이고, 호는 용자유龍子猶, 묵감재주인墨憨齋主人, 오하사노吳下詞奴, 전주주사前周柱史, 고곡산인顧曲散人, 녹천관주인綠天館主人 등이다. 그의 형 몽계夢桂는 화가로 유명했고, 아우 몽웅夢熊은 태학생으로 시를 잘 써서 당시 사람들은 이들 삼형제를 일컬어 오하삼풍吳下三馮이라고 했다. 풍몽룡은 장성하면서 양명학 좌파의 유명한 사상가인 이탁오의 학설에 심취하여 가식과 허례를 배척하고 인간의 순수한 감정을 중시했으며, 이러한 사상을 바탕으로 자연스런 감정에서 우러나온 민간문학 작품을 높이 평가했다. 여러 번 과거에 응시했으나 모두 낙방했고, 숭정 3년(1630, 57세)에 이르러서야 겨우 공생貢生이 되었다. 숭정 7년(1634) 복건福建 수령壽寧(지금의 福建省 壽寧)의 지현知縣으로 임명되었으나 4년 만에 사직하고 귀향했다. 이후 명나라가 청나라에 의해 망하고 의종毅宗이 자결하자 반청反淸 투쟁에 나섰지만 모두 실패했고, 청 순치順治 3년(1646) 결국 울화병으로 세상을 떴다. 일설에는 청나라 군사에게 살해되었다고도 한다.

풍몽룡의 관직생활은 불우했지만 학자, 소설가, 민간문학가로서는 빛나는 업적을 남겼다. 그는 명말 민간에서 유행한 민요를 채집하여 『괘지아挂枝兒』와 『산가山歌』라는 민요 모음집을 편찬했고, 전기傳奇 공연을 위한 희곡도 직접 써서 『쌍웅기雙雄記』 『만사족萬事足』 등의 창작 극본을 남겼다. 그는 또 명 천계天啓 연간(1621~1627)에 『유세명언喩世明言』 『경세통언驚世通言』 『성세항언醒世恒言』이라는 세 권의 단편 백화소설집을 편찬했다. 이 소설집에는 송, 원 시대 이야기꾼의 대본인 화본과 풍몽룡 자신의 창작이 포함되어 있다. 이 소설집은 흔히 『삼언三言』으로 불리며, 이보다 조금 늦게 능몽초凌濛初가 편찬한 『양박兩拍』, 즉 『초각박안경기初刻拍案驚奇』 『이각박안경기二刻拍

案驚奇』와 함께 『삼언양박』으로 병칭되고 있다. 이 『삼언양박』은 중국 고대 백화 단편소설을 대표하는 작품집으로 유명하다. 풍몽룡은 단편소설뿐만 아니라 장편소설에서도 뛰어난 능력을 발휘하여 『증보삼수평요전增補三遂平妖傳』『신열국지』『반고지당우전盤古至唐虞傳』 등을 정리하여 간행했다. 풍몽룡은 또 유가 경전 중에서 『춘추』 연구에도 일가를 이루어 『춘추형고春秋衡庫』『인경지월麟經指月』『춘추별본대전春秋別本大全』『춘추정지참신春秋定旨參新』 등의 저작을 집필했다. 특히 숭정 말년(1640년대)에 이르러 『춘추』에 대한 해박하고 심오한 학식을 바탕으로 여소어의 『열국지전』을 개편하여 이후 『열국지』가 『삼국지』와 더불어 중국 역사 연의소설의 대표작이 되게끔 했다. 이밖에도 풍몽룡은 역대 모사들의 지혜를 정리한 『지낭智囊』이라는 책과 역대 필기소설 및 기타 저작에 보이는 남녀 간의 사랑 이야기를 모아서 『정사情史』라는 책을 간행하기도 했다. 풍몽룡의 『신열국지』가 나오자 여소어의 『열국지전』은 자취를 감췄고, 이후 『신열국지』는 청 중기 건륭 원년(1736)을 전후하여 채원방의 『동주열국지』가 나오기까지 『열국지』 통행본의 주류를 이루었다.

마지막으로 풍몽룡의 『신열국지』를 『동주열국지』로 개편한 채원방은 본명이 오류奡, 자는 원방元放, 호는 야운주인野雲主人 또는 칠도몽부七都夢夫다. 자세한 생졸년은 미상이며 대체로 말릉秣陵(지금의 江蘇省 南京)에서 태어나 청 건륭 연간을 전후하여 말릉과 그 인근 지역에서 활동한 문인으로 알려져 있다. 채원방은 『열국지』 최종본인 『동주열국지』를 간행한 것 외에도 진침陳忱의 『수호후전水滸後傳』에 평어를 단 것으로 알려져 있다.

채원방은 풍몽룡의 통행본인 『신열국지』 108회본의 틀을 그대로 유지한 채 『신열국지』의 명백한 오류 몇 가지를 바로잡았으며, 특히 소설 본문의

취지에 맞지 않는 삽입 시 80여 수를 삭제했다. 또한 독자들을 『열국지』의 세계로 친절하게 안내하기 위해 자신이 직접 쓴 「서문」과 「독법」을 소설 맨 앞에 배치해 넣었다.[2] 뿐만 아니라 채원방의 『동주열국지』 판본에는 '새로 판각한 정교한 삽화新鐫繡像'가 들어가 있고, 역사 사건에 대한 채원방의 적절한 평어가 비주批注 형식으로 달려 있어서 독자들의 흥미를 더욱 돋우고 고 있다. 채원방이 정리한 『동주열국지』 판본이 나온 뒤 풍몽룡의 『신열국지』 판본은 그 모습을 거의 찾아볼 수 없게 되었고, 이후 지금까지 『동주열국지』에 근거한 수천 종의 방각본이 간행되어 『열국지』 독서계의 주류로 자리 잡게 된다.

5. 『열국지』의 조선 전래와 언해본

우리나라에 『열국지』가 언제 전해졌는지에 대해서는 명확한 기록이 남아 있지 않다. 다만 조선시대에 간행된 다양한 전적에 『열국지』와 관련된 기록이 있어 그 일단을 짐작해볼 수 있을 뿐이다. 조희웅曺喜雄의 조사에 따르면 『열국지』에 대한 언급이 최초로 등장하는 조선시대 문헌은 황중윤黃中允(1577~1648)의 「일사목록해逸史目錄解」다.(조희웅, 『고전소설 연구보정』, 박이정, 2006) 해당 단락을 재인용한다.

일찍이 『열국지연의』 『초한연의』 및 『동한연의』 『삼국지연의』 『당서연의』 및

2_ 이현서, 「『新列國志』와 『東周列國志』 비교 연구: 蔡元放의 수정작업을 중심으로」, 한국중국소설학회, 『中國小說論叢』 제32집, 2010.

『송사연의』『황명영렬전연의』등의 여러 사서史書를 살펴보니 모두가 목록을 갖추어두었는데, 이는 대체로 사람의 눈길을 쉽게 끌고, 사람을 기쁘게 하는 데 힘써서 독자가 싫증을 내지 않도록 하려는 뜻이다嘗考諸列國志衍義楚漢衍義及東漢衍義三國志衍義唐書衍義及宋史衍義皇明英烈傳衍義等諸史, 則皆爲目錄, 意盖欲易於引目, 務於悅人, 而使觀者不厭.

이 글을 쓴 황중윤이 1577년에 태어나 1648년에 작고했으므로 적어도 1648년 이전에 『열국지』가 우리나라에 전래되었음을 알 수 있다. 그다음은 홍만종洪萬宗(1643~1725)의 『순오지旬五志』 하下에 『열국지』와 관련된 기록이 있다.

옛날 소설 중에서 뛰어난 작품으로 일컬을 만한 것은 『서유기』와 『수호전』 외에도 '열국列國' '동서한東西漢' '제위齊魏' '오대五代' '당唐' '남북송南北宋' 등의 시대를 다룬 작품에 모두 연의소설이 있어서 세상에 유행하고 있다古說之表表可稱者, 西遊記水滸傳外, 如列國東西漢齊魏五代唐南北宋, 皆有演義, 皆行於世.(미국 버클리대학 소장본, Asami 36.7)

『순오지』「자서自序」에 따르면 위의 글은 홍만종이 숙종 4년 무오년(1678)에 쓴 것으로 되어 있다. 이로부터 바로 한 해 뒤인 숙종 5년 기미년(1679)에 권이생權以生(?~?)도 중국 고대에서 명 영명왕永明王까지의 주요 사적과 인물을 기록한 『사요취선史要聚選』 중간본을 간행하면서 그 서문에 다음과 같이 밝히고 있다.

이 편저는 대체로 두 가지 책에서 사료를 취했다. 『제사상록諸史詳錄』은 무성武城의 고을 원님에게서 나왔는데, 옮겨 쓸 때 책을 7권으로 세분했다. 반고盤古 이래 국가의 계보 및 열전의 사적은 지금까지 못 본 것이 많이 포함되어 있다. 『역대회령歷代會靈』은 강康 진사進士의 손에서 나왔는데, 다른 사람이 인쇄해낸 것에 틀리고 빠진 점이 없지 않아서 그 초본을 얻어 교정한 후이 책을 편집했다. 분류와 차례는 한결같이 『역대회령』을 따랐고, 훌륭한 말씀과 기이한 행적은 『제사상록』에서 많은 것을 취하여 내용이 구비되게 했으며 전국시대의 일에 미쳐서는 『열국지』와 『국어』로써 보충했다此編盖取諸二書矣. 諸史詳錄出於武城倅, 謄書時而細書七卷. 自盤古以下國系及列傳事蹟, 所未見者多矣. 歷代會靈出於康進士手, 而他家印行者, 不無訛漏處, 故得其草本攷正後, 蒐輯此編. 而分類第次, 則一遵會靈, 嘉言異蹟, 則多採詳錄而備載, 及其戰國, 則以列國誌國語補益之.(국립중앙도서관 소장본, 한古朝50-126)

위 기록은 『사요취선』 중간본 서문이지만 지금까지 알려진 『사요취선』 초간본(국립중앙도서관 古2520-66-1-5)은 인조 26년 무자년(1648)에 간행되었다. 『사요취선』 초간본 서문은 작자가 밝혀져 있지 않고 서문에도 『열국지』가 언급되고 있진 않지만, 초간본의 체제와 내용이 중간본과 동일하다는 점을 감안하면 『사요취선』 초간본의 전국시대 부분도 중간본 서문에서 권이생이 언급한 것처럼 『열국지』와 『국어』에서 내용을 보충했음이 틀림없다. 따라서 「일사목록해」를 쓴 황중윤이 1648년에 작고했고, 『사요취선』 초간본도 1648년에 간행되었으므로 『열국지』는 최소한 1648년 이전에 우리나라에 전래된 것이 확실하다. 앞에서도 진술했듯이 여소어의 『열국지전』 중간본은 명 만력 34년 병오년에 나왔고, 또 다른 중간본인 진계유의 『진비열국지전』은 명 만력 43년 을묘년(1615)에 나왔으며, 풍몽룡의 『신열국지』
는 명 숭정 말년인 1640년대에 간행되었다. 이에 비추어보면 우리나라에
전래된 『열국지』 판본은 여소어의 『열국지전』 초간본이나 중간본임이 거의
확실하다. 대체로 1640년대에 간행된 풍몽룡의 『신열국지』가 1648년 이전
에 시차 없이 조선에 전래되기란 불가능에 가깝기 때문이다. 이밖에도 『열
국지』에 관한 언급이 있는 조선시대 기록으로는 송상기宋相琦(1657~1723)의
『옥오재집玉吾齋集』 권16에 실린 「제망아문祭亡兒文」(1708), 『조선왕조실록』 영
조 28년(1752) '이양제李亮濟 투서 기사', 강세황姜世晃(1713~1791)의 『표암유
고豹菴遺稿』 권5에 실린 「제열국지題列國志」, 심재沈鋅(1722~1784)의 『송천필담
松泉筆譚』에 실린 「삼국연의三國演義」, 이규경李圭景(1788~1863)의 『오주연문장
전산고五洲衍文長箋散稿』 제7권에 실린 「소설변증설小說辨證說」 등이 있다. 이후
조선 후기에 유행한 『열국지』 번역본(언해본)도 모두 『진비열국지전』 계열의
『열국지전』 중간본을 저본으로 사용했다. 흥미롭게도 풍몽룡의 『신열국지』
판본은 지금까지 발견되지 않고 있으며, 채원방의 『동주열국지』가 나온 이
후에는 『동주열국지』 계열의 다양한 판본이 전래되어 국내 『열국지』 독서
시장을 석권했다.

무악고소설자료연구회의 『한국고소설관련자료집 2(18세기)』에 따르면 조
선시대 『열국지』 번역본의 존재를 알려주는 가장 이른 기록은 송명희宋命熙
(?~1773)의 『태우집太愚集』 권3에 실린 「서열국지전후書列國誌傳後」다. 위의 자
료집에 근거하여 그 내용을 재인용한다.

이 『열국지』 15책은 우리 집안에서 소장하고 있던 언해본으로 누가 지었는
지 알지 못하지만 패관잡설로 귀착됨을 벗어나기는 어렵다. 그러나 주나라

시대의 자취를 상고하고자 한다면 이 책을 버려두고 무엇으로 할 수 있겠는가 此列國誌十五冊, 卽家藏諺本, 而雖未知何人之所述, 而亦未免稗說之爲歸. 然欲考之周世之跡, 則捨是書, 何以哉?

『열국지』가 우리나라에 전래된 것이 대체로 1648년 이전이고, 위의 글을 쓴 송명희가 활동한 시기는 1700년대 중반 무렵이므로, 『열국지』 언해본이 나온 시기는 적어도 1700년대 중반 이전이 되는 셈이다. 대체로 추정해보면 『열국지』가 전래된 뒤 100년 정도의 유통 기간을 거치면서 자연스럽게 『열국지』에 대한 우리말 번역이 이루어졌다고 할 수 있다. 이후 조선 중후기 민간에는 『열국지』 언해본이 널리 유통되어 지금까지도 우리에게 6~7종의 언해본이 전해지고 있다.3 민관동閔寬東과 이재홍李在弘의 연구에 따르면 이 가운데 대표적인 것은 선문대학교 중한번역문헌연구소에 소장되어 있는 『녈국지』 잔본, 국립중앙도서관 소장 『츈츄녈국지』(표제: 列國誌) 17권 17책본, 일본 동양문고에 소장되어 있는 『녈국지』(표제: 列國誌) 42권 42책본, 영남대학교 중앙도서관에 소장되어 있는 『列國誌』 30권 30책본 등이다. 선문대 소장본은 1책 영본零本인데 대체로 전체 17권 중 권14만 남아 있지만, 지금까지 발견된 『열국지』 언해본 중에서 가장 이른 판본으로 확인되며 국립중앙도서관 소장 17책본보다 한 세기 정도 빠른 것으로 추정된다.4 이재홍의 연구에 따라 국립중앙도서관 17권 17책본의 필사가 헌종 9년 계묘년(1843)에 이루어진 것으로 볼 수 있다면 선문대 소장본은 대체

3_ 李在弘, 「국립중앙도서관 소장 한글 번역필사본 『츈츄녈국지』(17권 17책)에 대하여」, 한국중국소설학회, 『中國小說論叢』 제26집, 2007.

4_ 선문대학교 중한번역문헌연구소 홈페이지 자료실 『녈국지』 항목 참조. 2013년 6월.

로 1700년대 중반쯤 필사가 완성된 것으로 보인다. 또한 민관동과 이재홍은 위의 판본이 모두 여소어의『열국지전』중간본인 진계유의『진비열국지전』을 번역 저본으로 사용했음을 밝혔으며, 국립중앙도서관 17책본과 일본 동양문고 42책본은 동일한 언해본 계열이고, 영남대 소장 30책본은 또 다른 계열의 언해본임을 입증했다.5『열국지전』이 일찍부터 번역되어 필사 언해본으로 널리 유통된 것과 달리 풍몽룡의『신열국지』는 언해본뿐만 아니라 원본조차 발견되지 않고 있다. 아마도『열국지전』계열의 원본과 언해본이 이미『열국지』독서 시장을 점령하고 있었기 때문에 새로운 판본인 풍몽룡의『신열국지』가 그 틈새를 파고들기란 쉽지 않았던 것으로 보인다. 대체로 1800년대 이후 채원방의『동주열국지』판본이 전래되자 언해 필사본을 제외한『열국지전』판본도 자취를 감춰 지금 국내 각급 도서관에는『동주열국지』계열의 각종 판본만 소장되어 있는 실정이다.

6.『열국지』의 현대 번역본

조선 말기와 일제강점기를 거치면서 채원방의『동주열국지』가『열국지』독서 시장의 주류가 되었으나 해방 전후까지『열국지전』언해본 이외의『동주열국지』우리말 번역본은 나오지 않았다.『동주열국지』번역은 1960년대에 들어서야 이루어지기 시작해 먼저 김구용의『丘庸列國志』(전5권, 語文閣, 1964~1965, 1978), 김동성金東成의『列國志』(上中下, 乙酉文化社, 1965), 송지영宋志

5_ 閔寬東,「『列國志』의 國內 受容樣相에 관한 研究」, 한국중국소설학회,『中國小說論叢』제13집, 2001.

英의 『列國誌』(전5권, 弘新文化社, 1984) 등이 나왔다. 그러나 이 세 번역본 중 김구용의 번역본이 완역에 가깝고, 나머지 두 번역본은 발췌역에 불과하다. 김구용은 이후에도 출판사를 민음사(10권본, 1995)와 솔(12권본, 2012)로 옮겨 거의 같은 판본을 수정·보완하고 장정을 새롭게 하여 출간을 거듭했다. 이밖에도 이주홍李周洪의 『소설 열국지』(전6권, 語文閣, 1990), 최재우崔宰宇의 『동주열국지』(전8권, 여강출판사, 1991), 김영金榮의 『열국지』(전4권, 배재서관, 1992), 유재주의 『평설 열국지』(전13권, 김영사, 2001), 최이산의 『이산 열국지』(전12권, 신서원, 2003), 고우영의 『고우영 열국지』(전6권, 자음과모음, 2005), 이수광의 『열국지』(전10권, 대산출판사, 2008), 이인호의 『열국지』(큰방, 2012) 등이 출판되었다. 여기서 최재우의 번역본을 제외하고는 모두 원본 완역과는 거리가 먼 발췌역이거나 평역본 또는 재창작본들이다. 다만 이 시기에 주목할 만한 것은 최재우의 번역본이다. 최재우는 중국 국적 조선족 동포 학자로 1985년을 전후하여 중국에서 우리말 번역본을 출간했고, 1991년 그 판본을 서울로 가져와 재출간했다. 말하자면 『동주열국지』 중국 동포판이라고 할 수 있다. 서문에서 밝혔듯이 그는 먼저 김구용의 어문각 번역본을 참고했으므로 그의 번역본에서는 어문각 번역본에 나타난 오류가 많이 바로잡혀 있다. 또한 김구용이 번역하지 않은 매 회回의 제목도 꼼꼼하게 번역하여 명실상부한 완역본으로서의 면모를 갖추었다. 그러나 한자로 된 인명이나 지명을 우리말로 읽는 부분에서 많은 오류를 범하고 있다. 예컨대 차우문且于門은 '저우문'으로, 봉축부逢丑父는 '방축보'로, 투곡어도鬪穀於菟는 '투누오도'로, 원파遠罷는 '위피'로 읽어야 마땅하다. 또 일반명사 역시 연형連衡은 '연횡'으로 읽어야 한다. 이런 오류는 무척 많아서 일일이 다 열거할 수 없을 정도다. 아울러 춘추전국시대 550년의 역사를 이해하기 위한 부록이나 참고자료가 매우 부족하다. 앞뒤 속표지에 들어 있는 '춘추열국도春秋列國圖'와 '전국칠웅도戰國七雄圖' 및 각권 차례 다음에 제시된 '춘추전국 열국흥망표'가 고작이다. 독자 입장에서는 크게 아쉬운 점이 아닐 수 없다. 또한 김구용의 번역본과 마찬가지로 『동주열국지』 자체의 오류에 대한 주석도 전혀 없다. 이러저러한 문제점과 사정들로 인해 최재우의 번역본은 얼마 지나지 않아 절판되었고, 지금은 시중에서 거의 자취를 찾아보기 어렵다.

지금까지 국내에 출판된 『동주열국지』 번역본을 검토해보면 김구용의 『동주열국지』만이 현재 유통되고 있는 거의 유일한 완역본이라고 할 수 있다. 김구용의 어문각 번역본이 나온 것이 1964년이므로 현재까지 무려 반세기 동안 독자들에게 읽혀온 셈이다. 원본에서 벗어난 발췌역, 평역, 재창작본이 만연한 상황에서 김구용의 완역본은 『동주열국지』 원본 이해에 이루 다 표현할 수 없는 고귀한 역할을 해왔다고 할 수 있다. 또한 그의 고졸古拙한 번역 문체는 화려하고 과장된 수사가 넘쳐나는 다른 번역서에 비해 훨씬 더 진실하고 고아高雅한 맛을 느끼게 해준 것도 사실이다. 그러나 '유일한 완역본'이란 말은 한편으로는 명예이지만 다른 한편으로는 부담이기도 하다. 왜냐하면 그 유일함으로 인해 『동주열국지』 번역 부문에 끼친 공헌이 독보적일 수 있지만, 다른 한편 번역의 오류까지 지속적이고 무비판적으로 이어져왔기 때문이다. 이번 번역을 위해 솔출판사에서 최근 출간한 새장정본을 꼼꼼하게 검토한 결과 적지 않은 오류가 있음을 발견했다. 이 번역본에서는 김구용이 번역하지 않은 108회의 모든 제목까지 번역했고 김구용 번역본에서 발견된 오류도 고쳐 최대한 원본의 체제에 더 가깝도록 심혈을 기울였다. 또한 번역의 독자성과 정확성을 기하기 위해, 일부러 김구용 번역본을 보지 않고 독자적으로 번역한 뒤 나중에 김구용 번역본과 대조하는 과정을 거쳤다. 이 과정에서 김구용 번역본의 오류와 이번 번역본의 오류를 서로 비교하여 정확하게 바로잡을 수 있었다. 이것은 물론 선학의 노고에 힘입은 후학의 편리함이라고 할 수 있다. 이 때문에 이 번역본이 김구용 번역본보다 뛰어나다고 감히 장담할 수는 없지만 기존의 오류는 훨씬 더 줄었다고 확언할 수 있다. 게다가 초고를 출판사에 넘긴 상태에서 최재우의 번역본이 있음을 알고 어렵사리 그것을 구입하여 검토해본 결과, 이번 번역본에 보태거나 빼야 할 특별한 점은 발견할 수 없었다.

이제 김구용 번역본이 유일한 선택 대상일 수밖에 없었던 『열국지』 독서 시장에 무려 반세기 만에 새로운 번역본을 보탠다. 독자들께 적어도 두 가지 중에서 하나를 고를 선택의 여지를 제공한 것만으로도 새 번역본을 내놓는 최소한의 의미는 있지 않을까 한다. 이 자리에서 번역과 관련된 나머지 여러 가지 문제를 왈가왈부하는 것은 자칫 나의 것에 대한 자화자찬과 남의 것에 대한 맹목적 폄하로 치우칠 수 있으므로 이와 관련된 모든 것은 독자 여러분의 판단과 비평에 맡기고자 한다.

서 序

채원방 蔡元放

　서책書冊의 명칭은 무려 수천 종이나 되지만 그 내용을 살펴보면 경전經
典과 역사책 두 가지일 뿐이다. 경전이란 올바른 도리를 싣는 것이요, 역사
책은 실제 사실을 기록하는 것이다. 육경六經이 서책의 근원을 열었고, 후
세 사람들이 대대로 뒤를 이어 그것을 증보增補했다. 가르치고 경계하는
글訓戒, 토론하고 비평하는 글論議, 고찰하고 변별하는 글考辨은 모두 경전
에서 파생된 부류다. 옛일을 거울삼아 기록한 글鑑記, 본기本紀나 열전列傳
류의 글紀傳, 사실을 서술하고 대상을 기록한 글敍志은 모두 역사책에서 파
생된 부류다.

　육경을 살펴보면 성인聖人이 지은 책이다. 본체를 이야기하는 가운데 반
드시 실제의 쓰임을 담고 있고, 실제의 쓰임을 이야기하는 가운데 반드시
본체를 담고 있다. 『역경易經』과 『예경禮經』 『악경樂經』은 경전 중의 경전이지

만 역사 사실도 그 속에 기록되어 있다. 『시경詩經』『서경書經』『춘추경春秋經』은 경전 중의 역사책이지만 올바른 이치도 밝게 담겨 있다. 후세 사람들은 재능과 학식이 천박하여 결국 그것을 나누어 두 가지로 기록하지 않을 수 없었다. 그것을 두 가지로 나누었기 때문에 서책의 종류가 갈라지지 않을 수 없었다. 따라서 명분과 이치만을 크게 이야기하는 사람은 항상 박학다식한 선비에게 학식이 뒤지고, 스스로 박학다식하다고 자랑하는 사람은 시시비비를 따지는 측면에서 더러 성인보다 못한 경우가 있다. 진실로 올바른 이치는 두 가지가 있을 수 없기 때문에, 도道를 다룬 책이 후세에 적지 않게 지어졌지만, 그 탐구가 정밀한 것도 경전의 숨은 뜻을 밝히는 것에 그칠 수밖에 없어서 경전 읽기에 도움을 주는 주소注疏류나 지을 수 있을 뿐이었다. 그 탐구가 비루한 것은 경전의 찌꺼기를 뱉어낸 쓰레기에 불과했기 때문이다. 만약 좀 방만하게 자신의 견해를 풀어낸다면 견강부회에다 지리멸렬한 폐단이 드러나게 된다.

실제 사실을 기록한 역사책은 그렇지 않다. 날마다 달라지고 달마다 새로워지는 천태만상의 사실은 성인이 이미 지어놓은 경전으로 모든 것을 다 담아낼 수 없다. 따라서 경전에는 그것을 더 보탤 수 없으므로 역사책이 나날이 많아지게 된 것이다. 역사책이란 원래 흥망성쇠와 생사존망의 자취를 기록한 것이다. 이미 그렇게 된 역사는 실제 사실이지만 그것이 그렇게 되는 까닭은 이치다. 이치는 밖으로 드러나는 것이 아니기 때문에 실제 사실에 기대어 모습을 드러낸다. 그리고 실제 사실은 역사책보다 더 자세한 내용을 갖춘 것이 없다. 그러므로 천도天道의 감응, 인사人事의 베풂, 지자智者·우자愚者·충신忠臣·아첨꾼·현신賢臣·간신奸臣에 대한 판별도 모두 역사책에서 그 사실을 취하게 된다. 역사책은 경전을 도와 현실에서 바로 쓰일 수 있을 뿐만 아니라 경전의 이치를 겸하여 이치의 본체를 세울 수도 있다.

과거科舉 제도가 시행되고 나서 참다운 경학經學은 마침내 인멸되었지만 경전 구절을 인용하여 과거장에서 대책문을 지어야 했기 때문에 경전의 장구章句는 암송해야 했다. 사학史學 부문에 있어서는 역사책이 무척 많고 그 문장도 간략하면서 심오한 데다 과거 과목에 들어가지 못했기 때문에, 전문적인 유명 학자가 대대로 몇 명 나오지도 못했다. 이에 학사學士나 대부大夫들도 대부분 역사책 읽기는 폐하고 그 서책을 한쪽에 미뤄두게 되었다. 그러다가 우연히 역사책을 한번씩 펼쳐보는 것은 대부분 잠을 청하기 위해 서책을 끌어당겨보는 것에 불과했다. 심지어 후배 초학자들에게 억지로 역사책을 읽힐 양이면 머리는 어지러워지고 눈은 침침해진다고 하면서 마치 고통스러운 바다를 보는 것 같다고 투덜대기 일쑤였다. 『춘추삼전春秋三傳』 중에서는 『좌전左傳』이 가장 명확한 내용을 갖추고 있지만 오로지 경전만 연구하는 사람도 『좌전』의 문장을 예로 들 수 없으니 하물며 다른 책이야 말해 무엇하랴?

진실로 사람들은 대부분 역사책은 읽지 않지만 소설을 읽지 않는 사람은 없다. 소설도 원래는 역사책의 한 지파로 역사책의 문장을 더 쉽게 설명하고 연역해낸 것일 뿐이다. 소설을 잘 읽는 사람은 역사책 읽기로 나아가게 할 수 있다. 이 때문에 옛날 사람들은 『동주열국지』란 책을 폐기처분하지 않았던 것이다. 이 책은 소설 중에서도 정사正史에 가까운 것이다. 주周나라 평왕平王이 동쪽으로 도읍을 옮기고 나서 여정呂政(진시황)에 이르기까지 상하 500여 년의 역사에 수십 개의 나라가 명멸했다. 그 수많은 변고와 복잡한 사건 그리고 잡다한 인물은 눈에 잘 들어오지도 않고 입으로 쉽게 읽히지도 않아서, 이 시기 역사 읽기의 어려움은 다른 시기의 역사에 비해서 몇 배나 심하다고 할 만하다. 그러나 그 역사책이 일변하여 소설로 쓰이자 어린아이들까지도 읽지 못하는 자가 없게 되었다. 대저 어린아이들까지 모두 역사를 읽을 수 있게 되었으니 이 어찌 지극히 즐겁고 유쾌한 일이 아니겠는가? 그러나 세상에 소설을 읽는 자는 많지만 끝내 이를 통해 역사책 읽기의 유익함을 얻을 수 없음은 어찌된 일인가? 대체로 소설이 역사 사실을 기록해놓기만 했기 때문일 것이다. 비록 그 속에 지자智者·우자愚者·충신·아첨꾼·현신·간신들이 행한 일, 그리고 국가의 흥망성쇠와 생사존망의 자취를 나열해놓기는 했지만, 천도天道의 감응, 인사人事의 베풂, 지자·우자·충신·아첨꾼·현신·간신의 잘잘못 및 흥망성쇠와 생사존망의 원인에 대해서는 모두 분명하게 서술하지 않았다. 그런즉 독자들은 사실의 자초지종과 일의 원래 모습에 대해서는 갈피를 잡지 못하고 만다. 그러니 소설이 어찌 진정한 학문의 영역에 보탬이 되기를 바랄 수 있겠는가? 대저 진정한 학문의 영역에 참여할 수 없기 때문에 읽어도 읽지 않은 것과 같다고 하는 것이다. 이런 무익한 책을 무엇하러 판각하여 출판할 필요까지 있겠는가? 판각상版刻商 친구 주군周君은 이 점을 깊이 걱정하면서 내게 몇 번이나 정리·비평을 부탁했다.

갑인년甲寅年(1734)과 을묘년乙卯年(1735) 무렵에 내 일상생활에 여가가 많아져서 이 소설에 대한 평어를 많이 덧붙이게 되었고, 역사 사실의 이해득실을 조리 있게 정리하여 그 은미한 뜻을 밝혀냈다. 비록 당일의 원래 뜻에 완전히 부합한다고 할 수는 없지만 올바른 이치에 근거하여 판단해보면 그 시시비비가 성인의 뜻에 많이 어그러진 것은 아닐 테고, 또한 박학다식한 선비들에게 비웃음을 당하지는 않으리라 생각한다. 다만 독자들의 심목心目을 넓게 열어줄 수 있다면 사학史學에도 혹시 작은 보탬이 될 수 있을 지 모르겠다. 이 때문에 이 소설에 평어를 붙여 이와 같이 복각復刻해내는 바다.

건륭 원년(1736) 봄
칠도몽부七都夢夫 채원방이 지순거支瞬居에서 쓰다

차 례

제1회

무도하고 어리석은 임금아

주 선왕이 동요를 듣고 경솔하게 살육을 하자

두 대부는 귀신이 되어 억울함을 호소하다

周宣王聞謠輕殺, 杜大夫化厲鳴冤.

옛 노랫말에 이르기를

도덕은 그야말로 삼황오제와 같았고[1]	道德三皇五帝
공명은 하夏·상商·주周와 진배없었네	功名夏后商周
영웅호걸 다섯 패자 춘추를 들썩였어도	英雄五霸鬧春秋
순식간에 흥망성쇠 스쳐 지났네	頃刻興亡過手
청사에 남은 명성 몇 줄이던가	靑史幾行名姓
북망산에 묵은 무덤 무수하도다	北邙無數荒丘

1_ 삼황오제三皇五帝: 몇 가지 학설이 있지만 복희씨伏羲氏, 신농씨神農氏, 여와씨女媧氏를 '삼황
三皇'으로, 황제黃帝(헌원軒轅)·전욱顓頊(고양高陽)·제곡帝嚳(고신高辛)·당요唐堯·우순虞舜을 '오
제五帝'로 보는 학설이 가장 널리 알려져 있다.

선인이 남긴 땅을 후인이 받았나니 　　　　　　　　前人田地後人收

용과 범이 다퉜음을 말해 무엇하리오 　　　　　　　　說甚龍爭虎鬥

　화설話說,² 주周나라 시절에 무왕武王이 은殷나라 주왕紂王을 정벌하고 천자에 즉위했다. 이어 성왕成王, 강왕康王이 그 자리를 계승했으니 모두가 창업을 지킨 영명한 임금들이다. 또 주공周公, 소공召公, 필공畢公, 사일史佚 등 고위 현신들이 정치를 보좌하여 문치가 이루어지고 전쟁은 그쳐, 물산은 풍부하고 백성은 안락했다. 무왕으로부터 보위가 여덟 번 전해져 이왕夷王 때가 되자 제후가 천자를 뵈러 오는 예법이 어두워졌으니, 제후들이 점점 더 강성해졌기 때문이다. 보위가 아홉 번째로 전해진 여왕厲王은 잔학무도하여 백성에게 살해되었다. 그리하여 1100년 민란이 시작되었으나 다행히 주공周公,³ 소공召公⁴이 합심 협력하여 태자 정靜을 보위에 올리니 이 사람이 바로 선왕宣王이다. 선왕은 하루아침에 천자가 되었으나 영명하고 올바

2_ 화설話說: 중국 민간 연예 양식인 강사講史(역사 이야기)에서 이야기꾼들이 공연을 시작하는 상투어. '이야기를 시작한다'는 의미다. 장회소설章回小說은 이야기꾼들의 공연 양식이 문자로 정착된 것이다. 이후에는 다시 번역하지 않고 문맥에 따라 처리했다. 이외에도 각설却說, 재설再說, 차설且說, 단설單說 등의 상투어가 있으나 역시 따로 번역하지 않았다.

3_ 주공周公: 원래 주 왕실의 최고위 작위爵位다. 주나라 왕을 보좌하며 천하를 다스렸다. 초대 주공 희단姬旦은 주 문왕文王의 아들이고 주 무왕의 아우인데, 주나라 천하 통일에 혁혁한 공을 세운 뒤 성왕을 도와 주나라를 번영의 반석 위에 올려놓았다. 그래서 주공이라 하면 흔히 희단을 가리키지만, 주공이란 작위는 희단이 죽은 뒤에도 이어져 주나라 조정 주요 관직의 하나가 되었다. 흔히 초대 주공 희단의 자손들이 주공 직에 임명되었다. 이 『동주열국지』에는 희단이 아니라 시대에 따라 여러 명의 주공이 등장한다.

4_ 소공召公: 주나라 관직 명칭으로 주공 희단의 동생인 소공 희석姬奭에게서 시작되었다. 희석은 소공, 소강공召康公, 소백召伯, 태보소공太保召公으로도 불렸다. 이후 그의 후손들이 소공 작위를 계승하여 주나라 국정의 주요 부문을 장악했다.

른 이치를 알아 현신인 방숙方叔, 소호召虎, 윤길보尹吉甫, 신백申伯, 중산보仲
山甫 등을 임명하여 문왕, 무왕, 성왕, 강왕의 정치를 회복하고 주 왕실을
찬란하게 중흥시켰다. 그 당시를 읊은 시가 있어 증거로 삼을 만하다.

이왕, 여왕 서로 이어 정치가 문란하자	夷厲相仍政不綱
현신 임용 치세 도모 선왕에 의지했네	任賢圖治賴宣王
공화 시대 중흥주가 나타나지 않았다면	共和若沒中興主
주나라가 어떻게 800년을 이었으리	周曆安能八百長

　선왕이 올바른 정치를 위해 부지런히 힘썼으나, 단서丹書[5]로 가르침을 받
고 창문에까지 좌우명을 붙여두던 무왕의 힘씀에는 미치지 못했다. 또 정
치를 중흥시키기는 했지만, 교화가 크게 펼쳐져 먼 오랑캐들이 여러 차례
통역을 통해 꿩을 바치러 오던 성왕과 강왕 시대의 정치에는 미치지 못했
다. 선왕 39년에 강융姜戎이 항명하자 선왕은 어가를 타고 친정에 나섰다가
천무千畝(山西省 介休)에서 패배하고 병거와 군사를 크게 잃었다. 다시 군사를
일으킬 생각이 있었으나 군사의 수가 부족할까 염려하여 친히 태원太原(山西
省 太原)에서 요민料民했다.(태원은 지금의 원주原州로 융적戎狄과 이웃해 있는 땅이
다. 요민이란 본지의 호구를 호적과 대조 조사하여 그 인구수의 많고 적음과 말 먹
이의 풍부·궁핍함을 관찰하고 준비를 잘하여 출정할 수 있도록 하는 것이다.) 태재
太宰[6] 중산보가 나아가 간언을 올렸으나 왕은 듣지 않았다. 후세 사람이 시

5_ 단서丹書: 주 무왕이 은나라를 멸망시킨 뒤 강태공姜太公이 무왕에게 들려준 치국의 방략. 무
왕은 그것을 의자, 탁자, 거울, 세숫대야, 기둥, 지팡이, 창문, 칼집 등에 새기도록 하여 자손들에
게 잊지 않게 하려 했다.(『대대례기大戴禮記』「무왕천조武王踐阼」)

를 지어 이렇게 읊었다.

개돼지에 하필이면 칼날을 더럽히랴 　　　　　　　　犬彘何須辱劍鋩

야광주로 참새 쏘기 가슴 아픈 일이었네 　　　　　隋珠彈雀總堪傷

임금 위세 욕되어도 복수할 길 없어서 　　　　　　皇威褻盡無能報

억울하게 백성을 전쟁 준비에 내몰았네 　　　　　枉自將民料一場

　선왕이 태원에서 전쟁 준비를 하다가 돌아올 때 호경鎬京(西安 長安區 서북)7이 멀지 않자 수레를 재촉하며 밤새워 성을 향해 진군했다. 그때 갑자기 저잣거리 아이 수십 명이 박수를 치며 노래를 부르는데 그 목소리가 한결같았다. 선왕이 수레를 멈추고 들었다. 내용은 이러했다.

달은 장차 떠오르고 　　　　　　　　　　　　月將升

해는 장차 지려 하네 　　　　　　　　　　　　日將沒

산뽕 활과 쑥대 전대箭袋 　　　　　　　　　　　檿弧箕箙

주나라가 망해가네 　　　　　　　　　　　　　幾亡周國

　선왕은 그 가사가 몹시 싫어서 어자御者8에게 명령을 내려 아이들을 모

6_ 태재太宰: 주나라 때 전적典籍을 관리하고 왕실 업무를 총괄하던 최고 관직. 후대의 재상이나 승상에 해당된다.

7_ 호경鎬京: 주나라 전반기의 수도. 주 무왕 즉위 후 풍酆에서 호경으로 수도를 옮겼다. 주나라가 견융犬戎에 쫓겨 낙양洛陽으로 천도한 이후에도 서도西都 또는 서경西京으로 불렸다.

8_ 어자御者: 수레나 말을 관리하는 관직. 흔히 임금이나 관리의 수레를 몰았다.

두 잡아 문초하라고 했다. 이때 아이들은 놀라 흩어졌고, 나이깨나 먹은 청년과 어린아이 두 명만 가까스로 잡아들여 수레 아래에 무릎을 꿇렸다. 선왕이 물었다.

"이 가사를 누가 지은 것이더냐?"

어린아이가 부들부들 떨며 말을 못 하자 나이깨나 먹은 청년이 대답했다.

"저희가 지은 것이 아닙니다. 사흘 전 붉은 옷을 입은 아이가 저자에 와서 우리에게 그 네 구절을 가르쳐주었습니다. 그런데 무슨 연유에서인지 일시에 사방으로 퍼져나가 온 도성 아이들이 약속이나 한 듯이 따라 부르게 되었습니다. 여기 한 곳만 그런 것이 아닙니다."

선왕이 또 물었다.

"붉은 옷을 입은 아이는 어디 있느냐?"

"노래를 가르쳐준 뒤 어디로 갔는지 모르겠습니다."

선왕은 오랫동안 아무 말이 없다가 두 아이를 질책하여 쫓아 보냈다. 바로 사시관司市官(시장 감독관)을 불러 금지 분부를 내렸다.

"이 노래를 다시 부르는 아이가 있으면 부형까지 같은 죄로 처벌하라."

그날 밤 궁궐로 돌아와 아무 말도 하지 않았다.

다음 날 이른 아침 삼공三公9 육경六卿10이 모두 어전에 모여 선왕을 뵙고 조회를 마쳤다. 선왕은 지난밤에 들은 아이들의 노래를 신하들에게 말했다.

"그 가사를 어떻게 풀이할 수 있겠소?"

9_ 삼공三公: 주나라 때의 삼공은 태사太師, 태부太傅, 태보太保다.

10_ 육경六卿: 주나라 때는 육관六官이라고도 했다. 태재太宰, 태종太宗, 태사太史, 태축太祝, 태사太士, 태복太卜을 가리킨다.

주 선왕이 동요를 듣고 아이들을 잡아들이다.

대종백大宗伯[11] 소호召虎가 대답했다.

"염檿은 산뽕나무인데 활을 만들 수 있습니다. 그래서 염호檿弧라 한 것입니다. 기箕는 풀 이름으로, 엮어서 전대(화살을 넣는 주머니)를 만들 수 있습니다. 그래서 기복箕籣이라 한 것입니다. 신臣의 어리석은 소견으로는 국가에 아마도 궁시弓矢(활과 화살)로 인한 변고가 있을 듯합니다."

또 태재 중산보가 아뢰었다.

"궁시는 국가에서 사용하는 무기입니다. 상감께오선 지금 태원에서 백성을 전쟁으로 내몰며 견융에게 원수를 갚고자 하시옵니다. 만약 병력을 해산하시지 않으면 반드시 망국의 우환이 있을 것입니다!"

선왕은 말없이 고개를 끄덕이며 또 물었다.

"붉은 옷 입은 아이가 그 가사를 전했다고 하오. 붉은 옷 입은 아이는 과연 어떤 자요?"

태사太史 백양보伯陽父가 아뢰었다.

"무릇 저잣거리의 근거 없는 말을 요언謠言(낭설)이라 합니다. 하늘이 상감을 경계하려고 형혹성熒惑星에게 명령을 내려 아이가 되게 하고 요언을 만들어, 여러 아이가 그것을 배우게 한 것입니다. 이것을 동요라고 합니다. 작게는 한 사람의 길흉이 들어 있지만 크게는 국가의 흥망이 걸려 있습니다. 형혹은 화성火星이므로 그 색깔이 붉습니다. 오늘의 망국지요亡國之謠는 하늘이 상감을 경계하기 위한 방법입니다."

선왕이 말했다.

"짐이 이제 강융의 죄를 사면하고, 태원의 군사를 파하고, 무기고에 보

11_ 대종백大宗伯: 주나라 때 예악과 제례를 관장하던 고위 관리.

관되어 있는 활과 화살을 모두 불살라버리고, 다시 나라 안에 명령을 내려 그것을 만들어 팔지 못하게 하면 그 참화를 막을 수 있겠소?"

백양보가 대답했다.

"신이 천문을 보니 그 조짐이 이미 나타나고 있었사온데, 아마도 궁궐 안에서 변고가 있는 듯하고, 나라 밖의 군사 일과는 관계가 없는 듯합니다. 이는 필시 상감의 후세에 여인이 나라를 어지럽히는 참화가 있을 것으로 생각됩니다. 하물며 동요에도 이르기를 '달은 장차 떠오르고, 해는 장차 지려 하네'라고 했습니다. 해란 임금의 표상이며 달은 바로 음류陰類입니다. 해가 지고 달이 떠오른다는 것은 음陰이 앞으로 나아가고, 양陽이 쇠하여 물러난다는 뜻이니 장차 여자 주인이 정치에 간여한다는 것이 명백합니다."

선왕이 또 물었다.

"짐은 중전 강후姜后를 믿고 후궁의 일을 맡겼더니 참으로 현숙한 덕이 있었소. 진어進御하는 후궁들도 모두 강후의 선택을 거치게 되는데, 여자로 인한 참화가 어디서 생겨난단 말이오?"

백양보가 대답했다.

"요언에서 '장차 떠오르고 장차 지려 하네'라고 한즉 그건 목전의 일이 아닙니다. 하물며 '장차'란 말은 아직 일어나지 않은 온갖 일을 가리킵니다. 상감께서 이제 덕을 닦아 나라를 지탱하시면 자연히 흉조가 길조로 변할 것입니다. 굳이 활과 화살을 불태울 필요까지는 없습니다."

선왕은 신하들이 상주하는 말을 듣고 반신반의하며 기껍지 않은 마음으로 조회를 파했다. 그러고는 어가를 타고 내전으로 돌아왔다.

중전 강후가 선왕을 맞아들였다. 좌정한 후 선왕은 마침내 신료들의 말을 강후에게 자세히 이야기했다. 중전 강후가 말했다.

"궁중에 괴이한 일이 발생하여 바야흐로 아뢰려던 참입니다."

"어떤 괴이한 일이오?"

"전왕(여왕厲王)께서 가까이 두시던 후궁 하나가 나이 쉰을 넘었습니다. 전조前朝 때 회임하여 올해 40여 년이 되었사온데, 어젯밤에 계집애를 낳았습니다."

선왕이 크게 놀라며 물었다.

"그 계집애가 지금 어디 있소?"

"그 계집애가 상서롭지 않게 생각되어 이미 사람을 시켜 돗자리에 싸서 20리 밖 청수하清水河에 버리게 했습니다."

선왕은 그 늙은 궁녀를 불러서 회임한 까닭을 물었다. 늙은 궁녀가 무릎을 꿇고 대답했다.

"천첩이 들은 바대로 아뢰겠습니다. 하夏나라 걸왕桀王 말년에 포성褒城의 신인神人이 두 마리 용으로 변했습니다. 그리고 궁궐 뜰로 내려와 입에서 침을 질질 흘리며 사람 목소리로 걸왕에게 말을 붙였습니다. '나는 포성의 두 군주다.' 걸왕이 두려워 두 용을 죽이려고 태사에게 점을 치게 했는데 '불길하다'는 점괘가 나왔습니다. '쫓아버릴까요'라고 다시 점을 쳐봐도 '불길하다'로 나왔습니다. 태사가 아뢰었습니다. '신인이 하강한 것은 필시 상서로운 일인데, 상감께선 어찌 침을 얻어 보관해두지 않으십니까? 침은 바로 용의 정기이니, 그것을 보관해두면 반드시 복락을 얻을 수 있을 것입니다.' 걸왕이 태사에게 명하여 다시 점을 치니 '크게 길하다'는 징조가 나왔습니다. 이에 용 앞에다 베를 깔고 제물을 바치고 나서 황금 쟁반에 용의 침을 받아 붉은 상자 속에 넣었습니다. 그러자 갑자기 비바람이 세차게 몰아치며 두 마리 용이 날아가버렸습니다. 걸왕은 그 상자를 왕실 창고에다 보관하도록 명령을 내렸습니다. 그것은 은나라 644년 동안 스물여덟 임금을 거쳐 우리 주나라로 전해졌습니다. 그리하여 거의 300년이 지나도록 열어보지 않았습니다. 그러다가 바로 전왕(여왕) 말년에 그 상자 안에서 실오라기만 한 빛이 뿜어져 나왔습니다. 창고지기가 그 일을 전왕께 아뢰었습니다. 전왕께서 '그 상자 속에 들어 있는 것이 무엇이냐?'라고 물었습니다. 창고지기가 물목 장부를 전왕께 바쳤습니다. 거기에는 보관 물목의 사연이 모두 기록되어 있었습니다. 전왕께서 명령을 내려 그것을 열어보게 했고, 시신侍臣이 황금 상자를 열고 금 쟁반을 받들어 전왕께 올렸습니다. 전왕께서 손으로 쟁반을 받아들다가 잠깐 실수하여 그것을 땅에 떨어뜨리셨는데, 그 속에 담겨 있던 용의 침이 뜰 아래로 마구 쏟아져 내렸습니다. 그런데 그 침이 홀연히 작은 도마뱀으로 변하여 궁궐 뜰을 빙빙 돌아다녔습니다. 내시들이 그것을 쫓자 바로 왕궁 안으로 들어가 모습을 감추었습니다. 당시 천첩의 나이 겨우 열둘이었는데, 우연히 도마뱀의 자취를 밟자 마음에 감응하는 바가 있었습니다. 그때부터 배가 점점 불러오며 회임한 것과 같이 되었습니다. 전왕께서는 천첩이 사내도 없이 회임한 것을 괴이하게 여기고 깊숙한 방에 감금하여 지금까지 40년이 흘렀습니다. 그러다가 지난밤에 배가 아프더니 계집애를 낳았습니다. 제 방을 지키던 시자가 이 사실을 은폐할 수 없어서 중전마마께 아뢰었습니다. 마마께서는 그것이 괴물이라 하시며 궁궐 안에 둘 수 없다 하시고 시자에게 그것을 가져다 강물에 버리라고 하셨습니다. 천첩의 죄는 만 번 죽어 마땅합니다!"

선왕이 말했다.

"이것은 전조의 일로 너와는 무관한 일이다."

그러고는 그 늙은 궁녀를 물러가게 했다. 이에 바로 궁궐을 지키는 시자를 불러 청수하로 가서 그 계집애의 행방을 알아보도록 했다. 시간이 좀 흐른 뒤 시자가 돌아와 아뢰었다.

"이미 물살을 따라 떠내려갔습니다."

선왕이 그 말을 의심하지 않았다.

다음 날 이른 아침 태사 백양보를 불러 용의 침 이야기를 들려주며 말했다.

"경은 그 계집애가 이미 죽었는지 점을 쳐보고 또 요사스런 기운을 어떻게 하면 없앨 수 있는지 살펴보오."

백양보는 점괘를 늘어놓고 괘사를 아뢰었다.

울다가 또 웃으며, 웃다가 또 울도다	哭又笑, 笑又哭
양이 귀신에게 먹히고, 말이 개에게 쫓기도다	羊被鬼吞, 馬逢犬逐
삼가고 삼갈지어다. 산뽕나무 활에 쑥대 전대로다	愼之愼之, 檿弧箕籭

선왕은 괘사를 이해할 수 없었다. 백양보가 아뢰었다.

"12지十二支에 속한 동물로 추단해보건대, 양은 미未이며 말은 오午입니다. 또 울고 웃는다는 것은 슬픔과 기쁨의 표상입니다. 큰일이 응당 오년午年과 미년未年에 일어날 것입니다. 신의 추측으로는 요사한 기운이 궁궐에서는 나갔으나 아직 제거되지는 않은 듯합니다."

선왕은 그 말을 듣고 심히 불쾌한 마음으로 마침내 명령을 내렸다.

"성안과 성 밖을 막론하고 집집마다 갓난 계집애가 있는지 자세히 조사하라. 죽었건 살았건 상관없이 시체를 건져 바치는 자에겐 비단 300필을 상으로 주겠노라. 거두어 기르면서도 보고하지 않는 자가 있으면, 이웃에서 바로 고발하라. 고발한 사람은 앞과 같은 상을 내리겠지만, 거두어 기른 자는 일가족을 모두 참수하리라."

그리하여 상대부 두백杜伯에게 그 일을 전담하게 했다. 또 동요 가사에 '산뽕나무 활과 쑥대 전대'라는 말이 있었으므로, 다시 하대부 좌유左儒에게 하명하여 사시관에게 시장 점포를 순행 감독케 하고, 산뽕나무 활과 쑥대 전대의 제작 판매를 불허하게 하며, 이를 위반하는 자는 사형에 처하라고 했다.

사시관은 감히 태만할 수 없어서 말단 구실아치까지 이끌고 한편으로 효유하며 다른 한편으론 순행 단속을 벌였다. 그때 성안의 백성은 이 명령에 따르지 않은 자가 없었지만, 시골 사람들은 아직도 그 사실을 두루 알지 못했다. 순행 감독이 시행된 다음 날 한 여인이 쑥대로 엮어 만든 전대 몇 개를 안고 길을 걷는데, 또 한 남자가 산뽕나무 활 10여 개를 등에 지고 여인의 뒤를 따라오고 있었다. 그들 두 부부는 먼 시골에 사는 사람들로 해가 있을 때 장을 보기 위해 바삐 성안으로 들어서고 있었다. 그러나 아직 성문으로 들어서기도 전에 사시관과 맞닥뜨리게 되었다. 이에 사나운 소리가 들렸다.

"잡아들여라!"

수하의 구실아치들이 먼저 여인을 포박했다. 그 남자는 일이 잘못된 것을 알고 산뽕나무 활을 땅바닥에 내팽개치고는 나는 듯이 도망쳤다. 사시관은 여인을 포박한 뒤 산뽕나무 활과 쑥대 전대까지 모두 거두어 하대부 좌유에게 끌고 갔다. 하대부 좌유는 생각했다.

'압수한 두 가지 물건은 요언謠言과 진정으로 부합된다. 하물며 태사도 여인이 화근이 된다고 하지 않았던가? 이제 여인까지 잡아들였으니 주상의 하교에 보고를 드려도 되겠다.'

그리하여 마침내 남자의 존재는 숨기고서, 다만 여인이 엄금한 물건을 만들어 팔려고 했으니 법령에 의거하여 사형에 처하겠다고 아뢰었다. 선왕은 명령을 내려 여인을 죽이게 하고, 압수한 산뽕나무 활과 화살은 시장에서 불태워 그것을 만들어 팔려는 사람들에게 엄히 경고하라고 했다. 이에 대해 후세 사람이 읊은 시가 있다.

훌륭한 정치로 변고를 없애지도 못하고	不將美政消天變
동요에 홀려 여인을 해치고 말았도다	卻泥謠言害婦人
중흥으로 나쁜 정치 시정했다 말을 말라	漫道中興多補闕
이번에는 어느 신하가 직간을 행했던가	此番直諫是何臣

이야기가 두 갈래로 나뉜다. 산뽕나무 활을 팔러 온 남자는 황급히 도주하면서도 관가에서 자기네 부부를 잡아들이려는 연유가 무엇인지 알 수 없었다. 그러고는 아내의 소식을 수소문해보려고 했다. 그날 밤 도성 10리 밖에서 잠을 잤고 다음 날 아침 어떤 사람에게서 소문을 들었다.

"어제 북문에서 어떤 여인이 나라에서 엄금한 산뽕나무 활과 쑥대 전대를 팔러 왔다가 잡혀가서 바로 처결되었다 하더이다."

그제야 아내가 벌써 죽은 것을 알고 사람이 없는 광야로 가서 고통의 눈물을 슬피 흘렸다. 그리고 자신은 참화에서 벗어났음을 다행스럽게 생각하고 발길 닿는 대로 걸었다. 대략 10리쯤 걸어 청수하 강변에 도착했다. 저 멀리서 수많은 새가 시끌벅적하게 울며 나는 것이 보였다. 가까이 가서 살펴보니 둘둘 만 돗자리가 물 위에 떠 있고 새 떼가 그것을 쪼고 있었다. 새 떼는 부리로 그것을 잡아당기고 울부짖으며 가까운 강기슭으로 끌어올리려 했다. 그 남자가 부르짖었다.

"기괴한 일이로고!"

그는 새 떼를 쫓아버리고 물속으로 들어가서 둘둘 말린 돗자리를 들고 풀이 우거진 강 언덕으로 올라와 풀었다. 그 속에서 갓난아이 울음소리가 들리더니 한 계집애가 보였다. 그는 생각했다.

'이 계집애는 누가 버렸는지 알 수 없지만 새 떼가 물에서 끌어내리는 것으로 보아 틀림없이 큰 부귀를 누릴 것 같구나. 이제 내가 데리고 가서 잘 키워 어른이 되면 내 남은 생애에도 희망이 있으리라.'

이에 적삼을 벗어 계집애를 감싸 품에 안고, 피난할 곳을 생각했다. 그러고는 포성褒城으로 가서 아는 친구에게 몸을 기탁하고자 마음먹었다. 그 계집애가 기이하게 살아난 것을 읊은 염옹髥翁[12]의 시가 있다.

회임하여 지체한 지 40년이 지나더니	懷孕遲遲四十年
물속에서도 사흘 동안 아무 일이 없었구나	水中三日尙安然
요물로 자라나서 국가 재앙 화근 되니	生成妖物殃家國
왕법으로 어떻게 천명을 이기리오	王法如何勝得天

선왕은 산뽕나무 활과 쑥대 전대를 팔려는 여인을 죽였으므로, 동요의 예언이 맞았다고 생각하고 마음이 편안해져서 다시는 태원에서 군사를 일으킬 일을 거론하지 않았다. 이로부터 여러 해 동안 아무 일도 없었다. 주 선왕 43년은 큰 제사가 있는 해여서 선왕은 재궁齋宮에 묵었다. 밤을 알리

12_ 염옹髥翁은 구레나룻 수염이 풍성한 노인이란 뜻으로 『신열국지』 판본을 정리 완성한 풍몽 룡 자신을 가리키는 말이다. 염선髥仙이라고도 한다.

는 물시계가 두 번 울리며 인적은 끊기고 적막했다. 그때 문득 미모의 여인이 서쪽에서 나긋나긋 걸어와 곧바로 궁전으로 들어오는 것이 보였다. 선왕은 그 여인이 재궁의 금줄까지 침범하는 것을 괴이하게 여기고 큰 소리로 꾸짖으며 좌우의 시종을 불러 잡아들이도록 했으나 대답하는 사람이 한 명도 없었다. 여인은 전혀 두려워하는 기색도 없이 태묘太廟[13] 안으로 들어가서 큰 소리로 세 번 웃더니 또 큰 소리로 세 번 곡을 했다. 그러고는 황급하지도 분망하지도 않게 칠묘七廟[14]의 신주를 한 다발로 묶어서 들고 동쪽을 향해 가버렸다. 선왕은 몸을 일으켜 친히 뒤쫓아가다가 갑자기 잠에서 깨어났다. 꿈이었다. 심신이 어지러워옴을 느꼈지만 가까스로 사당에 들어가서 제례를 올렸다.

구헌九獻[15]의 예를 마치고 재궁으로 돌아와 옷을 갈아입으며 좌우 시종을 시켜 태사 백양보를 비밀리에 불러오게 하고 꿈에서 목도한 바를 이야기했다. 백양보가 아뢰었다.

"3년 전 동요 가사를 상감께선 잊으셨습니까? 신이 곧이곧대로 아뢴 바와 같이 주로 여자로 인해 재앙이 생길 것이며 요망한 기운이 아직 제거되지 않았습니다. 점괘에도 '울다가 웃는다'라는 말이 있고, 상감께서 이제 또 그런 꿈을 꾸셨으니 진정 그 조짐이 서로 부합됩니다."

선왕이 말했다.

13_ 태묘太廟: 임금의 선조 위패를 모신 종묘宗廟.

14_ 칠묘七廟: 종묘에 모셔진 일곱 분의 위패. 임금의 부친, 조부, 증조부, 고조부, 5대조, 6대조와 시조 일곱 분의 위패를 가리킨다.

15_ 구헌九獻: 옛날에 천자가 잔치에서 아홉 번 술잔을 받거나 종묘 제사에서 아홉 번 술을 올리던 의식.

"전에 주살한 여자로는 '산뽕나무 활과 쑥대 전대'라는 참언을 없애기에 부족했단 말이오?"

백양보가 또 아뢰었다.

"천도는 현묘하고 심원하여 때가 이르러야 징험할 수 있는 것입니다. 일개 촌 아낙네로 어찌 하늘의 기수를 막을 수 있겠습니까?"

서왕은 깊이 신음하며 아무 말도 하지 못했다. 홀연 3년 전의 일이 생각났다. 그때 상대부 두백에게 사시관을 감독, 인솔케 하여 요녀를 찾으라고 명령을 내렸지만 전혀 행방을 알 수 없었다. 음복을 위해 제육을 나눠준 뒤 선왕이 조정으로 돌아오자 백관은 나눠준 제육에 감사의 예를 올렸다. 이 자리에서 선왕이 두백에게 물었다.

"요녀의 소식에 대해 어찌하여 이렇게 오랫동안 보고조차 하지 않소?"

두백이 아뢰었다.

"신이 그 여자의 소식을 수소문했으나 아무런 종적이 없었습니다. 그리하여 지난번 그 요망한 여자가 이미 단죄되었고, 동요도 벌써 징험되었으니 이제 수색을 그치지 않으면 필시 백성을 경동시킬 수 있을 것으로 생각하여 수색을 중지시켰습니다."

선왕이 진노했다.

"그렇다면 어찌하여 명백히 아뢰지 않았느냐? 이는 짐의 명령을 태만히 하며 제멋대로 행동한 것이 분명하다. 이처럼 불충한 자를 어디에다 쓸 것인가?"

이렇게 꾸짖고는 무사를 불렀다.

"조정 문밖으로 끌고 나가 참수하고 그 목을 저잣거리에 내걸어라."

백관은 깜짝 놀라 얼굴이 흙빛이 되었다.

그때 돌연 문반文班 가운데서 한 관원이 얼른 두백을 잡아끌며 연이어 외쳤다.

"불가하고, 불가합니다!"

선왕이 바라보니 하대부 좌유였다. 그는 두백과 친한 벗으로 함께 천거되어 조정에 참여했다. 좌유가 머리를 조아리며 아뢰었다.

"신이 듣건대 요堯임금의 시대에도 9년 홍수가 있었지만 제위帝位를 잃지 않았고, 탕湯임금의 시대에도 7년 가뭄이 있었지만 보위를 해치지 못했습니다. 하늘이 내린 그런 변고에도 아무런 방해를 받지 않았는데, 요사한 계집에 관련된 말을 어찌 다 믿을 수 있겠습니까? 상감께서 두백을 죽이시면 신은 백성이 요망한 말을 퍼뜨려 오랑캐들까지 소문을 듣고 업신여기는 마음을 먹지나 않을까 두렵습니다. 바라옵건대 두백을 용서해주시옵소서!"

선왕이 말했다.

"네놈은 벗을 위해 짐의 명령을 거역하려는구나. 이는 벗을 중히 여기고 임금을 가볍게 여기는 일이다."

좌유가 말했다.

"임금이 옳고 벗이 그르다면 응당 친구를 거스르고 임금을 따를 것입니다. 벗이 옳고 임금이 그르다면 응당 임금을 거스르고 벗을 따를 것입니다. 두백이 죽을죄를 짓지 않았는데도 상감께서 죽이신다면 천하 사람들이 필시 상감을 밝지 못한 임금이라고 생각할 것입니다. 또 신이 만약 간언을 올려 막지 못한다면 천하 사람들이 필시 신을 불충하다고 여길 것입니다. 상감께서 반드시 두백을 죽이시려면 청컨대 신도 두백과 함께 죽여주시옵소서."

왕은 분노를 삭이지 못하고 말했다.

"짐이 두백을 죽이는 것은 들판 나물을 뜯는 것과 마찬가지다. 어찌 여러 말이 필요하랴?"

그렇게 꾸짖으며 소리쳤다.

"어서 참하라!"

무사들은 두백을 조정 문밖으로 끌고 가서 참했다. 좌유는 집으로 돌아와 스스로 칼로 목을 찔러 죽었다. 염옹髥翁이 이를 찬양한 시를 지었다.

어질도다 좌유의 바른 행위여	賢哉左儒
직간으로 임금의 뜻 거슬렀도다	直諫批鱗
올바른 일이면 벗을 따르고	是則順友
잘못된 일이면 임금 뜻도 어기네	非則違君
나란히 벼슬할 땐 우의 무겁고	彈冠誼重
교유할 땐 문경지교 진심이었네	刎頸交眞
그 명성 천고에 드높았으니	名高千古
이로써 인륜의 법도 삼으리	用式彛倫

두백의 아들 습숙隰叔은 진晉나라로 도망쳤다. 그 후 진나라에서 벼슬하여 사사士師16 직을 역임했다. 이에 자손들은 사씨士氏로 성을 삼았고 범范(河南省 范縣) 땅에 식읍을 받아 다시 범씨范氏를 칭했다. 후세 사람들은 두백의 충성을 슬퍼하여 두릉杜陵(陝西省 西安 南郊)에 사당을 세우고 두주杜主라고 했다. 또 우장군묘右將軍廟라고 부르기도 하는데 지금까지도 그 사당이 전

16_ 사사士師: 금령禁令, 옥사獄事, 형벌刑罰을 관장하는 관리.

해져온다. 물론 이것은 훗날의 이야기다.

한편 선왕은 다음 날 좌유가 스스로 목을 찔러 죽었다는 소식을 듣고 두백을 죽인 일이 후회되어 답답한 마음으로 내전에 돌아왔다. 밤새도록 잠을 이룰 수 없었다. 그러다가 마침내 정신이 아득해지는 병을 얻었다. 말에는 두서가 없고 일은 대부분 잊어버렸다. 매일 조회도 작파해야 할 지경이었다. 중전 강후는 왕에게 환후가 있는 것을 알고 다시 간언을 올릴 수도 없었다. 선왕 46년 가을 7월이 되어 옥체가 다소 회복된 듯했다. 선왕은 교외로 나가 사냥을 하면 심신이 상쾌할 것 같았다. 좌우에 명령을 내리자 사공司空은 어가를 정비했고, 사마司馬는 수레꾼을 엄중히 가르쳤으며, 태사는 길일을 받았다. 날짜가 당도하여 왕이 옥로玉輅(천자의 수레)를 타자, 준마 여섯 마리가 그 수레를 끌었다. 오른쪽엔 윤길보가 앉고 왼쪽에는 소호가 앉았으며, 기치가 쌍쌍이 펄럭이고 갑사甲士는 빽빽이 늘어섰다. 일제히 동쪽 교외를 향해 출발했다. 동쪽 교외 일대는 평탄한 광야로 원래 옛날부터 사냥을 하던 곳이었다. 선왕은 오랫동안 순행을 하지 못하다가 그곳으로 나와 보니 정신이 상쾌했다. 이에 명령을 내려 군대를 멈추고 진을 치게 한 뒤 군사들에게 분부했다.

"첫째 곡식을 짓밟지 말라. 둘째 수목에 불을 질러 훼손하지 말라. 셋째 백성의 거주지를 침범하지 말라. 잡은 짐승은 많든 적든 모두 헌상하라. 그 다음 포획 순서에 따라 상을 나누어주리라. 만약 몰래 감추는 자가 있으면 조사하여 중죄로 다스리겠다."

호령이 떨어지자 제각각 용기를 뽐내며 모두들 앞다투어 돌진했다. 전진했다가 후퇴했다가 또 빙빙 돌며 수레꾼은 말을 모는 기술의 오묘함을 다 발휘했고, 좌로 쐈다가 우로 쐈다가 또 전후로도 쏘아대며 궁수는 활 쏘는

솜씨의 능숙함을 한껏 뽐냈다. 잘 훈련된 매와 개가 사나운 기세로 미친 듯이 날뛰자, 여우와 토끼는 그 위세에 겁을 먹고 어지럽게 숨어들었다. 활시위 울리는 곳에 피와 살점이 낭자했고, 화살이 적중한 곳에 털과 날개가 휘날아 올랐다. 이 한바탕 사냥 몰이가 얼마나 떠들썩했던가! 선왕의 마음은 몹시 즐거웠다. 해가 뉘엿뉘엿 기울 무렵에야 영을 내려 포위를 풀었다. 군사들은 포획한 금수를 남김없이 묶어서 개선가를 부르며 회군했다.

행진이 채 3~4리 정도도 못 미쳤을 때 선왕은 옥련 위에서 깜박 졸음이 밀려왔다. 그때 문득 저 멀리서 작은 수레가 정면으로 부딪치며 달려왔다. 수레에는 두 사람이 서 있었고 팔에는 붉은 활을 걸고 손에는 붉은 화살을 잡은 채 선왕을 향해 고함을 질렀다.

"왕은 그간 무탈하셨는가?"

선왕이 시선을 고정시키고 바라보니 바로 상대부 두백과 하대부 좌유였다. 선왕이 깜짝 놀라 눈을 비비는 사이에 사람과 수레가 모두 보이지 않았다. 좌우 신하들에게 물었으나 모두들 "아무것도 보지 못했습니다"라고 말했다. 선왕이 깜짝 놀라 의아해하고 있는데, 두백과 좌유가 또 작은 수레를 타고 옥련 앞 멀지 않은 곳에서 왔다 갔다 하고 있었다. 선왕이 진노하여 소리쳤다.

"죄 많은 악귀야! 감히 어가를 범하다니!"

선왕은 태아보검太阿寶劍[17]을 뽑아 허공을 향해 휘둘렀다. 두백과 좌유는 아랑곳하지 않고 일제히 꾸짖었다.

17_ 태아보검太阿寶劍: 태아검泰阿劍으로도 쓴다. 춘추시대 말기 월越나라의 명검장 구야자歐冶子와 간장干將이 힘을 합쳐 주조한 것으로 알려져 있다. 그러나 흔히 임금의 위엄을 상징하는 보검의 뜻으로도 쓰인다.

杜大夫化厲鳴寃

두 대부가 귀신이 되어 나타나다.

"무도하고 어리석은 임금아! 네놈은 덕정德政을 펴지 않고 망령되이 무고한 사람을 살육했으니 오늘 네놈의 운수는 끝났다. 우리는 오로지 원한을 갚으러 온 것이다. 우리 목숨을 돌려다오!"

고함 소리가 아직 끝나지도 않았는데, 바로 붉은 활을 들어 붉은 화살을 메기고 선왕의 심장을 향해 쐈다. 선왕은 외마디 비명을 지르며 옥련 위에서 졸도했다. 윤공은 놀라 다리가 마비되었고 소공은 눈알이 튀어나올 지경이었다. 함께 있던 좌우 시종들이 생강탕으로 선왕의 정신이 돌아오게 했지만 끊임없이 심장의 고통을 호소했다. 신하들은 나는 듯이 어가를 몰아 성안으로 돌아와 선왕을 부축하여 궁궐로 들어갔다. 각 군의 군사들은 상도 받지 못한 채 허둥지둥 흩어졌다. 흥이 나서 갔다가 흥이 깨져서 돌아온 격이었다. 염옹이 읊은 시가 있다.

붉은 화살 붉은 활에 모습은 신과 같고	赤矢朱弓貌似神
천군 행진 대오 속에 나는 듯이 수레 모네	千軍隊裏騁飛輪
군왕도 잘못하면 앙갚음은 당연한 것	君王枉殺還須報
하물며 미천한 사람이야 일러 무엇하리오	何況區區平等人

선왕의 목숨이 어떻게 되는지는 다음 회를 읽어보시라.

제2회

용의 침에 숨은 재앙

포 땅의 사람은 속죄의 대가로 미녀를 헌상하고
유왕은 봉화를 올려 제후를 희롱하다
褒人贖罪獻美女, 幽王烽火戲諸侯.

선왕은 동쪽 교외에서 사냥을 하다가 두백과 좌유의 원혼이 나타나 목
숨을 돌려달라고 하는 일을 당했다. 그리하여 병을 얻어 환궁한 뒤 눈만
감으면 두백과 좌유가 눈앞에 보였다. 선왕은 스스로도 일어나지 못할 것
을 알고 약도 먹으려 하지 않았다. 사흘 뒤 병세는 더 악화되었다. 그때 주
공은 늙음을 핑계로 물러난 지 이미 오래되었고 중산보도 벌써 세상을 떠
난 뒤였다. 이에 노신 윤길보와 소호를 불러 후사를 부탁했다. 두 신하가
바로 어전에 이르러 머리를 조아리고 문후를 여쭈었다. 선왕은 내시에게 자
신을 부축하여 일으켜달라 하고 비단 금침에 기대어 두 신하에게 일렀다.

"짐은 경들의 힘에 의지하여 보위에 오른 지 46년이 되었소. 남북으로
정벌사업을 펼쳐 사해가 평안해졌소. 허나 뜻밖에도 병을 얻어 일어나지
못하게 되었구려! 태자 궁열宮涅[1]은 비록 장성했으나 천성이 우매하므로 경

들이 보좌에 진력하여 조종의 대업이 바뀌지 않게 해주시오!"

두 신하는 머리를 조아리고 고명을 받았다. 마침 궁궐 문을 나서다가 태사 백양보를 만났다. 소호가 몰래 백양보에게 말했다.

"이전의 동요 가사에 대해 제가 아마도 궁시지변이 있을 것 같다고 말씀을 드린 적이 있소. 이제 상감께서 악귀들이 쏜 붉은 화살에 맞아 병환이 위독하게 되었소. 그 조짐이 이미 맞았으니 상감께선 필시 일어나지 못하실 듯하오."

백양보가 말했다.

"내가 밤에 천문을 보니 요사스러운 별이 자미원에 숨어 있었소. 하여 국가에 또 다른 변고가 있을 것이오. 상감의 몸만으로는 그것을 감당할 수 없을 듯하오."

윤길보가 말했다.

"'하늘이 정한 운수는 사람의 계책을 뛰어넘지만, 사람의 계책이 하늘의 운수를 뛰어넘기도 하는 법이오天定勝人, 人定亦勝天.' 제공들께서는 천도만 말하고 인사는 내버려두는구려. 그렇다면 삼공과 육경은 무슨 소용이 있겠소?"

말을 마치고는 각자 뿔뿔이 흩어졌다. 얼마 지나지 않아 각 벼슬아치가 다시 궁궐 문밖에 모여 소식을 기다리다가 임금의 옥체가 위중하다는 소식을 듣고 감히 귀가하지 못했다. 이날 밤 선왕이 붕어崩御했다.[2] 중전 강후가 첩지를 전하여 고명 노신 윤길보와 소호를 불렀다. 그 후 백관을 거느리고

1_ 궁열宮涅: 『사기』에는 궁생宮湦으로 되어 있다. '湦'과 '涅'이 형태가 비슷하여 혼동된 듯하다. 여기에서는 『동주열국지』 원문에 따라 '궁열宮涅'로 표기한다.

2_ 붕崩: 천자의 죽음은 붕崩, 제후의 죽음은 홍薨, 대부의 죽음은 졸卒, 선비士의 죽음은 불록不祿, 서민의 죽음은 사死라고 한다.

태자 궁열을 도와 애례哀禮를 거행하고 선왕의 관 앞에서 보위에 오르게 했다. 이 사람이 유왕幽王이다. 조칙을 내려 다음 해를 원년으로 삼고 신백申伯의 딸을 왕후로 봉했으며 또 의구宜臼를 태자로 삼았다. 아울러 왕후의 부친인 신백을 신후申侯로 높였다. 사신史臣이 선왕이 행한 중흥의 아름다움을 시로 찬미한 것이 있다.

오호라 혁혁하다 주 선왕이여	於赫宣王
아름다운 덕망으로 번영 이뤘네	令德茂世
궁벽한 변방까지 위엄 떨쳤고	威震窮荒
변란에 처하여 재난 없앴네	變消鼎雉
밖에는 중산보요 안은 강후라	外仲內姜
국난을 극복하고 융성케 했네	克襄隆治
전왕의 독소를 되돌린 뒤에	幹父之蠱
중흥의 기치를 높이 세웠네	中興立幟

중전 강후도 애통이 지나쳐서 얼마 지나지 않아 역시 세상을 떠났다. 유왕은 사람됨이 포악하고 각박했으며 행동도 제멋대로였다. 거상居喪 기간에도 후궁들을 가까이하고 음주에 식육까지 하면서 전혀 애통해하는 마음을 보이지 않았다. 강후가 세상을 떠난 뒤로는 더욱더 거리낌이 없어져서 음악과 미색에 탐닉하며 조정의 일은 아랑곳하지 않았다. 신후申侯가 누차 간언을 올렸으나 듣지 않자, 물러나 자신의 신申나라로 돌아갔다. 이 또한 서주西周의 국운이 장차 다하려는 참이었던지, 윤길보와 소호 같은 노신도 앞서거니 뒤서거니 세상을 떠났다. 이에 유왕은 괵공虢公, 채공祭公[3]과 윤길

보의 아들 윤구尹球를 나란히 삼공三公의 대열에 서게 했다. 이 세 사람은 모두 참소와 아첨을 일삼고 벼슬과 봉록이나 탐하는 패거리여서, 오직 임금이 좋아하는 것에만 영합하기에도 시간이 모자랄 지경이었다. 당시에 사도司徒 정백鄭伯 우友만 정인군자였는데 유왕은 신임하지 않았다.

하루는 유왕이 조회를 보고 있는데, 기산岐山(陝西省 岐山 동북)을 관리하는 신하가 아뢰었다.

"경수涇水(陝西省 涇河), 하수河水(黃河), 낙수洛水(陝西省 洛河)에서 같은 날 지진이 있었습니다."

유왕이 비웃으며 말했다.

"산이 무너지고 땅이 흔들리는 것은 일상의 일이다. 하필 그런 것까지 짐에게 아뢸 필요가 있느냐?"

그러고는 마침내 퇴조하여 내전으로 돌아갔다. 태사 백양보는 대부 조숙대趙叔帶의 손을 잡고 탄식하며 말했다.

"저 세 강은 기산에서 발원하는데 무슨 연유로 흔들릴 수 있단 말이오? 옛날 이수伊水(河南省 伊河)와 낙수洛水(河南省 洛河)가 마르자 하夏나라가 망했고, 하수河水가 마르자 상商나라가 망했소. 지금 세 강이 모두 흔들린다니, 장차 강의 근원이 막힐 것이고, 강이 막혀서 마르게 되면 반드시 산이 무너질 것이오. 대저 기산岐山은 우리 임금들께서 왕업을 일으킨 터전인데, 그 산이 무너지고서도 주나라가 무탈할 수 있겠소이까?"

조숙대가 말했다.

3_ 채공祭公: '祭'가 성씨나 나라 이름으로 쓰일 때는 '채'로 읽는다. 자세한 근거는 제4회 각주 5번 '채족祭足' 참조.

"국가에 변고가 있다면 그게 언제가 되겠소?"

백양보가 손가락을 꼽아보며 말했다.

"앞으로 10년을 벗어나지 않을 것이오."

"그걸 어떻게 아시오?"

"선善이 가득 차면 복이 뒤따르고, 악惡이 가득 차면 화가 뒤따르는 법이오. 10이란 운수의 가득 참이오."

숙대가 말했다.

"천자께서 국정을 궁휼히 여기지 않으시고 아첨꾼을 임용하시니 나는 언로에 직분을 두고 있는 만큼 필히 신하의 절개를 다해 간언을 올릴 것이오."

"허나 간언을 올리고도 아무 도움이 되지 못할까 두렵소."

두 사람이 오랫동안 나눈 밀담은 일찌감치 곡공 석보石父에게 보고되었다. 석보는 숙대가 간언을 올려 자신이 아첨꾼이란 걸 밝힐까 두려워 바로 궁궐 안으로 들어가 백양보와 조숙대가 사사로이 나눈 이야기를 유왕에게 일러바쳤다. 그러면서 그들이 조정을 비방하고 요언으로 사람들을 미혹시킨다고 헐뜯었다. 유왕이 말했다.

"멍청한 놈들이 국정에 대해 망언을 일삼는 것은 논밭에서 욕설을 지껄이는 것과 다름없다. 무어 귀담아들을 게 있느냐?"

한편 조숙대는 한 가닥 충의지심忠義之心을 품고 여러 차례 간언을 올리려 했으나 기회를 얻을 수 없었다. 며칠 후 기산을 관리하는 신하가 또 상소를 올려 아뢰었다.

"세 강이 모두 마르고 기산이 무너져 백성의 주택이 무수하게 묻혔습니다."

유왕은 전혀 두려워하지 않으며 오히려 좌우 시종들에게 미녀를 구해 후궁을 채우라고 어명을 내렸다. 이때 조숙대가 나아가 간언을 올렸다.

"산이 무너지고 강이 마른 것은 몸의 기름과 피가 모두 고갈된 것과 같습니다. 높다란 산이 무너진 것은 국가에 상서롭지 못한 일이 일어날 조짐입니다. 하물며 기산은 왕업의 터전인바 그것이 하루아침에 무너졌으니 작은 변고가 아닙니다. 그러니 이제 정치에 부지런히 힘쓰고 백성을 긍휼히 여기며 현명한 인재를 구해 정치를 보좌하게 해야 하늘의 변고를 없앨 가망이 있을 것입니다. 그런데 어찌하여 현명한 인재는 찾지 않으시고 아름다운 여인만 찾으시옵니까?"

그러자 괵석보가 아뢰었다.

"조정에서 풍호酆鎬에 도읍을 정한 건 천추만대를 위한 것입니다. 저 기산은 이미 내버린 짚신과 같사온데, 무슨 관계가 있겠습니까? 숙대는 오랫동안 임금을 기만할 마음을 품고 있다가 이번에 꼬투리를 잡아 비방하고 있으니 상감께서는 자세히 살피시길 바랍니다."

유왕이 말했다.

"석보의 말이 옳도다."

그리하여 마침내 숙대를 면직시키고 시골로 내쫓았다. 숙대가 탄식하며 말했다.

"위태로운 나라에는 들어가지 말라 했고, 어지러운 나라에는 살지 말라고 했다. 나는 차마 서주에서 맥수지가麥穗之歌(망국의 노래)가 불리는 것을 좌시할 수 없다."

그리고는 마침내 온 집안을 이끌고 진晉나라로 갔다. 이 사람이 바로 진나라 대부 조씨趙氏의 시조이고 조최趙衰, 조돈趙盾이 그 후예다. 뒷날 조씨는 한씨韓氏와 진나라를 셋으로 나누어 제후의 반열에 올랐다. 이것은 나중의 이야기다. 후세 사람이 이를 탄식한 시가 있다.

충신이 난을 피해 북쪽으로 돌아가자 　　　　　忠臣避亂先歸北

세상 운수 쇠미하여 동쪽으로 옮겨가네 　　　　世運凌夷漸欲東

옛날부터 노신은 아껴야 하는 법인데 　　　　　自古老臣當愛惜

어진 신하 떠나가니 나라가 텅 비었네 　　　　　仁賢一去國虛空

대부 포향襃珦은 포성襃城에서 왔다가 조숙대가 쫓겨났다는 소식을 듣고 황급히 입조하여 간언을 올렸다.

"상감께서 하늘의 변고를 두려워하지 않으시고 어진 신하를 축출하시니, 국가가 텅 비고 사직을 보존하지 못할까 두렵습니다."

유왕은 진노하여 포향을 옥에 가두라는 어명을 내렸다. 이로부터 간쟁의 길이 막히자 현인과 호걸 모두 흩어져 떠나갔다.

이야기가 두 갈래로 나뉜다. 산뽕나무 활과 쑥대 전대를 팔려던 남자는 요녀를 품에 안고 포襃 땅으로 달아나 길러볼 요량이었지만 먹일 젖이 없었다. 마침 그곳에 사대姒大라는 사람의 아내가 딸을 낳았으나 그 딸이 요절하자, 포목 가지를 그 시골 남자에게 보내 데려온 계집애를 수양딸로 들여달라고 간청했다. 자란 뒤 계집애의 이름을 포사襃姒라고 했다. 나이가 바야흐로 열네 살이 되자 몸이 성숙하여 열일곱 열여덟 처녀처럼 시집을 보내도 될 모습이 되었다. 더욱이 두 눈은 수려하고 눈썹은 맑았으며, 빨간 입술과 하얀 치아에 머리칼은 검은 구름처럼 풍성했고 손가락은 옥으로 깎아놓은 것 같았다. 그야말로 화용월태花容月態에 경국지색傾國之色이라 할 만했다. 그러나 사대가 궁벽한 시골에 살고 있었고 포사의 나이가 어렸기 때문에 비록 절색이어도 아직 혼처를 정하지는 못하고 있었다.

그때 포향의 아들 홍덕洪德은 우연히 조세租稅를 걷으러 포 땅으로 왔다. 마침 포사는 문밖에서 물을 긷고 있었다. 비록 시골 여인의 촌티 나는 차림새였지만 하늘이 내린 경국지색을 숨길 수는 없었다. 홍덕은 크게 놀랐다.

"이처럼 궁벽한 시골에 저런 아름다운 여인이 있다니!"

이에 마음속으로 이렇게 생각했다.

'아버지께서 호경鎬京의 옥에 갇힌 지 3년이 되었는데도 석방되지 못하고 계시다. 만약 저 여인을 얻어 천자에게 헌상하면 아버지의 죄를 사면받을 수도 있겠다.'

마침내 이웃집으로 가서 그 여인의 성명을 알아낸 뒤 귀가하여 그 어머니에게 말했다.

"아버지께서는 직간을 하다가 상감의 마음을 거스른 것이지 사면받지 못할 죄를 지은 것은 아닙니다. 지금 천자는 황음무도하여 사방에서 미인을 사서 후궁으로 충당하고 있습니다. 사대의 딸이 대단한 절색인데, 황금과 비단을 많이 주고 사온 뒤 헌상하면 아버지를 옥에서 풀려나게 할 수도 있을 것 같습니다. 이것은 산의생散宜生이 문왕文王을 옥에서 빼낸 계책입니다."

그 어머니가 말했다.

"그 계책이 통할 수 있다면야 재화와 비단이 아까울 게 무어냐? 속히 가보도록 하여라."

홍덕은 마침내 몸소 사씨 집으로 가서 사대에게 비단 300필을 주고 포사를 사서 귀가했다. 그리고 향탕香湯에 목욕을 시킨 뒤 기름진 음식을 먹이고 화려한 비단옷을 입혀서 궁중 예법도 가르쳐 수도 호경으로 데리고 갔다. 먼저 금은보화를 괵공에게 주고 자신의 말을 유왕에게 전해달라고 했다. 괵공이 아뢰었다.

"포향은 스스로 만 번 죽어 마땅함을 알고 있습니다. 마침 향의 아들 홍덕이 제 아비가 다시 살아날 수 없음을 애통해하며 특별히 미인을 진상하여 속죄를 바라고 있습니다. 그 미인의 이름은 포사입니다. 천만번 바라옵건대 상감께서 사면의 은혜를 베풀어주시옵소서."

유왕은 그 말을 듣고 곧 포사를 궁궐로 들게 했다. 배례가 끝난 뒤 유왕이 고개를 들고 포사를 바라보았다. 그처럼 아름다운 용모와 행동거지는 여태껏 본 적이 없었다. 눈길을 던지는데 고운 광채가 사람을 환하게 비출 정도였다. 용안에 커다란 환희가 일었다.

'사방에서 미인을 바쳤지만 포사의 만분의 일에도 미치지 못했도다.'

마침내 중전 신후에게 알리지도 않고 포사를 별궁에 머물게 했다. 그리고 교지를 내려 포향을 사면·출옥시키고 그 관작을 회복시켰다. 이날 밤 유왕은 포사와 동침했다. 운우지락雲雨之樂을 군이 말로 표현해 무엇하랴? 이때부터 유왕은 앉으면 포사를 무릎 위에 앉히고 서면 어깨를 나란하게 곁에 세웠으며 마실 때는 같은 잔으로 마시고 먹을 때도 그릇을 함께 했다. 그리고 연이어 열흘이나 조회를 열지 않았다. 조정 문 앞에서 기다리던 군신들은 아무도 임금의 얼굴을 볼 수 없자 모두 탄식하며 되돌아갔다. 이것은 유왕 4년의 일이다. 증거로 삼을 만한 시가 전한다.

국향國香으로 이름난 명화 꺾어서	折得名花字國香
시골 차림 여인 임금 침대에 바쳤네	布荊一旦薦匡牀
풍류 천자 모든 일은 쉽고도 쉬울지나	風流天子渾閒事
용의 침에 숨은 재앙 어찌 알 수 있었으랴	不道龍髹已伏殃

襄人贖罪戲美女

홍덕이 포사를 바치다.

유왕은 포사를 얻은 뒤로 그 미색에 홀딱 빠져 경대瓊臺에 함께 거주하며 대략 3개월 동안 중전 신후의 처소에는 한 번도 들지 않았다. 그러나 일찌감치 신후에게 이러쿵저러쿵 일러바치는 사람이 있었다. 신후는 분함을 참지 못하고 어느 날 갑자기 후궁들을 이끌고 곧바로 경대로 내달았다. 마침 유왕과 포사는 무릎을 나란히 하고 앉아 있었지만 포사는 일어나 왕후를 맞이하지 않았다. 신후가 끓어오르는 분노를 참으며 꾸짖었다.

"어디서 굴러온 천한 것이 여기서 감히 궁궐을 어지럽히느냐?"

유왕은 신후가 손찌검을 할까봐 두려워 자신의 몸으로 포사의 앞을 막으며 대신 대답했다.

"이 사람은 짐이 새로 얻은 미인이오. 아직 내명부의 위차를 정하지 못해서 중전에게 인사를 드리지 못한 것이오. 그렇게 화를 낼 필요까지는 없소."

신후는 한바탕 욕을 퍼부은 뒤 원한을 품고 돌아갔다. 포사가 물었다.

"방금 온 사람은 누구입니까?"

"바로 왕후이니라. 너는 내일 가서 뵙도록 하라."

포사는 입을 닫고 대답하지 않았다. 다음 날에도 여전히 중궁을 뵈러 가지 않았다.

신후는 내전에서 침울한 마음을 금할 수가 없었다. 태자 의구宜臼가 무릎을 꿇고 물었다.

"어마마마의 고귀한 지위는 육궁六宮[4]의 주인이온데, 무슨 불쾌한 일이

4_ 육궁六宮: 『주례周禮』「천관天官·내재內宰」에 육궁에 대한 기록이 있다. 한대漢代 정현鄭玄은 황후의 정침正寢(잠자는 곳) 한 곳과 연침燕寢(휴식하는 곳) 다섯 곳을 육궁이라고 한다 했다. 흔히 황후와 후궁 전체를 가리키는 말로 쓰이며, 황후가 내명부 전체를 통괄하므로 육궁이 황후를 가리키기도 한다.

라도 있습니까?"

신후가 말했다.

"네 부친이 포사를 총애하며 적처嫡妻와 비첩婢妾의 구분도 돌아보지 않는구나. 장래에 저 천것이 뜻을 얻게 되면 우리 모자는 발붙일 데도 없을 것이다!"

그러고는 마침내 포사가 자신을 뵈러 오지 않은 일과 경대에서 일어나 맞이하지 않은 일을 태자에게 자세히 하소연하다가 부지불식간에 눈물까지 흘렸다. 태자가 말했다.

"그건 어렵지 않은 일입니다. 내일은 초하루이므로 아바마마께서 반드시 조회를 여실 것입니다. 그때 어마마마께선 후궁들을 거느리고 경대로 가서 꽃을 꺾으세요. 그 천것이 경대에서 나와 상황을 살펴볼 때 제가 그년을 한바탕 독하게 두들겨 패서 어마마마의 분을 풀어드릴 것입니다. 아바마마께서 진노하시더라도 그 죗값은 제가 받을 것이오니 어마마마와는 무관한 일이 될 것입니다."

신후가 말했다.

"태자는 경솔하게 행동하지 말고 모름지기 조용하게 다시 상의해야 할 것이다."

태자는 분한 마음으로 내전에서 물러나왔다.

하룻밤이 지나고 다음 날 아침 유왕은 과연 조회에 나왔고 군신들은 초하루 하례를 올렸다. 이때 태자는 고의로 나인 수십 명을 보내 경대 아래에서 불문곡직하고 함부로 꽃을 꺾게 했다. 경대 안에서 한 무리의 나인들이 몰려나와 그것을 가로막고 말했다.

"이 꽃은 만세萬歲(천자)께서 심으신 것으로 이곳 마마와 수시로 감상하고 즐기는 것입니다. 함부로 훼손하지 마십시오. 그러지 않으면 그 죄가 적지 않을 것입니다!"

그러자 이쪽 나인들이 말했다.

"우리는 동궁마마의 명령을 받들고 여기 꽃을 꺾어 중전마마께 바치려는 것이다. 누가 감히 가로막는단 말이냐?"

피차간에 다툼과 고성이 일어났다. 포사가 놀라서 몸소 경대 밖으로 나와 상황을 살피다가 마음속에서 분노가 일어 폭발 직전으로 치달았다. 그런데 뜻밖에도 돌연 태자가 나타났다. 포사는 아무런 방어도 할 수 없었다. 태자는 원수를 바라보듯 눈을 부라리며 한걸음에 달려가 보배로 꾸민 포사의 검은 머리채를 움켜잡고 욕설을 퍼부었다.

"이 천한 년! 네년이 대체 무엇이기에 이름도 없고 지위도 없으면서 망령되이 '마마'를 칭한단 말이더냐? 눈앞에 뵈는 게 없구나! 오늘 네게 내가 누군지 가르쳐주리라!"

주먹을 쥐고 두들겨 패기 시작했다. 몇 주먹을 날리는데 궁녀들이 유왕에게 문책을 당할까 두려워서 일제히 무릎을 꿇고 머리를 조아리며 고함을 질렀다.

"동궁마마! 용서해주시옵소서! 상감마마의 체면을 봐서라도 만사를 신중히 살피시옵소서!"

태자도 포사의 목숨을 해칠까 두려워서 즉시 손을 멈추었다. 포사는 수치심과 분통한 마음을 품고 경대 안으로 들어갔다. 태자가 제 어미를 대신해 분풀이한 것을 알고는 포사의 눈에서는 두 줄기 눈물이 마구 쏟아져 내렸다. 궁녀들이 마음을 풀어주며 말했다.

"마마! 슬퍼하지 마옵소서. 상감마마께서 잘 처리하실 것입니다."

그 말이 아직 다 끝나지도 않았는데, 유왕이 조회를 마치고 바로 경대로 들어왔다. 포사의 양 귀밑머리가 풀어 헤쳐져 있고 눈에서는 눈물이 흘러내리는 것을 보고 물었다.

"내 사랑하는 포비褒妃가 무슨 연유로 오늘은 단장도 하지 않았는고?"

포사는 유왕의 소매를 잡아끌며 큰 소리로 목 놓아 울었다.

"태자가 나인들을 인솔하고 경대 아래에서 함부로 꽃을 꺾었습니다. 천첩은 아무 죄도 없는데, 태자는 천첩을 보자마자 욕설을 퍼붓고 때렸습니다. 만약 궁녀들이 간곡히 말리지 않았다면 제 목숨도 보존하기 어려웠을 것입니다."

포사는 말을 마치고 소리 내어 울며 통곡을 그치지 않았다. 유왕은 마음속으로 일의 내막을 분명하게 짐작하고는 포사에게 말했다.

"네가 중전을 뵙지 않아서 일이 이 지경에 이르렀구나. 이는 중전이 시킨 일이지 태자의 뜻은 아닐 것이다. 괴이하게 생각하지 말라."

포사가 말했다.

"태자가 제 모친을 위해 원수를 갚으려 하는 것이니, 천첩을 죽이지 않으면 그치지 않을 것입니다. 천한 제 몸은 죽어도 아까울 것이 없으나, 승은을 입은 뒤로 태기가 있은 지 벌써 두 달이 지났습니다. 첩의 한 목숨은 실은 두 목숨입니다. 원하옵건대 상감께서는 천첩을 궁궐 밖으로 나가게 하여 저희 모자 두 목숨을 보전하게 해주시옵소서."

유왕이 말했다.

"사랑하는 포비는 진정하라. 짐이 직접 조치하겠노라."

유왕은 그날 바로 전지를 내렸다.

"태자 의구는 용맹을 즐기고 예절은 없으니, 장차 온순한 성품을 기를 수 없을 듯하다. 잠시 신申나라로 가서 신후申侯의 가르침을 받도록 하라. 동궁의 태부太傅와 소부少傅 등은 태자를 꼴도 아니게 가르쳤으니 아울러 삭탈관직을 명하노라."

태자는 입궁하여 자신의 입장을 해명하려 했으나 유왕은 궁궐 문에 명령을 내려 태자를 통과시키지 못하게 했다. 태자는 하릴없이 수레를 타고 신나라로 떠나갈 수밖에 없었다. 중전 신후는 오랫동안 태자가 내전에 들어오는 걸 보지 못하자 나인들에게 사정을 물어서 비로소 태자가 벌써 신나라로 폄적된 것을 알았다. 손바닥 하나로는 소리를 낼 수 없는 법이라 신후는 종일토록 남편을 원망하고 아들을 생각하면서 눈물 속에서 나날을 보내게 되었다.

포사는 회임한 지 열 달 만에 아들을 낳았다. 유왕은 그를 보배처럼 사랑하여 이름을 백복伯服이라 했다. 유왕은 마침내 적자를 폐하고 서자를 태자로 세우려는 마음을 품게 되었다. 그러나 아무리 해도 합당한 이유가 없어 입을 열기가 어려웠다. 괵석보는 왕의 뜻을 짐작하고 마침내 윤구와 상의한 뒤 몰래 포사와 내통하여 말했다.

"태자가 외가로 쫓겨갔으니 백복 왕자를 후사로 세우는 것이 합당합니다. 안으로는 마마께서 머리맡에서 읍소하시고, 밖으로는 우리 두 사람이 협력하고 있으니 일이 이루어지지 않을까 근심할 게 무엇이겠습니까?"

포사가 몹시 기뻐하며 대답했다.

"모든 걸 두 분의 마음씀에 의지하겠습니다. 만약 백복이 보위를 잇게 되면 마땅히 천하를 두 분과 함께 나눌 것입니다."

이때부터 포사는 좌우의 심복을 몰래 파견하여 밤낮으로 중전 신후의 단점을 염탐하게 했다. 궁궐 문 안팎에도 모두 이목을 두어 바람이 불고 풀이 흔들리는 것조차도 모르는 것이 없을 정도였다.

중전 신후는 아무도 찾는 이 없이 홀로 중궁에 기거하며 온종일 눈물만 흘렸다. 어느 날 나이 지긋한 궁녀가 신후의 심사를 짐작하고 무릎 꿇고 아뢰었다.

"마마께서 동궁 전하를 생각하신다면 어찌 편지 한 통을 신나라로 몰래 보내 동궁마마로 하여금 상소를 올려 사죄하게 하지 않으십니까? 만약 상감께서 감동하셔서 동궁마마를 불러들이시면 모자 상봉이 이루어질 것이니 어찌 좋은 일이 아니겠습니까?"

신후가 말했다.

"그 말이 진실로 좋기는 하나 편지를 전할 사람이 없으니 그것이 한이다."

궁녀가 말했다.

"신첩의 어미 온온溫媼이 의술을 좀 압니다. 마마께서 거짓으로 병이 있다 칭하시고, 온온을 불러 진맥하게 한 뒤 편지를 갖고 나가 신첩의 오라비를 시켜 봉송하게 하면 만무일실萬無一失일 것입니다."

신후가 윤허하고 마침내 편지 한 통을 썼는데 그 내용은 대략 이러했다.

천자가 무도하여 요망한 계집을 총애한 나머지 우리 모자를 떨어져 살게 했다. 이제 요망한 계집이 아들까지 낳아서 그 총애가 더욱 단단해졌다. 너는 상소를 올려 '이제 잘못을 깨닫고 스스로 새 삶을 살고자 하니 아바마마께서는 널리 용서해주시옵소서!'라고 거짓으로 죄를 인정하여라. 만약 사면을 받아 조정으로 돌아올 수 있으면, 우리 모자가 다시 만나 달리 계책을 세울 수 있을 것이다.

편지 쓰기를 마치자 신후는 거짓으로 병을 칭하고 자리에 누운 뒤 온온을 불러 진맥하게 했다. 이 일은 일찌감치 포사에게 보고되었다. 포사가 말했다.

"이는 필시 소식을 전하려는 계략이다. 온온이 출궁하기를 기다렸다가 그 몸을 수색하면 바로 단서가 나올 것이다."

온온이 중궁에 당도하자 궁녀가 먼저 여차여차한 내막을 알려줬다. 신후는 거짓 진맥을 받으면서 머리맡에서 편지를 꺼내 당부했다.

"밤을 도와 신나라로 이 편지를 보내거라. 늦거나 잘못 전달해서는 안 될 것이다!"

그러고는 즉석에서 채색 비단 두 단을 하사했다. 온온은 그 편지를 가슴에 품고 손에는 채색 비단을 받쳐 들고 의기양양 궁궐 문을 나섰다. 문지기 내시가 그 앞을 가로막으며 물었다.

"이 비단은 어디서 난 것이오?"

"노첩이 중전마마의 진맥을 봐드리자 마마께서 제게 내리신 것이오."

"달리 지니고 있는 건 없소?"

"없소."

막 밖으로 나가려는데 또 한 사람이 말했다.

"몸도 뒤지지 않고 어떻게 있는지 없는지 알겠소?"

그러고는 마침내 온온의 손을 잡고 비틀었다. 온온은 이곳저곳을 가리며 당황한 기색을 보였다. 문지기 내시는 의심이 들어 더 철저하게 수색하려고 했다. 그들이 일제히 앞으로 달려와 온온의 옷깃을 잡아 찢자 편지의 끄트머리가 드러났다. 내시에게 발각된 신후의 편지는 즉시 노파와 함께 경대로 압송되어 포사에게 전해졌다. 포사는 편지를 뜯어보고 진노했다. 그리하여 온온을 빈방에 가두고 그 소식이 밖으로 새나가지 않도록 영을 내렸다. 채색 비단 두 단은 손으로 직접 갈갈이 찢으며 분함을 달랬다. 유왕은 포사의 방으로 들어와서 찢어진 비단이 탁자 위에 가득한 것을 보고 그 내력을 물었다. 포사는 눈물 머금은 얼굴을 유왕에게 마주 대며 말했다.

"신첩이 불행하게도 깊고 깊은 구중궁궐로 들어와 잘못 총애를 입어 중전마마의 투기를 받게 되었습니다. 또 불행히도 아들을 낳아 그 투기가 더욱 심해졌습니다. 이제 중전께서 태자에게 편지를 보내면서 그 말미에 이르기를 '달리 계책을 세울 수 있을 것이다'라고 했습니다. 이는 필시 신첩 모자의 생명에 관계된 모의인 듯하니, 원컨대 상감께서는 신첩을 위해 이 사건을 처리해주시옵소서!"

말을 마치고는 편지를 유왕에게 보여주었다. 유왕은 그것이 신후의 필적임을 알아보고 편지를 전하려던 사람이 어디에 있는지 물었다. 포사가 말했다.

"온온이 지금 이곳에 있습니다."

유왕은 즉시 끌어내라고 한 뒤 한마디 말도 듣지 않고 칼을 뽑아 온온의 몸을 두 동강 냈다. 염옹에게 이를 읊은 시가 있다.

깊은 궁궐 편지 한 통 전하지도 못한 채	未寄深宮信一封
서리 같은 칼날 아래 원통한 피 뿌렸도다	先將冤血濺霜鋒
태자 지위 바루는 일 훗날 누가 묻는다면	他年若問安儲事
온온이 세운 공을 첫째로 꼽아야 하리	溫媼應居第一功

이날 밤 포사는 또 유왕 앞에서 갖은 교태를 부리며 말했다.

"천첩 모자의 목숨은 태자의 손에 달려 있습니다."

"짐이 조치를 취할 것인데, 태자가 무슨 일을 할 수 있겠느냐?"

포사가 말했다.

"상감의 천추만대 이후에라도 태자가 임금이 되는 건 피할 수 없을 것입니다. 지금 중전은 밤낮으로 궁궐에서 원망과 저주를 퍼붓고 있는데, 만약 저들 모자가 권력을 손에 쥐면 신첩과 백복은 죽어서 묻힐 땅도 없을 것입니다!"

말을 마치고 포사는 다시 엉엉 소리 내어 울기 시작했다. 유왕이 말했다.

"나는 지금의 중전과 태자를 폐하고 새로이 너를 중전으로 세우고 백복을 동궁에 앉히고 싶구나. 허나 아마도 군신들이 따르지 않을 것이니 어찌한단 말이냐?"

포사가 말했다.

"신하가 임금의 말을 따르는 건 순리요, 임금이 신하의 말을 따르는 건 역리입니다. 상감께서는 이 뜻을 가지고 대신들을 효유하고 나서 공론이 어떤지 살펴보시옵소서."

유왕이 말했다.

"네 말이 옳도다."

이날 밤 포사는 심복을 괵석보와 윤구에게 보내 말을 전하며 내일 조회의 답변을 준비하게 했다.

다음 날 조회가 파할 무렵 유왕은 공경대신을 탑전 앞에 오게 하여 입을 열었다.

"왕후가 질투하고 원망하며 짐을 저주하니 천하의 모후가 되기 어렵소. 잡아들여 죄를 물을 수 있겠소?"

곽석보가 아뢰었다.

"왕후는 육궁의 주인이시니 비록 죄가 있더라도 구속하여 문초할 수는 없습니다. 만약 왕후의 덕이 그 지위에 맞지 않는다면 성지를 내려 폐하시고 달리 현숙한 덕이 있는 이를 간택하시어 천하에 모후로서 위의를 보이면 만세의 복이 될 것입니다."

윤구가 아뢰었다.

"신이 듣건대 포비의 덕성이 정결하고 정숙하다 하니 중전의 지위를 감당할 수 있을 것으로 생각됩니다."

유왕이 말했다.

"태자가 지금 신나라에 있는데, 신후를 폐하면 태자는 어떻게 해야 하오?"

곽석보가 아뢰었다.

"신이 듣건대 어미는 아들을 귀하게 여기고, 아들은 어미를 귀하게 여긴다 합니다. 지금 태자는 죄를 피해 신나라에 거주하고 있기 때문에 계절의 문후도 여쭈지 못한 지 오래입니다. 하물며 그 어미가 폐위되었는데, 어떻게 그 아들을 계속 쓸 수 있겠습니까? 신 등은 백복을 동궁으로 세우기를 바랍니다. 그렇게 되면 사직에 크나큰 다행일 것입니다!"

유왕은 크게 기뻐하며 전지를 내려 신후를 폐위하고 냉궁冷宮으로 물러나게 했다. 그리고 태자 의구를 폐하여 서인庶人으로 지위를 낮추었다. 이후 포사는 왕후, 백복은 태자가 되었다. 간언을 올리는 자가 있으면 즉시 의구의 당으로 엮어 중죄로 다스렸다. 이것이 바로 유왕 9년의 일이다. 문무文武 양반 중에는 마음속에 불평을 품은 사람이 많았지만 유왕의 뜻이 이미 굳어진 것을 알고는 공연히 아무 이득도 없이 살신殺身의 화를 당할까 봐 모두 입을 다물었다. 태사 백양보가 탄식하며 말했다.

"삼강三綱이 이미 끊어졌으니 주나라의 망국을 서서 기다릴 수밖에 없도다!"

그날로 늙음을 핑계하며 벼슬자리를 내버렸다. 여러 신하 중에서도 관직을 버리고 전원으로 돌아간 사람이 매우 많았다. 조정에는 윤구, 괵석보, 채공역祭公易과 같은 아첨꾼들만 남아 있게 되었다. 유왕은 아침저녁을 불문하고 포비와 궁중에서 쾌락을 즐겼다.

포비는 중전의 지위를 찬탈하고 임금의 총애를 독점했지만 여태껏 한 번도 웃은 적이 없었다. 유왕은 포비를 즐겁게 하기 위해 악공을 불러 종고鍾鼓[5]를 울리고 사죽絲竹[6]을 연주하게 했다. 그리고 이와 함께 궁녀들에게 노래하고 춤추게 했으나 포비의 얼굴에는 전혀 기쁜 기색이 없었다. 유왕이 물었다.

"그대는 음악조차 듣기 싫어하니 좋아하는 것이 무엇인가?"

"신첩은 좋아하는 것이 없습니다. 다만 기억하건대 지난날 손으로 채색 비단을 찢을 때 그 소리가 상쾌하여 들을 만했습니다."

유왕이 말했다.

"비단 찢는 소리를 좋아한다면서 어찌 일찍 말하지 않았는가?"

그러고는 곧바로 사고司庫(창고지기)에게 영을 내려 날마다 채색 비단 100필을 들여오게 하고 힘센 궁녀들로 하여금 그것을 찢어서 포비를 기쁘게 했다. 그러나 괴이하게도 포비는 비단 찢는 소리를 좋아하기는 했지만 여전히 웃는 얼굴은 보여주지 않았다. 유왕이 물었다.

5_ 종고鍾鼓: 종이나 북과 같은 타악기.
6_ 사죽絲竹: 실로 꼬아 만든 현악기와 대나무를 뚫어 만든 관악기.

"그대는 어찌하여 웃지 않는가?"

"신첩은 평소에 웃지 않습니다."

"짐이 필히 그대를 한번 웃게 만들리라."

그러고는 마침내 이렇게 영을 내렸다.

"궁궐 안팎을 막론하고 포후를 웃게 할 수 있는 자에겐 천금의 상을 내리리라."

괵석보가 계책을 아뢰었다.

"선왕께서 지난날 서융西戎이 강성할 때 저들이 침입할 것을 두려워하여 여산驪山(陝西省 西安 驪山) 아래 20여 곳에 봉수대를 설치하고 큰북 수십 개를 매달아두었습니다. 일단 적병이 쳐들어오면 연기를 마구 피워 하늘까지 치솟아 오르게 한 뒤 부근의 제후들이 그것을 보고 군사를 일으켜 도와주러 오게 합니다. 또 큰북을 함께 울리면 저들이 달려오는 것을 더욱 재촉하게 됩니다. 지금은 수년 동안 천하가 태평하여 봉화불이 모두 꺼졌습니다. 상감께서 만약 중전마마의 웃음을 보고자 하신다면 반드시 중전마마와 함께 여산으로 유람을 가시옵소서. 그리하여 밤에 봉화를 올리면 제후들이 반드시 구원병을 이끌고 당도할 것입니다. 그러나 그곳에 당도한 뒤 적병이 없어서 황당해하는 모습을 보이면 중전께서 틀림없이 웃으실 것입니다."

유왕이 말했다.

"그 계책이 심히 훌륭하오!"

그리하여 포후와 함께 수레를 나란히 하고 여산으로 유람을 갔다. 밤이 되자 여궁驪宮에서 연회를 열고 봉화를 올리도록 명령을 전했다.

이때 정백鄭伯 우友가 마침 조정에 있다가 자신이 사도司徒 직을 맡고 있기 때문에 이 일에 앞장서라는 어명을 듣고 대경실색했다. 그는 급히 여궁으로 달려가 아뢰었다.

"봉화란 선왕께서 전쟁의 완급에 대비하기 위해 설치한 것으로 제후로부터 믿음을 얻기 위한 방법입니다. 지금 아무 까닭도 없이 봉화를 올리는 건 제후를 희롱하는 일입니다. 그러면 다른 날 사변이 생겼을 때 설령 봉화를 올려도 제후들은 틀림없이 믿지 않을 것입니다. 장차 무엇으로 병사를 징집하고 위급함에 대처하시겠습니까?"

유왕이 노기를 띠며 말했다.

"지금 천하가 태평한데 무슨 일로 병사를 징집한다는 말이오? 짐은 오늘 왕후와 함께 여궁으로 유람 왔으나 아무 소일거리가 없어 제후들과 놀이를 한번 해보려는 것이오. 다른 날 변고가 있어도 경과는 무관할 것이니 심려치 마시오!"

그리하여 끝내 정백의 간언을 듣지 않았다. 봉화를 크게 올리고 또 큰 북을 세차게 두드리기 시작했다. 북소리가 우레처럼 울리고, 불꽃이 하늘을 비췄다. 기내畿內의 제후들은 호경에 변고가 생긴 것으로 짐작하고 즉시 제각각 병사를 거느리고 장수를 점고한 뒤 밤을 새워 여산으로 달려왔다. 그러나 여궁의 누각에서는 풍악 소리만 들려왔다. 유왕은 포비와 술을 마시고 오락을 즐기며 사람을 시켜 제후들에게 사례를 하며 말했다.

"다행히 외침이 없으니 먼 길 오느라 공연히 애만 썼도다."

제후들은 서로 얼굴을 바라보며 깃발을 거두어 돌아갔다. 포비는 누각 위에서 난간에 기대어 제후들이 아무 일도 없는데 분주하게 왕래하는 모습을 바라보았다. 그런 모습을 보고 자기도 모르게 박장대소를 터뜨렸다. 유왕이 말했다.

"사랑하는 그대가 한번 웃으니 온갖 아름다움이 함께 생기도다. 이것은 곽석보의 공이다!"

마침내 그에게 천금의 상을 내렸다. 지금까지 전해오는 속담에 '천금으로 웃음을 산다千金買笑'7는 말이 있는데, 이 말이 아마도 여기에 바탕을 둔 것이리라. 염옹이 시를 지어 '봉화로 제후를 희롱한 일'을 읊었다.

좋은 밤에 여궁에선 풍악 소리 울리는데　　　　　　　　　良夜驪宮奏管簧

까닭 없이 봉화가 하늘을 비췄도다　　　　　　　　　　　無端烽火燭穹蒼

가련하다 열국들이 수고롭게 달려와도　　　　　　　　　可憐列國奔馳苦

포비를 한바탕 웃게 한 데 그쳤도다　　　　　　　　　　止博褒妃笑一場

한편 신후申侯는 유왕이 중전 신후申后를 폐위하고 포비를 세웠다는 소문을 듣고는 상소를 올려 간했다.

"옛날 걸왕은 말희妹喜를 총애하다가 하나라를 망하게 했고, 주왕은 달기妲己를 총애하다가 상나라를 망하게 했습니다. 상감께서 지금 포비를 총애하고 신임하시어 적자를 폐하고 서자를 세웠으니, 이는 부부의 의를 어기고 부자의 정을 해친 것입니다. 저 걸·주의 일을 오늘날 다시 보게 되었으니, 하나라와 상나라의 참화가 다른 시대의 일이 아닙니다. 바라건대 상감께서는 혼란한 어명을 거두시어 망국의 재앙을 피하소서."

유왕은 상소를 읽다가 서안書案을 내리치며 불같이 화를 냈다.

"이 도적놈이 어찌 감히 함부로 입을 놀리느냐?"

7_ 천금매소千金買笑: 천금으로 웃음을 산다는 뜻. 막대한 대가를 지불하고 미녀의 웃음을 구한다는 것으로 미색美色에 빠져 망국의 길로 나아가는 것을 비유한다.(『여씨춘추呂氏春秋』「신행론愼行論」)

유왕이 거짓 봉화로 제후들을 희롱하다.

곽석보가 아뢰었다.

"신후는 태자가 방축된 것을 보고 오랫동안 원망을 품고 있었습니다. 지금 또 왕후와 태자가 모두 폐위되었다는 소문을 듣고 모반을 하기 위해 감히 상감이 잘못되었다고 함부로 지껄이는 것입니다."

유왕이 말했다.

"그렇다면 어떻게 조처해야겠소?"

석보가 아뢰었다.

"신후는 원래 아무 공로도 없이 왕후의 아비로 작위를 받은 자입니다. 이제 왕후와 태자가 모두 폐위되었으니, 신후도 의당 작위를 깎아 예전대로 백작으로 돌리소서. 그리고 군대를 일으켜 그 죄를 토벌해 후환을 없애길 바라옵니다."

유왕이 윤허하고 어명을 내려 신후의 작위를 깎았다. 그리고 석보를 장수로 삼아 병사를 뽑고 수레를 차출하여 신나라를 정벌하는 군사를 일으키고자 했다. 결국 승부가 어떻게 될지는 다음 회를 보시라.

제3회

견융의 무리에게 쫓기다

견융의 군주가 호경을 크게 노략질하자,
주평왕은 동쪽 낙읍으로 도읍을 옮기다
犬戎主大鬧鎬京, 周平王東遷洛邑.

신후가 상소문을 올린 뒤, 호경에서 비밀리에 소식을 염탐하던 자가 유왕이 괵공을 장수로 삼아 조만간 병력을 일으켜 신나라를 정벌할 것이라는 소식을 듣고 밤새도록 달려가 신후에게 상황을 보고했다. 신후는 몹시 놀라며 말했다.

"나라는 작고 군대도 미약한데, 어떻게 천자의 군사를 대적할 수 있겠는가?"

대부 여장呂章이 아뢰었다.

"천자가 무도하여 적자를 폐하고 서자를 세우자, 충성스럽고 어진 신하는 벼슬을 내던졌고, 만백성은 모두 원망에 가득 차 있습니다. 이는 조정이 고립된 형세에 빠졌다는 뜻입니다. 지금 서융西戎은 병력이 강성한데, 우리 신나라와 국경을 마주 대하고 있습니다. 주상께서는 속히 서융의 군주에게 서찰을 보내 병력을 빌려 호경으로 달려가 왕후를 구하십시오. 그리고 반드시 옛 태자에게 보위를 전하라고 천자에게 요구하십시오. 이것은 이윤伊尹 및 주공周公의 업적과 같은 일입니다. 전해오는 말에 이르기를 '먼저 출병하여 기선을 제압하라先發制人'[1]고 했습니다. 이 기회를 놓쳐서는 안 됩니다."

신후가 말했다.

"그 말이 심히 타당하오."

그리하여 마침내 황금과 비단 한 수레를 준비하여 서찰을 지닌 사람을 보내 견융에게 병력을 빌리도록 했다. 그리고 호경을 깨뜨리는 날 왕실 창고의 황금과 비단을 마음대로 가져가도 좋다고 허락했다. 융주戎主가 말했다.

"중국의 천자가 실정하여 국구國舅(왕후의 부친)인 신후가 나를 불러 무도한 임금을 주살하고 동궁을 옹립하려고 한다. 이는 나의 뜻과 같다."

마침내 서융의 군사 1만5000을 동원하여 그것을 세 개 분대로 편성했다. 우선봉은 패정孛丁, 좌선봉은 만야속滿也速, 융주는 스스로 중군을 인솔했다. 창과 칼이 길에 가득했고, 깃발이 하늘을 가렸다. 신후도 본국의 병력을 일으켜 상호 조력하며 호호탕탕 호경으로 치달려갔다. 예상치 못하게 허를 찔러 왕성을 세 겹으로 포위하니 물 샐 틈조차 없었다.

유왕은 변란 소식을 듣고 대경실색했다.

"기밀을 치밀하게 유지하지 못해 참화가 먼저 일어났구나. 우리 군대는 아직 거병조차 하지 않았는데, 오랑캐 군사가 선수를 쳤으니 이 일을 어찌하면 좋겠는가?"

1_ 선발제인先發制人: 먼저 군사를 출동시켜 적을 제압한다는 뜻. 기선을 잡고 적을 무찌름을 비유한다.(『한서漢書』 「항적전項籍傳」)

곽석보가 아뢰었다.

"속히 여산으로 사람을 보내 봉화를 올려야 합니다. 제후들의 원군이 필히 도착할 것이니 그때 안팎에서 적을 협공하면 반드시 승리할 수 있을 것입니다."

유왕은 그 말에 따라 사람을 보내 봉화를 올리게 했다. 그러나 제후의 군대는 갑옷 조각 하나도 얼씬거리지 않았다. 아마도 전에 봉화로 놀림을 당했기 때문에 이번에도 속임수라 생각하고 모두 군대를 동원하지 않는 듯했다. 유왕은 원군이 오지 않고, 견융이 밤낮으로 성을 공격하는 것을 보고 석보에게 말했다.

"아직 적의 세력이 강한지 약한지 알지 못하니 경이 한번 시험해보도록 하오. 짐도 씩씩하고 용기 있는 병사를 선발하여 그 뒤를 받치도록 하겠소."

곽공은 원래 전투에 능한 장수가 아닌지라 억지로 어명에 응하여 병거 200승乘을 이끌고 성문을 열어 들판을 쓸며 나아갔다. 신후는 진지 위에서 석보가 성을 나오는 것을 보고 그를 가리키며 융주에게 말했다.

"저자가 임금을 기만하고 나라를 그르친 도적놈이오. 살려 보내서는 안 될 것이오."

융주가 그 말을 듣고 말했다.

"누가 나를 위해 저놈을 잡아오겠느냐?"

패정이 아뢰었다.

"소장이 나가겠습니다."

패정은 춤추듯 칼을 휘두르며 말에 박차를 가하여 곧바로 석보를 잡으러 달려나갔다. 채 열 합도 겨루지 못하고 석보는 수레 아래에서 패정의 칼에 몸이 두 동강 났다. 융주와 만야속도 일제히 앞으로 쇄도해나갔다. 함성을 내지르고 마구 살상하며 성안으로 난입했다. 집을 마주치면 불을 지르고, 사람을 만나면 칼로 베었다. 신후조차 그들을 제어할 수 없어서 그들이 하는 대로 맡겨둘 수밖에 없었다. 성안이 아비규환의 혼란에 빠졌다. 유왕은 군대를 돌아볼 틈도 없이 형세가 불리해진 것을 보고 작은 수레에 포사와 백복을 싣고 후문을 열어 도주했다. 사도 정백 우가 뒤에서 따라오며 소리쳤다.

"상감께서는 놀라지 마옵소서. 신이 어가를 보위하겠습니다."

이들은 북문을 나서서 구불구불 여산을 바라보며 내달렸다. 도중에 또 따라온 윤구를 만났다. 윤구가 말했다.

"견융이 궁궐을 불사르고 창고의 보물을 약탈해갔으며 채공祭公도 벌써 난군 속에서 죽었습니다!"

유왕은 심장과 간담이 모두 찢어지는 듯했다. 정백이 다시 영을 내려 봉화를 올렸다. 봉화 연기가 하늘로 치솟았으나 원군은 여전히 도착하지 않았다. 견융의 군사가 여산 아래까지 추격해와서 여궁을 겹겹이 포위하고는 일제히 소리쳤다.

"어리석은 임금은 도주를 멈추어라!"

유왕과 포사는 놀라 한데 뒤엉켜 서로 마주보며 울었다. 정백이 들어와 아뢰었다.

"사태가 급박하나, 신이 보잘것없는 목숨을 바쳐서라도 어가를 보위하며 포위를 뚫겠습니다. 그 뒤 신의 나라에 투신하셨다가 훗날을 도모하십시오!"

"짐이 숙부님의 말을 듣지 않았다가 일이 이 지경에 이르렀소. 짐은 오늘 우리 부부와 우리 부자의 목숨을 숙부님께 맡기오!"

건융이 호경을 노략질하다.

정백은 곧바로 사람을 시켜 여궁 앞에다 불을 질렀다. 그 불로 융병을 유인하고 자신은 유왕을 이끌고 여궁의 뒷문으로 짓쳐 나아갔다. 정백은 긴 창을 들고 앞장서서 길을 열었고, 윤구는 포후 모자를 보호하며 유왕의 뒤를 바짝 따랐다. 그러나 얼마 가지 못하여 금방 견융의 군사에 가로막혔다. 그 선두는 바로 젊은 장수 고리적古里赤이었다. 정백은 이빨을 갈고 분노를 터뜨리며 바로 그를 맞아 싸웠다. 싸움이 벌어진 지 수 합도 안 되어 정백의 긴 창이 고리적을 찔러 말 아래로 떨어뜨렸다. 융병은 정백의 용맹함을 보고 일시에 놀라 흩어졌다. 반 리里 정도 갔을 때 배후에서 또 함성이 일었다. 선봉 패정이 대군을 이끌고 추격해왔다. 정백은 윤구에게 어가를 보위하여 앞서 가게 하고 자신은 그 뒤를 끊으며, 한편으로 싸우면서 한편으로 도망쳤다. 그러나 견융의 철기군이 가로질러 오자 대열은 두 갈래로 나뉘고 말았다. 정백은 중간에 갇혀서도 전혀 두려움이 없었다. 그의 창은 신출귀몰하여 앞서 나선 적병은 죽어나가지 않은 자가 없었다. 융주는 사방에서 화살을 쏘게 했다. 화살이 비 오듯 쏟아지니 옥석을 어떻게 구분하랴? 애석하다, 일국의 어진 제후가 오늘 만 발의 화살 아래 목숨을 잃는구나! 좌선봉 만야속이 바로 유왕의 수레를 사로잡았다. 융주는 곤룡포와 옥대를 보고 그가 유왕임을 알아채고는 바로 수레 위에서 한칼에 참수한 뒤 아울러 백복도 죽였다. 포사는 미모 덕에 죽음을 면하고 가벼운 수레에 실려 짐승 가죽으로 둘러친 장막에 끌려가 융주의 노리개가 되었다. 윤구는 수레 속에 숨어 있다가 융병에게 끌려나와 참수되었다.

따져보면 유왕은 모두 11년 동안 보위에 있었다. 산뽕나무 활과 쑥대 전대를 팔러 온 남자가 청수하 가에서 요녀를 주웠으니 그 여자가 바로 포사였다. 그녀는 임금의 마음을 미혹시키고, 정실의 모후를 능멸하며 유왕을 해쳐 오늘날 자신의 몸을 망치고 나라를 망하게 했다.

지난날 동요에서 이렇게 노래했다. "달은 장차 떠오르고, 해는 장차 지려 하네. 산뽕 활과 쑥대 전대, 주나라가 망해가네." 바로 그 조짐과 부합한다. 하늘의 운수는 이미 선왕宣王 때 정해진 것이다. 이에 대해 동병東屛 선생2이 지은 시가 있다.

조정에서 갖은 수로 요녀 웃게 만들다가	多方圖笑掖庭中
화장 짙은 얼굴에 봉화 붉게 흔들렸네	烽火光搖粉黛紅
제후와 단절한 건 그저 그렇다 하더라도	自絕諸侯猶似可
어찌 차마 나라 운명 오랑캐에게 망쳤는가	忍敎國祚喪羌戎

또 농서隴西 거사3가 영사시詠史詩를 읊었다.

여산 기슭 한 웃음에 견융이 분노하니	驪山一笑犬戎嗔
활과 화살 그 동요가 진실로 증명됐네	弧矢童謠已驗眞
18년에 걸쳐서도 인과응보 맞았나니	十八年來猶報應
하늘의 조화 만회할 이 그 어떤 사람이랴	挽回造化是何人

또 한 수의 절구가 있어 선한 일을 한 가지도 못 하고 죽은 윤구를 지적하며 간신들을 경계하고 있다.

2_ 동병東屛 선생: 가공의 인물.

3_ 농서隴西 거사: 당대唐代 시인 이하李賀의 조적祖籍이 농서隴西(甘肅省)여서 스스로 농서이하隴西李賀로 칭하기도 했다. 그러나 여기서는 가공의 인물로 봐야 한다.

교언과 아첨으로 어둔 임금에 잘 보여서　　　　　　　巧話讒言媚暗君

백년토록 부귀영화 한가득 도모했네　　　　　　　　滿圖富貴百年身

하루아침에 머리 나란히 함께 주륙당했으니　　　　一朝騈首同誅戮

천추만대에 간신배로 꾸짖음 당하리라　　　　　　落得千秋罵佞臣

또 한 수의 절구가 있어 정백 우의 충성을 읊고 있다.

석보도 목숨 잃고 윤구도 죽었으며　　　　　　　　石父捐軀尹氏亡

정백도 바로 오늘 임금 위해 전사했네　　　　　　鄭桓今日死勤王

삼인 모두 주周를 위해 목숨을 바쳤지만　　　　　三人總爲周家死

그 백골들 바람 앞에 어느 것이 향기로울까　　　白骨風前那個香

　신후는 성안에서 불길이 솟구치는 것을 보고 본국 군대를 이끌고 서둘러 입궁했다. 연도의 불을 끄면서 먼저 중전 신후를 찾아 냉궁에서 풀어주었다. 그 뒤 내처 경대로 갔으나 유왕과 포사의 종적은 보이지 않았다. 어떤 사람이 손가락으로 가리키며 말했다.

　"벌써 저 북문으로 탈출했습니다!"

　여산으로 도주한 것으로 짐작하고 황급히 추격대를 풀었다. 도중에 융주를 만나 수레와 말을 마주 대고 각기 서로 노고를 위로했다. 어리석은 임금이 벌써 죽었다는 데 화제가 미치자, 신후는 대경실색하며 말했다.

　"나의 초심은 다만 상감의 사특함을 바로잡으려는 데 있었다. 그런데 뜻밖에도 일이 이 지경에 이르렀으니, 후세에 임금에게 불충하는 자는 필시 나를 구실로 삼을 것이다."

그리고는 시종들에게 영을 내려 유왕의 시신을 잘 수습하여 예를 갖춰 장사 지내도록 했다. 이에 융주가 비웃으며 말했다.

"국구께서는 아녀자의 인심婦人之仁을 지니셨구려!"

신후는 왕경으로 돌아와 연회를 베풀고 융주를 융숭하게 대접했다. 왕실 창고의 보옥은 모두 탈취해가고 아무것도 없었지만 다시 황금과 비단 열 수레를 모아서 융주에게 선물로 줬다. 그러면서 그가 만족하고 돌아가기를 바랐다. 그러나 융주가 유왕을 죽인 것을 세상에 없는 공로로 여길 줄 누가 생각이나 했겠는가? 저들은 사람이건 우마牛馬건 할 것 없이 모두 왕경에 똬리를 틀고 앉아 하루 종일 음주 가무를 즐기며 군사를 되돌려 귀국할 마음을 먹지 않았다. 백성의 원망은 모두 신후에게 귀착되었다. 신후는 어쩔 수 없이 밀서 세 통을 써서 사람을 시켜 삼로三路의 제후에게 통지하고 근왕병을 보낼 약조를 해달라고 했다. 삼로의 제후란 누구인가? 북로의 진후晉侯 희구姬仇, 동로의 위후衛侯 희화姬和, 서로의 진군秦君 영개嬴開가 그들이었다. 또 정鄭나라로 사람을 보내 정백의 순난殉難 사실을 세자 굴돌掘突에게 알려 목숨 걸고 복수의 군대를 일으키라고 했다.

정 세자 굴돌은 나이가 바야흐로 스물셋에 신장은 8척이었으며 영용하고 비범한 기상이 있었다. 부친이 전사했다는 소식을 듣고는 슬픔과 분노를 이기지 못하고 마침내 하얀 상복에 흰 띠를 맨 채 병거 300승을 인솔하여 밤새도록 왕경으로 달려왔다. 이 사실은 일찌감치 염탐꾼에 의해 융주에게 보고되어 저들도 전투 준비에 들어갔다. 굴돌은 도착하자마자 병사들에게 진격 명령을 내리려고 했다. 그러자 공자公子 성成이 간했다.

"아군은 두 배의 속도로 진군하여 피로가 쌓였는데도 쉴 틈이 없었습니다. 저들은 해자를 깊이 파고 보루를 견고히 하여 기다리고 있습니다. 제후의 군사가 모일 때까지 기다렸다가 합공하면 만전의 계책이 될 것입니다!"

굴돌이 말했다.

"군부君父의 원수를 갚을 때는 군사를 되돌리지 않는 것이 예라 하오. 하물며 저 오랑캐들은 지금 교만에 가득 차 있으니 내가 예기로써 저들의 나태함을 공격하면 가는 곳마다 이기지 못함이 없을 것이오. 제후의 군사가 모일 때까지 기다리다보면 어찌 병사들의 마음이 풀어지지 않겠소?"

그리하여 마침내 군사를 휘몰아 곧장 성 아래로 진격했다. 성 위에는 깃발이 모두 누워 있었고 북소리도 울리지 않았으며 아무런 동정이 없었다. 굴돌이 목청을 높여 욕설을 퍼부었다.

"이 개돼지 같은 도적놈들아! 어찌 성을 나와 결전을 한번 치르려 하지 않느냐?"

성 위에서는 아무런 대꾸가 없었다. 굴돌은 좌우 군사들에게 고함을 질러 성을 공격하라고 명령을 내렸다. 갑자기 저쪽 수풀 깊은 곳에서 커다란 징 소리가 울리며 한 무리 군사가 쏟아져 나왔다. 바로 융주가 벌써 계책을 마련하여 성 밖에다 미리 매복해두었던 것이다. 굴돌은 몹시 놀라면서도 황급히 창을 들고 응전했다. 성 위에서 또 징 소리가 크게 울렸다. 그러자 성문이 활짝 열리면서 또 한 무리의 군사가 쏟아져 나왔다. 앞에서는 패정이 뒤에서는 만야속이 협공해오니 그 기세를 감당할 수 없었다. 굴돌은 크게 패하여 달아났다. 융병은 30여 리나 추격하다가 회군했다. 굴돌은 패잔병을 수습하며 공자 성에게 말했다.

"내가 경의 말을 듣지 않았다가 불리한 형세를 초래하고 말았소. 이제 무슨 계책을 써야 하오?"

공자 성이 아뢰었다.

"이곳은 복양濮陽(河南省 濮陽)에서 멀지 않습니다. 복양의 위후衛侯께서는 노련하고 성실하게 일을 처리하십니다. 어찌 그분에게 잠시 몸을 의탁하지 않으십니까? 우리 정나라와 저 위衛나라가 병력을 합치면 뜻을 이룰 수 있을 것입니다."

굴돌은 그 말에 따라 복양으로 행진하도록 분부했다.

행군한 지 대략 이틀이 지났을 때 저 멀리 먼지가 이는 곳에서 무수한 병거가 마치 튼튼한 담장처럼 질서정연하게 다가오는 것이 보였다. 그 중간에는 한 제후가 앉아 있었다. 금포錦袍 금대金帶, 창안蒼顔 백발白髮에 초연한 신선의 기품이 서려 있었다. 그 제후는 바로 위 무공衛武公 희화姬和였다. 그때 나이 벌써 80여 세를 넘기고 있었다. 굴돌은 수레를 멈추고 큰 소리로 외쳤다.

"저는 정나라 세자 굴돌입니다. 융병이 왕경을 침범하여 제 부친은 그곳 전장에서 전사했습니다. 그런데 제 군사 또한 패배하여 특별히 구원을 청하러 가는 길입니다."

위 무공이 공수拱手의 예로 답했다.

"세자께서는 마음을 놓으시오. 나도 온 나라를 기울여 근왕勤王에 매진할 작정이오. 듣건대 진秦과 진晉의 군대도 머지않아 당도한다고 하니 저 개돼지 같은 놈들이야 뭐가 근심할 게 있겠소?"

굴돌은 위후에게 선도를 양보하고 수레를 돌려 다시 호경으로 진군하다가 도성에서 20리 떨어진 곳에 군사를 둘로 나누어 주둔했다. 그리고 사람을 보내 진秦·진晉 두 나라의 기병 소식을 수소문하게 했다. 염탐병이 보고했다.

"서편 일각에 징 소리와 북소리가 크게 울리고 수레가 굉음을 내는데 수놓은 깃발에 '진秦' 자가 크게 쓰여 있었습니다."

위 무공이 말했다.

"진秦은 작위가 비록 부용국에 불과하나 서융의 풍속에 익숙하여 군사들이 용감하고 전투에 뛰어난 까닭에, 견융도 저들을 두려워하오!"

이 말이 끝나기도 전에 북쪽의 염탐이 달려와 보고했다.

"진晉나라 군사도 당도하여 벌써 북문에 진채를 세웠습니다."

위 무공이 크게 기뻐하며 말했다.

"두 나라 군사가 당도했으니 대사는 이미 이루어진 것이오!"

그러고는 사람을 보내 진秦·진晉 두 제후에게 소식을 전했다. 잠시 후 두 제후가 모두 위 무공의 진영으로 와서 서로 노고를 위로했다. 두 제후가 굴돌이 소복을 입은 것을 보고 물었다.

"이분은 뉘시오?"

무공이 대답했다.

"이분은 정나라의 세자요."

그러고는 마침내 정백이 순국한 일과 유왕이 피살된 일의 자초지종을 자세히 이야기했다. 두 제후는 탄식을 금치 못했다. 무공이 말했다.

"노부는 나이가 많고 무식하지만 다만 신하된 몸으로 대의를 행하는 길을 사양할 수 없기에 힘을 내어 여기까지 온 것이오. 이제 비린내 나는 오랑캐를 쓸어버리는 일은 전적으로 두 상국上國의 힘에 의지하려 하오. 장차 어떤 계책을 쓰면 좋겠소?"

진秦 양공襄公이 말했다.

"견융의 의도는 사내아이와 계집아이를 잡아다가 노예로 삼고 황금과 비단을 노략질하려는 것에 불과합니다. 저들은 우리 군사가 이제 막 도착한 것을 보고 틀림없이 방비를 제대로 하지 않을 것입니다. 그러므로 오늘 밤 삼경에 군사를 동, 남, 북 삼로로 나누어 적을 들이치되, 서문만은 남겨 두어 저들의 도주로로 삼게 할 것입니다. 허나 정나라 세자께서 그곳에 병 사를 매복시켰다가 저들이 문을 나설 때 뒤에서 습격하면 온전한 승리를 거둘 수 있을 것입니다."

무공이 말했다.

"그것 참 훌륭한 계책이오."

이야기가 두 갈래로 나뉜다. 신후는 성안에서 네 나라의 군사가 당도한 소식을 듣고 마음속으로 매우 기뻤다. 마침내 젊은 주공周公 훤喧과 밀담을 나누었다.

"밖에서 성을 공격하기를 기다렸다가 이곳에서 성문을 열어주고 호응해 야 할 것이오."

그리고 융주에게 권하여 우선봉 패정으로 하여금 군사를 나누어 먼저 보화와 황금 및 비단을 본국으로 실어가게 했다. 그것은 저들의 세력을 약 화시키기 위한 계책이었다. 또 좌선봉 만야속에게 모든 군사를 이끌고 나 가 성 밖에서 적을 맞아 싸우게 했다. 융주는 좋은 계책이라며 하나하나 신후의 말에 따랐다. 만야속은 동문 밖에 진영을 세우고 바로 위衛나라 군 사와 대치하면서 다음 날 전투를 벌이기로 약조했다. 그러나 뜻밖에도 삼 경이 지나자 위나라 군사가 융병의 진채를 급습했다. 만야속은 칼을 뽑아 들고 말 위에 올라 황급히 적을 맞아 싸웠다. 그러나 어찌하랴? 융병은 사 방으로 흩어지며 어지러이 몸을 숨기기에 바빴다. 만야속도 자신의 두 팔 두 주먹만으로는 사태를 막아낼 수 없어서 함께 도망칠 수밖에 없었다. 또 삼로의 제후가 함성을 지르며 성을 공격할 때 홀연 성문이 활짝 열렸다. 삼로의 군마는 한꺼번에 성안으로 쏟아져 들어갔고 아무런 저항도 받지 않았다. 이것이 바로 신후가 의도한 계책이었다. 융주는 꿈속에서 놀라 깨어 한 필의 전마를 잡아타고 서문으로 탈출했다. 따르는 부하는 수백 명에 불과했다. 그러다가 정나라 세자 굴돌이 앞을 가로막고 맹렬하게 추격해와 위기일발의 상황에 처했다. 그러나 마침 만아속이 패잔병을 수습하여 쫓아와 굴돌과 한바탕 혼전을 벌이는 틈에 가까스로 몸을 빼낼 수 있었다. 굴돌은 끝까지 추격하지 않고 성안으로 돌아와 제후들과 만났다. 때마침 동이 환하게 터오고 있었다. 포사는 융주를 따라가지 못하자 스스로 목을 매어 죽었다. 호증胡曾 선생[4]이 시를 읊어 탄식했다.

비단 휘장 속에서는 국모를 일컫더니   錦繡圍中稱國母
비린내 나는 대오 속 오랑캐 계집 되었네   腥羶隊裏作番婆
종당에는 하릴없이 목을 매어 죽었나니   到頭不免投繯苦
왕비된 즐거움이 많았다고 하겠는가   爭似爲妃快樂多

신후는 연회를 크게 열고 네 분의 제후를 융숭하게 대접했다. 그때 윗자리에 앉았던 위 무공이 젓가락을 놓고 일어나 제후들에게 말했다.

"오늘 임금은 죽고 나라는 망했는데, 신하된 자가 어찌 음주를 즐길 수

4_ 당대唐代 시인 호증胡曾(약 840~?)의 「영사시詠史詩」에는 이 시가 포함되어 있지 않다. 호증의 이름을 빌린 의작擬作으로 보인다. 이후 호증의 의작으로 보이는 시에는 따로 주석을 달지 않았다. 호증은 만당晚唐 시기 의종懿宗 연간의 문인으로 중국 고대사를 칠언절구로 노래한 150수의 영사시로 유명하다.

있겠소?"

동석했던 사람들이 일제히 손을 모으고 일어나며 말했다.

"아무개 등은 가르침을 받고자 합니다."

위 무공이 말했다.

"나라에는 하루라도 임금이 없어서는 안 되오. 지금 태자께서 신나라에 계시니 마땅히 모셔와서 보위에 오르게 해야 할 것이오. 여러 제후께서는 어떻게 생각하시오?"

진 양공이 말했다.

"군후君侯의 그 말씀은 문왕, 무왕, 성왕, 강왕의 영령이 내리신 가르침입니다."

정 세자 굴돌도 대답했다.

"저는 이번에 한 치의 공도 세우지 못했으니, 태자를 모셔오는 일에 제 미력이나마 다 바쳐 선친이신 사도司徒의 유지를 이루고자 합니다."

위 무공은 크게 기뻐하며 잔을 들어 그 뜻을 위로했다. 그러고는 마침내 그 자리에서 태자에게 보내는 표장表章을 초하고 어가를 준비하게 했다. 각국의 제후도 모두 군사를 내어 서로 돕겠다고 했다. 굴돌이 말했다.

"이 일은 원래 적을 맞아 싸우는 일이 아니오. 어찌 또다시 군사가 필요하겠소. 우리 본국의 군사만으로도 족합니다."

신후가 말했다.

"우리 보잘것없는 신나라에 병거 300승이 있으니 길잡이로 삼도록 하오."

다음 날 굴돌은 드디어 태자 의구를 맞아오기 위해 신나라로 떠났다.

한편 의구는 신나라에서 종일토록 가슴이 답답했다. 국구의 이번 거사가 흉한지 길한지 알 수 없었기 때문이다. 그러던 중 홀연히 정나라 세자가 국구 신후와 제후들이 연명한 표장을 가지고 와서 태자를 모시고 귀경하고자 한다고 보고했다. 태자는 깜짝 놀라 표장을 뜯어 읽었다. 그제야 유왕이 이미 견융에게 살해되었다는 사실을 알고 부자의 정이 솟구쳐 자기도 모르게 목 놓아 울었다. 굴돌이 아뢰었다.

"태자마마께선 사직을 중히 여기시고 조속히 보위를 바로잡아 민심을 안정시키소서."

의구가 말했다.

"나는 이제 천하에 불효자로 이름을 남기게 되었소. 사태가 이미 그러한즉 귀국길에 오를 수밖에 없겠소."

며칠 되지 않아 태자는 호경에 당도했다. 주공이 먼저 입성하여 궁전을 청소했다. 국구 신후는 위衛, 진晉, 진秦 세 나라 제후를 이끌고 정 세자 및 일반 문무백관과 함께 도성 밖 30리까지 나가 태자를 영접한 뒤 길일을 받아 도성으로 들어왔다. 의구는 폐허가 된 궁궐을 보고 처연히 눈물을 흘렸다. 그러고는 바로 신후를 만나 즉위 절차를 문의한 뒤 곤룡포와 면류관을 갖춰 종묘에 고하고 보위에 올랐다. 이 사람이 바로 주周 평왕平王이다.

평왕이 탑전에 오르자 여러 제후와 문무백관이 하례를 드렸다. 평왕은 신후를 탑전 위로 불러 일렀다.

"짐은 폐위된 사람이었으나 이제 조종의 대업을 계승하게 된 것은 모두 구씨舅氏의 힘에 의지한 바요."

그리하여 작위를 신공申公으로 올렸으나, 신후가 사양하며 말했다.

"상벌이 분명하지 않으면 국정이 혼탁해집니다. 호경이 망했다가 다시 살아난 것은 바로 여러 제후가 근왕에 진력했기 때문입니다. 신은 견융의 살육을 금하지 못했고 선왕에게도 죄를 지었으니 만 번 죽어 마땅한데, 어찌 감히 상을 받을 수 있겠습니까?"

이에 세 차례나 굳게 사양하므로, 백작으로 강등되었던 후작의 지위만은 그대로 회복하게 해주었다. 위 무공이 또 아뢰었다.

"포사 모자는 임금의 총애를 믿고 윤상倫常을 어지럽혔습니다. 또 괵석보와 윤구 등은 임금을 기만하고 나라를 그르쳤습니다. 저들이 비록 몸은 죽었으나 모두 벼슬을 깎아야 할 것입니다."

평왕은 일일이 윤허의 어명을 내렸다. 이에 위후 희화는 공작公爵으로 높였다. 진후晉侯 희구에게는 하내河內(황허 강 이북)의 부용국을 더해주었다. 정백 우는 왕을 보위하다 죽었으므로 환桓이란 시호를 내렸다. 그 세자 굴돌은 정백의 작위를 세습하도록 하고 팽전祊田(제사에 쓰는 땅) 1000경頃을 더해주었다. 진秦나라는 원래 부용국이었으나 진백秦伯에 봉하여 제후의 대열에 서게 했다. 젊은 주공 훤喧에게는 태재太宰의 벼슬을 내렸다. 모후인 신후는 태후로 높였다. 포사와 백복은 모두 폐하여 지위를 서인庶人으로 깎았다. 괵석보, 윤구, 채공은 모두 그 선조들이 세운 공과 왕을 보위하다 죽은 일을 생각하여 그 작위의 이름만 깎고, 지위는 자손들이 세습하게 했다. 또 민심을 안정시키기 위한 방을 붙여 도성에서 피해를 입은 백성을 위무했다. 그리고 대소 신료에게 큰 잔치를 베풀고 마음껏 즐기게 했다. 이를 증명할 만한 시가 남아 있다.

만조백관 이날에야 은혜로운 임금 만나	百官此日逢恩主
만백성도 이날 아침 태평시대 기뻐하네	萬姓今朝喜太平
이로부터 대를 이어 공덕이 두터워져	自是累朝功德厚
산천을 바로잡고 나라 중흥 소망했네	山河再整望中興

다음 날 제후들은 평왕이 베푼 은혜에 감사를 올렸다. 평왕은 다시 위후를 사도司徒로 봉하고, 정백 굴돌을 경사卿士로 삼아서 조정에 머물게 하고, 태재 훤과 함께 정치를 보좌하게 했다. 다만 신申과 진晉 두 제후는 본국이 서융·북적北狄과 가까이 있기 때문에 바로 하직 인사를 고하고 귀국했다. 신후는 정나라 세자 굴돌의 영용하고 비범한 모습을 보고 자기 딸을 주이 아내로 삼게 했다. 그가 바로 무강武姜이다. 이 이야기는 여기에서 잠시 접어두도록 한다.

한편 견융은 호경으로 가서 한바탕 소란을 일으킨 뒤 중국으로 가는 길을 익숙하게 알게 되었다. 이번에는 비록 제후들에게 쫓겨 도성을 나왔지만 그 예봉은 전혀 꺾이지 않았다. 또 많은 수고를 하고도 보상을 받지 못했다고 떠벌리며 마음 깊이 원한을 품었다. 그리하여 마침내 대군을 일으켜 주나라 강역을 점령하기 시작했다. 기岐(陝西省 岐山 동북)와 풍鄷(西安 灃河 서쪽) 땅 절반이 융적의 차지가 되면서 호경이 점점 압박당하게 되었고, 매달 봉화가 끊이지 않았다. 또 궁궐도 불에 탄 뒤 열에 다섯도 남아 있지 않았으며 담장이 무너지고 기둥도 쓰러져 그 광경이 심히 처량했다. 평왕은 왕실 창고가 텅 비어 궁전을 다시 세울 힘이 없고, 또 조만간 융적이 침입할까 두려워 도성을 낙읍洛邑(河南省 洛陽)5으로 천도할 마음을 먹었다. 어느 날 조회를 파한 뒤 평왕은 중신衆臣에게 물었다.

5_ 낙읍洛邑: 하남성河南省 낙양洛陽. 주 무왕이 계획하고 성왕 때 완성한 주나라 행정수도. 주나라 수도 호경이 서쪽에 치우쳐 있었기 때문에 중원의 중심에 해당되는 낙읍에 행정수도를 건설하여 천하 제후국의 입조入朝에 편리를 제공했다. 주 평왕이 견융의 침략을 피해 낙읍으로 도읍을 옮긴 이후로는 명실상부한 수도 역할을 했고 이후로 동주東周시대, 즉 춘추시대가 시작되었다.

"지난날 선조인 성왕께서 호경에 도읍을 정하고도 다시 낙읍을 경영하셨는데, 그 의미가 무엇이오?"

중신들이 일제히 아뢰었다.

"낙읍은 천하의 중심이므로 사방에서 조공을 올 때 그 거리가 균등합니다. 이런 연유로 성왕께서 소공에게 명하여 땅을 가려잡게 하고, 주공에게 명하여 궁실을 짓게 하여 동도東都라 이름한 것입니다. 궁실 제도가 호경과 같기 때문에, 매번 제후들과 조회를 여는 해에 천자께서 동도로 행차하여 제후들을 접견하는 것입니다. 이는 모두 백성을 편리하게 하기 위한 정치라 할 수 있습니다."

평왕이 말했다.

"지금 견융이 호경을 압박하고 있으니 그 참화를 장차 예측할 수가 없소. 이에 짐은 낙읍으로 천도하고자 하는데 경들의 의향은 어떠하오?"

태재 훤이 아뢰었다.

"지금 궁궐은 불타 쓰러졌지만 다시 세우기도 쉽지 않습니다. 백성을 수고롭게 하고 재물을 손상시키면 원망이 끝이 없을 것입니다. 서융이 이 틈을 타 거병한다면 어떻게 제어할 수 있겠습니까? 낙읍으로 천도하는 것이 실로 편리한 방책인 줄 아옵니다."

문무 양반이 모두 견융을 걱정하며 일제히 아뢰었다.

"태재의 말이 지극히 옳습니다."

그러나 오직 사도 위 무공만 머리를 숙이고 장탄식을 하고 있었다. 평왕이 말했다.

"노사도老司徒께선 어째서 유독 말씀이 없으시오?"

위 무공이 아뢰었다.

"노신은 나이가 여든을 넘겼사오나 상감께서 늙은 이 몸을 버리지 않으시어 아직 육경의 자리를 차지하고 있습니다. 만약 사실을 알고도 말하지 않으면 임금에게 불충한 것이며, 중신의 뜻을 어기면서까지 말을 하면 그 우의에 불화하는 것입니다. 그러나 차라리 우의에 불화할지언정 감히 임금에게 죄를 짓지는 못하겠습니다. 대저 호경은 왼편에 효산崤山[6]과 함곡관函谷關[7]이 있고 오른편엔 험준한 농隴(甘肅省) 땅과 촉蜀(四川省) 땅이 자리 잡고 있습니다. 산을 헤치고 강물이 흐르며 옥토가 천 리에까지 뻗어 있으니 천하의 형승도 이곳보다 더 나은 곳은 없습니다. 낙읍은 비록 천하의 중심이기는 하나 그 지세가 평탄하여 사방에서 적의 침략을 받을 수 있는 땅입니다. 그리하여 선왕께서는 비록 두 곳에 모두 도읍을 세우셨지만 서경西京(鎬京)에 궁궐을 두어 천하의 요새로 삼으셨고, 동도는 일시의 순행처로만 남겨두신 것입니다. 상감께서 만약 호경을 버리고 낙읍으로 천도하시면 이로부터 왕실이 쇠약해질까 두렵습니다!"

평왕이 말했다.

"견융이 기 땅과 풍 땅을 침탈한 이후로 그 세력이 심히 사나워졌고, 게다가 서도의 궁궐은 무너져 볼만한 것이 없소. 짐이 동도로 천도하고자 하는 것은 실로 부득이한 일이오."

위 무공이 아뢰었다.

"견융은 본성이 승냥이 같아서 나라 안으로 끌어들여서는 안 되는 족속

6_ 효산崤山: 하남성河南省 서쪽에 있는 산으로 예부터 중원에서 관중關中(陝西省)으로 들어가는 요충지로 일컬어졌다.

7_ 함곡관函谷關: 하남성 영보靈寶 북쪽 15킬로미터 지점에 있던 관문. 중원과 관중을 이어주는 주요 관문이었다. 근처의 효산과 함께 흔히 효함崤函으로 일컬어진다.

입니다. 신공이 그들에게 군사를 빌린 것은 실책이었으니 이는 대문을 열고 도적에게 절을 하는 격이었습니다. 저들은 우리 궁궐을 불태우고 전왕을 살육한 불구대천의 원수입니다. 상감께선 뜻을 가다듬으며 자강의 방책을 세워 비용을 절약하고 백성을 사랑하시옵소서. 또 군사를 조련하고 무술을 가르쳐 선왕의 남정북벌을 본받으시옵소서. 그리하여 저 융주를 사로잡아 칠묘七廟에 바치면 지난날의 치욕을 씻을 수 있을 것입니다. 치욕을 참고 원수를 피하여 이곳을 버리고 저곳으로 옮겨간다는 것은 내가 한 발 물러나면 적은 한 발 전진하는 것과 같으니, 이 땅을 잠식하는 우환이 기 땅과 풍 땅에서 멈추지 않을 것입니다. 그 옛날 요堯임금과 순舜임금 재위 시에는 띠풀로 지붕을 이고 흙으로 계단을 만들었으며, 우禹임금은 낮은 궁실에 거주하면서도 누추하다 여기지 않으셨습니다. 왕경의 볼거리가 어찌 궁실에만 있겠습니까? 상감께선 깊이 생각하십시오!"

태재 훤이 또 아뢰었다.

"노사도의 말씀은 일상의 논리일 뿐 변화에 대처하는 변론은 아닌 듯합니다. 전왕께서 정사를 게을리하고 인륜을 끊으시어 스스로 도적을 불러들였으니 그 일은 다시 추궁할 수 없습니다. 이제 상감께서 잿더미를 쓸고 이름을 바로잡았지만 창고는 텅 비어 있고 병력은 쇠약합니다. 백성은 견융을 승냥이나 범과 같이 두려워합니다. 어느 날 견융의 기마병이 치달려 오면 민심이 바로 와해될 것인데 그때 나라를 그르친 죄는 누가 감당할 수 있단 말입니까?"

위 무공이 또 아뢰었다.

"신공申公이 융적을 불러들였으니 틀림없이 융적을 물리칠 능력도 있을 것입니다. 상감께서 사람을 보내 물으시면 반드시 좋은 계책을 낼 수 있을 것입니다."

군신의 상의가 계속되는 가운데 국구 신공이 사람을 보내 황급히 표문
表文을 올렸다. 평왕이 뜯어보니 그 대의는 다음과 같았다.

견융의 침입이 그치지 않아 장차 망국의 화를 당하게 되었습니다. 엎드려
바라옵거대 상감께서는 이 인척을 어여삐 여기시어 군사를 보내 구원해주
시옵소서.

평왕이 말했다.

"구씨께서는 스스로를 돌아볼 겨를도 없는데, 어찌 짐까지 돌아보리오!
도읍을 동쪽으로 옮기는 일은, 짐이 이제 결심을 했소."

이에 태사에게 동천할 날짜를 택일하게 했다. 위 무공이 또 아뢰었다.

"신은 사도 직에 있는데 만약 주상께서 동천을 결행하시면 백성이 이리
저리 흩어질 것입니다. 그러면 신의 허물도 면하기 어려울 것입니다."

그리하여 결국 먼저 방을 붙여 백성을 효유했다. 그 내용은 이러했다.

어가를 따라 동천하려는 자는 조속히 준비하여 함께 출발하도록 하라.

그리고 축사祝史가 글을 지어 천도하는 연유를 먼저 종묘에 고했다. 날짜
가 되자 대종백은 칠묘의 신주를 안고 수레에 올라 대열을 선도했다. 진백
秦伯 영개嬴開가 평왕이 동천한다는 소식을 듣고 친히 군사를 거느려 어가
를 호위했다. 백성 중 남녀노소 손을 잡고 서로 부축하며 뒤를 따르는 자
가 이루 헤아릴 수 없이 많았다.

주 평왕이 낙읍으로 도성을 옮기다.

지난날 선왕宣王은 대제大祭를 올린 밤 꿈속에서 미모의 여인이 세 번 크게 웃고 세 번 크게 울면서 황급하지도 분망하지도 않게 칠묘의 신주를 한 다발로 묶어서 천천히 동쪽으로 가지고 가는 것을 보았다. 세 번 크게 웃은 것은 포사가 여산에서 봉화로 제후들을 희롱하며 웃은 일과 부합하며, 세 번 크게 운 것은 유왕, 포사, 백복의 세 목숨이 끊어진 것과 부합하고, 신주를 묶어 동쪽으로 간 것은 바로 오늘 동천하는 일과 부합한다. 그 꿈이 맞지 않은 것이 하나도 없었다. 또 태사 백양보의 점괘에 이러한 말이 있었다. "울다가 또 웃으며, 웃다가 또 울도다. 양이 귀신에게 먹히고, 말이 개에게 쫓기도다. 삼가고 삼갈지어다. 산뽕나무 활에 쑥대 전대로다哭又笑. 笑又哭. 羊被鬼吞, 馬逢犬逐. 愼之愼之, 檿弧箕箙."

'양이 귀신에게 먹힌다羊被鬼吞'는 것은 선왕이 재위 46년 만에 귀신을 만나 죽은 것을 가리킨다. 그해가 양띠 기미년己未年이었다. '말이 개에게 쫓긴다馬逢犬逐'는 것은 견융이 침입한 것을 가리킨다. 그해가 바로 유왕 11년 말띠 해인 경오년庚午年이었다. 이로부터 마침내 서주는 망했으니 하늘의 운수가 이처럼 정해져 있었던 것이다. 백양보의 신령스런 점괘에 그 징조가 나타나 있었다. 동천 이후의 일이 어떻게 되는지는 다음 회를 보시라.

제4회

이것은 무슨 새인가?

진 문공이 하늘에 올린 제사는 그의 꿈과 부합하고
정 장공은 땅을 파고 어머니를 만나다
秦文公郊天應夢, 鄭莊公掘地見母.

평왕의 동천 어가가 낙양에 이르렀다. 평왕은 저잣거리가 밀집되어 있고, 장엄하며 화려한 궁궐의 모양이 호경과 다를 바 없는 것을 보고 마음속으로 크게 기뻤다. 왕경이 정해지자 사방의 제후들이 하례의 상소문을 올리고 자기 나라의 공물을 헌상했다. 오직 형荊나라의 사신만 오지 않자 평왕은 그들을 정벌할 계책을 의논하게 했다. 신하들이 간했다.

"남쪽 오랑캐인 형나라는 오랫동안 교화의 바깥에 있었기 때문에 선왕께서 처음으로 토벌하여 복종시켰습니다. 매년 보내오는 공물도 청모菁茅한 수레에 불과하며, 그것도 제례 시 축주縮酒하는 데 쓸 뿐입니다. 그런데도 다른 공물에 대해 책망하지 않는 것은 저들을 그럭저럭 잡아두기 위한 의도입니다. 이제 막 천도가 시작되어 민심도 안정되지 못한 가운데, 천자의 군대가 원정을 한다면 그 길흉조차 점칠 수 없을 것입니다. 마땅히 저들을 포용하여 천자의 성덕을 그리워하며 복종해오게 해야 합니다. 그런데도 저들이 시종 마음을 고쳐먹지 않는다면 우리 병력이 충분히 갖춰지기를 기다려 저들을 토벌해도 늦지 않을 것입니다."

이로부터 남정南征에 대한 논의가 그치게 되었다.

진秦 양공襄公이 귀국하려고 하직 인사를 올렸다. 평왕이 말했다.

"지금 기 땅과 풍 땅은 그 절반이 견융에게 침탈당했소. 경이 만약 견융을 축출할 수 있다면 그 땅을 전부 경에게 하사하여 호종扈從의 노고에 조금이나마 보답하고 싶소. 그리하여 길이길이 서쪽 울타리가 되어주신다면 어찌 아름다운 일이 아니겠소?"

진 양공은 머리를 조아리고 명을 받들어 돌아갔다. 그러고는 곧바로 군마를 정돈하여 견융을 멸망시키기 위한 계책을 세웠다. 그 후 3년도 안 되어 견융을 섬멸하여 산산조각을 내고, 그 대장 패정과 만야속 등도 모두 전장에서 죽였다. 이에 융주가 멀리 서쪽 황야로 달아나니 기 땅과 풍 땅 모두 진나라 소유가 되었다. 개척한 땅이 천 리나 되어 진나라는 마침내 대국이 되었다. 염옹이 이 일을 시로 읊었다.

그 옛날 문왕 무왕도 이 땅에서 일어났는데　　　文武當年發跡鄕
어찌하여 경솔하게 진秦나라에 주었는가　　　如何輕棄畀秦邦
기와 풍의 형승이 그 옛날 그대로였다면　　　岐酆形勝如依舊
진나라가 강성한 뒤 시황을 칭했으랴　　　安得秦強號始皇

진나라는 오제五帝[1]의 하나인 전욱顓頊의 후예로 그 후세에 고요皐陶란 사람이 요임금 때 사사관士師官을 역임했다. 고요의 아들 백예伯翳는 우禹를 도와 홍수를 다스리며 산을 태우고 습지에 불을 놓아 맹수를 쫓아냈다. 그 공로로 영씨嬴氏 성을 받아 순임금을 위해 목축을 주관하는 일을 했다. 백예는 두 아들을 두었으니 약목若木과 대렴大廉이 그들이다. 약목은 서徐 땅에 봉해져 하나라, 상나라 이래 대대로 제후의 반열에 있었다. 주왕紂王 때에 이르러 대렴의 후예에 비렴蜚廉이라는 자가 있어 뜀박질을 잘해 하루에 500리를 갈 수 있었다. 그 아들 악래惡來는 용력이 절륜하여 맨손으로 호랑이와 표범의 가죽을 찢을 수 있을 정도였다. 부자가 모두 재주와 용력이 뛰어나 주왕의 총신이 되어 폭정을 도왔다. 무왕이 상을 정벌할 때 비렴과 악래를 주살했다. 비렴에게는 또 계승季勝이란 어린 아들이 있었고, 또 그 증손은 이름이 조보造父였다. 그는 수레를 잘 몰아 주周 목왕穆王의 총애를 받고 조趙에 봉해져 진晉나라 조씨의 시조가 되었다. 그 후예인 비자非子는 견구犬邱[2]에 살면서 말을 잘 길렀다. 주 효왕孝王이 등용하여 견수汧水(陝西省 汧河)와 위수渭水(陝西省 渭河) 사이에서 말을 기르게 했고, 말이 크게 늘었다. 효왕이 매우 기뻐하며 진秦 땅에 비자를 봉하여 부용국의 군주로 삼고, 영씨嬴氏의 제사를 이어가게 하면서 그 나라를 영진嬴秦이라고 했다. 6세를 전하여 양공에 이르러, 근왕의 공을 세워 진백秦伯에 봉해졌다. 그리고 기 땅과 풍 땅을 얻어 세력이 더욱 강해졌으며 옹雍[3]에 도읍을

1_ 오제五帝: 중국 신화 전설 시대 주요 임금들로 여러 학설이 있다. 『대대례기』와 『사기』에서는 황제, 전욱, 제곡, 요, 순을 오제로 꼽았다.

2_ 견구犬邱: 진秦나라 조상이 살던 곳으로 동견구東犬邱와 서견구西犬邱가 있다. 동견구는 지금의 섬서성陝西省 흥평興平, 서견구는 지금의 감숙성甘肅省 예현禮縣 일대다.

3_ 옹雍: 진秦나라 초기 도성이 있던 곳. 지금의 섬서성 봉상鳳翔.

정한 뒤 비로소 제후들과 통교通交하게 되었다. 양공이 세상을 떠나자 그 아들 문공文公이 즉위했으니 이때가 평왕 5년이었다.

하루는 진 문공이 부읍鄜邑(陝西省 富縣)의 들판에서 꿈을 꾸었다. 꿈속에서 누런 구렁이가 하늘에서 내려와 산비탈에 머물렀다. 구렁이의 머리는 수레바퀴만 했고 아래로는 머리가 땅에까지 닿았으며 꼬리는 하늘에 이어져 있었는데, 순시간에 변하여 어린아이가 되었다. 그러고는 문공에게 말했다.

"나는 상제上帝의 아들이오. 상제께서 당신을 백제白帝로 삼아 서방의 제사를 주관하라고 명하셨소."

말을 마치자 순식간에 모습이 보이지 않았다. 다음 날 태사 돈敦을 불러 그 일을 가지고 점을 치게 했다. 태사 돈이 아뢰었다.

"백白은 서방의 색깔입니다. 주상께서 서방을 차지하심은 상제의 명이시니 서방의 신을 제사 지내면 틀림없이 복을 받으실 것입니다."

이에 부읍에 높은 누대를 쌓아 백제묘白帝廟를 세우고 그곳을 부치鄜畤라 했으며 흰 소를 잡아 제사를 올렸다.

어떤 진창陳倉 사람이 이상한 짐승 한 마리를 사냥했는데, 그 모습이 돼지 같으면서도 가시가 많이 돋아 있었다. 아무리 두들겨 패도 죽지 않았고 그 이름을 알 수 없어서 문공에게 바치려고 끌고 가던 중이었다. 도중에 두 동자를 만났다. 그들이 짐승을 가리키며 말했다.

"이 짐승의 이름은 '위猬'(고슴도치 비슷한 짐승)입니다. 늘 땅속에 숨어 있다가 죽은 사람의 뇌를 먹습니다. 그 머리를 치면 즉사합니다."

그러자 위가 사람의 목소리를 내며 말했다.

"이 두 동자는 꿩의 정령입니다. 이름은 '진보陳寶'라고 하는데 수컷을 얻으면 왕이 되고, 암컷을 얻으면 패자霸者가 됩니다."

진 문공이 기이한 꿈을 꾸고 하늘에 제사를 올리다.

두 동자는 본색이 탄로나자 바로 꿩으로 화하여 날아가버렸다. 그 암컷은 진창산陳倉山(陝西省 寶鷄 남쪽 寶鷄山) 북쪽 기슭에 멈추어서 석계石鷄(돌닭)로 변했다. 위猬를 돌아보니 역시 사라지고 없었다. 사냥꾼이 놀라 문공에게 달려와 사실을 고했다. 문공은 또 진창산에 진보사陳寶祠를 세웠다.

또 종남산終南山(陝西省 西安 남쪽)에 커다란 가래나무가 있었다. 문공이 그 것을 베어 궁전의 재목으로 쓰려고 했지만 톱도 들어가지 않았고 도끼도 들어가지 않았다. 그러던 중 문득 세찬 비바람이 몰아쳐 일을 멈추었다. 어떤 사람이 그날 밤 산 아래에 투숙했다가 귀신들이 그 나무를 향해 축하하는 소리와 그 나무귀신이 대답하는 소리를 들었다. 한 귀신이 말했다.

"진秦나라 사람들이 만약 머리를 풀어 헤치고 붉은 실을 나무에 둘러매면 어떻게 할 셈이오?"

나무귀신은 아무 대답도 하지 못했다. 다음 날 그 사람은 귀신이 한 말을 문공에게 고했다. 문공은 그 말에 따라 다시 나무를 베게 했다. 톱날이 들어가며 나무가 베어졌고, 나무속에서 푸른 소 한 마리가 뛰어나와 곧바로 옹수雍水로 뛰어들었다. 그 후 옹수 근처에 사는 사람들은 때때로 푸른 소가 물속에서 나오는 것을 보았다. 문공이 소문을 듣고 기사騎士를 보내 그 소를 잡게 했다. 그러나 푸른 소는 힘이 엄청나서 기사를 떠받아 땅바닥에 쓰러뜨렸다. 그러자 기사는 머리를 풀어 헤쳐 얼굴을 가렸고, 푸른 소는 그것을 두려워하여 다시는 물에서 나오지 않았다. 이에 문공은 군대의 병사들에게 다팔머리를 하도록 제도를 만들었다. 또 노특사怒特祠를 세워 가래나무 귀신에게 제사 지냈다.

이때 노魯 혜공惠公은 진秦나라가 참람되이 상제에게 제를 올린다는 소문을 듣고, 태재 양讓을 주나라로 보내 교체郊禘4의 제례를 올릴 수 있도록 청했지만 평왕은 허락하지 않았다. 혜공이 말했다.

"우리 선조 주공周公께선 주 왕실에 큰 공훈을 세우셨고, 지금의 예악도 그분께서 제정하신 것이다. 그 자손인 우리가 그것을 사용하는 것이 무슨 허물이란 말인가? 하물며 진나라의 참람함도 금하지 못하면서, 어찌 우리 노나라에 금령을 내릴 수 있단 말인가?"

그리하여 마침내 참람되이 교체의 제례를 지내며 주 왕실과 비견하려 했다. 평왕은 그것을 알고도 감히 추궁하지 못했다. 이로부터 주 왕실은 나날이 쇠약해졌고, 제후들은 각각 함부로 권력을 농단하며 서로 침범하는 일도 마다하지 않았다. 천하가 어지러워지며 또다시 사변이 발생했다. 사관史官이 이를 시로 읊어 탄식했다.

옛날부터 왕과 제후 예절 법도 다르나니	自古王侯禮數懸
제후국의 제천 의식 들어보지 못했도다	未聞侯國可郊天
참람의 단서를 진秦과 노魯가 열고부터	一從秦魯開端僭
열국이 분분하게 대권을 훔쳤다네	列國紛紛竊大權

한편 정나라 세자 굴돌이 보위를 이으니 이 사람이 바로 정 무공武公이다. 정 무공은 주나라가 혼란한 틈을 타 동괵東虢과 회鄶 땅을 병탄하고 도읍을 회로 옮겨 그곳을 신정新鄭(河南省 新鄭)이라 했다. 또 낙읍과 가까운 서쪽 형양滎陽(河南省 滎陽)에 다시 경성京城을 쌓고, 제읍制邑(河南省 鞏義 근처의 관문, 虎牢關)에는 관문을 설치했다. 정나라도 이때부터 강성해져서 위衛 무공

4_ 교체郊禘: 천자가 정월에 남쪽 교외에서 하늘에 올리는 제사.

과 함께 주나라 조정의 경사卿士 직을 맡았다. 평왕 13년에 위 무공이 세상을 떠나자 정 무공은 홀로 주나라 정치를 오로지했다. 또 정나라 도읍 형양은 낙읍과 가까워서 더러는 주나라 조정에 있다가 또 더러는 자신의 정나라에 있기도 하는 등 왕래가 아주 빈번했다.

정 무공의 부인은 신후申侯의 딸 강씨姜氏로 두 아들을 낳았다. 장남은 오생寤生, 차남은 단段이라고 했다. 왜 이름을 오생이라고 했는가? 원래 강씨 부인은 오생을 분만할 때 산욕産褥에 앉아보지 못했다. 꿈속에서 아이를 낳았고, 꿈을 깨고 나서 자신이 해산한 것을 알았다. 강씨는 깜짝 놀라서 잠깰 오寤 낳을 생生 자로 이름을 지었지만, 속으로는 좀 불쾌한 마음이 있었다. 그러나 차남 단은 자라면서 뛰어난 인재의 모습을 보였다. 얼굴은 분을 바른 듯 새하얬고, 입술은 주사를 바른 듯 붉었다. 또 힘이 세고 활솜씨가 뛰어났으며 무예에도 고수였다. 강씨는 마음속으로 이 아이를 편애했다.

'만약 보위를 이어받아 군주가 된다면 어찌 오생보다 열 배나 뛰어나지 않겠는가?'

그리하여 누차 남편 정 무공에게 차남의 현명함을 칭찬하며 마땅히 차남을 후사로 세워야 한다고 아뢰었다. 그러나 무공은 이렇게 대답했다.

"장유유서를 어지럽힐 수는 없소. 하물며 오생에겐 허물이 없는데, 어찌 장자를 폐하고 어린 놈을 후사로 세울 수 있단 말이오?"

마침내 오생을 세자로 세우고 단에게는 작은 공성共城(河南省 輝縣 중북부)을 식읍으로 주었다. 그리하여 단은 공숙共叔으로 불리게 되었다. 강씨는 마음이 더욱 불쾌했다. 정 무공이 세상을 떠나고 오생이 즉위하니 이 사람이 바로 정 장공莊公이다. 그는 아버지의 대를 이어 주나라 경사 직을 세습

했다. 강씨 부인은 공숙이 아무런 권력이 없는 것을 보고 앙앙불락怏怏不樂
하며 정 장공에게 말했다.

"주상께선 부친의 보위를 이어받아 수백 리의 땅을 향유하면서 친아우
에겐 몸 하나 겨우 운신할 손바닥만 한 땅을 주고도 마음에 거리낌이 없으
시오?"

정 장공이 대답했다.

"어마마마의 가르침을 따르겠습니다."

강씨가 말했다.

"어찌 제읍制邑에 봉하지 않으시오?"

정 장공이 대답했다.

"제읍은 바위산이 험하기로 이름난 곳입니다. 선왕께서도 유언으로 그
곳엔 아무도 봉하지 말라고 하셨습니다. 그 땅을 제외한 모든 곳은 어마마
마의 명령을 따르겠습니다."

강씨가 말했다.

"그다음은 경성이 좋겠소."

정 장공은 아무 말도 없이 묵묵히 앉아 있었다. 강씨가 발끈하며 말했다.

"그곳도 윤허하기 어려우면 다른 나라로 쫓아내어 그곳에서 벼슬을 구
해 입에 풀칠이나 하게 하시오!"

정 장공이 연이어 말했다.

"아닙니다. 아닙니다."

그러고는 마침내 그 말에 승낙하고 물러났다.

다음 날 탑전에 올라 공숙 단을 경성에 봉하려고 했다. 대부 채족祭足5이
간했다.

"아니됩니다. 하늘에는 두 개의 태양이 없고 백성에게는 두 임금이 없는 법입니다. 경성은 백 길이나 되는 튼튼한 성곽이 있는 데다 땅은 넓고 백성이 많아서 새 도읍 형양과 대등한 곳입니다. 하물며 공숙께선 모후의 애자愛子입니다. 만약 그를 저 큰 도읍에 봉하신다면 그건 한 나라에 두 임금이 있는 것과 같습니다. 그리하여 안으로 모후의 은총에 의지한다면 후환이 있을까 두렵습니다."

정 장공은 "우리 모후의 명을 내가 어찌 감히 거절할 수 있겠소?"라고 하며 끝내 공숙을 경성에 봉했다. 공숙은 사은숙배를 마치고 입궁하여 강씨에게 하직 인사를 올렸다. 강씨는 좌우를 물리치고 몰래 단에게 말했다.

"네 형은 친형제의 정을 생각지도 않고 너를 심하게 박대했다. 오늘 경성에 너를 봉한 것도 내가 재삼 간청해서 이루어진 일이다. 비록 마지못해 내 말을 따랐지만 마음속으론 틀림없이 복종하지 않았을 것이다. 너는 경성에 당도하면 군사를 모으고 병거를 차출하여 몰래 후일을 준비해야 할 것이다. 앞으로 기회가 오면 너는 정나라를 칠 군사를 일으키고 나는 안에서 호응하기로 약조하마. 그러면 정나라를 얻을 수 있을 것이다. 네가 만약 오생의 지위를 대신한다면 나는 죽어도 여한이 없다!"

공숙은 그 명령을 받들고 마침내 경성으로 갔다. 이때부터 백성은 호칭을 바꾸어 그를 경성 태숙京城太叔이라고 불렀다. 경성부의 정사를 열던 날 서쪽 변방과 북쪽 변방의 읍재邑宰들까지 모두 와서 하례를 했다. 태숙 단이 두 읍재에게 말했다.

5_ 채족祭足: 두예杜預의 『춘추경전집해春秋經傳集解』 은공隱公 3년에는 '祭足'의 '祭' 발음을 '側界切'로 달아놓았고, 희공僖公 24년 '祭나라'의 발음도 '側界切'로 달아놓았으므로 '祭'는 성씨나 나라 이름일 경우는 '채'로 읽어야 함이 분명하다.

"너희 두 사람이 다스리는 땅은 이제 내 봉토에 속하게 되었다. 지금부터 공물과 조세는 모두 내게 가져와서 바쳐라. 너희 병거도 모두 내 명령에 따라 징발해야 할 터이니 어김이 없도록 하렷다."

두 읍재는 오래전부터 태숙이 모후의 사랑을 받는 아들이었음과 앞으로 보위를 이을 가망이 있음을 알고 있었다. 그리고 오늘 그의 당당한 풍채와 출중한 인물을 보고 감히 항거하지 못하며 스스로 응낙하고 명령을 받들었다.

태숙은 사냥을 명목으로 날마다 성을 나가 병졸을 조련하면서 서쪽 북쪽 변방의 백성까지 모두 병적兵籍에 편입시켰다. 또 사냥을 핑계로 언鄢(河南省 鄢陵) 및 늠연廩延(河南省 延津 북쪽)까지 습격하여 그 땅을 취했다. 그 두 읍재는 모두 정나라로 도망쳐왔다. 그들은 태숙이 병력을 이끌고 와서 자신들의 고을을 탈취한 일을 정 장공에게 자세히 아뢰었다. 그러나 장공은 미소를 지으며 아무 말도 하지 않았다. 그 자리에 있던 한 관원이 소리 높여 아뢰었다.

"단을 죽여야 합니다!"

장공이 고개를 들어 바라보니 바로 상경上卿 직에 있는 공자公子 여呂였다. 장공이 말했다.

"자봉子封(여의 자字)6에게 무슨 고견이라도 있소?"

6_ 자字: 옛날 관례冠禮(성인식)를 치른 뒤 부모나 가까운 연장자들이 붙여주던 또 다른 이름. 보통 본명은 부모와 조부모 등 가까운 존속, 스승과 임금 등 부모와 동일하게 인정되는 연장자만 부를 수 있었다. 그러나 자字는 상대방을 높여주는 의미가 있기 때문에 친구나 모르는 사람까지도 광범위하게 이로써 호칭했다. 그러므로 자는 성인이 된 후 본명보다 더 많이 불리던 이름이다. 이외에도 죽은 후에 사자死者의 공적을 추앙하기 위해 하사하던 시호諡號가 있다. 또 생전에 자신이 삶의 지향을 나타내거나 다른 사람이 타인의 인격을 잘 드러내기 위해 붙이던 호號도 있다.

공자 여가 아뢰었다.

"신이 듣건대 '남의 신하된 자는 반역을 해서는 안 되고, 만약 반역을 하면 반드시 주살해야 한다人臣無將, 將則必誅'고 했습니다. 지금 태숙은 안으로는 모후의 총애를 믿고 밖으로는 경성의 견고함에 의지하여 밤낮없이 병사를 훈련하며 무력을 키우고 있습니다. 그 저의를 살펴보건대 보위를 찬탈하지 않고는 그치지 않을 것 같습니다. 주상께서는 몰래 신에게 별동대를 주시어 바로 경성으로 달려가 단을 포박해와 후환을 없애십시오."

정 장공이 말했다.

"단의 악행이 아직 드러나지도 않았는데 어떻게 주살할 수 있단 말이오?"

공자 여가 말했다.

"지금 단은 서쪽과 북쪽 두 변방을 모두 손에 넣고 바로 늠연까지 이르렀습니다. 선왕께서 물려주신 토지를 어떻게 날마다 베어갈 수 있단 말입니까?"

장공이 웃으면서 말했다.

"단은 모후께서 사랑하는 아들이고, 과인이 사랑하는 아우요. 과인은 땅을 잃을지언정 형제의 정을 손상시키고 모후의 뜻을 거스를 수는 없소."

공자 여가 또 아뢰었다.

"신은 땅을 잃을까 염려하는 것이 아니오라, 진실로 나라를 잃을까 염려합니다. 지금 민심은 불안에 떨며 태숙의 세력이 강대해지는 것을 보고 모두 관망하려는 마음을 품고 있습니다. 이러다 오래지 않아 도성의 백성은 장차 모두 두마음을 품게 될 것입니다. 주상께서 오늘 태숙을 용인하신다면 훗날 태숙이 주상을 용인하지 않을까 두렵습니다. 그때 후회한다면 어떻게 사태를 돌이킬 수 있겠습니까?"

장공이 말했다.

"경은 망언을 하지 마시오. 과인에게도 생각이 있소이다."

공자 여는 밖으로 나와서 정경正卿인 채족祭足에게 말했다.

"주상께서 궁궐 안의 사사로운 정에 얽매여 사직의 대계를 소홀히 하시니 심히 걱정이오."

채족이 말했다.

"주상께서는 재주와 지혜를 겸비하셨으니 이 일도 틀림없이 좌시하지 않을 것이오. 다만 대전에서는 다른 사람의 이목이 있기 때문에 마음속 말을 모두 털어놓기가 불편했을 것이오. 상경께선 종실의 고귀한 친척이시니 남몰래 주상의 속마음을 타진해보면 틀림없이 정견定見을 갖고 계실 것으로 짐작되오."

공자 여는 그 말에 따라 바로 궁궐 문으로 들어가서 장공을 뵙기를 청했다. 장공이 말했다.

"경이 이렇게 다시 온 것은 무슨 마음이오?"

공자 여가 말했다.

"주상전하께서 보위를 이으신 것은 국모의 뜻이 아닙니다. 만에 하나라도 안팎에서 힘을 합쳐 일을 꾸미면 변고가 가까운 곳에서 일어날 것이고, 정나라는 전하의 소유가 아닐 것입니다. 이에 신은 침식조차 편히 할 수 없어서 다시 뵙기를 청한 것입니다."

장공이 말했다.

"이 일은 국모와 관계되어 있소."

공자 여가 말했다.

"주상께선 주공周公이 관숙管叔과 채숙蔡叔을 주살한 일을 듣지 못하셨습니까? '베어내야 할 것을 베어내지 못하면 오히려 넝쿨이 더 헝클어진다'고 했습니다. 바라건대 조속히 결정을 내려주십시오."

정 장공이 말했다.

"과인도 이 일에 대비한 지 오래되었소. 단이 비록 무도하지만 아직 분명하게 반역을 한 것은 아니오. 그런데 내가 만약 주살하려 한다면 모후께서 틀림없이 중간에서 가로막으면서 외부 사람들의 비난 여론을 이끌어낼 것이오. 그러면서 나를 우애 없다며 몰아붙일 것이고, 또 불효막심한 놈이라고 욕할 것이오. 나는 지금 단을 치지도외하고 그가 마음대로 하도록 내버려두고 있소. 그는 모후의 총애를 믿고 득의양양하며 방자하게 기탄없이 행동할 것이오. 그가 반역할 때까지 기다렸다가 그 죄를 밝히면 백성도 감히 도움을 주지 못할 것이며, 모후께서도 할 말이 없을 것이오!"

공자 여가 말했다.

"멀리까지 내다보시는 주상전하의 탁견은 실로 신 따위가 미칠 바가 아닙니다. 다만 날이 갈수록 저들의 세력이 커지는지라, 헝클어진 넝쿨처럼 베어낼 수 없을까 두렵습니다. 그렇게 되면 어찌하시겠습니까? 주상께서 저들이 먼저 도발할 것을 기다리고자 하신다면 의당 조속히 도발해오게 해야 할 것입니다."

정 장공이 말했다.

"그러면 장차 계책을 어떻게 마련해야 하겠소?"

공자 여가 말했다.

"주상께서 오랫동안 종실인 주나라 조정에 입조하지 못한 것은 태숙 때문이 아닙니까? 지금 주 종실 조정에 간다고 크게 소문을 내면 태숙은 틀림없이 국내가 비었다고 생각하고 군사를 일으켜 정나라를 칠 것입니다.

그때 신이 먼저 군사를 경성 근처에 매복시켰다가 저들이 성을 나온 틈에 들이쳐 성을 점거하고, 주상께서도 늠연 길로 쇄도해 들어오면 배와 등에 동시에 우리 군사를 맞은 태숙이 하늘로 솟아오르는 날개를 가졌다 한들 어떻게 날아갈 수 있겠습니까?"

장공이 말했다.

"경의 계책이 심히 훌륭하오. 다른 사람에게 새어나가지 않도록 조심해 주기 바라오."

공자 여는 궁궐 문을 나와 감탄하며 말했다.

"채족의 예상은 정말 귀신과 같도다!"

다음 날 아침 장공은 거짓으로 전령 한 통을 대부 채족에게 보내 정나라를 감독하게 하고, 자신은 주나라 조정으로 가서 천자를 직접 보필하겠다고 했다. 강씨는 이 소식을 듣고 크게 기뻐했다.

"단에게 군주가 될 복이 있구나!"

그리고 마침내 밀서 한 통을 써서 심복을 시켜 경성으로 전송하게 했다. 강씨는 편지로 태숙과 5월 초순에 군사를 일으켜 정나라를 습격하기로 약속했다. 이때가 4월 하순이었다. 공자 여는 먼저 사람을 요로에 매복시키고, 편지를 전송하는 사람을 잡아서 바로 죽인 뒤 편지는 비밀리에 장공에게 전해주었다. 장공은 봉함을 열고 편지를 다 읽은 뒤 다시 편지를 단단하게 봉해 모후 강씨가 보내는 것으로 가장하고 다른 사람을 시켜 태숙에게 전해주도록 했다. 또한 답장을 받아오게 했다. 그 답장에는 5월 5일을 거사일로 삼고 성루에 백기가 걸리면 안팎으로 접응하자는 내용이 들어 있었다. 정 장공은 그 편지를 손에 넣은 후 기뻐하며 말했다.

"단이 직접 쓴 기록이 여기에 있으니, 모후 강씨도 어떻게 그를 비호할 수 있겠는가?"

그러고는 드디어 강씨에게 하직 인사를 하고 주나라로 간다고 하면서 늠연 길을 향해 서서히 나아갔다. 공자 여가 병거 200승을 거느리고 경성 근처에 매복하고 있다는 것은 여기에서 더 말할 필요도 없겠다.

태숙은 모후 강씨의 밀서를 받고 자신의 아들인 공손활公孫活과 상의한 뒤 공손활을 위衛나라로 보내 병사를 빌려오게 하고 위나라에 또다시 뇌물을 주겠다고 약속했다. 그리고 자신은 경성과 두 변방의 백성을 모두 이끌고, 정백이 자신으로 하여금 나라를 감독하게 했다고 사칭한 뒤 대장기인 둑纛 기를 세워 승전을 위한 제례를 올리고 군사를 잘 먹여 기세당당하게 성을 나섰다. 공자 여는 미리 병거 열 대를 보내 장사치로 위장한 뒤 몰래 경성으로 잠입했다. 그들은 태숙이 병력을 출발시키기를 기다렸다가 바로 성루에 불을 놓았다. 공자 여는 멀리서 화광이 충천하는 것을 바라보고 즉시 성으로 쇄도해왔다. 잠입한 성안 병사들이 성문을 열고 맞아주어 힘도 들이지 않고 경성을 얻었다. 그러고는 바로 방을 붙여 민심을 안정시켰다. 공자 여는 방문榜文을 통해 장공의 효도와 우애 및 태숙의 배은망덕한 처사를 남김없이 알렸다. 성안 사람들은 모두 태숙의 처사가 잘못되었다고 말했다.

한편 태숙은 출병한 지 이틀도 안 되어, 경성이 함락되었다는 소식을 듣고 당황하여 군사를 돌리고는 밤새워 성 밖까지 달려와 진채를 세웠다. 그러나 성을 좀 공격해볼 요량이었으나, 수하의 병졸들이 분분이 귓속말을 주고받는 것이 보였다. 실상인즉 대오 중의 어떤 병사가 성안에 있는 본가에서 온 편지를 받았다. 그 주요 내용은 이러했다.

"장공은 이처럼 후덕하신데, 태숙은 저처럼 불인하고 불의하다."

이 사실을 한 사람이 열 사람에게 전했고 열 사람이 백 사람에게 전했다. 그리하여 모두들 "우리가 올바름을 등지고 역적을 좇는다면 하늘의 이치에 용납되기 어렵다"고 했다. 그러고는 시끌시끌 사방으로 흩어졌다. 태숙이 병사를 점호했을 때는 이미 그 태반이 떠난 뒤였다. 민심이 이미 변한 것을 알고 황급히 언읍으로 도주하여 다시 병사를 모으려고 했다. 그러나 장공의 군대가 벌써 언읍에 와 있다는 사실을 몰랐다. 결국 이렇게 말했다.

"공共 땅은 나의 옛 봉토다."

이에 공성共城으로 도망쳐 들어가서 성문을 굳게 잠그고 수비에 힘썼다. 장공이 군대를 이끌고 공격했다. 그 작은 소읍 공성이 어떻게 두 방면의 대군을 당해낼 수 있으리오? 태산이 계란을 내리누르듯 순식간에 공성을 깨뜨렸다. 태숙은 장공이 온다는 소문을 듣고 탄식했다.

"모후께서 나를 그르쳤도다. 무슨 낯으로 형님을 뵐 수 있으랴?"

그러고는 마침내 스스로 칼로 목을 찔러 죽었다. 호증 선생이 이를 시로 읊었다.

총제寵弟는 재주 많아 큰 봉토를 점거했고	寵弟多才占大封
안으로는 궁중에서 모후가 내응內應함에랴	況兼內應在宮中
역적 용납 힘든 공론 그 누가 알았으랴	誰知公論難容逆
살아선 경성이더니 죽어선 공성이로다	生在京城死在共

또 정 장공이 자신의 아우 단의 악행을 조장하여 모후 강씨의 입을 막은 것이 천고의 간웅이나 하는 짓이라는 것을 읊은 시가 있다.

자제는 오로지 교육에 힘입는데	子弟全憑敎育功
악행을 조장하여 재난에 빠뜨렸네	養成稔惡陷災凶
경성에 분봉받은 그날로 시작하여	一從京邑分封日
태숙은 남의 손에 조종받는 신세였네	太叔先操掌握中

장공은 단의 시신을 어루만지며 한바탕 대성통곡했다.

"어리석은 놈, 어떻게 이 지경에 이르렀단 말이냐?"

그러고는 마침내 그의 행장을 뒤져보니 모후 강씨가 보낸 편지가 아직 남아 있었다. 그것을 태숙의 답장과 한 봉투에 넣어 정나라로 보내 채족으로 하여금 강씨에 보여주게 했다. 이어서 강씨를 영潁 땅에 보내 안치하라는 명을 내리고 맹세하며 말했다.

"황천에 갈 때까지는 모후를 만나지 않겠노라!"

강씨는 편지 두 통을 보고 부끄러움에 어쩔 줄 몰랐다. 스스로 장공을 볼 낯이 없다고 생각하고 즉시 궁궐 문을 나서 영 땅으로 거주지를 옮겼다. 장공은 도성으로 돌아왔으나 모후를 만날 수 없었다. 자신도 모르게 양심에 찔려 이렇게 탄식했다.

"나는 부득이 동생을 죽일 수밖에 없었지만 어찌 차마 어머니와 헤어질 수 있단 말인가? 진실로 천륜을 배반한 죄인이 되었도다!"

영곡潁谷(河南省 登封 서남쪽) 땅을 지키는 관리는 이름이 영고숙潁考叔이었다. 사람됨이 정직하고 공평무사했으며 평소에 효성과 우애로 명성이 자자했다. 그는 장공이 강씨를 영 땅에 안치한 것을 보고 사람들에게 말했다.

"어머니가 어머니답지 못하더라도, 자식은 자식답지 않아서는 안 된다. 주상의 이번 처사는 교화를 해침이 심하다!"

이에 올빼미 여러 마리를 잡아 야생 별미란 명목을 붙여 장공을 만나러 왔다. 장공이 물었다.

"이것이 무슨 새인가?"

영고숙이 대답했다.

"이 새는 올빼미인데, 낮에는 저 큰 태산도 보지 못하지만 밤만 되면 작은 티끌까지 볼 수 있습니다. 작은 것엔 밝고 큰 것엔 어두운 짐승입니다. 어릴 때는 어미 새가 먹여서 키우지만 커서는 오히려 제 어미를 쪼아 먹습니다. 이런 불효막심한 새는 잡아먹어야 합니다."

장공은 아무 말도 할 수 없었다. 마침 궁중 요리사가 삶은 양을 올렸다. 장공은 양의 다리 한쪽을 잘라서 영고숙에게 하사했다. 영고숙은 좋은 고기를 발라내어 종이에 싸서 소매 속에 감추었다. 장공이 괴이하게 생각하며 물었다. 영고숙이 대답했다.

"소신의 집에는 노모가 있습니다. 소신은 집이 가난하여 매일 들짐승을 잡아 모친의 입맛에 맞춰 드립니다. 허나 이 같은 진미는 맛본 적이 없습니다. 지금 주상께서 소신에게 이 진미를 하사하셨지만 제 노모는 한 점의 은혜도 입지 못했습니다. 소신이 노모를 생각하면 이 고기가 어떻게 목구멍으로 넘어갈 수 있겠습니까? 이런 까닭에 갖고 가서 노모에게 고깃국을 끓여드릴 작정입니다."

장공이 말했다.

"경은 정말 효자라 할 만하다!"

말을 마치고는 자기도 모르는 사이에 슬프게 탄식했다. 영고숙이 물었다.

"주상께서는 어찌하여 탄식하시옵니까?"

장공이 말했다.

"경에게는 봉양할 모친이 계셔 자식된 도리를 다할 수 있지만, 과인은 고귀하기가 제후의 신분임에도 처지가 오히려 그대만 못하다."

영고숙이 모른 체하며 또 물었다.

"모후 강 부인께서 아무 탈 없이 당堂에 계신데 어찌하여 어머니가 없다고 하십니까?"

장공은 모후 강씨와 동생 태숙이 공모하여 정나라를 습격한 일과 그 때문에 모후를 영 땅에 안치한 사실을 자세하게 이야기했다.

"이미 황천에 가서 만난다는 맹세를 했기 때문에 후회해도 소용이 없구려."

영고숙이 대답했다.

"태숙은 이미 죽었으므로 강씨 부인에게는 주상전하 한 분만 남아 계십니다. 그런데도 봉양하지 않으신다면 저 올빼미와 무엇이 다르겠습니까? 황천의 맹세가 거리낀다면 신에게 한 가지 계책이 있어 그것을 풀어드릴 수 있습니다."

장공이 물었다.

"어떻게 풀어줄 수 있단 말이냐?"

영고숙이 대답했다.

"땅을 파서 샘을 만나면 거기에 방을 하나 마련하고 먼저 강 부인을 모셔온 후 주상께서 모후를 그리는 정을 말씀드리겠습니다. 짐작건대 모후께서 자식을 생각하는 마음도 주상께서 모후를 생각하는 마음보다 못하지 않을 것입니다. 주상께서 땅속 방에서 모후를 만나시면 황천에서 만날 거란 맹세를 어기는 것이 아닙니다."

장공은 크게 기뻐하며 마침내 영고숙을 시켜 장사 500명을 동원하여 곡유曲洧(河南省 鄢陵 洧水 근처)의 우비산牛脾山 아래에 땅을 파게 했다. 땅을

정 장공이 땅을 파고 모후를 만나다.

10여 길 파자 샘물이 솟아나왔고, 그 샘물 곁에다 나무를 엮어 방을 만들었다. 방이 완성되자 긴 사다리를 설치했다. 영고숙은 태후 무강武姜을 뵙고 장공의 회한과 효도의 마음을 곡진하게 말씀드렸다. 무강은 한편으로 슬퍼하고 또 한편으론 기뻐했다. 영고숙은 먼저 무강을 우비산 땅속 방으로 모시고 갔다. 그 뒤 장공이 또 수레를 타고 그곳에 이르러 사다리로 내려가 땅바닥에 엎어지며 울부짖었다.

"소자 오생이 불효막심하여 오랫동안 아침저녁 문후도 여쭙지 못했습니다. 어마마마께서는 널리 용서해주시옵소서!"

무강이 말했다.

"그건 늙은 이 몸의 죗값이지 주상과는 무관한 일이오."

손으로 장공을 잡아 일으켜 두 모자는 머리를 감싸 안고 대성통곡했다. 그러고는 마침내 사다리를 타고 땅 위로 올라왔다. 장공은 친히 무강을 부축하여 어가御駕에 태우고 직접 말고삐를 잡고 수행했다. 백성은 장공이 모후와 함께 돌아오자 손을 이마에 대고 바라보며 그 효성을 칭찬하지 않는 사람이 없었다. 이는 모두 영고숙이 모자간의 마음을 잘 조화시킨 결과였다. 호증 선생이 이를 시로 읊었다.

황천에서 보잔 맹세로 모자 윤리 끊었으니	黃泉誓母絕彝倫
큰 땅굴은 오히려 세상 격리 의심됐네	大隧猶疑隔世人
영고숙이 양고기를 품에 넣지 않았다면	考叔不行懷肉計
정 장공이 어떻게 어머니를 인정했으랴	莊公安肯認天親

정 장공은 영고숙이 모자간의 사랑을 온전하게 행하고 있음에 감탄하

여 대부의 작위를 하사하고 공손알公孫閼과 함께 병권을 지휘하게 했다.

공숙의 아들 공손활은 위衛나라에 군대를 청하러 갔다가 중도에서 공숙이 죽었다는 소식을 듣고 마침내 위나라로 망명했다. 그는 자신의 백부가 동생을 죽이고 어머니를 구금한 일을 읍소했다. 위 환공桓公이 말했다.

"정백이 무도하니 공손을 위해 그를 토벌할 것이다."

마침내 군사를 일으켜 정나라 토벌에 나섰다. 승부가 어떻게 될지는 다음 회를 보시라.

풀을 베어내도
뿌리가 남아 있으면

곽공을 총애한 결과 주周와 정鄭은 인질을 교환하고
위衛의 반역을 도와 노魯와 송宋은 군사를 일으키다
寵虢公周鄭交質, 助衛逆魯宋興兵.

정 장공은 공손활이 군사를 일으켜 침입해온다는 소식을 듣고 여러 신하에게 계책을 물었다. 공자 여가 대답했다.

"'풀을 베어내도 뿌리가 남아 있으면 봄을 맞아 다시 싹을 틔운다'고 했습니다. 공손활은 요행히 죽음에서 벗어났는데도 오히려 위衛나라 군사를 일으켜 침입해오고 있습니다. 이는 위후衛侯가 공숙이 정나라를 습격한 죄를 몰라서 자신의 병사로 공손활을 돕고 있는 것입니다. 공손활은 자신의 조모를 구한다는 핑계를 대고 있습니다. 신의 어리석은 생각으로 서찰 한 통을 위후에게 보내 자초지종을 설명하시는 것이 가장 좋은 방책이 될 것입니다. 그러면 위후는 반드시 군대를 물리고 회군할 것입니다. 공손활의 세력이 고립되면 싸우지 않고도 사로잡을 수 있을 것입니다."

장공이 말했다.

"옳도다."

그리하여 마침내 사신을 보내 위후에게 편지를 전했다.

위 환공이 편지를 받아 읽었다.

오생은 현명하신 위후衛侯 전하께 재배하고 편지를 올리는 바요. 가문이 불행하여 골육상잔이 일어나 진실로 이웃 나라에 부끄럽소. 그러나 단에게 경성을 분봉하고 토지를 하사했으니 저에게 우애가 없는 것이 아니오. 모후의 총애를 믿고 난을 일으킨 것은 사실 제 아우 단의 불공함 때문이오. 나는 선조의 대업을 지키는 것을 중히 여기므로 부득불 그를 제거하지 않을 수 없었소. 모후 강씨는 아우 단을 편애한 나머지 마음이 불안하여 영성으로 피해 갔으나 내가 이미 모셔와 받들어 봉양하고 있소. 지금 역도 공손활이 아비의 잘못도 모르고 대국으로 도주했소. 현명하신 군후께서는 그자의 불의를 알지 못하시고 군사를 저희 폐읍에까지 보내셨소. 스스로 반역한 자가 죗값을 전혀 받지 않고 있으니, 현명하신 군후께서는 난적의 주살에 목소리를 함께하시어 순망치한脣亡齒寒의 우의를 해치지 말아주시오. 그러면 폐읍에 아주 다행이겠소!

위 환공은 편지를 다 읽고 깜짝 놀랐다.

"단이 불의하여 스스로 멸망의 길로 들어섰는데, 과인은 그 아들 공손활에게 군사를 주었으니 이는 실로 역도를 도와준 꼴이다."

마침내 사람을 보내 본국의 군사를 수습하여 돌아오게 했다. 사자가 아직 도착하지도 않았는데, 공손활의 군대는 늠연의 방비가 허술한 틈을 타벌써 성을 공격하고 있었다. 정 장공이 진노하여 대부 고거미高渠彌에게 병거 200승을 주어 늠연에서 공손활과 싸우게 했다. 이때 이미 위나라 군대는 철수한 뒤여서 공손활은 고립무원의 상태로 고거미에 대항할 수 없었다. 그는 늠연을 버리고 위나라로 도주했다. 공자 여는 승세를 타고 그를 추격하여 곧바로 위나라 교외에까지 이르렀다. 위 환공이 신하들을 다 모아놓고 싸울 것인지 지킬 것인지에 대한 계책을 물었다. 공자 주우州吁가 나아가 아뢰었다.

"물이 넘치면 흙으로 막아야 하고 외국 군사가 침입하면 맞아 싸워야 합니다. 여기에 또 무슨 의혹이 있겠습니까?"

대부 석작石碏이 아뢰었다.

"아니되오! 아니됩니다! 정나라 군사가 이곳으로 온 것은 우리가 공손활의 반역을 도왔기 때문입니다. 전에 정백이 서찰을 보내왔으므로 우리도 답신을 보내 허물을 사죄하는 것이 좋겠습니다. 그러면 우리 군사를 수고롭게 하지 않고도 정나라 군사를 물리칠 수 있을 것입니다."

위후가 말했다.

"경의 말이 옳도다."

그러고는 바로 석작에게 서찰을 써서 정백에게 보내라고 명했다. 그 편지는 이렇다.

완完(위 환공의 이름)은 조정의 경사卿士이신 정나라 현후賢侯 전하께 재배를 올리는 바요. 나는 공손활의 잘못된 말을 듣고 귀국에서 아우와 어머니를 죽이고 그 조카가 운신할 땅도 없이 내몬 것으로 생각하여 군사를 일으킨 것이오. 이제 보내온 서찰을 읽어보고 경성 태숙이 역모를 꾸미고도 후회하지 않았다는 사실을 모두 알게 되었소. 그리하여 즉일로 늠연으로 보낸 군사를 되돌렸소. 만약 양찰하신다면 공손활을 포박하여 보내서 지난날의 우호를 회복하고자 하오. 현명하신 군후께서 널리 헤아려주시오!

정 장공이 서찰을 읽고 나서 말했다.

"위나라가 이미 죄를 자복했으므로 과인이 또 무엇을 바라리오!"

국모 강씨는 정 장공이 군사를 일으켜 위나라를 친다는 소식을 듣고 공손활이 죽으면 태숙의 후사가 끊길까 걱정이 되었다. 그리하여 장공을 향해 애원했다.

"선군이신 무공께서 남긴 혈육이란 걸 생각하고 부디 목숨만 살려주시길 바라오."

장공은 모후 강씨의 체면도 있고, 또 공손활이 현재 고립무원의 처지여서 아무 짓도 할 수 없다는 것을 알고 위 환공에게 답장을 보냈다. 답장의 내용은 간단했다.

"가르침을 받잡고 철군하오니 부디 우호를 회복할 수 있기를 바라오. 공손활은 죄를 범했지만 제 아우에겐 오직 그 자식 하나만 있으니 바라옵건대 귀국에 머무르게 하여 단의 제사나 잇게 해주시오."

그러면서 한편으로 고거미의 군사를 되돌렸다. 공손활은 위나라에서 늙어 죽었다. 이것은 뒷날의 이야기다.

한편 주 평왕은 정 장공이 오랫동안 중앙 조정의 벼슬자리를 비워놓고 있었기 때문에, 우연히 괵공虢公 기보忌父가 입조했을 때 이야기를 나누던 중 의기투합하여 마침내 이렇게 말했다.

"정나라 제후 부자는 조정의 정사를 맡은 지 여러 해가 되었는데 지금 오랫동안 일을 하지 않고 있소. 짐은 경에게 임시로 그 정사를 맡기고자 하니 경은 사양하지 마시오!"

괵공이 머리를 조아리며 아뢰었다.

"정백이 입조하지 않는 것은 필시 그 나라에 변고가 있기 때문인 듯합니다. 신이 만약 그의 일을 대신한다면 정백이 신을 원망할 뿐만 아니라 상감께도 그 원망이 미칠 것입니다! 신은 감히 어명을 받들 수 없습니다."

괵공은 재삼 사양한 뒤 본국으로 되돌아갔다.

원래 정 장공은 몸이 비록 본국에 있었지만 왕도王都에 사람을 심어두고 조정의 일을 염탐하여 그 동정을 알리게 하고 있었다. 그러므로 오늘 평왕이 괵공에게 정사를 나누어주고자 한 일을 정 장공이 어찌 모를 수 있겠는가? 장공은 그날 바로 수레를 몰고 주나라로 가서 알현을 마치고 아뢰었다.

"신은 성은을 입어 부자 2대를 이어서 정사를 맡아보고 있습니다. 그러나 신은 재주가 없사와 그 직위를 욕되게 하고 있사오니, 원컨대 경사 직을 내놓고 물러나 제 작은 봉토나 경영하며 신하로서의 절개를 지킬까 합니다."

평왕이 말했다.

"경이 오래 자리를 비워서 짐도 늘 경을 생각하고 있었소. 지금 이렇게 경의 얼굴을 보게 되니 마치 물고기가 물을 만난 듯하오. 그런데 경은 어인 연고로 그런 말을 하는 것이오?"

장공이 다시 아뢰었다.

"신의 나라에 아우의 역모가 있어서 조정의 직위를 소홀히 한 지 오래되었습니다. 이제 나랏일을 대강 완료하고 밤을 도와 조정으로 달려왔습니다. 도중에 들리는 소문으로는 상감께서 괵공에게 정사를 맡기려는 마음이 있다고 했습니다. 신의 재주는 괵공의 만분의 일에도 미치지 못하는데, 어찌 감히 자리 차지나 하고 앉아 상감께 죄를 지을 수 있겠습니까?"

평왕은 장공이 괵공에 관한 이야기를 하자 부끄러운 마음에 얼굴을 붉히며 말을 둘러댔다.

"짐은 경과 헤어진 지 오래되어 경의 나라에 변고가 있는 줄 알았소. 그래서 경이 올 때까지 괵공에게 며칠 동안 임시로 정사를 맡기려고 한 것이오. 그런데 괵공은 재삼 사양했고 벌써 본국으로 귀국했다고 들었소. 경은 더 이상 무얼 의심하시오?"

장공이 또 아뢰었다.

"무릇 정사란 상감의 정사이지 신 일가의 정사가 아닙니다. 사람을 쓰는 권한도 상감께서 쥐고 계십니다. 괵공은 그 재주가 상감의 다스림을 보좌할 만하오니 신이 물러나는 것은 당연한 일일 것입니다. 그렇게 하지 않으면 뭇 신하가 필시 신을 가리켜 권세나 탐하면서 진퇴에 어두운 자라고 할 것입니다. 상감께서는 자세히 살펴주십시오!"

평왕이 말했다.

"경의 부자는 나라에 큰 공을 세웠기 때문에 대를 이어 큰 정사를 맡고 있는 것이오. 40여 년 동안 군신 간에 서로 마음이 맞았는데, 이제 경이 짐의 마음을 의심하니 짐이 어떻게 마음을 밝히면 되겠소? 경이 그래도 믿지 못한다면 태자인 호狐에게 영을 내려 정나라에 인질로 가 있으라고 하겠소. 어떻소?"

정 장공이 재배하며 사양했다.

"정사를 맡았다가 정사를 그만두는 것은 신하의 직분인데, 어찌 천자께서 신하에게 인질을 보낼 수 있단 말입니까? 아마도 천하 사람들이 신을 임금에게 강요나 하는 자로 생각할 터이니, 신은 만 번 죽어 마땅합니다!"

평왕이 말했다.

"그렇지 않소. 경은 치국에 좋은 방략을 갖고 있으니 짐이 태자를 시켜 정나라에 가서 그 풍속을 살펴보라 한 것이라 하면 목전의 의혹은 풀릴 것이오. 경이 만약 고사한다면 이건 짐을 죄주는 것이 되오!"

정 장공은 재삼 어명을 반지 않았다. 자리에 있던 여러 신하가 아뢰었다.

"신 등의 공론에 따르시옵소서. 상감께서 인질을 보내지 않으면 정백의 의심을 풀 수 없을 터이고, 상감께서 단독으로 인질을 보내신다면 정백이 신하의 도리를 다하지 못한 것이 됩니다. 하여 두 군신께서 함께 인질을 교환하여 서로 간의 의혹을 푸시옵소서. 그것이 상하 간의 은혜를 온전히 하는 방안일 것입니다."

평왕이 말했다.

"그렇게 하는 것이 제일 좋겠소."

장공은 먼저 자신의 세자 홀忽을 데려와 주나라의 인질이 되게 한 뒤 천자의 은혜에 감사를 올렸다. 주나라 태자 호狐도 정나라로 가서 인질이 되었다. 사관은 주나라와 정나라가 인질을 교환한 일을 평론하면서 '군신 간의 분별이 여기에 이르러 모두 사라졌다!'고 했다. 이를 읊은 시가 있다.

심장과 손발 원래부터 사사로움 없는 법	腹心手足本無私
한 몸에서 시기하니 진정으로 가소롭다	一體相猜事可嗤
인질 교환은 분명히 장사치와 같은 짓	交質分明同市賈
왕의 기강 이때부터 무너지고 말았도다	王綱從此遂陵夷

寵周鄭
交質

주나라와 정나라가 인질을 교환하다.

인질을 교환한 이후 정백은 주나라에 머물며 정사를 보좌했고 이후로 아무 일도 없었다. 평왕이 재위 51년 만에 붕어하자 정백과 주공周公 흑견黑肩이 함께 조정의 정사를 처리했다. 정백은 세자 홀을 정나라로 귀국하게 하고 태자 호를 주나라로 맞아와 보위를 잇게 했다. 태자 호는 부왕의 죽음을 애통해했다. 그는 부왕의 병구완도 하지 못했고 부왕의 염殮도 지켜보지 못했기 때문에 애통함이 지나친 나머지 주나라에 당도하자마자 바로 세상을 떠났다. 그 아들 임林[1]이 보위를 이으니 이 사람이 바로 주 환왕桓王이다. 여러 제후는 모두 장례에 달려왔고 아울러 새로운 천자를 알현했다. 괵공 기보가 가장 먼저 당도했다. 그의 행동거지는 모두 예법에 맞아서 모든 사람이 경애의 마음을 품었다.

환왕은 자신의 부친이 정나라에 인질로 가 있다가 죽은 것을 매우 애통해했고, 또 정백이 오랫동안 조정의 일을 오로지하는 것을 보고 마음속으로 의구심을 갖고 두려워했다. 그래서 몰래 주공 흑견과 상의하며 말했다.

"정백은 자신의 나라에 짐의 부친이신 선태자를 인질로 잡고 있었기 때문에 필시 짐을 가볍게 볼 것이오. 군신 사이가 편안하지 못할까 두렵소. 괵공은 일처리가 아주 공손하니 짐은 그에게 정사를 맡기고자 하오. 경의 뜻은 어떠하오?"

주공 흑견이 아뢰었다.

"정백은 사람됨이 각박하고 은혜가 부족하며, 충성스럽게 순종하는 신

1_ 임林: 『사기』 「주본기周本紀」에 따르면 본래 주 평왕의 태자는 맏아들 예보洩父였으나 일찍 죽었다. 그 후 둘째 아들 호狐가 태자로 책봉되었다가 평왕 사후 보위에 올랐다. 그러나 슬픔이 지나쳐 보위에 오른 지 며칠 지나지 않아 세상을 떠났고, 그 후 예보의 아들 임林이 보위에 오르니 그가 바로 주 환왕이다. 따라서 임은 호의 아들이 아니라 예보의 아들이다.

하가 아닙니다. 하오나 우리 주나라가 낙읍으로 동천할 때 진晉과 정鄭의 공로가 아주 컸습니다. 이제 상감께서 개원改元하는 첫날 갑자기 정백에게서 정사를 박탈하여 다른 사람에게 주시면 정백이 분노하여 틀림없이 발호할 것입니다. 깊이 생각하지 않을 수 없습니다."

환왕이 말했다.

"짐은 앉아서 정백의 제어를 받을 수 없소. 짐의 뜻은 이미 결정되었소."

다음 날 환왕은 아침 조회에서 정백에게 말했다.

"경은 선왕의 신하이니 짐은 감히 경을 일반 관료로 부리며 욕되게 할 수가 없소. 경은 스스로 편안한 방도를 찾도록 하오."

정 장공이 아뢰었다.

"신은 정사를 사양하고자 한 것이 실로 오래되었사온데, 오늘에야 사직 인사를 드릴 수 있게 되었습니다."

그렇게 말하고는 마침내 분한 마음으로 조정을 나서며 사람들에게 이렇게 말했다.

"어린아이가 다른 마음을 먹었으니 도와줄 수가 없다."

그날로 수레를 몰아 귀국했다. 세자 홀이 정나라의 여러 관원을 거느리고 성 밖까지 나가 장공을 영접하면서 귀국한 까닭을 물었다. 장공은 환왕이 자신을 등용하지 않았다는 말을 한바탕 이야기했다. 그 자리에 있던 사람들은 모두 불평의 마음을 품었다. 대부 고거미가 앞으로 나아가 아뢰었다.

"우리 주상께선 2대 동안 주 왕실을 보좌하며 큰 공을 세웠습니다. 하물며 주나라 전 태자가 우리 나라에 인질로 와 있을 때도 결례를 한 적이 없습니다. 그런데도 이제 우리 주상을 버리고 괵공을 등용하는 것은 매우 불의한 짓입니다. 어찌 군사를 일으켜 주나라 성곽을 부수고 금왕을 폐한 뒤 따로 현명한 후사를 세우지 않으십니까? 그러면 천하의 제후 중 어느 누가 정나라를 두렵게 여기지 않겠습니까? 바로 패업霸業을 이룰 수 있을 것입니다!"

영고숙이 말했다.

"안 됩니다. 군신 간의 윤리란 모자간의 윤리에 비견할 수 있습니다. 주상께서는 차마 모후를 원수로 대할 수 없었사온데, 어찌 자신의 임금을 원수로 대할 수 있겠습니까? 이제 1년여를 은인자중하시다가 주나라에 입조하여 상감을 알현하면 상감께서도 반드시 후회하실 것입니다. 주상께서는 하루아침의 분노 때문에 선군께서 죽음으로 대의를 세우신 일을 해쳐서는 아니 되실 것입니다."

대부 채족이 또 아뢰었다.

"신의 어리석은 생각으로는 두 분의 의견을 함께 시행하는 것이 좋을 듯합니다. 군사를 이끌고 바로 주나라 영역 안으로 들어가서 흉년을 핑계 대고 온수溫水(河南省 溫縣 근처)와 낙수 사이에서 식량을 취하시옵소서. 만약 주왕이 사신을 보내 그 일을 책망하면 제게 준비된 말이 있습니다. 만약 저쪽에서 아무 말도 하지 않는다면 그때 주상께서 입조해도 늦지 않을 것입니다."

장공은 그 의견을 윤허하고 채족에게 어명을 내려 한 무리 군마를 거느리고 마음대로 그 일을 하도록 했다.

채족은 온수와 낙수 경계로 가서 그 우두머리에게 말했다.

"우리 나라가 흉년으로 식량이 부족하니 온 땅 대부께서는 식량 천 종種만 보태주시오."

온 대부는 어명을 받지 못했다며 불허했다. 채족이 말했다.

"바야흐로 보리와 밀이 익어서 모두 식량이 될 만하니 제가 직접 취하겠소. 꼭 부탁드릴 필요도 없겠소."

그러고는 마침내 병졸들에게 낫을 들려 대오를 나누고 들판의 보리를 모두 베어서 수레에 가득 싣고 돌아왔다. 채족은 직접 정예병을 이끌고 앞뒤로 왕래하며 명령을 내렸다. 온 대부는 정나라 군사가 강성함을 알고 감히 항거하지 못했다. 채족은 경계지역에서 군사를 3개월 넘게 쉬게 한 뒤 다시 성주成周(河南省 洛陽) 땅으로 들어갔다. 때는 바야흐로 가을 7월 중순이라 논에는 올벼가 잘 익어 있었다. 채족은 병사들에게 분부하여 장사꾼으로 가장한 뒤 수레를 가지고 각 마을에 매복해 있다가 삼경이 되면 일제히 벼 이삭을 잘라 다섯 번 북을 치면 모두 모이라고 했다. 그리하여 성주 땅 교외에는 벼논이 모두 텅텅 비게 되었다. 성주를 지키는 수장守將이 사태를 깨닫고 병사를 점호하여 성 밖으로 나갔을 때는 정나라 군사가 이미 멀리까지 가버린 뒤였다.

두 고을에서는 모두 문서를 도성인 낙읍으로 보내 환왕에게 정나라 군사가 보리와 벼를 도둑질해간 사실을 아뢰었다. 환왕은 진노하여 바로 군사를 일으켜 그 죄를 문책하고자 했다. 그때 주공 흑견이 아뢰었다.

"정나라 채족이 보리와 벼를 도둑질해가긴 했지만 그건 변방의 일이니 정백은 틀림없이 이런 사실을 모를 것입니다. 사소한 분노로 훌륭한 친척을 버리는 것은 심히 불가한 일입니다. 만약 정백이 불안을 느낀다면 반드시 직접 우호를 위해 사죄하러 올 것입니다."

환왕은 그 의견을 좇았다. 그러나 국경 근처에 명을 내려 방비에 더욱 유의하고 외국 군사를 함부로 경계 안으로 들이지 말라고 했다. 그리고 저들이 보리와 벼를 베어간 일에 대해서는 아무것도 따지지 않았다.

정 장공은 주나라 왕이 전혀 책망하는 의사를 보이지 않자 과연 마음이 불안하여 마침내 입조하기로 했다. 막 출발하려는데 갑자기 "제나라에서 보낸 사신이 당도했습니다" 하는 보고가 올라왔다. 장공이 접견하는 자리에서 사신은 제나라 군주 희공僖公의 명령을 전하며 정백에게 석문石門(山東省 平陰) 근처에서 회합을 갖자고 제의했다. 장공은 마침 제나라와 우호를 맺고 싶었던 터라 석문의 약속 장소로 갔다. 두 군주는 서로 만나 삽혈歃血²로 우호를 맹세하고 형제의 맹약을 맺었으며 일이 있으면 서로 돕기로 했다. 제나라 군주가 물었다.

"귀국의 세자 홀은 혼처를 정했소?"

정백이 대답했다.

"아직 정하지 못했소."

희공이 말했다.

"내게 아끼는 딸이 있는데, 나이는 아직 차지 않았으나 자못 재주와 지혜를 갖췄소. 만약 싫다고 내치지 않으시면 나중에 며느리로 삼아주시길 바라오."

정 장공은 기쁘게 승낙하며 감사를 표했다. 귀국한 날 바로 세자 홀에게 그 말을 했다. 홀이 대답했다.

"처妻란 제齊란 말과 통합니다. 가문이 나란해야 한다는 뜻이니 배우配偶란 말도 이와 같습니다. 지금 정나라는 작고 제나라는 큰데 대소가 맞지 않습니다. 소자는 감히 그렇게 높은 곳에 올라갈 생각이 없습니다!"

2_ 삽혈歃血: 군사 동맹을 맺거나 쌍방 간에 서로 굳은 맹세를 할 때 소나 말을 잡아 그 피를 입에 바르는 의식.

장공이 말했다.

"청혼은 저들이 먼저 제의한 것이다. 만약 제나라의 사위가 된다면 매사를 의지할 수 있을 것이다. 그런데 너는 어찌 사양하느냐?"

홀이 또 대답했다.

"대장부가 자립하는 데 뜻을 두어야지 어찌 혼인에 기댈 수 있겠습니까?"

장공은 세자가 큰 뜻을 품고 있는 것을 보고 기뻐하며 마침내 강요하지 않았다. 나중에 제나라 사신이 정나라에 왔다가 정 세자가 혼인을 원치 않는다는 사실을 알고 귀국하여 제 희공에게 알렸다. 희공이 감탄하며 말했다.

"정나라 세자는 겸양이 지극한 사람이라고 할 만하다. 내 여식도 나이가 어리니 훗날 다시 논의하는 것이 좋겠다."

부귀한 가문과 혼인하는 것을 조롱하며 정 세자처럼 혼인을 사양하는 것이 낫다고 읊은 후세 사람의 시가 있다.

혼인에는 상호 간에 가문이 맞아야 하니	婚姻門戶要相當
가문의 대소를 스스로 따져봐야지	大小須當自酌量
우습도다 높은 가문에 오르려는 속물들은	卻笑攀高庸俗子
재산을 흩뿌려 수건 한 장 사는 격이라	拚財但買一巾方

어느 날 정 장공은 신하들과 주나라에 입조할 일을 상의하고 있었다. 그때 마침 위 환공의 부음訃音이 당도했다. 장공이 사신에게 따져 묻자 그는 공자 주우州吁가 환공을 시해했다는 사실을 알려주었다. 장공은 발을 구르며 탄식했다.

"우리 나라가 장차 저들의 침략을 받겠구나!"

신하들이 물었다.

"주상께선 어떻게 그걸 아십니까?"

장공이 말했다.

"주우는 평소에 군사 부리기를 좋아한다. 이제 보위를 찬탈했으니 틀림 없이 군사의 위용을 과시하며 자신의 뜻을 만족시킬 것이다. 정나라와 위 나라는 평소에 사이가 벌어져 있었으니, 저들의 군사가 반드시 먼저 정나 라를 시험해볼 것이다. 마땅히 대비해야 할 터이다."

그러면 위나라 주우는 어찌하여 환공을 시해했던가? 원래 위나라 장공 莊公의 부인은 제나라 세자 득신得臣의 누이동생으로 이름이 장강莊姜이었 다. 모습은 아름다웠으나 아들이 없었다. 다음 부인은 진陳나라 제후의 딸 로 이름이 여규厲媯이고 마찬가지로 자식이 없었다. 여규의 누이동생은 이 름이 대규戴媯인데, 그 언니를 따라 위후에게 왔다가 완完과 진晉이란 두 아 들을 낳았다. 장강은 질투하지 않고 완을 자신의 아들로 삼았다. 또 위 장 공에게 궁녀를 들여주었고 위 장공이 궁녀를 총애하여 아들 주우를 낳았 다. 주우는 성격이 포악하고 무예를 좋아했으며 군사 이야기를 즐겼다. 위 장공은 주우를 편애하여 그가 하는 대로 내버려뒀다. 대부 석작이 일찍이 위 장공에게 이렇게 간했다.

"신이 듣건대 아들을 사랑하는 사람은 대의를 가르치고 사특함을 용납 해서는 안 된다고 했습니다. 대저 총애가 지나치면 반드시 교만해지고, 교 만함에서 반드시 변란이 일어난다고 합니다. 주상께서 주우에게 보위를 전 하려 하신다면 마땅히 세자로 세워야 할 것입니다. 그렇지 않다면 그 교만 함을 제지하고 억제하여 방자함에서 오는 화를 방지하셔야 할 것입니다."

위 장공은 그 말을 듣지 않았다.

석작의 아들 석후石厚는 주우와 교분이 두터웠다. 일찍이 수레를 나란히 하고 사냥에 나가 백성을 소란스럽게 한 적도 있었다. 석작은 석후에게 매질 50대의 징벌을 내리고 빈집에 감금한 뒤 출입을 허락하지 않았다. 석후는 담장을 넘어 마침내 주우의 저택으로 달아나 함께 밥을 먹으며 집으로 돌아가지 않았다. 석작은 어쩔 수가 없었다. 뒤에 위 장공이 세상을 떠나자 공자 완이 보위를 이었다. 이 사람이 바로 위 환공이다. 환공은 성격이 유약했다. 석작은 그가 할 수 있는 일이 없음을 알고 늙음을 핑계로 집에 들어앉아 정사에 간여하지 않았다. 주우는 더욱 거리낌이 없이 밤낮으로 석후와 보위를 찬탈할 일을 상의했다. 그때 마침 주 평왕이 붕어했다는 소식과 환왕이 새로 즉위했다는 소식이 전해졌다. 환공은 주나라로 가서 조문과 축하를 할 생각이었다. 석후가 주우에게 말했다.

"이제 대업을 이룰 수 있게 되었습니다. 내일 주상이 주나라로 갈 때 공자께서는 서문에서 전별연을 여시옵소서. 그리고 그 문밖에 갑사甲士 500명을 매복시켰다가 술이 몇 순배 돌면 소매 속에서 단도를 빼서 주상을 찌르시옵소서. 수하 중에 따르지 않는 자가 있으면 즉시 참수하소서. 그러면 제후의 보위를 어렵지 않게 얻을 수 있을 것입니다!"

주우가 매우 기뻐하며 석후에게 영을 내려 장사 500명을 서문 밖에 매복시키도록 했다. 주우는 몸소 수레를 몰고 환공을 맞아서 행관으로 갔다. 일찌감치 연회석이 준비되어 있었다. 주우가 몸을 굽히고 잔을 올리며 말했다.

"형님께서 원행을 하시니 보잘것없는 술로라도 전송하고자 합니다."

환공이 말했다.

"공연히 어진 아우의 마음을 쓰게 하는구나. 나는 이번에 갔다가 한 달여도 안 되어 돌아올 것이니, 아우가 번거롭더라도 잠시 조정 일을 맡아주게. 만사를 조심하고."

주우가 말했다.

"형님께서는 안심하십시오."

술이 반 순배 정도 돌자 주우는 몸을 일으켜 금잔에 술을 가득 채워서 환공에게 올렸다. 환공은 단숨에 잔을 비우고 다시 그 잔에 술을 가득 채워 주우에게 돌려줬다. 주우는 두 손으로 잔을 받다가 거짓으로 실수하는 척, 그 잔을 땅바닥에 떨어뜨렸다. 그러고는 황망히 잔을 주워 손수 닦았다. 환공은 그것이 속임수인지도 모르고 다시 잔에다 술을 가득 채워 주우에게 전해주었다. 주우는 이 기회를 틈타 몸을 날려 순식간에 환공의 뒤로 가서 단도를 뽑아 환공을 찔렀다. 칼날이 심장을 관통했다. 환공은 중상을 입고 곧바로 죽었다. 이때가 주 환왕 원년 춘삼월 무신戊申 날이었다.

어가를 따르던 신하들은 평소에 주우의 무예가 출중함을 알고 있었고, 석후가 또 500명의 갑사를 거느리고 공관을 포위하고 있었기 때문에 스스로 힘이 모자라는 것을 알고 항복하고 말았다. 빈 수레에 환공의 시신을 싣고 갑작스런 환후로 급서했다고 하고는 마침내 주우가 군주의 자리를 대신했다. 그리고 석후에겐 상대부를 제수했다. 환공의 동생 진晉은 형邢나라로 도망쳤다. 사신史臣이 시를 지어 위 장공의 총애가 주우의 반란을 초래한 것을 읊었다.

자식 교육엔 모름지기 의로움을 가르쳐야지   教子須知有義方
교만 방탕 길러주면 재앙이 생기는 법   養成驕佚必生殃

아우 이긴 정 장공은 천륜도 박복하나　　　　　　鄭莊克段天倫薄

속수무책 죽임당한 환공보단 나으리라　　　　　　猶勝桓侯束手亡

주우는 즉위한 지 사흘 만에 바깥 여론이 들끓으며 모두 자신이 형을 죽인 일을 이야기한다는 소문을 들었다. 이에 상대부 석후를 불러 의논하며 말했다.

"이웃 나라에 위신을 세우고 국내 백성에게 겁을 주려면 어느 나라를 먼저 치는 것이 좋겠나?"

석후가 아뢰었다.

"이웃엔 모두 혐의를 잡을 만한 나라가 없으나, 오직 정나라만이 옛날 공손활의 난을 토벌하러 우리 나라에 온 적이 있습니다. 선군 장공께서 죄를 자복하고 난리를 면했으나 이는 실로 나라의 치욕이었습니다. 주상께서 군사를 쓰신다면 정나라 외에는 없습니다."

주우가 말했다.

"제나라와 정나라는 석문에서 동맹을 맺고 한 패거리가 되었다. 우리 위나라가 정나라를 정벌하면 제나라가 반드시 구원할 것이다. 한 나라로 어떻게 저들 두 나라를 대적할 수 있겠는가?"

석후가 아뢰었다.

"지금 성姓이 다른 제후국으로는 오직 송宋나라만 공작公爵의 반열에 있는 대국입니다. 성이 같은 제후국으로는 오직 노魯나라만 숙부의 나라를 일컬으며 대국으로 행세합니다. 주상께서 정나라를 정벌하려 하신다면 반드시 송과 노에 사신을 보내 군사를 보내달라고 하고, 아울러 진陳과 채蔡의 군사를 합쳐야 합니다. 다섯 나라가 함께 일을 도모한다면 어찌 이기지 못할 것을 걱정하오리까?"

주우가 말했다.

"진과 채는 소국으로 평소 주나라 종실에 순종하고 있고 정과 주는 근래에 틈이 벌어져 있다. 진과 채도 그것을 알고 차제에 불러서 함께 정을 치자고 하면 금방 달려올 것이다. 그러나 송나라와 노나라 같은 큰 나라를 어떻게 억지로 끌어들일 수 있겠느냐?"

석후가 또 아뢰었다.

"주상께서는 하나만 알고 둘은 모르시옵니다. 옛날 송 목공穆公은 그 형 선공宣公에게서 보위를 받았지만 목공은 임종에 이르러 형의 덕에 보답하고자 자신의 아들 빙馮을 버리고 보위를 형의 아들 여이與夷에게 전했습니다. 그러자 빙은 아비를 원망하고 여이를 질투하며 정나라로 도망쳤습니다. 정백은 그를 받아들여 항상 빙을 위해 병사를 일으켜 송나라를 치고 여이의 자리를 빼앗으려 하고 있습니다. 이제 송나라와 연계하여 정나라를 친다면 바로 저들의 마음과 딱 맞아떨어질 것입니다. 또 노나라의 국내 사정을 보면 공자 휘翬가 권력을 오로지하고 있습니다. 휘는 병권을 손에 쥐고 노나라 군주를 허깨비처럼 여기고 있으니, 그에게 넉넉하게 뇌물을 쓰면 노나라 군대가 틀림없이 움직일 것입니다."

주우는 크게 기뻐하며 그날로 노, 진陳, 채 세 나라에 사신을 파견했다. 다만 송나라로 보낼 사람을 찾기 어려웠는데, 석후가 한 사람을 천거했다. 그는 성이 영寧이고 이름은 익翊으로 중모中牟(河南省 中牟) 사람이었다. 석후가 말했다.

"이 사람은 구변이 아주 좋아서 보내볼 만합니다!"

주우는 그 말에 따라 영익을 송나라로 보내 군사를 청했다. 송 상공殤公

이 물었다.

"왜 정나라를 치려는 것이오?"

영익이 대답했다.

"정백은 무도하여 제 아우를 죽이고 제 어미를 구금했습니다. 공손활이 우리 나라로 망명 왔을 때도 용서하지 않고 군사를 일으켜 토벌하고자 했습니다. 우리 선군께서는 저들의 강한 힘을 두려워하여 얼굴을 붉히고 사죄했습니다. 이제 우리 주상께서 선군의 치욕을 씻으려는 것입니다. 정나라는 귀국의 원수이기도 하므로 이렇게 도움을 청하러 온 것입니다."

송 상공이 말했다.

"과인은 평소 정나라와 아무런 원한도 없는데, 그대는 우리 원수라고 하니 그건 잘못된 말이 아니오?"

영익이 말했다.

"좌우를 물리쳐주시면 제가 모든 걸 말씀드리겠습니다."

송 상공이 좌우를 물리고 겸손하게 옆으로 앉으며 물었다.

"무슨 가르침이오?"

영익이 말했다.

"군후君侯의 자리는 누구에게서 받은 것입니까?"

"우리 숙부 목공께서 전해주신 것이오!"

영익이 말했다.

"아비가 죽으면 아들이 계승하는 것이 옛날의 이치입니다. 목공께서 비록 요순의 마음을 가지셨지만 어찌하여 공자 빙은 보위를 잃은 것을 한으로 여기고 있습니까? 그는 지금 이웃 나라에 거주하면서도 그 마음은 잠시도 송나라를 잊지 못하고 있습니다. 정나라는 공자 빙을 받아들여 그 교분이 벌써 끈끈해졌습니다. 어느 날 저들이 빙을 옹호하며 군사를 일으키면 국내 사람들도 목공의 은혜에 마음이 움직여 그 아들을 잊지 않을 것입니다. 그리하여 마침내 안팎으로 변란이 일어나면 군후의 자리도 위태로워질 것입니다. 오늘의 거병은 명목이 정나라를 치는 것이지만 기실은 군후를 위해 마음속 우환을 제거하는 것입니다. 군후께서 이 일을 주관하시면 보잘것없는 우리 소국도 군사를 일으킬 것이고, 노나라 진陳나라, 채나라의 군사도 일제히 힘을 보태줄 것이니, 정나라의 멸망을 조만간 기대할 수 있을 것입니다!"

송 상공도 원래 공자 빙을 꺼리는 마음을 갖고 있었기 때문에 그 자리에서 나눈 말이 바로 그의 마음에 부합하여 마침내 거병을 허락했다. 대사마大司馬 공보가孔父嘉는 은나라 탕왕의 후예로 사람됨이 공평무사했다. 송 상공이 위衛나라 사신의 이야기에 따라 거병한다는 소식을 듣고 간언을 올렸다.

"위나라 사신의 말을 들어서는 안 됩니다. 만약 아우를 죽이고 어머니를 구금한 정백의 죄를 물어야 한다면 주우가 형을 시해하고 보위를 찬탈한 것은 죄가 아니란 말입니까? 바라옵건대 주상께서는 깊이 생각해주십시오!"

그러나 송 상공은 이미 영익에게 거병을 허락했기 때문에 결국 공보가의 간언을 듣지 않고 그날 바로 군사를 일으켰다.

노나라 공자 휘翬는 위나라의 막대한 뇌물을 받은 뒤 노 은공隱公의 재가도 받지 않고 막강한 병력을 일으켜 정나라를 치러 갔다. 진陳나라와 채나라도 기한에 맞춰 군사를 파견했음은 더 말할 필요도 없다. 그중에서 송 상공은 작위가 가장 높았기 때문에 맹주로 추대되었다. 위나라 석후가 선봉에 서고 주우는 스스로 군사를 이끌고 그 뒤를 받치며 양초糧草를 다량으로 실어와 네 나라의 군사를 위로했다. 다섯 나라의 무장한 병거 1300승은

노나라와 송나라가 정나라 동문을 포위하다.

정나라 동문을 물샐틈없이 포위했다.

정 장공은 신하들에게 계책을 물었다. 주전파와 주화파가 의견이 분분했다. 장공이 웃으면서 말했다.

"경들의 의견은 모두 좋은 계책이 아니오. 주우는 보위를 찬탈했기 때문에 민심을 얻지 못했소. 그리하여 묵은 원한을 핑계로 네 나라의 군사를 빌려 위신을 세우고 백성을 압박하려는 것이오. 노나라 공자 휘는 위나라의 뇌물이 탐나서 자기 나라 군주의 재가도 받지 않았소. 진陳나라와 채나라는 정나라와 원한이 없기 때문에 모두 반드시 싸워야 할 마음이 없소. 오직 송나라만 공자 빙이 우리 정나라에 있기 때문에 진심으로 협조하고 있소. 내가 장차 공자 빙을 장갈長葛(河南省 長葛)로 내쫓으면 송나라 군사는 반드시 그곳으로 옮겨갈 것이오. 그런 뒤 다시 공자 여를 시켜 보병 500명을 인솔하여 동문으로 나가 단독으로 위나라와 싸우게 하고 거짓으로 패하여 달아나게 할 것이오. 그러면 주우는 승전의 명목도 얻고 자신의 의도도 달성했다고 여길 것이오. 그리고 자신의 나라 안도 아직 안정되지 않았는데 어떻게 오랫동안 군중에 머물 수 있겠소? 반드시 조속히 회군할 것이오. 소문을 듣건대 위나라 대부 석작은 충성심이 강하다고 하오. 오래지 않아 위나라에는 내란이 발생할 것이오. 그러면 주우는 스스로를 돌볼 겨를도 없을 것인데 어찌 우리를 해칠 수 있겠소?"

이에 대부 하숙영瑕叔盈을 시켜 한 무리 군사를 이끌고 송나라 공자 빙을 장갈로 옮겨가게 했다. 장공이 송나라에 사신을 보내 이 사실을 알려주었다.

"공자 빙은 우리 소국에 망명했으나 우리 소국은 차마 죽일 수가 없었습니다. 지금 장갈로 보내 죄를 자복하게 했으니 군후께서는 알아서 처리하시기 바라옵니다."

송 상공은 과연 군사를 이동시켜 장갈을 포위했다. 채나라, 진陳나라, 노나라 군사는 송나라 군사가 이동하는 것을 보고 모두 깃발을 거두어 귀국하는 것으로 생각했다. 공자 여가 동문으로 나가 위나라와 싸움을 할 때도 이 세 나라는 보루에 올라 수수방관 구경만 했다.

석후는 군사를 이끌고 공자 여와 교전을 벌였다. 서로 맞붙어 수 합도 되지 않아 공자 여는 창을 끌고 도주했다. 석후가 동문까지 추격하자 안쪽에서 호응하는 군사들이 공자 여를 맞아들였다. 석후는 동문 밖 벼를 모두 베어서 군사를 위로하고 승전고를 울리며 회군했다. 주우가 말했다.

"대승을 거두지도 못하고 어찌하여 바로 회군했는가?"

석후는 좌우를 물리치고 승전고를 울리며 회군한 연유를 말했다. 주우가 몹시 기뻐했다. 결국 석후가 무슨 말을 했을까? 다음 회를 보시라.

대의를 위해
친아들을 죽이다

위나라 석작은 대의멸친으로 아들을 죽이고
정 장공은 거짓 왕명으로 송나라를 정벌하다
衛石碏大義滅親, 鄭莊公假命伐宋.

석후石厚는 가까스로 정나라 군사에게 승리를 거두자 바로 회군하라고
영을 내렸다. 여러 장수는 모두 그 뜻을 이해할 수 없어서 주우에게 달려
와 상황을 아뢰었다.

"아군의 예기가 바야흐로 날카로워 승세를 몰아 공격해야 할 때였는데,
왜 퇴각했는지 모르겠습니다."

주우도 의심스러워서 석후를 불러 물었다. 석후가 대답했다.

"신이 한마디 드릴 말씀이 있으니 좌우를 물려주십시오."

주우가 손을 휘저어 좌우를 물러가게 하자 석후가 말했다.

"정나라 군사는 원래 강병일 뿐만 아니라 그 군주는 주 왕실의 경사 벼
슬을 맡고 있습니다. 이제 우리의 승리로 위신은 충분히 세웠습니다. 또
주상께서 즉위하신 초기라 국내 사정이 아직 불안정한데, 오래 외국에 머

물러 있으면 내란이 일어날까 두렵습니다."

주우가 말했다.

"경의 말이 아니었다면 과인은 거기까지 생각하지 못했을 것이다."

잠시 후 노나라, 진陳나라, 채나라 군주들도 모두 와서 승전 축하 인사를 했다. 그들도 각기 회군을 요청하므로 마침내 포위를 풀고 자기 나라로 돌아가도록 했다. 포위를 하고 포위를 푼 날짜까지 모두 계산해보면 겨우 닷새일 뿐이었다. 석후는 자신의 공적을 자랑하며 삼군에 영을 내려 일제히 개선가를 부르게 하고 주우를 옹위하여 의기양양 귀국했다.

그때 시골 사람들이 부르는 노랫소리가 들려왔다.

한 영웅이 죽고	一雄斃
한 영웅이 일어나네	一雄興
노래와 춤이 창칼로 변했나니	歌舞變刀兵
어느 때나 태평세월 만날까	何時見太平
슬프도다, 낙읍 천자께 호소할 이 없음이여	恨無人兮訴洛京

주우가 말했다.

"백성이 아직도 나를 인정하지 않으니, 어찌하면 좋겠느냐?"

석후가 말했다.

"신의 아비 작碏이 상경의 자리에 있을 때 평소 백성에게 신망을 얻었습니다. 주상께서 만약 그분을 입조하게 하여 함께 국정을 처리한다면 보위가 틀림없이 안정될 것입니다."

주우는 한 쌍의 흰 옥구슬白璧과 백미 500종鍾을 가지고 석작의 문후를 여쭙게 했다. 석작을 입조하게 하기 위한 조치였다. 석작은 병이 위독하단 핑계를 대고 완강히 사양하며 받지 않았다. 주우가 다시 석후에게 물었다.

"경의 부친이 입조하려 하지 않으니 과인이 직접 가서 계책을 묻고자 하는데 어떻겠는가?"

석후가 말했다.

"주상께서 왕림하시더라도 반드시 만날 수 있다고 장담하기 어렵습니다. 신이 주상의 명령을 가지고 가보도록 하겠습니다."

그리하여 집으로 돌아가 제 부친을 만나고 새 군주의 경모하는 마음을 전했다. 석작이 말했다.

"새 군주가 나를 부르는 건 무엇 때문이냐?"

석후가 대답했다.

"민심이 조화롭지 못하여 주상의 보위가 불안정합니다. 그래서 아버지에게 좋은 방책을 구하려는 것입니다."

석작이 말했다.

"제후가 즉위하면 주 왕실 조정의 명령을 받는 것이 옳다. 새 군주가 만약 주나라 상감을 알현할 수 있다면 반드시 제후의 예복과 면류관 그리고 수레를 하사할 것이다. 그 명령을 받들어 군주로 즉위하면 백성이 무슨 말을 하겠느냐?"

석후가 말했다.

"그 말씀이 심히 옳으나 아무런 까닭도 없이 조정에 들어가면 주 왕실의 천자도 틀림없이 의아하게 생각할 것입니다. 반드시 먼저 조정에 사정을 설명해줄 사람이 있어야 할 것입니다."

석작이 말했다.

"지금 진후陳侯가 천자에게 충성을 다하고 있으며, 조정의 초청에도 빠진 적이 없어서 천자도 심히 총애하고 있다. 우리 나라와 진陳나라는 평소에도 친목이 두터운 데다 최근에는 또 군사를 빌린 우호관계이므로 만약 새 군주가 친히 진나라에 가서 진후에게 천자와 다리를 놓아달라고 간청한 후 주나라 조정에 입조하면 무슨 어려움이 있겠느냐?"

석후는 자신의 부친 석작의 말을 주우에게 이야기했다. 주우는 몹시 기뻐하며 구슬과 비단 및 다른 예물을 갖추어, 상대부 석후에게 어가를 호위하라 하고 진나라를 향해 출발했다.

석작과 진陳나라 대부 자겸子鍼[1]은 평소에도 친분이 두터웠다. 이에 손가락을 잘라 피를 흘리며 편지 한 통을 써서 비밀리에 심복을 자겸이 있는 곳으로 보냈다. 그리고 그것을 진 환공桓公에게 전해달라고 부탁했다. 그 편지의 내용은 이렇다.

외신外臣 석작은 백배 절을 올리며 현명하신 진후陳侯 전하께 글을 바칩니다. 위衛나라는 영토도 좁은데 하늘이 무거운 재앙을 내리사 불행하게도 임금을 시해하는 참화가 일어났습니다. 그 일은 비록 선군의 아우인 역적 주우의 소행이었지만, 기실 신의 아들인 역적 석후가 벼슬자리를 탐한 나머지 폭군을 도와서 일어난 일입니다. 두 역적을 주살하지 못한다면 장차 난신적자가 아마도 천하에 발걸음을 계속 이을 것입니다. 이 늙은이는 나이가 여든이라 힘으로 저들을 제압할 수 없어서 선군에게 큰 죄를 지었습니다. 지

1_ 자겸子鍼: 두예杜預의 『춘추경전집해春秋經傳集解』에는 인명에 쓰인 '鍼'의 발음을 모두 '겸其廉切'이라 했고 『강희자전康熙字典』에서는 인명과 지명에 쓰인 '鍼'의 발음을 '겸箝'이라 했으므로, 이 번역본에서도 인명과 지명에 쓰이는 '鍼'의 발음을 모두 '겸'으로 읽었다.

금 두 역적이 수레를 나란히 하고 귀국에 입조하는 것은 기실 이 늙은이의 계책입니다. 다행히 귀국에서 저들을 잡아 단죄하여 신하의 기강을 바로잡아주신다면 천하의 행운일 것이니 단지 신의 나라의 행운에만 그치지 않을 것입니다!

진陳 환공桓公은 편지를 다 읽고 나서 자겸에게 물었다.
"이 일을 어찌하면 좋겠소?"
자겸이 대답했다.
"위衛나라의 악惡은 곧 진陳나라의 악입니다. 지금 저들이 우리 진나라로 오는 것은 스스로 죽음의 구덩이로 들어오는 것이니 저들 마음대로 행동하게 해서는 안 될 것입니다."
진 환공이 말했다.
"좋소."
그리하여 마침내 주우를 잡을 계책을 마련했다.
주우와 석후는 진나라에 도착해서도 아직 석작의 계책을 알지 못했다. 두 군신이 도도하게 진나라로 들어왔다. 진후는 공자 타佗를 시켜 성곽을 나가 영접하게 하고 객관에 머물게 했다. 마침내 진후의 명령이 내려와 내일 태묘에서 만나자고 했다. 주우는 진후가 예에 맞춰 은근하게 접대하는 것을 보고 기쁨을 이길 수 없었다. 다음 날 태묘 뜰에 화톳불을 피우고 진 환공이 주인의 자리에 섰다. 또 왼쪽에는 손님의 자리, 오른쪽에는 신하들의 자리가 아주 질서정연하게 배치되어 있었다. 석후가 먼저 도착했다. 그는 태묘 입구에 하얀 팻말이 세워져 있는 걸 보았다. 그 팻말에는 "신하로서 불충하고 자식으로서 불효한 자는 태묘 출입을 불허한다!"라고 쓰여 있었다. 석후는 몹시 놀라서 대부 자겸에게 물었다.

"이 팻말을 세워둔 것은 무슨 뜻이오?"

자겸이 말했다.

"이건 우리 선조들의 유훈이오. 우리 주상께서도 감히 잊어서는 안 되는 가르침이지요."

석후가 그제야 의심을 풀었다. 잠시 후 주우의 수레가 도착했다. 석후는 그를 인도하여 수레에서 내리게 하고 다시 손님의 자리에 서게 했다. 그 뒤 손님과 신하를 태묘로 들게 했다. 주우가 옥을 차고 홀을 든 채 막 허리를 굽혀 예를 행하려는데 자겸이 진후 곁에 서 있는 것이 보였다. 자겸이 고함을 질렀다.

"주나라 천자의 어명이다. 자신의 군주를 시해한 역적 주우와 석후 두 놈을 잡아들이고 나머지는 모두 방면하라!"

소리가 아직 끝나지도 않았는데 먼저 주우가 사로잡혔다. 석후는 황급히 패검을 뽑으려 했으나 허둥지둥 서둘다가 칼을 칼집에서 뽑아내지 못했다. 그는 맨손으로 격투를 벌여 두 사람을 쓰러뜨렸다. 태묘 좌우 행랑에도 모두 갑사甲士들이 매복해 있었다. 그들은 일제히 몰려나와 석후를 꽁꽁 묶었다. 여러 병거와 군사는 아직 태묘 밖에서 관망하고 있었다. 자겸이 석작의 편지를 한 차례 읽었다. 군사들은 그제야 주우와 석작이 포박된 연유를 알게 되었다. 모든 일이 석후가 진나라의 손을 빌려 꾸민 일이고, 천리로 보면 당연한 일이기 때문에 사람들은 분분히 흩어졌다. 사관이 시를 읊어 탄식했다.

주우는 지난날 환공 속여 잔치하더니　　　　　　　　　　州吁昔日餞桓公

오늘은 진陳 조정에서 같은 참화 당했도다 今日朝陳受禍同

임금 된 지 며칠인지 손가락을 꼽아보라 屈指爲君能幾日

하늘의 이치는 창공에 물어야 하리 好將天理質蒼穹

진후는 바로 주우와 석후를 주살하여 단죄하려고 했다. 여러 신하가 말했다.

"석후는 바로 석작의 친아들입니다. 석작의 뜻이 어떤지 아직 모르니 위衛나라 관리를 직접 오게 하여 그의 죄를 논의하는 것이 뒷말이 없을 것입니다."

진후가 말했다.

"경들의 말이 옳다."

이에 군신 두 사람을 두 곳의 감옥에 나누어 수감했다. 주우는 복읍濮邑(河南省 濮陽)에 가두었고 석후는 진陳나라 도성에 가두어 서로 소식을 주고받지 못하게 했다. 그러고는 사람을 시켜 밤낮으로 말을 달려 위나라로 가서 상황을 보고하게 하고 석작에게도 소식을 알렸다.

석작은 늙음을 핑계로 벼슬에서 물러난 후 자기 집 대문을 나선 적이 없었다. 그러나 진후의 사신이 명령을 받들고 오자 바로 수레꾼에게 명하여 수레를 대기시키게 했다. 그리고 한편으로 대부들에게 조정으로 모이라고 통지했다. 관리들이 모두 깜짝 놀랐다. 석작은 조정 중앙으로 나서서 백관을 모이게 하고 바야흐로 진후가 보낸 서찰을 펼쳤다. 그 내용은 주우와 석후가 이미 진나라에 구금되어 있으므로 위나라 대부가 당도한 뒤 공동으로 역모를 단죄하자는 것이었다. 백관들이 일제히 의견을 냈다.

"이것은 종묘사직의 대계이니 모두 국로國老(석작)께서 주관하십시오."

석작이 말했다.

"두 역적의 죄는 모두 용서받을 수 없으니 법전의 형벌로 분명하게 단죄하여 선령先靈을 위로해야 할 것이오. 누가 가서 그 일을 주관하겠소?"

우재右宰 추醜가 말했다.

"난신적자는 마땅히 죽여야 하오. 제가 비록 재주 없는 사람이나 남몰래 울분을 품고 있었소. 역적 주우를 주살할 때 제가 그 자리에 임하겠소."

여러 대부가 말했다.

"우재는 족히 이 일을 처리할 수 있을 것이오. 다만 역적의 수괴를 단죄한 만큼 석후는 그 수하이므로 가볍게 처벌할 수도 있을 것 같소만."

석작이 크게 분노했다.

"주우의 악행은 역적인 제 자식 놈이 키운 것이오. 여러분이 법을 가볍게 시행하고자 하는 건 제게 자식을 편애하는 사사로운 감정이 남아 있다고 의심하는 것이 아니오? 노부는 직접 진나라로 가서 그 역적 놈을 내 손으로 벨 것이오. 그렇게 하지 않으면 조종祖宗의 사당을 쳐다볼 면목도 없을 것이오!"

가신家臣 누양견獳羊肩이 아뢰었다.

"국로께서는 그렇게 분노하지 마시옵소서. 아무개가 대신 갈 것입니다."

석작은 이에 우재 추를 복읍으로 보내 주우의 사형을 지켜보게 했고, 누양견을 진陳 도성으로 보내 석후의 사형 자리에 임석하게 했다. 또 한편으로 어가를 정비하여 형邢나라에서 공자 진晉을 맞아오게 했다. 좌구명左丘明이 『춘추좌전春秋左傳』을 지을 때 이 대목에 이르러 석작을 이렇게 일컬었다.

"대의를 위해 친아들을 죽였으니 진실로 순후한 신하로다."

衛石碏大義滅親

석작이 대의를 위해 아들을 죽이다.

사신이 이를 시로 읊었다.

공의公義와 사정私情은 겸전할 수 없나니	公義私情不兩全
기꺼이 아들 죽여 임금 원한 갚았도다	甘心殺子報君冤
세인들은 편애에 빠져 사리 분별 어두우니	世人溺愛偏多昧
어떻게 아름다운 이름 만년토록 누리랴	安得芳名壽萬年

농서隴西 거사가 또 시를 지어 석작이 앞서 석후를 죽이지 않았기 때문에 이제 주우까지 죽게 만들었다고 힐난했다.

역적질엔 뿌리 있음을 분명하게 알았으면서	明知造逆有根株
어찌하여 먼저 나서서 역적 자식 못 죽였나	何不先將逆子除
이로부터 노신은 심모원려 품어야 하리	自是老臣懷遠慮
아들 석후 버려됐다 주우까지 그르쳤네	故留子厚誤州吁

우재 추와 누양견은 함께 진陳나라 도성으로 가서 먼저 진 환공을 알현하고 역적을 제거해준 은혜에 감사드렸다. 그런 뒤 길을 나누어 각자 맡은 일을 처리하러 갔다. 우재 추는 복읍에 이르러 주우를 압송하여 저잣거리로 끌고 갔다. 주우가 추를 보고 큰 소리로 고함쳤다.

"너는 내 신하였는데, 어찌 감히 나를 범하려고 하느냐?"

우재 추가 말했다.

"위衛나라에 임금을 시해한 신하가 있어서 내가 그것을 본받았을 뿐이다!"

주우는 머리를 굽힌 채 참형을 당했다. 누양견은 진陳나라 도성으로 가서 석후의 사형장에 임석했다. 석후가 말했다.

"나는 죽어야 마땅한 놈이지만 원컨대 함거檻車를 타고 가서 우리 아버지를 한 번이라도 만나 뵙고 죽게 해주시오."

누양견이 말했다.

"내가 네 부친의 명령을 받들고 역적 지식을 죽이러 왔다. 네가 만약 부친을 생각한다면 내가 네 머리를 들고 가서 만나게 해주겠다."

그러고는 마침내 칼을 뽑아 참수했다. 공자 진은 형邢나라에서 위衛나라로 돌아와 주우를 주살한 일을 위 무공武公의 사당에 고하고 또 환공의 장례를 치른 뒤 보위에 올랐다. 이 사람이 바로 위 선공宣公이다. 그리고 석작을 국로國老로 높이고 대대로 경卿의 지위를 세습하게 했다. 이로부터 진과 위는 친분이 더욱 돈독하게 되었다.

한편 정 장공은 다섯 나라의 군대가 해산하는 것을 보고 사람을 보내 장갈長葛에 있는 송나라 공자 빙馮의 소식을 수소문해보려고 했다. 그때 갑자기 보고가 올라왔다.

"공자 빙이 장갈에서 도망쳐와 문밖에서 뵙기를 청합니다."

정 장공이 불러서 사연을 묻자 공자 빙이 하소연하며 말했다.

"장갈은 벌써 송나라 군사에게 함락되어 성과 해자가 점령당했습니다. 목숨만 부지하여 여기까지 왔으니 부디 보살펴주시옵소서."

말을 끝내고 통곡을 그치지 않았다. 장공은 그를 한바탕 위로한 뒤 다시 관사에 머물게 하고 생활용품과 먹을 것을 넉넉하게 대주도록 했다. 하루도 지나지 않아 복읍에서 주우가 피살되고 위衛나라에 새로운 군주가 즉위했다는 소식이 들려왔다. 장공이 말했다.

"주우와 관련된 일은 저들 새 군주와는 무관하다. 그러나 병력을 주관하여 우리 정나라를 친 것은 바로 송나라이니 과인은 먼저 그들을 치고 싶다."

이에 뭇 신하를 크게 소집하여 송나라를 칠 계책을 물었다. 채족이 앞으로 나서서 말했다.

"앞서 다섯 나라가 연합하여 우리 정나라를 쳤습니다. 지금 만약 우리가 송나라를 치면 네 나라가 틀림없이 두려워하며 서로 군사를 합쳐 송을 구원할 것입니다. 이러면 승산이 없습니다. 지금 우리는 먼저 진陳나라에 사신을 보내 강화講和를 청하고 다시 이익을 내세워 노나라와도 친교를 맺어야 합니다. 만약 노나라, 진나라와 우호를 맺는다면 송나라 세력은 고립될 것입니다."

장공은 그 의견에 따라 마침내 사신을 진나라로 보내 강화를 청했다. 진후陳侯가 불허하자 공자 타佗가 간했다.

"어진 이웃과 친선관계를 맺는 것은 나라의 보배입니다. 정나라에서 사신을 보내 화해를 청하고 있으니 거절하지 마십시오."

진후가 말했다.

"정백은 교활하기가 한량없는 사람이오. 어찌 가볍게 믿을 수 있겠소? 그렇지 않소? 송나라와 위나라가 모두 대국인데 그들에게 강화를 청하지 않고 어찌하여 먼저 우리 나라에 온 것이오? 이것은 바로 이간계離間計요. 하물며 전에 우리는 송나라를 따라 정나라를 쳤지 않소? 그런데 지금 정나라와 강화한다면 송나라가 틀림없이 분노할 것이오. 정나라를 얻고 송나라를 잃는다면 무슨 이득이 있겠소?"

그리하여 결국 정나라 사신을 만나지 않았다.

정 장공이 진나라가 강화를 거절했다는 소식을 듣고 노기를 띠며 말했다.

"진나라가 믿고 있는 것은 송나라와 위나라뿐이다. 위나라는 이제 난리가 안정되어 자기 나라도 돌볼 틈이 없는데 어떻게 다른 나라에 신경 쓰겠는가? 나는 노나라와 우호를 맺고 나서 제·노와 힘을 합쳐 먼저 송나라에 원수를 갚은 뒤 진나라를 치리라. 이것이야말로 파죽지세라고 할 만하다."

채족이 아뢰었다.

"그렇지 않습니다. 우리 정나라는 강하고 진나라는 약합니다. 그러므로 강화를 우리가 먼저 제의하면 진나라는 필시 이간계로 의심하여 따르지 않을 것입니다. 이에 변방 부대에 영을 내려 저들의 방비가 소홀한 틈을 타 국경으로 쳐들어가면 반드시 많은 것을 얻을 수 있을 것입니다. 그 후 변설에 능한 사람을 보내 얻은 것을 돌려주고 우리가 저들을 속이지 않는다는 걸 분명히 밝히면 저들도 틀림없이 우리를 따를 것입니다. 진나라와 평화를 회복한 후 천천히 송나라를 칠 계책을 논의하는 것이 마땅할 것입니다."

정 장공이 말했다.

"좋은 계책이오."

이에 두 변방의 읍재를 시켜 병사 5000명을 거느리고 사냥을 가장하여 진나라 국경으로 잠입하게 했다. 그들은 진나라 남녀와 수레 100여 대를 약탈하여 돌아왔다.

진陳나라 변방을 지키는 관리가 그 사실을 진 환공에게 보고하자 환공은 몹시 놀라 바로 신하들을 모아 대책을 상의하도록 했다. 그때 갑자기 "정나라 사신 영고숙이 조문朝門 밖에서 본국의 서찰을 갖고 뵙기를 청하며 포로와 노획물을 돌려주려 왔다 합니다"라는 보고가 올라왔다. 환공이 공자 타에게 물었다.

"정나라 사신이 무엇하러 왔소?"

공자 타가 말했다.

"사신을 보내온 것은 아름다운 마음입니다. 다시 물리쳐서는 안 됩니다."

환공이 바로 영고숙을 들게 했다. 영고숙이 재배하고 국서를 바쳤다. 환공이 펼쳐보니 그 뜻이 대략 다음과 같았다.

오생甥生은 현명하신 진후 전하께 재배하고 글을 올리는 바요. 군후께서도 주 왕실의 총애를 받으시고 과인도 주 왕실의 신하로 자리를 더럽히고 있으니 마땅히 서로 우호를 맺어 함께 주 왕실의 울타리 역할을 다해야 할 것이오. 근자에 강화를 청한 일이 결과를 맺지 못하여 변방 관리가 우리 두 나라에 틈이 생긴 것으로 망령된 생각을 한 나머지 제 마음대로 귀국을 침략했소. 과인은 그 소식을 듣고 밤에 자리에 누워서도 편안히 잠을 잘 수가 없었소. 이제 잡아온 포로와 수레를 모두 돌려드리고 신하 영고숙을 보내 사죄드리오. 과인은 군후와 형제의 의를 맺기를 원하니 군후께선 허락해주시오.

진후는 서찰을 다 읽고 나서 정나라의 강화 제의가 진심이라는 것을 알고 마침내 영고숙을 후하게 대접한 뒤 공자 타를 답례 사절로 정나라에 파견했다. 이로부터 진나라와 정나라는 우호관계를 수립했다.

정 장공이 채족에게 말했다.

"진나라와 평화롭게 지내게 되었으니 이제 송나라를 치는 것이 어떠하오?"

채족이 아뢰었다.

"송나라는 작위가 높고 국력도 강대합니다. 주 왕실에서도 손님의 예로 깍듯이 대하고 있으니 가볍게 칠 수 없습니다. 주상께서 지난번 주 왕실에 입조하려 하시다가 제후齊侯와의 석문 회합과 주우의 군사 침략 때문에 지금까지 지연되었습니다. 그러니 오늘 우선 주 왕실에 들어가 상감을 알현하시옵소서. 그런 뒤 거짓으로 상감의 어명을 빙자하여 제와 노를 불러 군사를 합한 뒤 송나라를 치시옵소서. 그러면 출병할 명분도 생기니, 만 번을 싸워도 이기지 못하는 일이 없을 것입니다."

정 장공이 몹시 기뻐하며 말했다.

"경의 계책은 정말 만전지계萬全之計요."

이때가 주 환왕 즉위 3년이었다. 정 장공은 세자 홀에게 국내의 일을 감독하게 하고 채족과 주 왕실로 가서 왕을 알현했다.

때마침 날짜가 겨울 11월 초하루여서 마침 다가올 새해를 축하하는 기간이었다. 주공周公 흑견黑肩은 주나라 왕에게 정나라에 예를 베풀어 다른 열국列國을 권면하라고 했다. 주 환왕은 평소에 정나라를 좋아하지 않았고 또 그들이 지난번 보리와 벼를 약탈해간 일을 상기하고는 노기등등하여 장공에게 말했다.

"경의 나라는 올해 수확이 어떠하오?"

장공이 대답했다.

"상감마마의 하늘과 같은 은혜 덕분에 홍수와 가뭄이 발생하지 않았습니다."

환왕이 말했다.

"다행히 몇 년간 온溫 땅의 보리와 성주成周 땅의 벼가 있어서 짐도 넉넉히 자급자족할 수 있었소."

장공은 환왕의 말이 삐뚜름한 것을 보고 입을 닫고 앉아 있다가 바로 물러나왔다. 환왕은 그를 위해 잔치도 베풀지 않았고 선물도 내려주지 않았다. 게다가 기장쌀 열 수레를 보내주며 이렇게 말했다.

"그럭저럭 이걸로 흉년에 대비하시오."

정 장공은 이번 행차를 심히 후회하며 채족에게 말했다.

"대부께서 과인에게 입조를 권해서 왔지만 이제 보니 상감이 이처럼 나를 등한시하고 말끝마다 원망을 내뱉으며 급기야 기장쌀을 보내 조롱하고 있소. 과인은 받고 싶지 않지만 무슨 말을 해야 할지 모르겠소."

채족이 대답했다.

"제후들이 우리 정나라를 중히 여기는 까닭은 대대로 경사 벼슬을 하며 주나라 왕실 측근에 있기 때문입니다. 천자가 하사하는 것은 후하고 박하고를 막론하고 모두 '하늘의 은총天寵'이라고 합니다. 주상께서 만약 물리치고 받지 않는다면 분명히 주 왕실과 틈이 벌어질 것입니다. 우리 정나라가 주 왕실을 잃고 어떻게 제후들에게 중히 여겨질 수 있겠습니까?"

이렇게 의론이 분분한 가운데 갑자기 주공 흑견이 비단 두 수레를 선물로 싣고 방문했다는 기별이 왔다. 불러서 이야기를 나누는데 그 언행이 아주 은근했고 오래도록 머물다가 돌아갔다. 정 장공이 채족에게 물었다.

"주공이 온 것은 무슨 의도요?"

채족이 대답했다.

"주 환왕에게는 두 아들이 있습니다. 맏이는 타佗이고 둘째는 극克입니다. 환왕은 둘째를 총애하여 주공으로 하여금 보좌하게 하고 있습니다. 그러니 장래에 틀림없이 적장자의 지위를 뺏으려는 음모가 일어날 것입니다. 이 때문에 주공이 오늘 먼저 우리 나라와 친선을 맺고 외부 지원을 얻으려는 것입니다. 주상께선 그 비단을 받으시지요. 바로 쓸데가 있을 것입니다."

정 장공이 물었다.

"어디에 쓴단 말이오?"

채족이 말했다.

"우리 정나라가 입조한 것을 모르는 나라는 없을 것입니다. 지금 주공이 선물한 비단을 열 대의 수레에 나누어 싣고 밖은 또 다른 비단 보자기로 덮으시옵소서. 그리고 주나라 도성을 나서면서 '주나라 왕의 선물'이라고 하고, 그 위에 붉은 활과 화살을 얹으신 뒤 이렇게 말을 꾸며내시옵소서. '송공宋公이 오랫동안 조공을 하지 않아 내가 직접 주 왕실의 어명을 받들고 군사를 동원하여 토벌하게 되었노라!' 이걸 명분으로 열국에 호소하여 출병의 책임을 지우시지요. 불응하는 자가 있으면 어명에 항거하는 것이 되니 일의 중대함으로 볼 때 제후들이 반드시 믿고 따를 것입니다. 송나라가 비록 대국이지만 주 왕실의 어명을 받든 군사를 당해낼 수 있겠습니까?"

정 장공은 채족의 어깨를 두드리며 말했다.

"경은 참으로 지모가 있는 사람이오. 과인이 하나하나 경의 말대로 시행하겠소."

농서 거사가 영사시詠史詩로 다음과 같이 읊었다.

채색 비단과 기장쌀은 서로 맞지 않는데	彩繒禾黍不相當
어명 없이 어찌하여 주 왕실을 사칭했나	無命如何假托王
결국에는 거짓으로 또다시 병력 동원했으니	畢竟虛名能動衆

정 장공은 주나라 경계를 나서면서부터 연도 내내 어명이라 떠벌리며 신하의 도리를 다하지 않은 송공의 죄를 성토한다고 했다. 듣는 사람들 중 그것을 진실로 여기지 않는 사람이 없었다. 이 소식은 바로 송나라에도 전해졌다. 송 상공은 놀랍고 두려워서 몰래 사신을 보내 위衛 선공宣公에게 이 사실을 알렸다. 위 선공은 제 희공僖公을 규합하여 송나라, 정나라와 강화하고자 와옥瓦屋(河南省 溫縣 서북) 땅에서 만나자며 약속 날짜를 정했다. 그날 삽혈歃血 의식으로 동맹을 맺고 각각 묵은 원한을 풀자는 것이었다. 송 상공은 또다시 비단을 위나라로 보내 견구犬邱(山東省 曹縣 경내)에서 먼저 만나자고 약속한 뒤, 그곳으로 가서 정나라와 관련된 일을 상의했다. 그 뒤 두 나라는 수레를 나란히 몰고 함께 와옥으로 갔다. 제 희공도 날짜에 맞춰 당도했다. 그러나 정 장공만 도착하지 않아서 제 희공이 말했다.

"정백이 오지 않으면 화의和議는 실패한 것이오!"

그리하여 바로 수레를 돌려 귀국하려고 했다. 송 상공이 그에게 동맹에 참여하라며 억지로 만류했다. 제 희공은 겉으로는 억지로 응하는 체했지만 속으로는 관망하려는 마음을 품고 있었다. 오직 송나라와 위나라만 오래 교분을 맺어온 사이라 서로 폐백을 주고받으며 동맹을 맺고 헤어졌다.

일전에 주나라 환왕은 정백의 벼슬을 파직하고 괵공虢公 기보忌父로 그 자리를 대신하고자 했다. 주공 흑견이 힘써 간하여 기보를 우경사右卿士로 삼고 국정을 맡겼으며 정백은 좌경사左卿士로 삼았다. 그러나 좌경사는 실권은 없고 허울뿐인 자리였다. 정 장공이 그 소식을 듣고 쓴웃음을 지으며 말했다.

정 장공이 왕명을 빙자하여 송나라를 치다.

"그래도 주왕周王이 내 직위를 완전히 빼앗지는 못하는구나!"

그 뒤 제나라와 송나라의 동맹 소식이 들려왔다. 그 일을 채족에게 논의하자 채족이 대답했다.

"제나라와 송나라는 원래 깊은 교분이 있는 나라가 아니라 모두 위나라가 중간에서 다리를 놓은 것입니다. 비록 동맹이라고는 하지만 기실 본심에서 나온 것이 아닙니다. 주상께서 이제 제나라와 노나라에 주 왕실의 어명을 선포하시고 노후魯侯에게 부탁하여 제후齊侯와 힘을 합쳐 송나라를 토벌하십시오. 노나라와 제나라는 경계를 맞대고 있으며 대대로 혼인관계를 맺어왔습니다. 노후가 우리에게 동참하면 제후도 틀림없이 우리 말을 어길 수 없을 것입니다. 채蔡, 위衛, 성郕, 허許 등 여러 나라에도 격문을 띄워 불러와야 합니다. 공의公議로 송을 토벌하는 과정을 보고도 오지 않는 나라가 있으면 오히려 우리가 군사를 보내 저들을 토벌해야 합니다."

정 장공은 그 계책에 따라 사신을 노나라로 보내, 노나라가 송나라 땅을 뺏으면 모두 노나라에 줄 것이라고 했다. 공자 휘는 탐욕이 또다시 자라 흔연히 그 말에 승낙했다. 그는 노후에게 그 일을 아뢴 뒤 제후齊侯와도 약속했으며 정나라와는 중구中邱(山東省 沂南 남쪽)에서 회합을 갖기로 했다. 제후는 자기 동생 이중년夷仲年을 장수로 삼아 병거 200승을 출전시켰으며, 노후는 공자 휘를 장수로 삼아 병거 200승을 차출하여 정나라를 도우러 왔다.

정 장공은 공자 여, 고거미, 영고숙, 공손알 등의 장수를 거느리고 스스로 중군이 되어 커다란 둑纛 깃발을 세우며 그것을 '모호蝥弧'라 부르게 했다. 그리고 깃발에 '봉천토죄奉天討罪'(천명을 받들어 죄인을 토벌한다)라는 네 글자를 크게 써서 노거輅車(임금이 타는 수레)에 꽂고 붉은 활과 화살을 수레

위에 걸었다. 그리하여 주 왕실의 경사卿士가 죄인을 토벌한다는 명목으로 이중년을 좌군 장수로 삼고, 공자 휘를 우군 장수로 삼아 위풍당당하게 송나라로 쇄도해갔다. 노나라 공자 휘가 먼저 노도老挑(山東省 汶上 동북) 지방에 도착하자 송나라 수성장이 군사를 거느리고 맞아 싸우러 나왔다. 그러나 공자 휘를 만나 용감하게 선두에서 싸웠지만, 단 한 번의 싸움에 송나라 병사는 갑옷을 버리고 무기를 질질 끌며 도망치기에 바빴다. 포로로 잡힌 자만도 250여 명이나 되었다. 공자 휘는 나는 듯이 승전 서찰을 정백에게 보냈다. 그러고는 정백을 맞아 노도에 주둔했고 상견하는 자리에서 포로와 노획물을 바쳤다. 정 장공은 몹시 기뻐하며 입이 닳도록 칭찬한 뒤 그를 '막부幕府 제일 전공자'로 명명했다. 그리고 소를 잡아 병사들을 잘 먹이고 사흘을 휴식하게 했다. 사흘 뒤 다시 군사를 나누어 진격을 명했다. 영고숙과 공자 휘로 하여금 군사를 거느리고 고성郜城(山東省 成武 근처)을 공격하게 했으며, 공자 여에게 그 뒤를 받치게 했다. 또 공손알과 이중년은 방성防城(山東省 費城 동북)을 공격하게 하고 고거미에게 그 뒤를 받치게 했다. 그리고 본영을 노도에 세우고 오로지 승전보가 오기만을 기다렸다.

송 상공은 세 나라의 군사가 벌써 국경을 넘었다는 소식을 듣고 놀라서 얼굴이 흙빛이 되었다. 그는 급히 사마司馬인 공보가孔父嘉를 불러 계책을 물었다. 공보가가 아뢰었다.

"신이 주나라 왕성으로 사람을 보내 상황을 알아본 결과 송나라를 토벌하라는 어명은 결코 없었다고 합니다. 정나라에서 어명을 봉행한다는 것은 진짜 어명이 아닙니다. 제나라와 노나라가 그 술책에 걸려들었을 뿐입니다. 그러나 세 나라가 힘을 합쳤으니 그 세력이 진정으로 맞아 싸울 수 없을 정도로 강합니다. 지금의 계책은 한 가지뿐입니다. 그것은 바로 정나라와 싸우지 않고 저들을 물러나게 하는 것입니다."

송 상공이 말했다.

"정나라가 이미 유리한 형세를 잡았는데 갑자기 물러가려 하겠소?"

공보가 말했다.

"정나라가 거짓으로 왕명을 빙자하여 널리 열국을 불렀으나 지금 정나라를 따르는 건 제와 노 두 나라뿐입니다. 앞서 정나라 동문 싸움에선 위衛, 채蔡, 진陳, 노魯가 우리와 함께했습니다. 그런데 노나라는 정나라의 뇌물을 탐하고, 진나라는 정나라와 평화를 유지하기 위해 이번에 모두 정나라 패거리에 가담한 것입니다. 이번에 병력을 보내지 않은 나라로는 채나라와 위나라가 있습니다. 정나라 군주는 몸소 이곳에 와 있으므로 병거와 병사가 틀림없이 성대할 것이고 그러면 나라 안은 텅 비어 있을 것입니다. 주상께선 진심으로 막대한 선물을 마련하여 사신을 위나라에 보내 우리의 위급함을 알리십시오. 그리고 채나라와 힘을 합쳐 가벼운 기병으로 정나라를 습격하게 하십시오. 정나라 군주는 자신의 나라가 공격받고 있다는 소식을 들으면 반드시 깃발을 되돌려 구원하러 갈 것입니다. 정나라 군사가 퇴각하면 제나라와 노나라가 어찌 홀로 남아 있을 수 있겠습니까?"

상공이 말했다.

"경의 계책이 좋기는 하오만 경이 몸소 가지 않으면 위나라 군사가 반드시 움직여주겠소?"

공보가 말했다.

"신이 한 무리 군사를 이끌고 가서 위나라와 채나라의 길잡이가 되겠습니다."

송 상공은 곧 병거 200승을 뽑아 공보가를 장수로 삼았다. 그는 황금,

백옥, 비단 등 예물을 가지고 밤새도록 위나라로 달려가 위후에게 정나라를 습격해달라고 간청했다. 위 선공은 예물을 받고 우재 추를 시켜 군사를 거느리고 공보가와 함께 사잇길로 빠져나가 불시에 형양滎陽을 핍박했다. 정 세자 홀과 채족은 서둘러 수성守城의 영을 내렸으나 벌써 송나라와 위나라 군사에게 성곽 밖을 크게 약탈당한 뒤였다. 약탈당한 사람과 가축 그리고 병거가 이루 헤아릴 수 없이 많았다. 위나라 우재 추가 바로 성을 공격하려 했으나 공보가가 말했다.

"습격이란 방비가 없는 틈을 노려서 이득을 챙기고 바로 그만둬야 하오. 만약 견고한 성 아래에 군사를 주둔시켰다가 정백이 군사를 돌려 구원하러 오면 우리는 앞뒤로 적을 맞게 되오. 그러면 앉아서 곤경에 빠지게 될 것이오. 대戴나라로 가 지름길을 빌려 군사를 온전히 하여 돌아가는 것이 더 낫소. 우리 군사가 정나라를 떠날 때 정나라 군주도 송나라를 떠나 회군할 것이오!"

우재 추는 그 말을 좇아 사람을 대나라로 보내 길을 빌리게 했다.

대나라 사람들은 그들이 자신의 나라를 습격하러 온 줄 알고 성문을 닫아걸고 군사를 수습해 모두 성가퀴로 올라갔다. 공보가는 진노하여 대나라 성에서 10리 되는 곳에 우재 추와 병력을 나누어 앞뒤로 진을 치고 공성을 준비했다. 대나라 사람들이 성을 굳게 지키며 여러 차례 성을 나와 교전을 벌였기 때문에 서로 전사자가 많았다. 이에 공보가가 채나라에 사람을 보내 구원병을 요청했다. 이때 영고숙 등은 이미 고성郜城을 깨뜨렸고 공손알 등도 방성防城을 함락시켰다. 이들은 각각 정백의 본영에 사람을 보내 승리를 알렸다. 그때 마침 세자 홀의 다급한 서찰이 당도했다. 정백이 이를 어떻게 처리하는지는 계속해서 다음 회를 보시라.

기묘한 정 장공의 지모

공손알은 수레를 다툰 후 영고숙을 화살로 쏘고
공자 휘는 아첨으로 노 은공을 시해하다
公孫閼爭車射考叔, 公子翬獻諂賊隱公.

정 장공은 세자 홀의 다급한 서찰을 받고 즉시 각 부대에 회군하라는 전령을 띄웠다. 이중년, 공자 휘 등이 본영으로 와서 정백을 만나 말했다.

"소장 등이 승세를 타고 막 진공을 하려던 참인데 갑자기 회군 명령을 받았습니다. 어찌된 일입니까?"

장공은 간웅으로 기지가 뛰어난 사람이었다. 그래서 송과 위가 정나라를 습격한 사실은 숨긴 채 이렇게 말했다.

"과인은 왕명을 받들어 송나라를 토벌하고 있소. 지금 귀국의 병력에 힘입어 두 읍邑까지 취했으므로 이미 저들의 땅을 깎아내는 형벌은 충분히 시행한 셈이오. 송나라는 작위가 높아서 주 왕실에서도 평소에 존중하고 있소. 그런데 여기서 과인이 어찌 감히 많은 것을 취할 수 있겠소? 이번에 취한 고성과 방성은 제나라와 노나라가 하나씩 가져가기 바라오. 과인은 아무것도 취할 마음이 없소."

이중년이 말했다.

"귀국에서 왕명으로 군사를 징집한다기에 보잘것없는 우리도 뒤처질까 두려워 분주히 달려왔습니다. 이번에 미미한 힘이라도 보탠 것은 지극히 당연한 일이오니 뺏은 고을을 감히 받을 수 없습니다."

재삼 양보의 뜻을 보였다. 정 장공이 말했다.

"공자公子께서 땅을 받지 않으려 하시니 두 고을을 모두 노후魯侯에게 바쳐 휘畢 공자께서 노도를 빼앗을 때 세운 으뜸 공로에 보답하고자 하오."

공자 휘는 더는 사양하지 않고 공수拱手로 감사의 인사를 올렸다. 그리고 따로 별장을 파견하여 군사를 나누어 고읍과 방읍을 지키게 했다. 이 이야기는 여기에서 잠시 접어두고자 한다.

정 장공은 삼군을 배불리 먹이고 이중년과 공자 휘를 이별하는 자리에서 희생을 잡아 맹약을 했다.

"세 나라는 환난을 함께하고 서로 구휼하며, 뒷날 군사에 관한 일이 생기면 각기 병거를 보내 서로 돕는다. 만약 이 언약을 배신하면 신명도 용서치 않으리라!"

이중년은 귀국하여 제 희공僖公을 뵙고 방읍을 취한 일을 자세히 보고했다. 희공이 말했다.

"석문의 회맹 때도 '일이 있으면 서로 함께한다'고 맹세했다. 비록 고을을 취했더라도 정나라에 돌려주는 것이 당연한 일이다."

이중년이 말했다.

"정백은 받지 않고 모두 노후에게 주었습니다."

희공은 정백이 지공무사한 사람이라며 찬탄을 그치지 않았다.

한편 귀국하는 정백의 군사가 중도에 이르렀을 때 또 국내에서 온 서찰한 통을 받았다.

"송나라와 위나라 군사가 병력을 이동하여 대나라로 향하고 있습니다."

장공이 웃으며 말했다.

"나는 원래 두 나라의 무능함을 알고 있었으나 공보가는 병법도 알지 못하는구나. 어찌하여 자기 나라를 구원했으면서 또 분노를 다른 나라에 풀려 한단 말이냐? 내 마땅히 계략으로 그 땅을 취하리라."

이에 네 장수에게 명령을 내려 군사를 네 부대로 나누고 각각 계책을 일러주었다. 그리고 모두 함매銜枚[1]하고 북소리를 죽인 뒤 대나라를 향해 출발했다.

송나라와 위나라 연합군은 대나라를 공격하다가 다시 채나라에 군사를 청하여 일거에 성을 함락시키고자 했다. 그때 갑자기 보고가 올라왔다.

"정나라에서 상장군 공자 여에게 군사를 주어 대나라를 구원하려고 성밖 50리 지점에 진채를 세웠습니다."

우재 추가 말했다.

"저자는 바로 석후에게 패한 장수로 전혀 전투를 할 줄 모릅니다. 겁날게 뭐가 있겠습니까?"

잠시 후 또 보고가 올라왔다.

"대나라 군주는 정나라 군사가 구원하러 온 걸 알고 성문을 열고 맞아들였습니다."

공보가가 말했다.

1_ 함매銜枚: 군사들에게 나뭇가지를 물려 말을 하지 못하게 하는 것.

"이 성은 손바닥에 침만 뱉으면 바로 얻을 수 있었는데, 뜻밖에도 정나라 군사가 도우러 왔으니 또 며칠을 더 허비하게 생겼소. 어찌하면 좋소?"

우재 추가 말했다.

"대나라에 원군이 생겼으니 틀림없이 병력을 합하여 전투를 하려 할 것이오. 우리 함께 보루 위로 올라가 성안의 동정을 살피고 나서 준비를 하도록 합시다."

두 장수가 바야흐로 보루 위에서 손짓 발짓을 하며 성안을 살필 때, 갑자기 연주포連珠炮 소리가 요란하게 들려왔다. 성안에는 모두 정나라 깃발이 꽂혀 있었다. 이때 공자 여가 전신을 갑옷으로 무장한 채 성루 밖 난간에 기대 고함을 질렀다.

"세 장군의 기력 덕분에 우리 주상께서 대성戴城을 쉽게 얻었으니 깊이 감사드립니다!"

원래 정 장공은 공자 여를 시켜 대나라를 구원한다고 사칭하고, 기실 자신은 그 병거 부대 속에 숨어 대성으로 들어가, 대나라 군주를 축출하고 그 군대를 병합할 속셈이었다. 성안 사람들은 연일 성을 지키느라 지칠 대로 지친 데다 평소에 정백의 위명威名을 익히 들어왔기 때문에 아무도 감히 대항하지 못했다. 몇백 년 동안이나 전해 내려온 성을 힘 한번 써보지 못하고 정나라에 넘겨주고 말았다. 대나라 군주는 권속을 이끌고 서진西秦으로 달아났다.

공보가는 정백이 아무 힘도 들이지 않고 대성을 점령한 것을 보고 분노가 가슴 가득 끓어올라 투구를 땅바닥에 팽개치며 말했다.

"오늘부터 정나라와는 한 하늘 아래 살지 않겠다."

우재 추가 말했다.

"저 늙어빠진 간신배가 용병에는 귀신이니 틀림없이 배후 군사가 있을 것이오. 만약 안팎에서 협공해오면 우리가 위태로워질 것이오!"

공보가가 말했다.

"우재는 무슨 말씀을 하시는 거요? 원 그렇게 겁이 많아서야!"

이렇게 말다툼을 하고 있는데 갑자기 보고가 올라왔다.

"성안에서 사자가 싸우자는 서찰을 갖고 왔습니다."

공보가는 즉시 내일 결전을 하자는 답장을 보냈다. 그러면서 다른 한편으로는 위衛·채蔡 양국과 삼로의 군마를 나누어 함께 20리를 물러나 상호 충돌을 방지하자고 약속했다. 공보가는 중군이 되고 위와 채는 좌우에 군영을 세웠다. 그 사이 간격은 3리에 불과했다. 진채 세우기를 겨우 마치고 가쁜 숨이 잦아들지도 않았는데 갑자기 진채 뒤에서 한 줄기 포성²이 들리고 불꽃이 하늘로 치솟아 오르며 병거 소리도 요란하게 들려왔다. 공보가가 진영을 나와서 살펴보니 왼쪽에서 불꽃이 솟아오르다가 꺼졌고, 오른쪽에서는 포성이 연이어 들리고 있었으며, 또 한 줄기 불꽃이 수풀 밖에서 번쩍이고 있었다. 공보가가 말했다.

"저 늙은 간신배가 가짜 군사로 우리 눈을 속이려는 허튼 수작을 부리고 있다."

그러고는 영을 내렸다.

"함부로 움직이는 자는 바로 참하리라!"

2_ 포성炮聲: 중국에서 화약이 정식으로 발명된 것은 수당隋唐 시기로 알려져 있다. 연단술에서 화약과 비슷한 성분이 발견된 것이 한漢나라 초기임을 감안하더라도 이 소설의 무대인 춘추시대에는 포성이 울리기가 힘들다. 그러나 중국에서 폭죽이 사용된 것은 지금으로부터 2000~2500년 전으로 추정되므로 군대 신호용 폭죽 소리로 볼 수도 있으나 이것 역시 가능성이 희박하다. 아마도 명대의 작가들이 장회소설을 완성하는 과정에서 당시의 전쟁 장면을 소설에 삽입했을 수 있다.

잠시 후에는 또 왼쪽에서 불꽃이 다시 치솟으며 지축을 뒤흔드는 함성이 울렸다. 그리고 "우리 왼쪽 진영의 채나라 군사가 공격을 받고 있습니다!"라는 보고가 전해져왔다. 공보가가 말했다.

"내가 직접 가서 구원하겠다!"

바야흐로 진영을 나서는데 오른쪽에서 불꽃이 치솟고 있어서 어느 곳으로 가야 할지 알 수 없었다. 공보가가 수레꾼에게 소리쳤다.

"병거를 왼쪽으로 몰아라!"

수레꾼이 당황하여 수레를 오히려 오른쪽으로 몰고 가다가 소속 미상의 병거 부대와 마주쳤다. 서로 치고 찌르기를 한참 동안 하고서야 그들이 위나라 군사임을 알았다. 피차간에 상황을 설명한 후 병력을 합쳐서 함께 중군까지 왔을 때는 중군이 이미 고거미에게 점령된 뒤였다. 황급히 수레를 돌리자 오른쪽엔 영고숙이 왼쪽엔 공손알이 두 방향에서 군사를 몰아 달려오고 있었다. 공손알은 우재 추를 맞아 싸움을 걸어왔고, 영고숙은 공보가를 가로막고 싸움을 걸어왔다. 두 진영이 모두 죽을힘을 다해 싸웠다. 공보가가 병거를 버리고 달아나자 겨우 20여 명이 그 뒤를 따랐다. 그들은 줄달음으로 포위를 벗어났다. 우재 추는 진중에서 전사했다. 세 나라의 병거와 병졸은 모두 정나라 군대에 사로잡혔다. 정나라 교외에서 약탈당했던 사람, 가축, 병거도 모두 다시 정나라 소유가 되었다. 이것은 정 장공의 기묘한 계략에 의한 승리였다. 사관이 이를 시로 읊었다.

주객과 자웅을 분간하지도 못했는데	主客雌雄尙未分
정 장공의 지모는 신과 같이 기묘했네	莊公智計妙如神
분명하도다 황새와 조개 다투는 곳에서는	分明鷸蚌相持勢

그물 짜는 어부에게 그 이득이 돌아가리 　　　　　　得利還歸結網人

　정 장공은 대성戴城을 얻었고 또 세 나라의 군사도 제압했기 때문에 원
정 대군은 개선가를 부르며 노획물을 가득 싣고 돌아왔다. 장공은 크게
잔치를 열고 수행한 여러 장수를 위로했다. 장수들도 돌아가며 장공에게
축수祝壽의 술잔을 올렸다. 장공의 얼굴에는 득의만만한 미소가 흘렀고,
술잔을 들어 땅에 뿌리며 물었다.

　"과인이 천지 조종의 영령과 경들의 역량에 힘입어 전투마다 승리하여
그 위엄이 상공들보다 뛰어나게 되었소. 옛날 방백方伯에 비교해보면 어떠
하오?"

　신하들이 모두 '천세千歲'를 외쳤지만 영고숙만 아무 말 없이 앉아 있었
다. 장공이 눈을 치켜뜨고 그를 주시했다. 영고숙이 아뢰었다.

　"주상께서는 실언을 하셨습니다. 무릇 방백이란 왕명을 받아 한 지방 제
후의 장이 되는 사람입니다. 마음대로 제후를 정벌할 권한을 가지고 있기
때문에 그가 명령하면 행하지 않는 나라가 없고, 그가 부르면 대답하지 않
는 나라가 없습니다. 지금 주상께선 거짓 왕명에 기대어 송나라의 죄를 성
토했지만 천자는 기실 모르는 일입니다. 하물며 격문을 전하고 군사를 징
집했는데도 채와 위는 오히려 송이 정을 침범하는 걸 도왔습니다. 그리고
성郕과 허許 같은 작은 나라도 대놓고 오지 않았습니다. 방백의 위엄이 어
찌 이와 같습니까?"

　장공이 웃으며 말했다.

　"경의 말이 옳소. 채나라와 위나라는 전군이 궤멸되었으니, 그나마 작은
징벌을 가했다고 생각되오. 이제 성郕과 허許 두 나라에 그 죄를 물어야 한

다면 어느 나라를 먼저 쳐야 하오?"

영고숙이 대답했다.

"성나라는 제나라 인근에 있고, 허나라는 우리 정나라 인근에 있습니다. 주상께서 항명죄를 물으려 하신다면 의당 그 죄를 바로 알려준 뒤 장수 하나를 보내 제나라로 하여금 성나라를 치게 하시옵소서. 그 뒤 제나라 군사를 청해와서 함께 허나라를 치는 것이 좋겠습니다. 성나라를 얻으면 제나라에 귀속시키고, 허나라를 얻으면 우리 정나라가 차지하면 됩니다. 그러면 아마 두 나라의 우의에도 손상이 가지 않을 것이고, 끝난 뒤 승첩의 공로를 주 왕실에 바치면 사방의 이목도 가릴 수 있을 것입니다."

장공이 말했다.

"좋소, 절차대로 시행하도록 하시오."

이에 먼저 제나라에 사신을 파견하여 성나라와 허나라의 죄를 묻게 된 사정을 제후齊侯에게 고했다. 제후는 흔쾌히 허락하고 이중년을 시켜 성나라를 정벌하게 했다. 정나라에서는 대장 공자 여를 시켜 제나라를 돕게 했고, 그들은 힘을 합쳐 바로 성나라 도성으로 쳐들어갔다. 성나라 사람들은 대경실색하며 제나라에 강화를 요청했다. 제후는 그들의 강화 요청을 받아들이고, 공자 여가 귀국할 때 사신을 정나라로 보내 허나라를 칠 날짜를 문의하게 했다. 정 장공은 제후와 시래時來(河南省 鄭州 북쪽) 땅에서 만나기로 약속하고 제후에게 노후도 함께 참전하게 해달라고 간곡히 요청했다. 이때가 주 환왕 8년 봄이었다. 공자 여는 중도에 병을 얻어 귀국했지만 얼마 지나지 않아서 죽었다. 정 장공이 통곡하며 말했다.

"자봉子封(공자 여의 자)이 세상을 뜨다니. 내가 오른팔을 잃었도다!"

이에 그 집을 넉넉하게 도와주고, 그 동생 공자 원元을 대부로 삼았다.

이때 정경正卿의 자리가 비어 정 장공은 고거미를 임용하고자 했다. 그러자 세자 홀이 간했다.

"고거미는 탐욕스럽고 사나운 자로 바른 사람이 아닙니다. 중용은 불가합니다."

장공은 고개를 끄덕이고 채족을 상경으로 삼아 공자 여의 자리를 대신하게 했다. 고거미는 아경亞卿이 되었다. 그 이야기는 잠시 여기에서 그친다.

이해 여름 제후와 노후가 모두 시래 땅으로 와서 정백과 군사를 일으킬 기일을 정했다. 7월 초하룻날 허나라 땅에서 함께 모이기로 하고 두 제후는 명령을 받고 헤어졌다. 정 장공은 귀국하여 군마軍馬를 크게 사열하고 날을 받아 태궁太宮에 고유제를 지냈다. 그러고는 장수들을 훈련장에 모이게 한 뒤 대형 '모호蝥弧' 깃발을 다시 만들어 큰 병거 위에 세우고 쇠사슬로 얽어맸다. 이 대형 깃발은 비단으로 만들었다. 면의 길이가 한 길 두 자였고, 금방울 24개를 달았으며 깃발에는 '봉천토죄奉天討罪' 네 글자를 크게 수놓았고, 깃대의 길이는 세 길 세 자였다. 장공이 영을 내렸다.

"손으로 저 큰 깃발을 잡고 평상시처럼 걸을 수 있는 자를 선봉장으로 삼고 그에게 노거輅車(임금이 타는 큰 수레) 한 대를 하사하겠노라."

말이 아직 끝나지도 않았는데 대열 속에서 한 대장이 걸어 나왔다. 머리에는 은 투구를 쓰고 몸에는 자줏빛 전포戰袍에 황금빛 갑옷을 걸쳤으며, 검은 얼굴 용수염에 짙은 눈썹과 부리부리한 눈매를 지니고 있었다. 사람들이 바라보니 바로 대부 하숙영瑕叔盈이었다. 그는 앞으로 나아가 아뢰었다.

"신이 할 수 있습니다."

그러고는 한 손으로 깃대를 뽑아 단단하게 잡은 뒤 앞으로 세 걸음 갔다가 다시 뒤로 세 걸음 가서 여전히 그 깃발을 수레 가운데 세웠다. 그러고도 숨 한 번 헐떡이지 않았다. 군사들이 함성을 지르며 박수를 보내지 않은 사람이 없었다. 하숙영이 크게 부르짖었다.

"수레꾼은 어디 있느냐? 나를 위해 하사하신 노거를 몰고 오너라!"

바야흐로 군주의 은혜에 감사를 표하려는데, 대열 속에서 또 한 명의 대장이 뛰어나왔다. 머리에는 꿩깃을 꽂은 관冠을 쓰고 녹색 비단으로 이마를 감쌌다. 몸에는 붉은색 전포와 무소가죽 갑옷을 입고 있었다. 그가 큰 소리를 쳤다.

"깃발을 잡고 걷는 것은 희귀한 일이 아닙니다. 신은 춤을 출 수 있습니다."

그 자리에 모인 사람들이 목을 빼고 바라보니 바로 대부 영고숙이었다. 노거를 몰고 나가던 수레꾼은 영고숙이 큰 소리 치는 것을 보고 감히 앞으로 나가지 못하며 노거를 멈춘 채 구경을 하고 있었다. 영고숙은 왼손으로 옷깃을 걷어잡고 오른손으로 쇠사슬을 푼 뒤, 등 뒤로부터 깃발을 거꾸로 뽑아, 몸을 솟구쳐 한 번 뛰어올랐다. 그러자 깃발은 벌써 그의 손에 바로 들려 있었다. 그는 얼른 왼손으로 깃발을 받쳐 들면서 그 힘으로 자연스럽게 한 바퀴 몸을 돌리고는 깃발을 다시 오른손으로 옮겼다. 그 큰 깃발을 왼손으로 돌리고 오른손으로 돌리는 모습이 마치 긴 창을 가볍게 놀리는 것과 같았으며 춤을 출 때마다 깃발에서 휙휙 소리가 났다. 그 깃발은 또 말렸다가 펴지고, 펴졌다가 다시 말렸다. 관객들은 모두 깜짝 놀랐다. 정장공이 크게 기뻐하며 말했다.

"진정 범 같은 신하로다! 마땅히 이 노거를 받고 선봉을 맡을 만하다!"

말을 아직 다 마치지도 않았는데 대열 속에서 다시 소년 장군 한 명이 달려나왔다. 얼굴은 분 바른 듯 희고 입술은 주사를 바른 듯이 붉었다. 머리에는 속발자금관束髮紫冠을 쓰고 몸에는 금색 실을 짜넣은 녹색 전포를 입고 있었다. 그는 손가락으로 영고숙을 가리키며 고함쳤다.

"그대가 깃발로 춤을 출 수 있는데, 나라고 못 추겠소? 그 노거는 잠시 여기 두시오."

그러면서 성큼 앞으로 나섰다. 영고숙은 그의 기세가 사나운 것을 보고 한 손으로 깃대를 잡은 채 다른 한 손으로 수레 끌채를 잡고 나는 듯이 달아났다. 그 소년 장수는 무기 걸이에서 방천화극 한 자루를 뽑아 들고 그 뒤를 따라 훈련장 밖으로 달려나갔다. 추격전이 큰길까지 나가자 정 장공은 대부 공손획公孫獲을 시켜 화해를 붙이게 했다. 그 소년 장수는 영고숙이 이미 멀리까지 가버린 것을 보고 분한 모습으로 돌아왔다. 그러면서 말했다.

"저자가 우리 희성姬姓 중에 인재가 없다고 우리를 업신여겼다. 내 반드시 저자를 죽이리라!"

그 소년 장수는 누구인가? 바로 공족公族 대부 공손알公孫閼로 그의 자字는 자도子都였다. 그는 정나라 남자 중에서는 첫째가는 미소년이어서 장공의 총애를 받고 있었다. 뒷날 맹자孟子가 "자도의 아름다움을 모르는 자는 눈이 없는 자다"라고 말한 바와 같다. 그가 바로 이 사람이다. 평소에 총애를 믿고 교만하게 행세했으며 용력도 겸비하고 있었다. 영고숙과는 평소에도 서로 친하지 않았다. 바야흐로 훈련장으로 돌아와서도 분노를 참지 못한 채 노기등등했다. 정 장공이 그 용기를 한껏 추어주며 말했다.

"두 범은 싸우지 말라. 과인에게 다 생각이 있도다."

장공은 공손알에게 또 다른 노거를 하사했고, 하숙영에게도 노거를 하

사했다. 두 사람은 각각 주상의 은혜에 감사를 표하고 흩어졌다. 염옹이
이를 시로 읊은 것이 있다.

> 군법은 원래부터 일사불란이 고귀한데 　　　　　軍法從來貴整齊
>
> 수레 두고 창 뽑는 일 어찌 감히 한단 말인가 　　　挾轅拔戟敢胡爲
>
> 정나라 조정에 날랜 장수 많다 해도 　　　　　　鄭庭雖是多驍勇
>
> 무례한 자의 목숨이란 반드시 위태로우리 　　　　無禮之人命必危

7월 초하루가 되었다. 정 장공은 채족과 세자 홀을 나라를 지키게 놓아
두고 자신은 대군을 통솔하여 허나라 도성으로 출발했다. 제나라와 노나
라 군주도 먼저 허나라 도성에서 20리 정도 되는 곳에 진채를 세우고 기다
리고 있었다. 세 제후는 서로 만나 인사를 나눈 뒤 제후가 중앙에 앉고,
노후는 오른쪽에 정백은 왼쪽에 앉았다. 이날 장공이 잔치를 크게 열고 멀
리서 온 벗들을 넉넉하게 대접했다. 제후가 소매 속에서 격문 한 통을 꺼
냈다. 거기에는 조공에 충실하지 않은 허 남작의 죄목이 일일이 나열되어
있었고, 그로 인해 이제 왕명을 받들어 허를 토벌한다고 쓰여 있었다. 노나
라와 정나라 두 군주가 공수拱手로 예를 표하며 말했다.

"그 죄목이 틀림없이 이와 같습니다. 이번 출병에 명분이 섰습니다."

그리고 내일 경진庚辰일에 힘을 합쳐 성을 공격하기로 약조하고, 먼저 사
람을 시켜 격문을 성안으로 쏘아 보냈다.

다음 날 아침 세 나라 진영에서는 각기 포를 쏘며 군사를 출발시켰다.
허나라는 원래 남작의 나라여서 조그마한 도성에 성곽도 높지 않고 해자
역시 깊지 않았다. 그런데도 세 나라 병거가 빽빽하게 모여들어 물샐틈없

이 포위하자 성안의 백성은 대경실색했다. 다만 허 장공莊公이 도리를 아는 군주로 평소에 민심을 얻었고, 또 성을 굳게 지키고자 했기 때문에 성이 금방 함락되지는 않았다. 제나라와 노나라 두 군주는 원래 이번 거사의 주도자가 아니어서 그다지 큰 힘을 쓰지 않고 있었다. 결국 정나라 군사들만 온 힘을 기울이며 각각 용맹을 발휘하고 모두 강력하게 싸웠다. 그중에서 영고숙은 공손알과 하사품 노거를 둘러싸고 서로 다툰 일이 있기 때문에 더욱더 모든 수단을 동원하여 공을 세우려 했다. 셋째 날 임오壬午일에 영고숙은 누거樓車(수레 위에 망루를 높이 설치하여 적의 성안을 내려다볼 수 있게 만든 공성용 기구) 위에 올라 대형 '모호' 깃발을 옆구리에 끼고 몸을 한 번 솟구쳐 바로 허나라 성 위로 건너뛰었다. 공손알은 영고숙이 벌써 성 위로 올라간 것을 누구보다 먼저 목도하고 그 공적을 시기하는 마음이 들끓어 올랐다. 그는 병사들 속에 있는 영고숙을 알아보고 남몰래 쉬익 하고 암전暗箭 한 발을 발사했다. 영고숙의 목숨이 다하려고 그랬던지 그 화살은 등 뒤에서 그의 심장을 꿰뚫었다. 성 위에서 깃발이 거꾸로 떨어졌다. 하숙영은 영고숙이 허나라 수비대에게 부상을 당한 것으로 알고 분기탱천하여 태양에서 불꽃이 분출하듯 땅에 쓰러진 큰 깃발을 잡고 한걸음에 성 위로 뛰어올랐다. 그는 성가퀴를 한 바퀴 돌면서 고함을 쳤다.

"정나라 군주께서 벌써 성 위로 올라오셨다."

군사들은 멀리서 수놓은 깃발이 펄럭이는 것을 보고 정백이 정말 성 위로 올라간 것으로 알고 용기백배하여 일제히 성을 넘어가서 성문을 깨뜨렸다. 제나라와 노나라 군사들이 물밀듯 성안으로 쏟아져 들어갔고 그 후 세 나라 군주도 함께 입성했다. 허 장공은 변복하고 군사와 백성 틈에 섞여서 위衛나라로 도망갔다.

公孫閼爭車射考叔林

공손알이 몰래 영고숙을 쏘다.

제후는 방을 붙이고 백성을 안정시켰다. 허나라 땅은 노후에게 양보했다. 노 은공隱公은 완강하게 사양하며 받지 않았다. 제 희공僖公이 말했다.

"이번 계책은 원래 정나라에서 낸 것이니 노후께서 받지 않으시면 정나라에 귀속시켜야 마땅할 것이오."

정 장공은 허나라를 차지할 마음이 굴뚝같았으나, 제와 노 두 군주가 서로 사양하는 것을 보고 거짓으로 양보하는 척했다. 이렇게 논의를 계속하고 있는 가운데 밖에서 보고가 전해졌다.

"허나라 대부 백리百里라는 자가 한 어린아이를 데리고 뵙기를 청합니다."

세 제후는 이구동성으로 불러들이라고 했다. 백리는 울다가 쓰러져 고개를 땅에 찧으며 애걸했다.

"바라옵건대 태악太岳3의 제사는 이어가게 해주시옵소서."

제 희공이 물었다.

"그 어린아이는 누군가?"

백리가 대답했다.

"우리 주상께선 자식이 없으신데, 이 아이는 주상의 동생으로 이름은 신신新臣이라고 합니다."

제 희공과 노 은공은 처연한 마음에 불쌍한 생각이 들었다. 정 장공도 이 광경을 보고 동정심이 우러나서 임기응변의 계책을 내며 이렇게 말했다.

"과인은 원래 주 왕실의 명에 못 이겨 정벌에 나선 것이오. 만약 그 땅에서 이득을 취할 작정이라면 그건 의로운 거사라 할 수 없소. 지금 허나라 군주는 비록 도주했지만 대대로 이어오던 제사를 끊을 수는 없소. 그

3_ 태악太岳: 요순시대에 사시四時와 사방四方을 관장하던 관직. 흔히 사악四岳이라고도 한다. 허나라는 사악 직을 역임한 백이伯夷의 후손이 봉해진 나라로 알려져 있다.

동생이 여기 있고 또 허 대부에게 맡길 만하니 이젠 임금도 있고 신하도 있게 되었으므로 땅도 허나라에 돌려주는 것이 좋겠소."

백리가 말했다.

"신은 다만 임금은 도망가고 나라는 망한 상황에서 육척六尺 고아의 목숨만 보전하고자 할 뿐입니다. 땅은 벌써 군후께서 장악하셨으므로 어찌 감히 다시 받기를 바라겠나이까?"

정 장공이 말했다.

"내가 허나라를 회복시켜주려는 건 진심이다. 아마 저 아우 분께서 나이가 어려 아직 국사를 맡지 못할 듯하니 과인이 사람을 보내 도와주도록 하겠다."

이에 허나라 땅을 둘로 나누어 동쪽은 백리가 신신을 모시며 거주하게 했고, 서쪽은 정나라 대부 공손획을 보내 거주하게 했다. 명목은 허나라를 돕는다고 했지만 기실은 허나라를 감시하려는 것이었다. 제나라와 노나라 군주는 이 계책의 내막을 알지 못한 채 정 장공의 조처가 타당하다고 생각하고는 칭찬을 그치지 않았다. 백리와 허숙許叔 신신新臣은 세 제후에게 배례를 올리며 물러났고, 세 제후도 각각 자기 나라로 돌아갔다. 염옹이 정 장공의 기만술을 지적하며 시로 읊었다.

잔인한 성격은 골육 은혜도 전무했는데　　　　殘忍全無骨肉恩
구구하게 허나라와 무슨 친분 맺겠는가　　　　區區許國有何親
땅을 두 쪽 나눈 것은 감시하고 지키려는 것　　二偏分處如監守
허위의 명분으로 외부인만 속였다네　　　　　卻把虛名哄外人

허 장공은 위衛나라에서 늙어 죽었다. 허숙 신신은 동쪽 땅에서 정나라의 압제를 받았다. 정 장공이 세상을 떠난 후에는 세자 홀과 그 동생 돌이 수년간 권력 다툼을 벌였다. 돌이 즉위했다가 다시 쫓겨났고, 홀이 쫓겨났다가 다시 들어가 귀국하기도 하는 등 당시 정나라는 매우 혼란한 시기였다. 공손획도 병들어 죽었다. 허숙은 겨우 백리의 계책을 이용하여 정나라가 혼란한 틈을 타 허나라 도성으로 잠입해 종묘를 복원했다. 이것은 나중의 이야기다.

한편 정 장공은 귀국하여 하숙영에게 큰 상을 내렸지만 영고숙을 그리워하는 마음이 떠나질 않았다. 영고숙을 쏜 자에게 깊은 원한을 품었지만 그 이름을 알 수 없었다. 이에 당시에 출정했던 군사들에게 100명마다 돼지 한 마리를 주고, 25명마다 개와 닭을 각각 한 마리씩 주었다. 그리고 무당을 불러 주문을 짓게 한 뒤 병사들로 하여금 그것을 외우게 하고 영고숙을 쏜 자를 저주하게 했다. 공손알은 남몰래 그것을 비웃었다. 그와 같은 저주가 이어지며 사흘이 다 될 무렵, 장공은 여러 대부를 거느리고 가서 그 광경을 살폈다. 바야흐로 축문을 불사를 때, 봉두난발을 한 어떤 사람이 곧장 정백 앞에 와서 무릎 꿇고 통곡하며 말했다.

"신 영고숙이 가장 먼저 허나라 도성 위로 올라간 것이 어찌 나라를 배반한 일이겠습니까? 지난번 하사하신 수레를 차지하려고 신과 다툰 간신 놈이 몰래 등 뒤에서 화살을 쏘아 저를 죽였습니다. 신은 이미 상제上帝에게 청을 하여 신의 목숨을 앗아간 놈에게 원수를 갚아도 좋다는 허락을 받았습니다. 주상전하께서 저를 그리워하는 은혜를 입었으니 구천에서도 길이길이 그 덕망을 생각하겠습니다!"

말을 마치고는 손으로 자신의 목구멍을 더듬었다. 그러자 목구멍에서 붉은 피가 콸콸 쏟아져 나왔고 곧바로 숨이 끊어졌다. 정 장공은 그가 공손알임을 알아보고 황급하게 사람을 시켜 목숨을 구하게 했으나 이름을 불러도 이미 깨어나지 않았다. 원래 공손알에게 그의 목숨을 노린 영고숙의 원혼이 붙어서, 공손알 스스로 정백 앞에 엎드려 자신의 죄를 실토하게 한 것이었다. 그제야 영고숙을 쏜 자가 바로 공손알임을 알게 되었다. 장공은 탄식을 금하지 못한 채 영고숙의 혼령에 감격했다. 그리하여 영곡穎谷에 그의 사당을 짓고 제사를 올리게 했다. 하남부河南府 등봉登封(河南省 登封) 영곡 옛 땅에 영 대부 사당이 있고 그것을 순효묘純孝廟라고도 한다. 유천洧川에도 사당이 있다. 농서 거사가 시를 지어 정 장공을 풍자했다.

수레 다툼 끝이 나고 그 몸이 상했나니	爭車方罷復傷身
나라가 어지러워 임금도 전혀 안 꺼렸네	亂國全然不忌君
신하들로 하여금 법 무서운 줄 알게 했다면	若使群臣知畏法
닭과 개로 신명을 더럽힐 필요 있었으랴	何須鷄犬黷神明

정 장공은 또 제나라와 노나라에 사신을 보내 폐백을 주고 감사를 표했다. 제나라에서는 아무 일도 없었다. 그러나 노나라로 보낸 사신은 폐백을 갖고 돌아왔고 서찰도 뜯지 않은 상태였다. 장공은 그 까닭을 물었다. 사신이 아뢰었다.

"신이 바야흐로 노나라 국경으로 들어갔을 때, 노후가 공자 휘翬에게 시해되었다는 소문을 들었습니다. 벌써 새 임금이 즉위해서 국서가 현 상황에 맞지 않아 감히 전해줄 수 없었습니다."

정 장공이 말했다.

"노후는 겸손하고 관대한 군주로 현군賢君이었는데, 어찌하여 시해되었소?"

사신이 말했다.

"그 까닭을 신이 자세히 듣고 왔습니다."

그 내막은 다음과 같았다.

노나라 전 임금이었던 혜공惠公은 원비元妃가 일찍 죽어 애첩 중자仲子를 계비繼妃로 세우고 아들을 낳으니 그 이름을 궤軌라고 했다. 혜공은 궤를 후사로 세우고 싶어했다. 그런데 이번에 죽은 노후는 기실 또 다른 첩의 아들이었다. 혜공이 죽자 신하들이 노후가 궤보다 나이가 많다 하여 임금으로 모셨다. 그러나 노후는 아버지의 뜻을 받들어야 한다면서 늘 이렇게 말했다.

"이 나라는 궤의 나라다. 지금 나이가 어리기 때문에 과인이 잠시 섭정을 맡아보는 것일 뿐이다."

이때 공자 휘가 태재太宰 직을 요구하자 노후가 이렇게 말했다.

"궤가 보위에 오르거든 경이 직접 청하도록 하오."

공자 휘는 노후가 궤를 시기하는 마음을 품고 있다고 의심하여 비밀리에 노후에게 이렇게 아뢰었다.

"신이 듣건대 날카로운 무기를 손에 넣은 뒤에는 다른 사람에게 빌려줘서는 안 된다고 합니다. 전하께서는 이미 보위를 이어 임금이 되셨고, 백성도 기쁘게 복종하고 있습니다. 천세 이후에도 보위를 전하의 자손에게 전해야 할 것입니다. 어찌 섭정이란 명목으로 다른 사람의 헛된 바람을 야기하십니까? 이제 궤가 장성하여 장래에 주상께 이롭지 못한 일이 일어날까 두렵습니다. 청컨대 그를 죽여 전하의 근심을 없애시는 것이 어떨지요?"

노후가 귀를 막고 소리쳤다.

"그대가 미친 게 아니라면 어찌 그런 망언을 입에 담을 수 있단 말이오? 나는 이미 사람을 시켜 토구菟裘(山東省 新泰 樓德鎮) 근처에 궁실을 짓게 했소. 거기서 노년을 보낼 계획이오. 조만간 궤에게 보위를 넘길 것이오!"

공자 휘는 아무 말 없이 물러나와 자신의 실언을 후회했다. 그리고 노후가 이 이야기를 상차 궤에게 한 뒤 궤가 즉위하면 반드시 처벌을 받을까 두려워 심야에 궤에게 가서 오히려 이렇게 말했다.

"주상께서 공자의 나이가 점점 들어 보위를 다툴까 두려워 비밀리에 나에게 공자를 해치라고 부탁했소."

궤가 두려워서 계책을 묻자 공자 휘가 대답했다.

"군주가 인仁을 행하지 않으니 우리도 의義를 지킬 필요가 없소. 공자께서 화를 면하려면 큰일을 일으키지 않으면 안 되오!"

궤가 말했다.

"지금 주상은 보위에 오른 지 벌써 11년이 되어 신하와 백성이 믿고 따르고 있소. 큰일을 일으켰다가 성공하지 못하면 오히려 재앙을 피할 수 없을 것이오."

휘가 대답했다.

"내가 이미 공자를 위해 계책을 마련해두었소. 지금 주상이 즉위하기 전에 일찍이 정나라 임금과 호양狐壤(河南省 許昌 동북)에서 전투를 하다가 정나라 군사에게 사로잡혀 정 대부 윤씨尹氏의 집에 구금된 적이 있소. 윤씨는 평소에 종무鍾巫라는 귀신의 제사를 받들고 있었소. 주상은 노나라로 도망치게 해달라고 남몰래 그 귀신에게 기도를 드렸소. 어느 날 점을 치다가 길하다는 점괘를 얻고 사정을 윤씨에게 이야기했소. 그때 윤씨도 정나라에서 뜻을 얻지 못하고 있었기 때문에 주상과 함께 우리 노나라로 도주해왔소. 그리고 마침내 도성 밖에 종무의 사당을 짓고 매년 동짓달에 친히 가서 제사를 올리게 된 것이오. 지금이 바로 그때인데, 제사를 올리러 가서는 반드시 위鳶 대부의 집에 숙소를 정하시오. 먼저 용사를 시켜 일꾼으로 위장한 뒤 좌우에 섞여 있게 하면 주상도 의심하지 않을 것이오. 그러다가 주상이 깊이 잠든 뒤 칼로 찌르면 한 사람만으로도 큰일을 할 수 있을 것이오."

궤가 말했다.

"그 계책이 참으로 좋기는 하지만 임금을 시해한 오명은 어떻게 벗을 수 있겠소?"

공자 휘가 말했다.

"내가 용사들에게 미리 몰래 도망가라고 하고 그 죄를 몽땅 위 대부에게 뒤집어씌우면 안 될 일이 무엇이겠소?"

궤가 절을 하며 말했다.

"큰일이 이루어지면 마땅히 그대를 태재로 삼겠소."

공자 휘는 계획대로 일을 진행하여 과연 노후를 시해했다. 이제 궤는 이미 보위를 이어 임금이 되었고, 공자 휘는 태재가 되었으며, 위씨를 죽여 자신의 죄를 뒤집어씌웠다. 노나라 백성은 그 사실을 모르는 사람이 없지만 공자 휘의 권세가 두려워 감히 입 밖에 내지 못하고 있을 뿐이었다.

정 장공이 신하들에게 물었다.

"노나라를 토벌하는 것과 노나라와 친선하는 것 중에서 어느 것이 유리하오?"

公子翬獻諂賊隱公

공자 휘가 노나라 군주를 시해하다.

채중祭仲이 말했다.

"노나라와 우리 정나라는 대대로 우호관계를 유지해왔습니다. 친선을 도모하는 것이 더 좋겠습니다. 신의 짐작으로는 조만간 사신이 당도할 것입니다."

말이 아직 채 끝나지도 않았는데, 노나라 사신이 이미 역관驛館에 와 있다는 기별이 왔다. 정 장공은 사람을 보내 그가 온 뜻을 물었다. 노나라 사신이 이렇게 대답했다.

"새 임금이 즉위하여 특별히 선군 때의 우호관계를 다시 다지러 왔소. 아울러 두 나라 군주께서 직접 만나 맹약 맺기를 바라오."

정 장공은 사신에게 후한 예물을 주고 오는 여름 4월 중 월越 땅에서 만나 삽혈로 서약을 맺은 뒤 우호가 영원히 변함없기를 맹세하자고 약속했다. 이로부터 노나라와 정나라는 사신이 끊이지 않았다. 이때가 주 환왕 9년이었다. 염옹이 역사책을 읽다가 여기에 이르러 공자 휘를 논단한 적이 있다.

"병권을 손에 쥔 채 정나라를 치고 송나라를 치면서 그 전횡에 거리낌이 없었으니 반역의 단서가 그때 이미 드러났다. 아우 궤를 죽이자고 청했을 때 은공은 그것이 망언임을 말했다. 만약 그때 그 죄를 남김없이 밝히고 저잣거리에 효수했다면 아우 궤도 틀림없이 그 은덕에 감읍했을 것이다. 그런데 먼저 양위 사실을 알려 시역의 악행을 부추겼으니 어찌 우유부단한 언행으로 참화를 자초한 것이 아니겠는가?"

이에 시를 지어 다음과 같이 탄식했다.

발호하는 장군이 평소에도 횡행했나니　　　　　　　　跋扈將軍素橫行

서리를 밟으면서 굳은 얼음 경계 않았네 　　　　　　　履霜全不戒堅冰

토구의 헛된 건축 그곳에서 늙지 못했고 　　　　　　兔裘空築人難老

위씨는 누구에게 불만을 품어야 하리 　　　　　　　鳶氏誰爲抱不平

또 종무 제사의 무익함을 풍자한 시가 있다.

호양에서 도망 와서 사당 편액 써서 달고 　　　　　狐壤逃歸廟額題

세세연년 제祭 올리며 귀신 은혜에 보답했네 　　　　年年設祭報神私

종무 귀신 영험하여 도움 줄 수 있었다면 　　　　　鍾巫靈感能相助

우레를 일으켜서 공자 휘를 쳤으리라 　　　　　　　應起天雷擊子翬

송 목공의 아들 빙은 주 평왕 말년에 정나라로 도망쳐서 그때까지도 여전히 정나라에 거주하고 있었다. 그런데 어느 날 갑자기 정 장공에게 다음과 같은 전언이 도착했다.

"송나라 사신이 우리 정나라에 와서 공자 빙을 모시고 귀국하여 임금으로 옹립하려 한다 합니다."

정 장공이 물었다.

"송나라 군신이 빙을 속이고 데리고 가서 살해하려는 것이 아니오?"

채중이 말했다.

"사신을 접견하여 국서가 있는지 보고 논의하는 것이 좋을 듯합니다."

국서의 내용이 어떠한지는 다음 회를 보시라.

제8회

난신적자

새 임금을 세운 뒤 화독은 뇌물을 뿌리고
융병을 패배시킨 정 세자 홀은 혼사를 거절하다
立新君華督行賂, 敗戎兵鄭忽辭婚.

송 상공殤公 여이與夷는 즉위한 이래 군사를 일으켜 정나라를 친 것이 벌써 세 차례나 되었지만, 실은 공자 빙이 정나라에 있기 때문에 그를 시기하여 정을 친 것에 불과했다. 태재 화독華督은 평소에 공자 빙과 교유가 있었고, 또 송 상공이 정나라에 군사행동을 하는 것을 보고 입으로는 감히 간언을 올리지 못했지만, 속으로는 불쾌한 마음이 역력했다. 당시 공보가는 병력을 주관하는 관리였으므로 어찌 화독의 미움을 받지 않을 수 있었겠는가? 화독은 늘 꼬투리를 잡아 공보가를 살해하려 했지만 상공이 중용하여 병권을 맡겼기 때문에 감히 손을 쓸 수 없었다. 그런데 대나라를 정벌하러 갔다가 전군이 궤멸당하고 공보가만 단신으로 도망온 뒤부터 백성이 원망하며 모두 이렇게 말했다.

"송나라 임금이 자기 백성을 사랑하지 않고 경솔하게 군사를 일으켜 전쟁하기를 좋아한다. 그리하여 나라 안에 과부와 고아가 많이 생겨 호구가 점점 줄어들고 있다."

화독은 또 심복을 시켜 항간에 유언비어를 유포시켰다.

"여러 차례의 거병은 모두 공 사마司馬의 생각에서 나온 것이다."

백성은 그 말을 옳다 여기고 모두 공보가를 원망했다. 화독은 바야흐로 자신의 뜻대로 되어감을 보고 마음이 흡족했다. 또 공보가의 계실繼室 (후처) 위씨魏氏가 세상에 둘도 없는 미인이라는 소문을 듣고 한번 만나보지 못한 것이 한이 되었다. 어느 날 위씨가 친정에 갔다가 친정 식구를 따라서 교외에 성묘를 가게 되었다. 때는 마침 봄날이라 버들 빛은 안개 같았고 꽃 빛은 비단 같았다. 바로 남자 여자가 답청踏青하는 계절이었다. 위씨는 수레의 휘장을 걷어올리고, 몰래 바깥 풍경을 훔쳐보고 있었다. 화독도 마침 교외에 놀러 나왔다가 문득 위씨의 수레와 마주쳤다. 주위 수행인에게 물어본 결과 그 여인이 공 사마 댁 권속임을 알고 크게 놀라며 말했다.

"세상에 저런 아름다운 여인이 있다니, 과연 명불허전名不虛傳이로다."

그 후 날마다 그 여인 생각에 혼백을 다 놓을 지경이었다.

'만약 후원에다 저런 미인을 데려다놓는다면 남은 반생도 얼마나 즐겁 겠는가? 남편을 죽여 저 여인을 빼앗아오리라.'

이로 인해 공보가를 해치려는 그의 음모가 더욱 굳어졌다.

그때가 주 환왕 10년 봄 사냥철이었다. 공보가는 병거와 군마를 사열하며 엄한 호령을 내리고 있었다. 화독은 또 심복들을 시켜 군중에 유언비어를 퍼뜨렸다.

"공 사마가 또 군사를 일으켜 정나라를 치려 한다는 거야. 어제 태재와

회의를 하여 결정했고, 그래서 오늘 군사를 점검한다는군."

군사들은 모두 공포에 질려 삼삼오오 모여서 태재의 문 앞으로 달려가 고통을 호소했고, 태재가 임금에게 진언을 올려 전쟁을 중지해주기를 바랐다. 태재 화독은 고의로 문을 단단히 닫아걸고 문틈으로 문지기를 보내 좋은 말로 군사를 위로했다. 군사들의 요청이 절실해질수록 더욱더 많은 사람이 모여들었다. 대부분 무기를 가지고 있었다. 날이 저물어도 태재가 보이지 않자 고함을 지르기 시작했다. 옛날부터 '사람을 모으기는 쉽고 사람을 해산시키기는 어렵다聚人易, 散人難'란 말이 있다. 화독은 군심軍心이 완전히 변했다는 것을 알고, 갑옷 위에 칼을 차고 문을 나섰다. 대문을 열고 명령을 내린 뒤 군사들을 안정시키고 소란을 피우지 못하게 했다. 자신은 문을 막고 서서 먼저 거짓으로 자비로운 말을 해주며 군사들의 마음을 안정시켰다. 그런 뒤 이렇게 말했다.

"공 사마는 거병을 주장하며 백성에게 재앙을 야기하고 있다. 주상께서는 그를 지나치게 신임하며 나의 간언에 따르지 않으신다. 사흘 안에 대군을 일으켜 또 정나라를 칠 것이다. 송나라 백성은 또 무슨 죄가 있기에 이런 고통을 당해야 하는가?"

군사들이 이빨을 갈며 소리소리 질렀다.

"죽여라!"

화독은 거짓으로 말리는 체하며 이렇게 말했다.

"함부로 행동하지 말라. 만약 공 사마가 이 소식을 듣고 주상께 아뢴다면 너희는 생명을 보전하기 어려울 것이다!"

군사들이 또 분분히 외쳤다.

"우리 부자와 친척들은 해마다 전쟁터에서 싸우다 벌써 과반수가 죽었소. 지금 다시 대군을 이끌고 출정한다 해도 용감한 장수와 강한 병졸로 무장된 저 정나라 군사를 어떻게 대적할 수 있겠소? 어찌해도 죽을 바엔 저 도적놈을 죽이는 것이 더 낫겠소. 백성과 함께 해로운 도적을 제거할 수만 있다면 죽어도 여한이 없겠소!"

화독이 또 말했다.

"쥐를 때려잡으려는 사람은 그 옆의 물건이 부서질까 걱정하는 법이다. 공 사마가 비록 악인이지만 주상께서 진실로 총애하는 신하이니 이 일은 결코 결행해서는 안 된다!"

군사들이 또 말했다.

"만약 태재께서 주동이 되어주신다면 저 무도한 임금도 우리는 무섭지 않소!"

한편으로 그렇게 말하면서 다른 한편으로는 화독의 소매를 틀어잡고 놓아주지 않았다. 그리고 일제히 외쳤다.

"원컨대 태재를 따라 우리 백성의 도적을 죽이고 싶습니다!"

당장 군사들이 수레꾼을 도와 병거를 몰고 왔다. 화독은 군사들에게 에워싸여 병거에 올랐다. 병거에서는 심복들이 단단히 수행하며 연도 내내 고함을 질렀다. 곧바로 공 사마의 개인 저택에 당도하여 물샐틈없이 집을 에워쌌다. 화독이 분부했다.

"큰 소리를 내지 말라. 내가 문을 두드리고 나서 집 안으로 들어가 거사할 것이다."

그때가 황혼이 깃들 무렵이어서 공보가는 내실에서 술을 마시고 있었다. 그러다 밖에서 대문을 다급하게 두드리는 소리를 듣고 사람을 시켜 누구인지 물어보게 했다. 문밖에서 대답하는 소리가 들려왔다.

"화 태재께서 긴히 상의드릴 일이 있어서 직접 문밖에 와 계십니다."

공보가는 서둘러 의관을 정제하고 그를 영접하기 위해 마루로 나왔다. 대문이 열리자마자 밖에서 함성 소리가 들리며 군사들이 벌 떼처럼 밀려 들어왔다. 공보가가 당황하여 발걸음을 돌리려는데 화독이 벌써 마루로 오르며 고함을 지르고 있었다.

"백성을 해친 도적놈이 여기 있다. 어찌 처치하지 않느냐?"

공보가는 한마디도 하지 못하고 목이 뎅강 잘렸다. 화독은 직접 심복을 이끌고 바로 내실로 쳐들어가 위씨를 번쩍 들어 수레에 실었다. 위씨는 수레에서 이들의 행태를 짐작하고 몰래 허리띠를 풀어 스스로 목을 맸다. 화씨 댁 문 앞에 도착했을 때는 벌써 숨이 끊어진 뒤였다. 화독은 탄식을 그치지 않았고, 시체를 교외로 싣고 나가서 쑥덤불로 덮어버리라고 분부했다. 그리고 이 일을 밖으로 떠벌리지 말라며 동행한 사람들을 엄하게 단속했다. 오호라! 하룻밤 환락도 누리지 못하고 다만 만겁의 원한을 맺게 되었으니 어찌 후회하지 않으리오? 군사들은 기회를 틈타 공씨 댁 재물을 남김없이 약탈했다. 공보가에게는 하나뿐인 아들 목금보木金父가 있었는데, 나이가 아직 어렸다. 그 집 가신이 그를 안고 노나라로 도망쳤다. 뒤에 목금보는 아버지의 자字(공보孔父)를 씨氏로 삼아 공씨孔氏라고 했다. 성인 중니仲尼는 바로 그의 6세손이다.

한편 송 상공은 공 사마가 피살되었다는 소식을 듣고 어쩔 줄 몰랐다. 그리고 화독이 그곳에 함께 갔단 말을 듣고 진노하여, 그를 단죄하고자 사람을 시켜 그를 불렀다. 화독은 병을 핑계대고 가지 않았다. 송 상공은 또 공보가의 장례에 직접 가보려고 수레를 대기시키라 명령을 내렸다. 화독이 그 소식을 듣고 급히 군정軍正(군대의 법관)을 불러 일렀다.

"주상이 공 사마를 편애한다는 건 자네도 잘 알 것이네. 그런데 자네들이 공 사마를 죽였으니 어찌 죄가 없겠는가? 선군이신 목공께서 자기 아들을 버려두고 주상을 후사로 세웠지만, 주상은 그 덕을 원한으로 갚으려고 하면서 공 사마를 임용하여 정나라 정벌을 그치지 않았네. 이제 공 사마가 주륙되었으니 하늘의 이치가 밝게 드러난 것이네. 그러니 이제 다시 대사를 함께 거행하여 선군의 아들 빙을 새 임금으로 세우는 것이 더 좋을 것이네. 그러면 전화위복이 될 것이니 어찌 아름다운 일이 아니겠는가?"

군정이 말했다.

"태재의 말씀이 바로 군사들의 뜻과 같습니다."

이에 군사를 불러 모두 공씨 댁 대문 밖에 매복하게 했다. 송공이 당도하자 군사들은 함성을 지르며 일어섰다. 어가를 수행하던 시위대는 혼비백산하여 흩어졌고, 송 상공은 마침내 반란군의 손에 목숨을 잃었다. 화독은 소식을 듣자, 상복을 입고 가서 거듭거듭 슬프게 곡을 했다. 그러고는 북을 울려 신하들을 소집한 뒤 군중의 한두 사람을 임의로 불러내 죄를 뒤집어씌워 주살하고는 여러 사람의 이목을 막았다. 그리고 이렇게 소리 높여 외쳤다.

"선군의 아드님 빙이 정나라에 계시오. 민심은 아직도 선군을 잊지 못하니 마땅히 그분을 맞아와 보위에 세워야겠소."

백관들은 예예 하고 물러났다. 화독은 마침내 정나라에 사신을 보내 국상 사실을 보고하고 공자 빙을 맞아오게 했다. 다른 한편으로 송나라 국고에 있는 귀중한 기물을 각국에 뇌물로 보내 공자 빙을 세운 까닭을 밝혔다.

정 장공은 송나라 사신을 만나 국서를 받아보고는 그가 온 뜻을 알았다. 그리고 곧 어가를 준비하여 임금이 되기 위해 송나라로 귀국하는 공자

立新君

華督行賂

화독이 새 임금을 세우고 뇌물을 뿌리다.

빙을 전송했다. 빙은 출행에 앞서 땅바닥에 엎드려 울며 절했다.

"제가 남은 숨을 쉴 수 있게 된 건 모두 군후께서 이곳에 머물게 해주셨기 때문입니다. 다행히 귀국하여 선조의 제사를 잇게 되었사오니 대대로 정나라를 모시는 신하가 되어 두마음을 먹지 않겠습니다."

정 장공도 오열했다. 공자 빙이 송나라로 돌아가니 화독이 그를 받들어 보위에 올렸다. 이 사람이 바로 송 장공莊公이다. 화독은 태재가 되어 각국에 뇌물을 나누어줬고 그것을 받지 않은 나라가 없었다. 제후, 노후, 정백은 직격稷(河南省 桐柏 근처) 땅에서 회동을 갖고 송 장공의 보위를 인정하며 화독을 그 재상으로 삼았다. 사관이 시를 지어 탄식했다.

춘추시대 찬탈과 시해 분분함을 탄식하나니	春秋篡弑歎紛然
송과 노의 기괴한 소문 한 해 사이 일이었지	宋魯奇聞只隔年
화독이 뿌린 뇌물 열국이 사양했다면	列國若能辭賄賂
난신적자 어찌 감히 편안하게 잠을 자랴	亂臣賊子豈安眠

또 송 상공이 대의를 저버리고 공자 빙을 시기하다가 시해를 당한 일은 천명이라고 읊은 시가 전해진다.

송 목공이 양위한 건 공정한 마음인데	穆公讓國乃公心
한스럽다 송 상공이 공자 빙을 시기한 일	可恨殤公反忌馮
이제 오늘 상공이 죽고 공자 빙이 즉위했으니	今日殤亡馮即位
구천에서 부끄럽게 부형父兄을 만나리라	九泉羞見父和兄

제 희공僖公은 직 땅에서 회동을 마치고 돌아오다가 중도에서 다급한 보고를 받았다.

"지금 북융北戎의 군주가 원수元帥 대량大良·소량小良에게 오랑캐 궁사 1만 명을 주어 제나라 국경을 침범했습니다. 벌써 축아祝阿(山東省 濟南 歷城區 서남)를 함락시키고 바로 역하歷下(山東省 濟南 歷下區) 근처를 공격하고 있습니다. 그곳을 지키는 관리는 적을 막아낼 수가 없어서 줄줄이 급보를 보내고 있으니, 주상께선 조속히 귀국해주시옵소서."

제 희공이 말했다.

"북쪽 오랑캐들은 누차 우리 땅을 침범했지만 쥐나 개 같은 좀도둑에 불과했다. 그런데 이번엔 대군을 동원해 침범했다니 이제 저들에게 이득을 주어 돌아가게 한다면, 장래 북쪽 변방에 편안할 날이 없을 것이다."

이에 노魯, 위衛, 정鄭 세 곳에 사신을 보내 군사를 빌리게 했다. 다른 한편으로 공자 원元, 공손대중公孫戴仲 등과 함께 적을 막기 위해 역성으로 전진했다.

정 장공은 제나라에 오랑캐로 인한 환란이 일어났다는 소식을 듣고 바로 세자 홀을 불러 말했다.

"제나라는 우리 정나라와 동맹관계다. 또 정나라가 군사를 동원할 때마다 제나라는 반드시 함께 따라주었다. 지금 사신이 군사를 청하러 왔으니 조속히 구원하러 가야겠다."

이에 병거 300승을 뽑아 세자 홀을 대장으로 삼고, 고거미를 부장으로, 그리고 축담을 선봉으로 삼아 밤새도록 제나라를 향해 달려가도록 했다. 제 희공이 역성 아래에 있다는 소식을 듣고는 바로 그곳으로 가서 상면했다. 이때 노나라와 위나라 군사는 아직 당도하지 않았었다. 제 희공은 감격에 겨워하며 친히 성을 나와 군사를 융숭하게 대접하고 세자 홀과 융적을 격퇴할 대책을 상의했다. 정 세자 홀이 말했다.

"융적들은 보병과 기병이 중심이기 때문에 쉽게 진격하기도 하지만 쉽게 패배하기도 합니다. 우리는 병거를 사용하기 때문에 쉽게 패배하지 않지만 쉽게 진격도 할 수 없습니다. 비록 그러하나 융적은 성질이 경박하고 질서가 없으며 탐욕이 심해 서로 친하지 않고, 승리할 때는 서로 양보하지 않으며, 패배할 때는 서로 구원하지 않으므로 유인책을 쓰면 놈들을 포획할 수 있을 것입니다. 하물며 저들은 승리가 임박했다고 믿어지면 틀림없이 가볍게 진격해올 것입니다. 별동대로 적을 맞아 싸우다가 거짓으로 패한 척 달아나면 융적들은 반드시 쫓아올 것입니다. 제가 먼저 군사를 매복시켰다가 저들을 맞아 싸우겠습니다. 저들의 추격병이 복병을 만나면 틀림없이 깜짝 놀라 달아날 것입니다. 그 뒤를 따라잡아 공격하면 완전한 승리를 거둘 수 있을 것입니다."

제 희공이 말했다.

"그 계책이 참으로 오묘하오. 우리 제나라는 군사를 동쪽에 매복시키고 저들의 앞을 가로막겠소. 정나라 군사는 북쪽에 매복해 있다가 저들의 뒤를 쫓도록 하오. 머리와 꼬리에서 한꺼번에 공격하면 만무일실萬無一失의 승리를 거둘 수 있을 것이오."

정 세자 홀은 명령을 받들고 북쪽으로 갔다. 이렇게 하여 두 곳으로 나누어 군사를 매복시키게 되었다. 제 희공은 공자 원을 불러 계책을 전해주었다.

"너는 군사를 이끌고 동문으로 가서 매복했다가 융적이 우리를 추격해 오면 서둘러 격살하라."

공손대중公孫戴仲에게는 한 무리 군사를 이끌고 적을 유인하게 했다.

"이기려 하지 말고 패배한 척 동문 근처 아군의 매복처로 적을 유인하면 그것도 큰 전공이니라."

분담이 정해지자 공손대중이 성문을 열고 나가 싸움을 걸었다. 융적 장수 소량이 칼을 들고 말 위로 뛰어올라 융병 3000명을 거느리고 진채를 뛰쳐나왔다. 쌍방이 20합을 겨룬 뒤 공손대중은 기력이 부치는 듯 수레를 돌려 달아나기 시작했다. 그러나 북문으로 들어가지 않고 길을 돌아 동문 방향으로 도망쳤다. 소량은 있는 힘을 다해 추격해왔고, 대량도 자기편이 승리하는 것을 보고 대군을 모두 휘몰아 뒤를 따랐다. 거의 동문 가까이 이르렀을 때 돌연 포성이 크게 울리고 징 소리와 북소리가 하늘을 찔렀다. 가시덤불과 갈대 속에 숨어 있던 복병이 벌 떼처럼 몰려나왔다. 소량이 다급하게 소리를 질렀다.

"속임수다!"

그는 말 머리를 돌려 달아나다가 뒤따라오던 대량의 부대와 맞닥뜨리고는 그들과 함께 걸음아 날 살려라 하고 줄행랑을 놓았다. 공손대중과 공자 원도 군사를 합하여 융적을 쫓았다. 대량은 소량에게 앞에서 길을 열라 하고 자신은 뒤에서 쫓아오는 제나라 군사를 끊었다. 싸우면서 도망가는 과정에서 생긴 낙오자는 모두 제나라 군사에게 포로가 되거나 참수되었다. 융병이 작산鵲山에 이르러 뒤를 돌아보니 추격군이 점점 멀어지고 있었다. 헐떡이는 숨을 가라앉히며 솥을 걸고 막 밥을 지으려 할 때 산 계곡에서 커다란 함성이 울리며 한 무리 군마가 쏟아져 나왔다. 한 장수가 소리쳤다.

"정나라 상장군 고거미가 여기 있다."

대량과 소량은 황급히 말에 올라 싸울 엄두도 내지 못한 채 포위를 뚫고 도주하기에 바빴다. 고거미는 그들 뒤를 쫓으며 융병을 마구 죽였다. 대략 수 리를 갔을 때 전방에서 또 함성이 일며 정나라 세자 홀이 이끄는 군사가 쇄도해왔다. 그 뒤에는 제나라 공자 원이 군사를 이끌고 달려오고 있었다. 융병들은 산산조각이 나서 사방으로 흩어지며 도망치기에 바빴다. 소량은 축담이 쏜 화살을 머리에 정통으로 맞고 말에서 굴러떨어져 죽었다. 대량은 포위를 뚫고 달아나다가 정 세자 홀의 병거를 만나 손도 써보지 못한 채 몸이 두 동강 났다. 생포한 융병이 300명이었고 참살한 융병은 이루 다 헤아릴 수 없었다. 정 세자 홀은 대량과 소량의 수급 및 모든 포로를 제 희공 앞에 풀어놓고 승리를 바쳤다. 희공은 몹시 기뻐하며 말했다.

"만약 정 세자 같은 영웅이 아니었다면 융적을 어떻게 쉽게 물리칠 수 있었겠소? 오늘 우리 사직이 안정을 이룬 것은 모두 정 세자가 우리에게 하사한 선물이오!"

정 세자 홀이 말했다.

"우연히 미미한 공로를 세웠을 뿐인데 어찌 그런 과찬의 말씀을 하십니까?"

이에 희공은 사신을 노나라와 위나라에 보내 이젠 수고롭게 군사를 출정시킬 필요가 없다고 알려주었다. 그리고 크게 잔치를 열어 홀을 융숭하게 접대했다. 그 자리에서 희공이 또 이런 말을 했다.

"내게 못난 여식이 있는데 세자의 빗자루로 써주기 바라오."

홀은 거듭 사양했다. 연회 자리가 파한 뒤 희공은 이중년을 시켜 고거미에게 말을 전해달라고 했다.

"우리 주상께서 정나라 세자의 영웅다운 모습을 흠모하여 혼인의 연을 맺고자 하오. 지난번에도 그 일로 사신을 보냈지만 윤허를 받지 못했소. 오

정 세자 홀이 오랑캐를 물리치다.

늘 우리 주상께서 직접 세자에게 말을 했지만 세자는 고집을 피우며 따르지 않았소. 세자께서 무슨 생각을 갖고 계신지 모르겠소. 대부께서 이 일을 성사시켜주시면 흰 옥구슬白璧 2쌍과 황금 100일鎰(스무 냥)을 드리겠소!"

고거미는 그 명을 받아 세자를 만나러 가서 세자를 흠모하는 희공의 뜻을 자세하게 말했다.

"만약 이 혼인이 성사되면 뒷날 이와 같은 대국의 도움을 받을 수 있게 됩니다. 이 또한 아름다운 일이 아니겠습니까?"

정 세자 홀이 대답했다.

"지난날 아무 일이 없을 때도 제후가 나와 혼인을 맺고자 했을 때 나는 감히 그곳을 우러러보지 않았소. 지금은 국명을 받들고 제나라를 구원하러 왔고 다행히 성공했소. 그런데 여기서 아내를 얻어 귀환하면 외부 사람들은 틀림없이 내가 공적을 빌미로 아내를 취했다고 말할 것이오. 그러면 어떻게 해명할 수 있겠소?"

고거미가 계속해서 부추기며 재촉해보았지만 세자는 끝까지 허락하지 않았다. 다음 날 희공은 또 이중년을 보내 혼인 이야기를 했다. 그러나 홀은 사양하며 말했다.

"부친의 허락을 받지 않고 나 혼자 사사로이 하는 혼인은 죄가 됩니다."

그러고는 그날로 하직 인사를 하고 본국으로 돌아갔다. 희공이 노기를 띠며 말했다.

"나에게 이런 훌륭한 딸이 있는데, 어찌 낭군을 얻어주지 못할까 근심하리오?"

홀은 귀국하여 혼인에 관한 일을 정 장공에게 알렸다. 장공이 말했다.

"내 아들이 자립하여 공적을 세울 수 있으므로, 좋은 인연이 없을까 근심할 것이 없다."

그러나 채족은 몰래 고거미에게 말했다.

"주상에겐 세자 외에도 총애하는 아들이 많소. 공자 돌, 의儀, 미亹 이 세 사람이 임금 자리를 엿보고 있소. 세자께서 만약 제나라와 같은 대국과 혼인을 맺는다면 또다시 도움을 받을 수 있을 것이오. 제나라에서 혼담을 꺼내지 않아도 우리가 간청해야 할 판인데, 어찌하여 달아준 날개를 스스로 잘라낸단 말이오? 장군께서 수행하시고도 어찌 간언을 드리지 않았소?"

고거미가 말했다.

"나도 또한 말씀을 올렸지만 듣지 않으시니 어찌한단 말이오?"

채족은 탄식하며 물러갔다. 염옹이 정 세자의 혼인에 관한 일을 시로 읊은 것이 있다.

장부가 일을 할 땐 강유를 겸해야 하니	丈夫作事有剛柔
혼사 거절로 좋은 계책 잃을 필요는 없었도다	未必辭婚便失謀
「재구」와 「폐구」 시를 시험 삼아 읊어보라[1]	試詠載驅并敝笱
노 환공도 진정으로 장수할 수 있었으리라	魯桓可是得長籌

고거미는 평소에 공자 미와 친분이 두터웠는데, 채족의 말을 듣고는 공자 미와 더욱 가까이 지냈다. 세자 홀이 장공에게 말했다.

"고거미와 공자 미가 몰래 내통하며 매우 긴밀히 왕래하고 있으니 그 의

1_「재구載驅」와 「폐구敝笱」 모두 『시경』 「제풍齊風」에 실려 있다. 노 환공桓公에게 시집간 제 희공僖公의 딸 문강文姜의 음행淫行을 풍자한 시다. 정나라 세자 홀은 바로 문강과의 혼인을 거절했다. 문강은 자신의 이복 오라비인 제 양공襄公과 사통한 뒤 자신의 남편 노 환공을 죽였다.

도를 예측할 수 없습니다!"

장공은 홀의 말을 듣고 고거미를 불러 면박을 주었다. 고거미는 거리낌 없이 미에게 그 말을 전했다. 미가 말했다.

"우리 아버지께서 그대를 정경으로 등용하려고 했는데 세자가 그것을 가로막았소. 지금은 또 우리 두 사람의 왕래를 끊으려 하고 있소. 아버지께서 살아 계신데도 이러하니 백수를 누리고 돌아가신 뒤에는 어찌 서로 용납할 수 있겠소?"

고거미가 말했다.

"세자는 우유부단하여 다른 사람을 해치지 못하니 공자께선 걱정하지 마옵소서!"

미와 고거미는 이때부터 홀과 사이가 더욱 벌어졌다. 나중에 고거미가 홀을 시해하고 미로 후사를 세운 것은 대체로 여기에서 비롯된 것이다.

채족은 홀을 위해 여러 일을 주선했다. 그를 진陳나라와 혼인하게 했고 위衛나라와도 우호관계를 다져주었다.

'진나라, 위나라와 화목하게 지내며 그 두 나라가 우리 정나라와 솥발 같은 형세鼎足之勢를 이루면 우리 나라가 저절로 안정될 것이다.'

세자 홀도 그렇게 생각했다. 채족은 바로 정 장공에게 말하여 구혼求婚 사절을 진나라에 파견했다. 진후陳侯는 두말없이 따랐다. 세자 홀은 진나라로 가서 규씨嬀氏를 아내로 맞아 돌아왔다. 그러자 노 환공도 제나라에 구혼 사신을 파견했다. 이후 제 희공이 그의 딸 문강文姜을 노 환공에게 허락한 까닭으로 수많은 일이 발생하게 된다. 뒷일을 알고 싶으면 다음 회를 보시라.

제9회

사랑의 계절

제 희공은 딸 문강을 노 환공에게 시집보내고
축담은 화살로 주왕의 어깨를 쏘다
齊侯送文姜婚魯, 祝聃射周王中肩.

제齊 희공僖公에겐 두 딸이 있었고, 모두가 천하절색이었다. 장녀는 위衛 나라에 시집갔으니 그녀가 바로 위 선강宣姜이다. 선강에 관한 이야기는 뒤에 다시 하기로 한다. 차녀 문강은 가을 물 같은 눈빛과 연꽃 같은 얼굴을 지니고 있었다. 꽃에 비유하면 말을 하는 꽃이었고, 옥에 비유하면 향기 나는 옥이었다. 정말 절세가인에다 고금을 아우를 경국지색이라고 할 만했다. 아울러 고금의 지식에 통달하여 입에서 나오는 말이 바로 아름다운 문장이 되어 점점 더 문강이라 불리게 되었다.

제 희공의 세자 제아諸兒는 원래 주색을 좋아하는 한량이었다. 문강과는 남매간이었지만 생모가 달랐다. 제아는 문강보다 겨우 두 살이 많았다. 어릴 때부터 궁중에서 함께 다니고 함께 앉아 놀며 시시덕거렸다. 문강은 자라면서 점점 꽃 같고 옥같이 고와졌다. 제아는 이처럼 재주 있고 아름다운 문강의 모습을 보고 진작부터 애정을 느끼게 되었다. 게다가 그는 행동거지가 경박해서 늘 문강에게 집적거리고 싶은 마음이 가득했다. 문강도 요염하고 음란한 성격에 예의조차 따지지 않았다. 그녀는 늘 시시껄렁한 농담을 했고 때때로 저잣거리의 음담패설도 전혀 가리지 않았다. 제아는 키가 크고 훤칠한 몸매에 하얀 얼굴과 붉은 입술까지 갖춘 생래의 미남이어서, 문강과는 정말 잘 어울리는 한 쌍이었다. 하지만 애석하게도 한집안에서 태어나 남매가 되어 서로 짝을 이룰 수 없는 형편이었다. 그러면서도 그 둘은 한곳에 모여 남녀의 구별도 없이 어깨동무를 하고 손을 잡으며 못 하는 짓이 없었다. 다만 좌우 나인들의 방해 때문에 한 이불 속에서 살을 섞지 못할 따름이었다. 게다가 제 희공 부부도 자녀를 지나치게 사랑하여 자식들의 금수 같은 행동을 미리 방지하지 못했다. 뒷날 제아가 몸이 시해되고 나라가 망하는 참화를 당하게 된 것도 모두 여기에서 연유한 것이다. 정나라 세자 홀이 융적을 크게 무찌르자, 제 희공은 문강의 면전에서 그가 얼마나 영웅다운지 떠벌리며 지금 혼담이 진행되고 있다고 알려줬다. 문강은 그 말을 듣고 가슴 가득 끓어오르는 기쁨을 억누를 수 없었다. 그러나 세자 홀이 자신과의 혼사를 완강히 사양했다는 소식을 듣고는 마음이 우울해져서 병이 나고 말았다. 밤에는 열이 나고 아침에는 한기를 느끼면서 정신이 아득해졌다. 잠을 자는 둥 마는 둥 앉았다 누웠다 하며 침식조차 전폐했다. 증거가 될 만한 시가 있다.

이팔 소녀 규방에서 부끄럼도 모르는지	二八深閨不解羞
남녀 정사 생각느라 미간도 못 펴누나	一椿情事鎖眉頭
봉황 같은 군자 숙녀는 치정에 안 빠지나	鸞凰不入情絲網

새와 닭은 언제나 그 생각에 시름겹네 　　　　　　野鳥家雞總是愁

세자 제아는 문강을 문병한다는 핑계로 수시로 문강의 규방으로 들어가 침대 맡에 앉아 온몸을 주무르며 아픈 곳을 물었다. 다만 다른 사람의 이목 때문에 더 음란한 짓을 할 수 없을 뿐이었다. 하루는 희공이 문강을 보러 왔다가 우연히 그 방에서 제아를 만나 꾸짖었다.

"너희는 비록 남매간이지만 예의상 남녀의 구별이 있어야 한다. 지금부터는 나인을 보내 안부를 묻고 직접 오지는 말아라."

제아가 예예 하며 물러갔다. 이때부터 두 사람은 자주 만날 수 없었다. 얼마 지나지 않아 희공은 제아를 송후宋侯의 딸에게 장가들였다. 노나라와 거莒나라에서 잉첩媵妾[1]을 보내왔다. 제아가 신혼의 사랑에 빠져 있어서 남매간의 왕래는 더욱 소원했다. 문강은 깊은 규방에서 쓸쓸하게 제아를 그리워하느라 병세가 더 악화되었다. 그러나 그 마음을 속으로 삭여야 할 뿐 입 밖으로 낼 수가 없었다. 그건 바로 "소태 씹은 벙어리가 쓰단 말도 못 하는" 격이었다. 증거가 될 만한 시가 있다.

봄풀은 봄 안개에 가득 취했는데 　　　　　　　春草醉春煙
깊은 규방 여인은 독수공방일세 　　　　　　　深閨人獨眠
한은 쌓여 얼굴은 늙어가는데 　　　　　　　　積恨顏將老

1_ 잉첩媵妾: 중국 고대의 혼인 때 신부에게 따라가는 첩. 신부의 몸종이나 친자매가 잉첩으로 따라가 신부를 보살피며 신랑의 수발을 들었다. 왕실 간의 혼인에는 흔히 동성同姓이나 이성異姓 제후들이 동맹이나 우호를 다지기 위해 왕실의 딸을 잉첩으로 보냈다. 잉첩은 물론 신랑과 잠자리를 함께하며, 그 지위는 정실 부인 다음이다.

그리움에 마음은 활활 타누나 　　　　　　　　　　相思心欲燃

달 밝은 밤이면 그 몇 번이나 　　　　　　　　　　幾回明月夜

꿈속에서 낭군 곁에 날아갔던가 　　　　　　　　飛夢到郞邊

한편 노 환공은 즉위한 해에 나이가 꽤 많았지만 아직 부인을 맞아들이지 못하고 있었다. 대부 장손달臧孫達이 아뢰었다.

"옛날, 나라의 임금은 나이 열다섯이면 아들을 낳았습니다. 그런데 지금 전하께선 안주인의 자리가 비어 있으니 훗날 보위를 이을 세자를 어떻게 바랄 수 있겠습니까? 이것은 종묘를 중히 여기는 방법이 아닙니다."

공자 휘翬가 또 아뢰었다.

"신이 듣건대 제후에게 애지중지하는 문강이란 딸이 있다 합니다. 그 딸을 정나라 세자 홀에게 출가시키려 하다가 결실을 맺지 못했다고 하오니 주상전하께서 청혼해보시옵소서."

환공이 말했다.

"좋소."

그리하여 바로 공자 휘를 제나라에 보내 청혼하게 했다. 제 희공은 문강이 지금 몸이 아프기 때문에 기한을 늦춰달라고 했다. 나인들이 노 환공이 청혼한 사실을 문강에게 알려줬다. 문강은 원래 오랜 마음의 병이 있었으나, 이 소식을 듣고는 마음이 풀려서 병도 점점 차도가 있는 것 같았다. 그 후 제 희공과 노 환공이 송 장공을 위해 직 땅에서 회동할 때 노 환공은 바로 그 자리에서 제 희공에게 혼사를 청했다. 그러나 제 희공은 내년을 기약하자고 했다. 노 환공 3년에 또 친히 영赢(山東省 濟南 동남) 땅으로 가서 제 희공과 회동할 때 또 청혼을 했다. 희공은 환공의 은근함에 감동하여 혼사를 허락했다. 환공은 마침내 영 땅에서 바로 폐백을 보냈는데, 보통 혼인보다 두 배나 되는 예물을 융숭하게 보냈다. 희공은 아주 기뻐하며 그해 9월로 혼인 날짜를 잡았고, 자신이 직접 문강을 노나라로 데리고 가서 혼례를 올리겠다고 했다. 이에 노 환공은 공자 휘를 제나라로 보내 신부를 맞아오겠다고 했다. 제나라 세자 제아는 문강이 다른 나라로 출가한단 소식을 듣고 자신도 모르게 이전의 미친 마음이 다시 싹텄다. 그리하여 나인을 시켜 짐짓 문강에게 꽃을 보내는 척하면서 시를 한 수 써서 보냈다.

복숭아나무에 꽃이 피어	桃有華
찬란하기가 노을 같네	燦燦其霞
문 앞에 있어도 꺾지 못하니	當戶不折
바람 타고 날아가 두엄이 되겠네	飄而爲苴
아 탄식하고 또 탄식하도다	吁嗟兮復吁嗟

문강은 이 시를 읽고 그 마음을 알아채고는 자신도 시로 답장을 보냈다.

복숭아나무 꽃봉오리	桃有英
반짝반짝 신령스럽네	燁燁其靈
오늘 이제 꺾지 않아도	今茲不折
어찌 오는 봄 없으리오	詎無來春
정녕 그러리라 정녕 그러리라	叮嚀兮復叮嚀

제아는 답시를 읽고 문강의 마음이 자신에게 있다는 것을 알고는 사모

하는 마음이 더욱 간절했다.

얼마 지나지 않아 노나라 사신인 상경 공자 휘가 제나라로 와서 문강을 맞아오게 되었다. 제 희공은 사랑하는 딸을 출가시키는 까닭에 직접 데리고 가려고 했다. 제아가 그 소식을 듣고 아버지에게 청했다.

"동생이 노후에게 출가한단 말을 들었습니다. 제나라와 노나라는 대대로 우호를 맺어왔으니, 이건 진실로 아름다운 일입니다. 그러나 노후가 이번에 직접 오지 않고 친척을 시켜 호송하게 했습니다. 아바마마께서는 국사를 직접 처리해야 하오니 쉽게 원행을 해서는 안 됩니다. 제가 불초하나마 대신 가고자 합니다."

제 희공이 말했다.

"과인이 직접 데리고 가겠다고 약속한 일이다. 지금 와서 어찌 신의를 잃을 수 있겠느냐?"

말을 아직 다 마치지도 않았는데, 보고가 올라왔다.

"노후께서 환읍讙邑(山東省 曲阜 북쪽)에 수레를 멈추고 직접 친영하기 위해 기다리겠다 합니다."

희공이 말했다.

"노나라는 예의를 아는 나라로구나. 중도에까지 나와 친영하려는 것은 내가 저들의 국경으로 들어가 고생할까 염려한 것이다. 그러니 내가 더욱 가지 않을 수 없구나."

제아는 아무 말 없이 물러날 수밖에 없었다. 문강도 마음속으로 무엇인가 잃은 듯한 느낌이 들었다. 때는 어느덧 9월 초순이 되어 혼례 날짜가 박두했다. 문강은 육궁의 비빈 및 권속들과 이별하고 동궁으로 가서 제아 오라비와도 이별해야 했다. 제아는 술상을 차려놓고 문강을 대접했다. 사방의 눈이 지켜보는 가운데 서로 헤어지고 싶지 않은 마음이 가득했지만 원비元妃가 동석해 있었다. 또 부친 희공이 나인을 보내 지켜보게 했기 때문에 서로 말도 건네지 못하고 남몰래 탄식만 할 뿐이었다. 결국 이별하기 위해 제아는 문강의 수레 앞에까지 와서 말했다.

"누이는 '정녕'이란 그 시구를 잊지 말라."

문강이 대답했다.

"오라버니께서는 몸을 보중하세요. 다시 만날 날이 있을 테니까요."

제 희공은 제아에게 나라를 지키게 하고 친히 문강을 데리고 가서 노 환공과 만났다. 환공은 사위와 장인의 예의를 차리며 잔치를 열고 희공을 융숭하게 대접했다. 함께 수행한 사람들에게도 모두 두터운 선물을 내렸다. 희공이 귀국한 뒤 환공은 문강을 도성으로 데리고 가서 혼례를 올렸다. 환공은 문강을 애지중지했다. 왜냐하면 첫째 제나라가 대국이었고, 둘째 문강이 꽃과 같은 절세의 미녀였기 때문이다. 혼례 이후 셋째 날 종묘에 예를 올리고 나자, 종실의 대부와 그 부인들이 모두 새 군부인을 알현하러 왔다. 제 희공은 동생 이중년을 노나라로 보내 문강의 안부를 물었다. 이로부터 제나라와 노나라는 더욱 친밀하게 지냈다. 이 이야기는 잠시 여기에서 그친다. 무명씨無名氏가 문강의 출가를 읊은 시가 있다.

옛날부터 남녀 관계 그 의혹에 조심하는데	從來男女愼嫌微
남매간에 어찌하여 사이 두지 않았던가	兄妹如何不隔離
이별의 기로에서 보중하라 말한 것이	只爲臨岐言保重
다른 날 고귀한 몸 욕되게 했도다	致令他日玷中闈

문강이 노나라로 시집가다.

이야기가 두 갈래로 나뉜다. 주 환왕은 정 장공이 거짓 왕명으로 송을 쳤다는 소식을 듣고 마음속에 큰 노여움이 끓어올랐다. 그리하여 괵공虢公 임보林父를 시켜 조정의 대소사를 독점하게 하고 더 이상 정 장공을 등용하지 않았다. 장공은 이 소식을 듣고 마음속으로 환왕을 원망하며 계속해서 5년 동안이나 주나라 조정에 입조하지 않았다. 환왕이 말했다.

"정나라 오생寤生(장공의 이름)이 심히 무례하도다. 만약 토벌하지 않으면 다른 나라가 장차 그 잘못을 본받을 것이다. 짐이 친히 육군六軍을 거느리고 그 죄를 성토하러 가야겠다."

괵공 임보가 간했다.

"정나라는 대대로 조정에서 경사卿士로 일한 공적이 있습니다. 이제 그 권력을 빼앗았기 때문에 입조하지 않는 것입니다. 마땅히 조서를 내려 부르셔야지 직접 왕림하시어 천자의 권위를 더럽힐 필요는 없습니다."

환왕은 분연히 얼굴색까지 바꾸며 말했다.

"오생이 짐을 속인 것이 한두 번이 아니오. 맹세컨대 짐은 오생과 한 하늘 아래서 살지 않을 것이오!"

이에 채나라, 위나라, 진나라 등 세 나라를 불러 함께 거병하여 정나라를 치기로 했다. 이때 진후陳侯 포鮑가 죽자 그 동생인 공자 타佗(자는 오보五父)가 조카인 세자 면免을 죽이고 스스로 보위에 올라 앞의 임금 포에게 시호를 내려 환공桓公이라 했다. 백성은 이에 불복하고 뿔뿔이 흩어져 진나라를 떠났다. 군사를 징병하는 주나라 사자가 당도하자 공자 타는 즉위 초라 감히 왕명을 어길 수 없었다. 그래서 병거와 보병을 불러 모아 대부 백원제伯爰諸에게 통솔하게 하고 성나라를 향해 출발시켰다. 채나라와 진나라도 각기 군사를 파견했다. 환왕은 괵공 임보를 우군장으로 삼고 채나라와

위나라의 군사를 우군에 배속시켰다. 또 주공周公 흑견黑肩을 좌군장으로
삼아 진나라 병사를 배속시켰다. 그리고 환왕 자신은 대군을 거느리고 중
군장이 되어 좌우 군사에 호응했다.

정 장공은 천자의 군대가 온다는 소식을 듣고 여러 대부를 소집하여 계
책을 물었다. 신하들은 감히 먼저 대답하려고 하지 않았다. 그러자 정경正
卿 채족祭足이 말했다.

"천자가 친히 군사를 거느리고 우리가 그동안 입조하지 않은 죄를 추궁
한다 합니다. 이는 명분도 바르고 말도 틀림이 없으니, 사신을 파견하여 사
죄하시고 전화위복의 계기로 삼는 것이 좋을 듯합니다."

정 장공이 발끈하며 말했다.

"천자가 나의 권세를 빼앗고 거기에다 우리 나라에 군사로 압박을 가하
고 있소. 삼대 동안 근왕한 공적이 강물 따라 흘러가버리고 말았소. 이번
에 만약 주 왕실의 예기를 꺾어놓지 않으면 앞으로 종사를 보전하기 어려
울 것이오!"

고거미가 말했다.

"진陳나라와 우리 정나라는 평소에 화목하게 지냈습니다. 따라서 진나라
가 천자를 돕는 것은 어쩔 수 없이 참가하는 일일 것입니다. 채나라와 위
나라는 우리와 일찍부터 원수였으니 틀림없이 사력을 다할 것입니다. 천자
가 진노하여 스스로 군사를 거느리고 오면 그 예봉을 당해낼 수 없을 것입
니다. 그러므로 마땅히 성벽을 튼튼히 하여 기다리며 저들의 마음이 나태
하기를 기다렸다가 싸우거나 혹은 화친을 도모하면 우리 뜻대로 할 수 있
을 것입니다."

대부 공자 원이 앞으로 나서며 말했다.

"신하가 임금과 전투를 하는 것은 이치상 옳은 일이 아니니 싸움을 조속히 끝내야지 지지부진 끌어서는 안 됩니다."

정 장공이 말했다.

"경의 계책은 무엇인가?"

공자 원이 말했다.

"천자의 군사는 셋으로 나뉘어져 있다 하니 우리도 삼군으로 나누어 응전해야 할 것입니다. 좌우 두 부대를 모두 방진方陣으로 편성하여 우리 좌군으로 저들의 우군을 막게 하고 우리 우군으로 저들의 좌군을 막게 하십시오. 그리고 전하께선 친히 중군을 거느리고 천자의 군대에 맞서십시오."

정 장공이 물었다.

"그렇게 하면 반드시 이길 수 있겠는가?"

공자 원이 말했다.

"진나라 공자 타는 임금을 시해하고 새로 보위에 올랐기 때문에 그 나라 백성이 따르지 않고 있습니다. 이번 출정도 억지로 군사를 징발했으니 그 마음이 틀림없이 이반될 것입니다. 만약 우리 우군이 먼저 진나라 군사를 친다면 저들은 불의의 습격을 받고 틀림없이 도망치기에 급급할 것입니다. 그 뒤 다시 좌군에게 영을 내려 채나라와 위나라를 곧장 들이치면, 위나라 군사는 진나라 군사가 패주했다는 소식을 듣고 금방 궤멸될 것입니다. 그런 뒤 병력을 합쳐서 천자의 군사를 공격하면 만 번을 싸워도 지지 않을 것입니다."

장공이 말했다.

"경은 손바닥 위에서 적의 동태를 예측하는구나. 자봉子封(공자 여몸. 원元은 여의 동생임)이 죽지 않은 것 같도다."

이렇게 상의하고 있는데 변방을 지키는 관리가 보고했다.

"천자의 군사가 이미 수갈繻葛(河南省 長葛 북쪽) 땅에 도착해서 세 진영의 연락이 끊이지 않고 있습니다."

장공이 말했다.

"그 하나만 깨뜨리면 나머지는 깨뜨릴 것도 없을 것이다."

이에 대부 만백曼伯을 시켜 일군一軍을 이끌고 오른쪽을 막게 했고, 정경 채족을 시켜 또 일군을 이끌고 왼쪽을 지키게 했다. 그리고 정 장공 자신은 상장군 고거미, 원번原繁, 하숙영, 축담 등을 거느리고 중군에 대형 '모호' 깃발을 세웠다. 채족이 앞으로 나서서 아뢰었다.

"'모호' 깃발은 송나라와 허나라를 쳐서 이길 때 쓰던 방법이었습니다. '봉천토죄'라는 것은 제후들을 정벌할 때나 쓸 수 있지, 천자를 칠 때는 쓸 수 없는 깃발입니다."

정 장공이 말했다.

"과인이 거기까지는 생각을 못 했구려."

이에 바로 영을 내려 대패大旆(대장기) 깃발로 모호 깃발을 대신하게 했다. 그리고 하숙영을 시켜 그 '모호' 깃발을 무기고에 넣어두라 하고 그 이후로는 사용하지 않았다. 고거미가 말했다.

"신이 보건대 주나라 천자는 병법을 꽤 알고 있는 듯합니다. 그러니 이번 교전은 보통 전투에 비할 바가 아닙니다. 청컨대 '어리진魚麗陣'을 펼치시옵소서."

장공이 물었다.

"어리진이 어떤 것이오?"

고거미가 대답했다.

"갑거甲車(말까지 갑옷을 입힌 병거) 25승이 일편一偏(편대)이 되고, 갑사甲士 5명이 일오一伍(대오)가 됩니다. 매 갑거 한 편대를 앞에 세우고 또 그 뒤에 따로 가로세로 다섯 줄씩 25명을 배치하여 부족한 인원을 메우게 됩니다. 즉 갑거에 한 명이 부상당하면 뒤 대오에서 보충을 하게 되니 전진만 있고 후퇴는 없습니다. 이 진법은 지극히 견고하고 치밀해서 패배하기는 어렵고 승리하기는 쉽습니다."

정 장공이 말했다.

"좋소!"

삼군은 수갈 가까이까지 진군하여 진채를 세웠다.

환왕은 정백이 군사를 출동시켜 대항하러 온다는 소식을 듣고 분노에 치를 떨며 말조차 제대로 하지 못한 채 곧바로 친히 출전하려고 했다. 괵 공 임보가 극구 간하여 출전을 정지시켰다. 다음 날 각 군이 진영을 펼치 자 정 장공이 영을 내렸다.

"좌우 두 진영 군사들은 경거망동하지 말고 군중의 대패 깃발이 휘날리 는 걸 보고 일제히 공격하라."

한편, 주 환왕은 정 장공을 한바탕 꾸짖을 요량으로 오로지 장공이 진 영 앞으로 나서 말을 걸어오기만을 기다리고 있었다. 그리하여 진영 앞에 서 그의 죄상을 까발려 그 기세를 꺾어놓을 작정이었다. 그러나 장공은 진 영을 펼쳐놓긴 했지만 문을 굳게 닫고 아무런 동정을 보이지 않았다. 환왕 이 병졸을 시켜 도발해봐도 아무도 반응하지 않았다. 오후가 되자 정 장 공은 천자의 병졸들이 벌써 나태해진 것을 알고 하숙영을 시켜 대패 깃발 을 휘두르게 했다. 좌우에서 천자의 군대와 맞서 있던 군사들이 일제히 우 레와 같이 북을 울렸다. 그러자 각 진영의 군사들이 용맹하게 앞으로 뛰쳐

나왔다. 만백은 천자의 좌군으로 휩쓸며 나아갔다. 그곳의 진나라 군사는 싸울 마음이 없어서 즉시 흩어져 달아나며 그 옆의 주나라 군사도 충동질했다. 주공 흑견이 막으려 했으나 역부족이어서 크게 패하여 달아났다. 정나라 채족은 또 천자의 우군으로 쇄도해 들어갔다. 채나라와 위나라 깃발만 좌충우돌할 뿐 두 나라는 정나라 군사에 대항하지 못하고 각자 살길을 찾아 달아나기에 바빴다. 괵공 임보가 수레 앞에 칼을 짚고 서서 군사를 단속했다.

"함부로 움직이는 자는 바로 참하겠다!"

채족은 감히 더 이상 가까이 갈 수 없었다. 임보는 천천히 후퇴하며 병장기 하나 부러뜨리지 않았다.

환왕은 중군에 있다가 적의 진영에서 어지럽게 진동하는 북소리를 듣고 적이 출전한 것을 알고 적과 대치할 준비를 했다. 그러나 병졸들이 분분이 귓속말을 하며 대오가 일찌감치 어지러워지는 광경이 눈에 들어왔다. 저 멀리로 군사들이 흩어지며 좌우의 진영이 모두 무너졌고 바로 중군조차 지탱할 수 없게 되었다. 그러나 정나라 군사들은 튼튼한 담장처럼 대열을 지어 진격해오고 있었다. 축담이 선봉에 섰고 그 뒤를 원번이 따르고 있었다. 또 만백과 채족도 승세를 몰아 힘을 합쳐 공격해오고 있었다. 병거가 뒤집히고 말이 쓰러졌으며 장수와 병졸이 무참하게 죽었다. 환왕은 속히 후퇴하란 명령을 내리고 친히 대오 뒤에 남아 적의 진격을 끊었다. 이렇게 전투를 하며 도망치기에 바빴다. 축담은 멀리서 수놓은 덮개 아래에 앉아 있는 사람이 환왕임을 짐작하고 시력이 닿는 데까지 환왕을 조준하여 화살 한 발을 쏘았다. 그 화살은 바로 환왕의 왼쪽 어깨에 맞았다. 다행히 갑옷이 단단하여 부상이 심하지는 않았다. 축담의 병거가 뒤를 쫓자 환왕은

祝聃射周
王中肩

축담이 천자의 어깨를 쏘다.

바로 위급한 상황에 빠졌다. 그러나 곽공 임보가 앞으로 달려와 어가를 구출하고 축담과 교전을 벌였다. 원번과 만백도 모두 앞으로 치달려나갔다. 그러나 잠시 후 각 진영의 영웅들은 문득 정나라 중군에서 울리는 매우 다급한 징 소리를 듣고 결국 공격을 멈추며 군대를 거둬들였다. 주 환왕은 군사를 30리 밖까지 후퇴시킨 뒤 진채를 차렸다. 주공 흑견도 달려와서 호소했다.

"진나라 군사들이 힘을 쓰지 않아 패배하게 되었습니다."

환왕은 얼굴을 붉히며 말했다.

"그건 모두 짐이 용인술에 밝지 못했기 때문이오."

축담 등은 회군하여 정 장공을 보고 말했다.

"신이 벌써 천자의 어깨를 화살로 쏘아 천자의 간담을 서늘하게 했고, 바야흐로 따라잡아 거의 사로잡기 직전이었는데 어째서 회군의 징을 울리셨습니까?"

장공이 대답했다.

"본디 천자가 밝지 못해 덕을 원망으로 갚고자 하니, 오늘 우리가 만부득이하게 응전하게 된 것이오. 이제 경들의 힘에 의지하여 사직에 손해를 끼치지 않게 되었으니 그것으로 족하오. 어찌 감히 더 많은 것을 바라리오? 이제 경의 말에 의하면 천자를 사로잡아오려고 했다는데, 어떻게 그럴 수 있겠소? 천자를 활로 쏜 것도 있을 수 없는 일이오. 만에 하나 중상을 당했거나 목숨을 잃었다면 과인은 천자를 시해한 죄목을 덮어쓰게 되었을 것이오."

채족이 말했다.

"전하의 말씀이 옳습니다. 이제 우리 나라 군대의 위엄이 확실하게 섰고, 천자도 틀림없이 겁을 먹었을 것입니다. 마땅히 사신을 보내 문안을 드리고 은근한 태도를 보이시옵소서. 그리고 어깨를 쏜 것이 전하의 뜻이 아니었다는 사실을 전하시지요."

정 장공이 말했다.

"이번 행차는 경이 아니면 맡을 사람이 없소."

이에 소 12마리와 양 100마리 그리고 식량과 사료 100여 수레를 준비케 하여 그날 밤에 바로 주 천자의 군영에 실어가게 했다.

채족은 거듭 머리를 조아리고 장공의 말을 전하며 입에 발린 소리를 했다.

"죽을죄를 지은 신 오생은 사직의 손상을 참을 수 없어서 불가피하게 군사를 동원해 스스로의 방위에 나섰습니다. 그런데 뜻밖에도 군중의 병사가 신중하지 못하여 천자의 옥체를 범하고 말았습니다. 오생은 전전긍긍 황송한 마음 금할 수 없습니다. 이제 삼가 배신陪臣 채족을 보내 천자의 군문軍門 앞에서 대죄합니다. 삼가 더 큰 탈이 없으신지 문안드리옵고, 보잘것없는 물건이나마 보내오니 군사를 위로하는 데 보태시기 바라옵니다. 오직 상감마마의 불쌍히 여기심과 죄사함만 앙망합니다."

환왕은 아무 말 없이 앉아 있었지만 참담한 기색이 역력했다. 괵공 임보가 그 곁에서 대신 대답했다.

"오생이 자신의 죄를 알았다 하니 너그럽게 용서하노라. 사신은 이제 사은謝恩의 예를 행해도 좋다."

채족이 재배한 뒤 머리를 조아리고 나갔다. 그리고 각 군영을 돌면서 안부 인사를 했다. 사관이 시를 지어 탄식했다.

귀신처럼 왕을 쐈다 함부로 떠벌리며　　　　　　　漫誇神箭集王肩

천지 차이 군신관계는 생각지도 않는구나　　　　　不想君臣等地天

진지를 마주하곤 전혀 양보도 안 하더니　　　　　對壘公然全不讓

이제와 헛된 예절로 왕 앞에서 아첨하네　　　　　卻將虛禮媚王前

또 염옹이 시를 지어 가벼운 군사로 정을 치려다 스스로 치욕을 당한 환왕을 조롱했다.

밝은 구슬로 참새 쏘기 옛날부터 조롱했는데　　　　明珠彈雀古來譏

어찌하여 천자 친히 병거를 출동시켰나　　　　　豈有天王自出車

사방으로 격문 띄우고 벼슬까지 강등시켜도　　　　傳檄四方兼貶爵

정인들은 천자 권위 두려워하지 않았도다　　　　鄭人寧不懼王威

환왕은 패퇴하여 주나라로 돌아가서 분한 마음을 이기지 못하고 바로 사방으로 격문을 띄워 천자를 무시한 정백 오생의 죄를 함께 성토하고자 했다. 이때 괵공 임보가 간했다.

"상감께선 가벼이 군사를 움직이시어 공을 이루지 못했는데, 만약 사방으로 격문을 보낸다면 스스로 패배를 자랑하는 격입니다. 제후국 중에도 진, 위, 채 세 나라를 제외하면 정나라의 파당이 아닌 나라가 없습니다. 그러므로 징집한 군사가 오지 않으면 단지 정나라의 비웃음만 사게 될 것입니다. 또 정나라는 이미 채족을 보내 군사를 위로하고 사죄를 했으니 이번 기회를 빌려 사면의 은전을 내리시어 저들이 스스로 반성하여 새로운 길을 가도록 해주시옵소서."

환왕은 아무 말도 없었으나 이때부터 더 이상 정나라에 관해 왈가왈부하지 않았다.

채후蔡侯는 군사를 징발해 주 천자를 따라 정나라를 치러 갔다가 군중에서 진나라의 보위 찬탈 소식을 들었다. 소문에 의하면 진나라의 민심은 찬탈의 주모자인 공자 타에게 불복한다고 했다. 그래서 이 틈에 군사를 이끌고 진나라를 습격하고자 했다. 승패가 어찌 될지는 다음 회를 보시라.

제10회

폐위와 옹립

초나라 응통은 참람되이 왕을 칭하고
정나라 채족은 협박을 받고 서자를 보위에 세우다
楚熊通僭號稱王, 鄭祭足被脅立庶.

　진 환공의 서자 약躍은 채희蔡姬의 소생으로 채후에게는 생질(누이의 아
들)이었다. 이번에 진나라와 채나라는 함께 정나라를 쳤다. 이 과정에서 진
나라는 대부 백원제伯爰諸를 장수로 삼았고, 채나라는 채후의 동생 채계蔡
季를 장수로 삼았다. 채계는 백원제에게 몰래 진나라 사정을 물었다. 백원
제가 대답했다.

　"새 임금 타佗가 보위를 찬탈했기 때문에 민심이 불복하고 있소. 또 새
임금은 사냥을 좋아하여 항상 미복을 입고 교외에서 짐승을 잡으며 국정
을 돌보지 않고 있소. 장래에 나라 안에 틀림없이 변고가 있을 것이오."

　채계가 말했다.

　"어찌하여 그 죄를 성토하고 죽여버리지 않으시오?"

　백원제가 말했다.

"그렇게 하고 싶지 않은 것이 아니라 한스럽게도 힘이 부족하오!"

주 왕실의 연합 대군이 패퇴하자 세 나라는 각기 본국으로 돌아갔다. 채계가 백원제의 말을 채후에게 아뢰었다. 채후가 말했다.

"맏아들 면免이 죽었으니, 둘째인 내 생질이 즉위했어야 한다. 타는 임금을 죽이고 보위를 찬탈한 역적인데, 어찌 오래도록 부귀영화를 훔치게 놓아둘 수 있겠는가?"

채계가 아뢰었다.

"타가 사냥을 좋아한다고 하니 그가 사냥을 나갔을 때 습격하여 죽여버리시옵소서."

채후는 옳다고 생각하고 비밀리에 채계를 시켜 병거 100승을 거느리고 국경 입구에서 기다리다가 역적 타가 사냥을 나오면 바로 습격하라고 했다. 채계는 세작을 풀어 진나라의 사정을 염탐했다. 얼마 뒤 보고가 올라왔다.

"진나라 군주가 사흘 전에 사냥을 나가 국경 근처에 진을 치고 있다고 합니다."

채계가 말했다.

"내 계획이 이루어지겠구나."

이에 병거와 군마를 10대隊로 나누어 모두 사냥꾼으로 위장하고 전방을 포위하며 나아가게 했다. 그러다가 진나라 군주의 대오에서 사슴 한 마리를 쏘아 거꾸러뜨리는 것을 보고 채계가 수레를 치달려가서 탈취했다. 진나라 군주가 진노하여 가벼운 차림으로 채계를 잡으러 왔다. 채계는 수레를 돌려 도주했다. 진나라 군주는 수레를 불러 타고 채계를 뒤쫓았다. 그때 이쪽에서 쇠바퀴 소리가 요란하게 울리면서 10대의 사냥꾼들이 일제히 앞으로 달려나가 진나라 군주를 사로잡았다. 채계가 큰 소리로 꾸짖었다.

"나는 다른 사람이 아니라, 바로 채나라 군후의 친동생 채계다. 너희 나라에서 역적 타가 임금을 시해했다기에 내가 우리 형님의 명령을 받들고 역적을 토벌하러 왔다. 여기 이 한 놈만 주살하고 다른 사람에게는 책임을 묻지 않겠다."

진나라 군사들이 모두 땅에 엎드렸다. 채계는 하나하나 위로하며 말했다.

"너희 나라 선군先君의 아들 약躍은 우리 채후 마마의 생질이다. 지금 그분을 너희 군주로 옹립하면 어떠하겠느냐?"

사람들이 일제히 대답했다.

"그것은 우리 백성의 마음과 심히 합치됩니다. 우리가 앞길을 인도하겠습니다."

채계는 역적 타를 즉시 참수했다. 그러고는 그 머리를 수레 위에 걸고 긴 대열을 이끌고 진나라로 들어갔다. 앞서 진나라 군주를 위해 사냥에 동원되었던 일반인도 채계를 위해 길을 열었다. 그 점에서도 진나라 사람들이 역적을 토벌하고 새 임금을 세우려는 마음이 역력했다는 것을 잘 알 수 있다. 저잣거리 사람들도 놀라지 않았고 백성은 환호하며 거리를 가득 메웠다. 채계는 진나라에 도착하여 역적 타의 수급을 진 환공의 사당에 바치고 제를 올렸다. 그러고는 공자 약을 새 군주로 옹립했다. 이 사람이 바로 진 여공厲公이다. 이해는 주 환왕 14년이었다. 공자 타는 보위를 찬탈한 지 겨우 1년 6개월 만에 죽었다. 그는 이 짧은 부귀를 위해 만고의 오명을 뒤집어썼으니 이 어찌 어리석은 자가 아니겠는가? 옛 시가 이 일을 증명하고 있다.

임금을 시해하고 천년 부귀 바랐건만　　　　　　弑君指望千年貴

사냥에 미쳐 주살될 줄 그 누가 알았던가　　　　淫獵誰知一旦誅

이 같은 흉적을 도륙하지 않는다면　　　　若是凶人無顯戮

난신적자 틀림없이 분분히 일어나리　　　　亂臣賊子定紛如

진나라는 공자 약이 즉위한 뒤 채나라와 아주 화목하게 지냈고 몇 년 동안 아무 일도 없었다. 이 이야기는 여기에서 잠시 거론하지 않겠다.

한편 남방에 초楚나라가 있었다. 성은 미씨羋氏이며, 봉작은 자작子爵이었다. 전욱제顓頊帝의 손자 중려重黎가 고신씨高辛氏의 화정火正이 되어 천하를 찬란하게 융합시켰기 때문에 축융祝融이라 불렸다. 중려가 죽자 그 동생 오회吳回가 축융의 지위를 계승했다. 그 아들 육종陸終은 귀방국鬼方國 군주의 딸을 아내로 맞이했다. 그녀는 임신 11년 만에 왼쪽 옆구리로 세 아들을 낳았고, 또 오른쪽 옆구리로도 세 아들을 낳았다. 맏이는 이름이 번樊으로 기씨己氏의 조상이며, 위허衛墟에 봉해져 하백夏伯이 되었다. 그 뒤 탕왕이 걸왕을 정벌할 때 멸망당했다. 둘째는 이름이 참호參胡로 동씨董氏의 조상이며, 한허韓墟에 봉해져서 주나라 때 호국胡國이 되었다가 나중에 초楚나라에 멸망당했다. 셋째는 이름이 팽조彭祖로 팽씨彭氏의 조상이며, 한허에 봉해졌다가 상백商伯이 되었는데, 상나라 말년에 망했다. 넷째는 이름이 회인會人으로 운씨妘氏의 조상이며, 정허鄭墟에 봉해졌다. 다섯째의 이름은 안安으로 조씨曹氏의 조상이며, 주허邾墟에 봉해졌다. 여섯째의 이름은 계련季連으로 미씨羋氏의 조상인데, 그 후예 중에 육웅鬻熊이라는 사람이 있었다. 배움이 넓고 도가 있어서 주나라 문왕·무왕이 모두 그를 스승으로 모셨다. 후세에 웅씨熊氏의 조상이 되었다. 성왕 때 문왕·무왕을 위해 진력한 공신의 후예를 천거했는데, 육웅의 증손 웅역熊繹이 뽑혔다. 그는 형만荊蠻

땅에 봉해져 자작子爵과 남작男爵에게 주는 땅을 받고 단양丹陽(여러 설이 분분함)에 도읍을 정했다. 5세 후 웅거熊渠에 이르러 장강長江과 한수漢水 사이의 백성을 잘 화합시켜서 왕을 참칭했다. 주 여왕이 포악한 정치를 하자 웅거는 침략을 받을까 두려워 감히 왕을 칭하지 못했다. 또 8세 후 웅의熊儀에 이르니, 이 사람이 바로 약오若敖다. 다시 2세를 지나 웅현熊眴에 이르니 이 사람이 바로 분모蚡冒다. 그 동생 웅통熊通이 분모의 아들을 죽이고 스스로 보위에 올랐다.

웅통은 포악하고 전쟁을 좋아했으며 왕을 참칭하려는 마음을 품고 있었다. 그러나 제후들이 주 왕실을 떠받들며 조공을 끊임없이 바치고 있었기 때문에 할 수 없이 정국을 관망하고 있었다. 그런 와중에 주 환왕의 군사가 정나라에 패배하자 웅통은 더욱 거리낌이 없어져서 왕호를 참칭하기로 결심했다. 이때 영윤 투백비鬪伯比가 앞으로 나서며 말했다.

"우리 초나라는 왕호를 버린 지 오래입니다. 지금 왕호를 회복하면 보고 듣는 사람들이 놀랄까 두렵습니다. 먼저 위력으로 제후를 굴복시킨 연후에나 가능할 것입니다."

웅통이 물었다.

"그 방법이 무엇이오?"

투백비가 대답했다.

"한수 동쪽의 나라는 오직 수隨나라가 강대합니다. 주상께서 잠시 군사를 거느리고 수나라 가까이 가셔서 사신을 보내 화친을 맺자고 청하시옵소서. 거기에 수나라가 굴복하면 한수와 회수淮水 유역에서 순종하지 않는 나라가 없을 것입니다."

웅통이 그의 의견을 좇아 친히 대군을 이끌고 하瑕 땅에 진을 쳤다. 그러고는 대부 위장薳章[1]을 보내 수나라에 화친을 청했다.

수나라에 계량季梁이라는 현신과 소사少師라는 간신이 있었다. 수후隨侯는 간신을 좋아하고 현신을 멀리했으므로 자연히 소사를 총애했다. 초나라 사신이 수나라에 도착하자 수후는 두 신하를 불러서 대책을 물었다. 계량이 아뢰었다.

"초나라는 강하고 우리 수나라는 약한데도 저들이 지금 화친하자고 하는 것은 그 저의를 추측할 수가 없습니다. 잠시 겉으로 응대하면서 안으로는 방비를 철저히 해 앞으로 아무 우환이 없게 해야 할 것입니다."

소사가 말했다.

"청컨대 신이 조약 문서를 받들고 가서 초나라 군영을 탐지해보고 오겠습니다."

이에 수후는 소사를 하瑕 땅으로 보내 초나라와 맹약을 맺게 했다. 투백비는 소사가 온다는 소식을 듣고 웅통에게 말했다.

"신이 듣건대 소사는 천박한 자로 아첨으로 임금의 총애를 얻었다고 합니다. 지금 사신으로 이곳에 오는 것은 우리의 허실을 염탐하고자 하는 것입니다. 우리는 마땅히 튼튼하고 예리한 점을 감추고 늙고 허약한 모습을 보여야 할 것입니다. 그러면 그자는 우리를 가볍게 보고 그 기세가 틀림없이 오만해질 것이며, 오만해지면 나태하게 될 것입니다. 저들이 그렇게 된 뒤에야 우리가 마음먹은 뜻을 이룰 수 있을 것입니다."

대부 웅솔熊率이 옆에서 한마디 했다.

"저들에겐 현신 계량이 있는데 일이 잘되겠소?"

1_ 위장薳章: '薳'은 성姓으로 쓰일 때 발음이 '위'다.(『강희자전』)

투백비가 말했다.

"목전의 일만 대비하는 것이 아니라 나는 뒷일까지 생각하고 있소."

웅통이 그 계책에 따랐다. 수나라 사신 소사는 초나라 군영으로 들어서며 좌우를 살폈다. 창과 갑옷이 해져서 너덜거리고 군사들은 늙고 병약해서 전투를 감당할 수 없을 것으로 보였다. 마침내 소사는 오만한 표정을 지으며 웅통에게 말했다.

"우리 두 나라는 각각 서로 다른 영역을 지키며 살아왔는데, 지금 귀국에서 화친을 청한 연유를 모르겠소."

웅통이 속이며 말했다.

"우리 나라는 해마다 흉년이 들어 백성은 피폐해져 있소. 진실로 작은 나라들이 힘을 합쳐 사단을 일으킬까 두렵소. 이런 까닭에 귀국과 형제의 맹약을 맺고 이빨과 입술처럼 서로 도움을 주고받자는 것이오."

소사가 대답했다.

"한수 동쪽의 작은 나라는 모두 우리 나라의 호령이 미치는 바이니 이제 걱정하실 필요가 없을 것이오."

웅통은 마침내 소사와 맹약을 맺었다. 소사가 돌아간 뒤 웅통은 철군하라는 영을 내렸다.

소사는 돌아가 수후를 뵙고 초나라 군사의 병약한 상황을 얘기했다.

"저들은 요행히 동맹을 맺자 즉각 철군했습니다. 우리를 심히 두려워하는 것 같았습니다. 원컨대 신에게 작은 별동대를 주시어 저들을 추격하게 해주십시오. 설령 모두 사로잡아오지는 못하더라도 저들의 절반은 휩쓸어버릴 수 있을 것입니다. 그러면 초나라는 지금부터 우리 수나라를 감히 똑바로 쳐다보지 못할 것입니다."

수후는 그 말을 그럴듯하게 여겨 바야흐로 군사를 일으키려고 했다. 계량이 그 소식을 듣고 쫓아 들어와 간언을 올렸다.

"안 되오, 안 됩니다! 초나라는 약오와 분모 이래 대대로 정치를 개선하여 장강과 한수 유역을 아우른 지 여러 해가 되었습니다. 또 웅통은 조카를 죽이고 스스로 보위에 오른 자로 흉포하기가 더욱 심합니다. 이제 아무 까닭도 없이 화친을 청해온 건 흉악한 마음을 숨기고 있는 것입니다. 먼저 늙고 병약한 군사를 우리에게 보인 것은 우리를 유인하고자 하는 술책일 뿐입니다. 만약 저들을 추격하면 틀림없이 계략에 말려들 것입니다."

수후가 점을 쳐보니 불길하다고 나와서 마침내 초나라 군사를 추격하지 않았다. 웅통은 계량이 극구 간하여 수나라 추격군 파견을 멈추게 했다는 소식을 듣고 다시 투백비를 불러 계책을 물었다. 투백비가 계책을 올렸다.

"청컨대 제후들을 침록沈鹿(湖北省 荊門 동쪽)으로 불러 모으십시오. 만약 수나라 사람이 오면 틀림없이 우리에게 복종하는 것이요, 만약 오지 않으면 맹약을 배반했다는 명분을 내세워 토벌하시면 됩니다."

웅통은 마침내 한수 동쪽 여러 나라에 두루 사신을 파견하여 맹하孟夏(음력 4월 초하룻날)에 침록에서 회합을 갖자고 했다.

약속 날짜가 되자 파巴, 용庸, 복濮, 등鄧, 우鄾, 교絞, 나羅, 운鄖, 이貳, 진軫, 신申, 강江 등의 나라들이 모두 모였다. 오직 황黃나라와 수隨나라만 오지 않았다. 초나라 군주가 위장蒍章을 황나라로 보내 질책하자 황나라는 사신을 보내 사죄했다. 또 굴하屈瑕를 수나라로 보내 질책했으나 수후隨侯는 승복하지 않았다. 웅통이 이에 군사를 거느리고 수나라를 정벌하러 가서 한수와 회수 사이에 진을 쳤다. 수후는 신하들을 소집하여 초나라에 맞설 대책을 물었다. 계량이 앞으로 나아가 아뢰었다.

"초나라가 처음으로 제후들을 규합하고 군사를 일으켜 우리 나라 가까이 와 있습니다. 그 예봉이 날카로우니 겸손한 말로 화친을 청하는 것이 더 좋을 것입니다. 초나라가 만약 우리 요구를 들어주면 옛날 우호를 다시 수립할 수 있고, 들어주지 않으면 그 잘못은 초나라에 있는 것입니다. 초나라가 우리 겸손한 말에 속는다면 저들 군사의 마음이 나태해질 것이요, 초나라가 우리의 겸손한 화친 요청을 거절한다면 우리 군사들의 마음은 분노로 가득 찰 것입니다. 우리 군사는 분노하고 저들 군사는 나태하면 일전을 겨루어 요행스런 승리도 바랄 수 있을 것입니다."

그러자 소사가 곁에서 팔뚝을 휘두르며 말했다.

"대부께선 무슨 겁이 그리도 많소. 초나라 사람들이 먼 길을 오는 건 스스로 무덤을 파는 일이오. 이번에도 속전속결로 싸우지 않으면 아마도 저들은 또다시 지난번처럼 도망쳐버릴 것이니, 어찌 애석하지 않겠소?"

수후는 그 말에 미혹되어 소사를 융우戎右(수레를 탈 때 무기를 들고 왕의 오른쪽에 앉아 왕을 보호하는 사람)로 삼고 계량을 수레꾼으로 삼아 친히 군사를 거느리고 초나라를 방어하기 위해 청림산靑林山 아래에 진을 쳤다.

계량은 수레에 올라 초나라 군사를 바라보며 수후에게 말했다.

"초나라 군사는 좌우 2군으로 나뉘어 있습니다. 초나라 풍속에는 왼쪽을 윗자리로 치므로 그 임금은 틀림없이 왼쪽에 있을 것이고, 임금이 있는 곳에 정예병이 있을 것입니다. 청컨대 저들의 우군을 공격하는 데 힘을 모으십시오. 저들의 우군이 패하면 좌군도 기가 꺾일 것입니다."

그러자 소사가 말했다.

"초나라 임금을 피하여 공격한다면 어찌 초나라 군사들에게 웃음거리가 되지 않겠소?"

수후가 소사의 말에 따라 먼저 초나라 좌군을 공격했다. 초나라는 진영을 열고 수나라 군사를 그대로 받아들였다. 수후가 진영 깊숙이 들어오자 초나라 사방에서 복병이 쏟아져 나왔다. 하나하나 모두 용맹스러웠고 개개인이 전부 정예병이었다. 소사는 초나라 장수 투단鬪丹과 싸움을 하다가 10합도 못 되어 투단의 칼을 받고 수레 아래로 거꾸러져 죽었다. 계량은 수후를 보호하며 결사전을 벌였지만 초나라 군사는 물러나지 않았다. 수후는 결국 병거를 버리고 병사들 복장으로 갈아입은 채 졸개들 틈에 섞여 들어갔다. 계량이 한 줄기 혈로를 뚫었다. 겹겹의 포위망을 탈출하여 군졸을 점검해보니 열의 서넛도 살아오지 못했다. 수후가 계량에게 말했다.

"과인이 경의 말을 듣지 않았다가 이 지경에 이르렀도다!"

그러면서 물었다.

"소사는 어디에 있는가?"

병사들이 그가 피살되었다고 수후에게 알렸다. 수후는 탄식을 그치지 못했다. 계량이 말했다.

"그자는 나라를 그르쳤습니다. 주상께서는 무엇을 애석해하십니까? 지금 계책은 조속히 화친을 도모하는 것이 최상입니다."

수후가 말했다.

"과인은 이제부터 국가 정책을 경의 말에 따라 처리하겠소."

계량은 초나라 군영에 들어가 강화를 요청했다. 웅통이 진노하여 소리쳤다.

"네 주인은 동맹을 배반하고 회동도 거부하며 군사를 이끌고 항거했다. 이제 군사가 패배한 마당에 강화를 요청하는 건 진심이 아니다."

계량은 얼굴색도 바꾸지 않은 채 조용히 앞으로 나아가 말했다.

"일전에 간신 소사가 우리 주상의 총애를 믿고 공을 탐하여 거병을 강요했으나, 그건 사실 주상의 뜻이 아니었습니다. 이제 소사는 벌써 죽었고 우리 주상께서는 스스로 죄를 알고 못난 신을 보내 군후의 휘하에 머리를 조아리게 했습니다. 이제 만약 군후께서 너그럽게 용서해주신다면 우리 수나라는 한수 동쪽 땅 군장君長을 이끌고 아침저녁으로 조정에서 영원히 남쪽을 향해 절을 올릴 것입니다. 군후께서는 재가해주시옵소서."

투백비가 말했다.

"하늘의 뜻이 수를 망하게 하려 하지 않는 듯합니다. 그래서 그 간신배를 제거했으니, 수나라를 멸망시킬 수는 없습니다. 강화를 허락하시어 저들이 한수 동쪽의 군장을 이끌고 주나라 조정에 가서 우리 초나라의 공적을 찬양하게 하는 것이 더 좋을 듯합니다. 그리하여 왕호王號를 빌려 남쪽 땅 만이蠻夷를 진압하신다면 우리 초나라에 불리하지 않을 것입니다."

웅통이 말했다.

"좋도다!"

이에 위장蒍章을 시켜 계량에게 몰래 말을 전했다.

"우리 주상께서는 장강과 한수 유역을 모두 소유했으니 이제 왕호를 빌려 남쪽 땅 오랑캐를 진압하려 하오. 만약 귀국에서 은혜를 베푸시어, 여러 오랑캐 군장을 인솔하고 주나라 왕실에 가서 왕호를 청하여 다행히 허가를 얻는다면 우리 주상의 영광일 터인데, 이는 실로 귀국만이 베풀 수 있는 은혜일 것이오. 우리 주상께서는 이제 무기를 모두 거두고 왕명을 기다릴 것이오."

계량은 돌아가서 그 이야기를 수후에게 했고, 수후는 감히 따르지 않을 수 없었다. 이에 수후 스스로 한수 동쪽 제후들의 뜻을 빙자하여 초나라의 공적을 찬양하면서 초나라에 왕호를 빌려주어 남쪽 오랑캐를 진압하라고 주 왕실에 요청했다. 주 환왕이 윤허하지 않자 웅통은 그 소식을 듣고 노하여 말했다.

"우리 선조 웅육熊鬻(육웅鬻熊이라고도 씀) 공께서는 주나라 문왕과 무왕을 가르친 공로가 있는데도, 겨우 하찮은 나라에 봉해져 멀리 형산荊山(湖北省 南漳 서쪽)에 있는 산맥에 거처하게 되었다. 이제 땅이 넓게 개척되고 백성이 많아져서 남쪽 오랑캐들 중에는 신복臣服하지 않는 나라가 없다. 그런데도 왕호를 더해주지 않으니 이는 상을 베풀 줄 모르는 처사다. 정나라 사람이 왕의 어깨를 화살로 쏘아도 토벌할 수 없으니 이는 벌을 내릴 줄 모르는 처사다. 이런 임금을 무슨 왕이라 할 수 있겠는가? 또 왕호王號는 우리 웅거 선조께서 스스로 칭했던 적이 있다. 과인도 이에 옛 호칭을 회복하고자 한다. 어찌 주나라가 내리는 걸 받아서 사용하랴?"

그리하여 마침내 군중軍中에서 자립하여 초 무왕武王이 되었고, 수나라와도 동맹을 맺었다. 그러자 한수 동쪽 여러 나라는 모두 사신을 파견하여 이를 축하했다. 주 환왕은 초나라의 행위에 분노했지만 어떻게 할 수가 없었다. 이로부터 주 왕실은 더 쇠약해졌고 초나라는 더 탐욕스러워졌다. 웅통이 죽고 보위를 이어받은 웅자熊貲는 도읍을 영郢(湖北省 荊州 서북) 땅으로 옮겼다. 그러고는 여러 만족蠻族을 복속시키고 중국을 침범하려는 기세를 점점 더 강화했다. 나중에 소릉召陵(河南省 漯河 召陵區)의 연합군2과 성복城濮

2_ 소릉의 연합군召陵之師(기원전 659): 중국 남방의 강국 초나라 성왕成王이 중원의 정나라를 침공하자, 당시 제후의 패자였던 제 환공은 노, 송, 진陳, 위衛, 정, 허, 조曹 등과 8국 연합군을 구성하여 초나라에 대항했다. 이 남북 대회전은 세력이 막상막하여서 결국 소릉召陵에서 제나라 관중과 초나라 굴완이 담판하여 상호 화의를 맺고 서로 군대를 퇴각시켰다. 이로써 중원을 침략하려던 초나라의 의도가 무산되었다.

楚熊通僭稱王號

초 웅통이 왕호를 참칭하다.

(山東省 郵城 서남 臨濮集)의 전투3가 아니었다면 그 기세를 막을 수 없었을 것이다.

이야기가 두 갈래로 나뉜다. 정 장공은 천자의 군대와 싸워 승리한 뒤 공자 원의 공적을 매우 가상하게 여기고, 큰 성읍인 역읍櫟邑(河南省 禹州)을 그에게 주어 지키게 하고 마치 천자의 부용국처럼 대우해줬다. 또 여러 대부에게도 각기 봉토와 상을 내렸지만 축담의 공적에는 아무 보상도 해주지 않았다. 축담이 직접 장공에게 항의하자 장공이 말했다.

"천자를 활로 쏜 사람의 공적을 기록하고 보상한다면 사람들이 내 행동을 비난할 것이오."

이에 축담은 분을 가라앉히지 못하다가 등에 종기가 났고 그것이 악화되어서 죽었다. 장공은 그 집안에 몰래 재물을 내리고 후하게 장사 지내라고 했다.

주 환왕 19년 여름 정 장공이 병들어서 채족을 침상 머리맡에 불러놓고 일렀다.

"과인에게는 아들이 열하나 있소. 세자인 홀 외에도 돌, 미, 의가 모두 귀인의 형상을 타고났소. 그중에서 돌은 재지와 복록 모두 다른 셋보다 뛰어난 것 같소. 다른 셋은 모두 제명에 죽을 관상이 아니오. 그래서 과인은 돌에게 보위를 전하고자 하는데 경의 뜻은 어떻소?"

3_ 성복의 전투城濮之戰: 기원전 632년 초나라 성왕의 장수 성득신成得臣과 진晉 문공文公이 성복에서 벌인 전투. 진 문공은 유랑 시절 초 성왕의 환대를 받고 나중에 초나라와 전투가 벌어지면 먼저 군사를 삼사三舍(90리) 후퇴시키겠다고 했다. 이 약속대로 진 문공은 성복 전투에서 처음에는 군사를 물려 초나라의 예봉을 피한 뒤 나중에 무모하게 진격해오는 초나라 군대를 섬멸했다.

채족이 말했다.

"군부인께서 적실이고, 공자 홀은 그 적장자이십니다. 세자의 자리에 오래 있으면서 여러 차례 큰 공을 세워 백성이 믿고 따릅니다. 지금 적자를 폐하고 서자를 옹립하고자 하신다면 신은 감히 명령을 받들 수 없습니다."

정 장공이 말했다.

"돌은 다른 사람의 이랫자리에 있고자 하지 않을 것이니 만약 홀을 보위에 세우고자 한다면 돌은 외가로 보내야 할 것이오."

채족이 말했다.

"자식을 잘 아는 이는 아버지보다 나은 사람이 없다고 하니 주상께서 직접 명령을 내리시지요."

정 장공이 탄식하며 말했다.

"우리 정나라가 이제부터 환란이 많아지겠구나!"

이에 공자 돌을 불러 외가인 송나라로 가 있게 했다. 그해 5월 장공이 세상을 떠났고 세자 홀이 즉위하니 이 사람이 바로 정 소공昭公이다. 즉위 후 여러 대부를 각국에 사신으로 파견했고, 채족을 송나라로 보내 공자 돌의 사정을 살펴보게 했다.

공자 돌의 어머니는 송나라 옹씨雍氏의 딸로 이름이 옹길雍姞이었다. 옹씨 종족은 송나라에 벼슬살이한 이가 많았고, 송 장공도 그들을 매우 총애했다. 공자 돌은 송나라로 축출된 후 어머니 옹씨를 그리워하며 송나라 옹씨들과 정나라로 돌아갈 계책을 상의했고, 송 장공도 이를 허락했다. 그때 마침 채족이 송나라에 사신으로 왔다. 송 장공이 기뻐하며 말했다.

"공자 돌의 귀국이 오직 채족의 몸에 달려 있도다."

이에 남궁장만南宮長萬을 시켜 조정에 갑사甲士를 매복케 했다. 채족이 입조하여 상견례를 끝내자 갑사들이 달려나와 채족을 틀어잡았다. 채족이 큰 소리로 외쳤다.

"외신外臣에게 무슨 죄가 있나이까?"

송 장공이 말했다.

"잠시 군대 창고로 가서 말해주겠다."

이날 채족은 군대 창고에 감금되었고, 갑사들이 물샐틈없이 주위를 지키고 있었다. 채족은 의아하고 두려워 좌불안석이었다. 밤이 되자 태재인 화독이 술을 가지고 몸소 군대 창고로 와서 채족에게 술을 권하며 그의 마음을 달래주었다. 채족이 말했다.

"우리 주상께서 나를 상국으로 보내 친선을 맺으라고 했소. 아직 죄를 짓지 않았는데 어째서 상국의 분노를 사게 됐는지 모르겠소. 우리 주상의 예의가 부족한 것이오? 아니면 사신으로 온 내가 직무를 잘못 수행한 것이오?"

화독이 말했다.

"모두 아니오. 공자 돌이 옹雍 땅으로 축출되어 와 있는 건 모두가 아는 사실이오. 지금 공자 돌이 송나라에 숨어 사는 걸 우리 주상께서도 가엾게 여기고 있소. 또 지금 정나라 임금 홀은 우유부단하여 임금 노릇을 제대로 하지 못할 것이오. 그대가 만약 정나라 임금을 폐위할 수 있다면, 우리 주상께선 그대의 집안과 대대로 혼인을 맺을 것이라 했소. 오직 그대만이 이 일을 도모할 수 있을 것이오."

채족이 대답했다.

"우리 주상이 보위를 이은 것은 선군의 명에 의한 것이오. 또 신하로서 임금을 폐위했다간 제후들이 내 죄를 성토할 것이오."

화독이 말했다.

"옹길은 정나라 선군에게 총애를 받았소. 어머니가 임금의 총애를 받았으니 그 자식이 존귀하게 되는 것 또한 가능한 일이 아니겠소? 또 임금을 시해하는 일이 어느 나라엔들 없겠소? 오직 힘이 있는가 없는가만 볼 것이니, 어느 누가 죄를 줄 수 있겠소."

그러고는 바로 채족의 귀에다 대고 속삭였다.

"우리 주상이 보위에 오른 것도 앞서 주상을 폐위하고 나서 이룬 일이오. 그대는 이 일을 반드시 해야 하고, 그러면 우리 주상께서 그대의 죄를 덮어주실 것이오."

채족은 미간을 찌푸리며 대답을 하지 않았다. 화독이 또 말했다.

"그대가 이 말을 따르지 않으면 우리 주상께서는 남궁장만을 장수로 삼고 병거 600승을 동원하여 공자 돌을 정나라의 보위에 올릴 것이오. 출동하는 날 군영에서 먼저 그대를 참할 것이니 그대와 만나는 날은 오늘이 마지막이 될 것이오."

채족은 몹시 두려워서 그 말을 승낙할 수밖에 없었고 화독은 또 채족의 맹세를 요구했다. 채족이 말했다.

"공자 돌을 보위에 올리지 않으면 천지신명이 나를 죽일 것이오."

사관이 시를 지어 채족을 조롱했다.

대장부는 영욕에도 놀라서는 안 되는데　　　　　丈夫寵辱不能驚

일국 재상이 어찌하여 협박을 수용했나　　　　　國相如何受脅陵

만약에 충신으로 한 목숨을 걸었다면　　　　　　若是忠臣拚一死

송인들도 틀림없이 가벼이 보진 못했으리　　　　宋人未必敢相輕

화독은 그날 밤 바로 송 장공에게 돌아와 보고했다.

"채족이 이미 명령을 따르겠다고 했습니다."

다음 날 송 장공은 공자 돌에게 사람을 보내 밀실로 오라고 했다. 송공이 말했다.

"나는 공자를 귀국시키기로 옹씨와 약속했소. 지금 정나라에서 새로운 임금이 섰다고 알리면서 과인에게 밀서를 보냈소. 그 내용은 이렇소. '반드시 돌을 죽이시오. 그 사례로 우리 세 성을 할양하겠소.' 과인은 차마 그렇게 할 수 없어서 그대에게 몰래 알려주는 것이오."

공자 돌은 무릎을 꿇고 절을 하며 말했다.

"돌이 불행하여 국경을 넘어 귀국에 몸을 의탁하고 있으니, 돌의 생사는 벌써 군후께 속해 있습니다. 만약 군후의 신령함으로 선조의 종묘를 다시 보게 해주신다면 군후께서 명령하는 대로 따를 것이니 어찌 저 세 성에 그치겠습니까?"

송공이 말했다.

"과인이 군대의 창고에 채족을 감금해둔 것도 바로 공자의 연고 때문이오. 이번 대사는 채족이 아니면 성공할 수가 없으니 과인은 이제 두 사람이 서로 맹세하도록 주선하겠소."

이에 채족과 공자 돌을 불러 상면하게 했다. 또 옹씨도 불러서 홀을 폐하고 돌을 보위에 올리는 일을 자세히 설명했다. 이 세 사람은 삽혈로 동맹을 맺었다. 이 자리를 송공이 주관했고, 태재 화독이 이 자리에 임하여 증거인이 되었다. 송공은 공자 돌에게 세 성을 할양하는 이외에도 백벽白璧 100쌍과 황금 1만 일鎰[4], 그리고 매년 곡식 3만 종鍾[5]을 사례의 예물로 요구했다. 채족은 그 증서에 서명했다. 공자 돌은 나라를 차지하는 것이 급

채족이 협박에 못 이겨 새 군주를 세우다.

해서 이 모든 것을 승인하지 않을 수 없었다. 송공은 또 공자 돌에게 국정을 모두 채족에게 맡기라고 요구했고 그것도 허락했다. 나아가 채족의 딸을 옹씨의 아들 옹규雍糾에게 시집보내라 하고, 옹규를 데리고 귀국해서 혼례를 올리고 정나라의 대부 직에 임명하라고 요구했다. 채족도 감히 따르지 않을 수 없었다.

공자 돌과 옹규는 모두 미복으로 갈아입고 장사치로 위장한 뒤 수레를 타고 채족의 뒤를 따랐다. 그러고는 9월 초하룻날 정나라에 도착하여 채족의 집에 은신했다. 채족은 몸이 아파서 조회에 나갈 수 없다고 꾸며댔다. 여러 대부가 채족의 집으로 문안을 왔다. 채족은 결사대 100명을 벽장 속에다 숨기고는 대부들을 내실로 들어오라고 했다. 대부들은 채족의 얼굴이 축난 데가 없으며 의관까지 단정히 갖추고 있는 걸 보고 깜짝 놀라 물었다.

"상공께선 무탈하시면서 왜 조회에 나오지 않으셨는지요?"

채족이 말했다.

"내 몸이 아픈 게 아니라 나라가 아프오. 선군께선 공자 돌을 총애하여 송나라 군후에게 잘 돌봐달라고 부탁했다고 하오. 지금 송나라는 남궁장만을 대장으로 삼아 병거 600승을 거느리고, 공자 돌을 도와 우리 정나라를 치려 하고 있소. 우리 정나라가 아직 안정되지 못하고 있는데 어떻게 저들을 막을 수 있겠소?"

4_ 일鎰: 중국 고대 무게 단위의 일종. 약간의 차이가 있으나 대체로 20~24량兩 정도다. 1량이 16그램 정도이므로 1일은 320~384그램 정도다.

5_ 종鍾: 여러 설이 있다. 일종一鍾이 육곡사두六斛四斗 혹은 8곡八斛 혹은 10곡十斛에 해당된다고 하기도 한다. 1곡은 10두斗다.

대부들은 각각 서로의 얼굴을 쳐다보며 감히 대답을 하지 못했다. 채족이 또 말했다.

"지금 송나라 군사를 해산시키려면 오직 폐위만 있을 뿐이오. 돌 공자께서 지금 여기에 와 계시오. 여러분이 내 의견을 따를지 따르지 않을지를 한마디로 결정해주기 바라오!"

고거미는 지난날 세자 홀이 간언을 올려 자신의 상경 직 승진을 막은 이후로 평소 홀과의 관계가 서먹서먹했다. 그는 몸을 벌떡 일으켜 칼을 어루만지며 말했다.

"상공의 그 말씀은 사직의 복이오. 우리는 새로운 주상을 뵙고자 하오!"

모두들 고거미의 말을 듣고 그가 채족과 벌써 약조가 되어 있는 걸로 의심했고, 또 벽장에서 인기척이 나는 걸 알아채게 되었다. 그리하여 모두 두려운 마음이 들어 일제히 예예 하고 채족의 말에 순응하게 되었다.

이에 채족은 공자 돌을 불러와 상좌에 모셨다. 채족과 고거미가 먼저 절을 올렸다. 대부들도 어찌할 수 없어서 함께 땅에 엎드려 절을 올렸다. 채족은 미리 상소문을 써서 대부들에게 연명하게 하고 사람을 시켜 궁궐로 보냈다. 핵심 내용은 이렇다.

"송나라에서 강력한 군사를 보내 공자 돌을 맞아들이라 하므로 신들은 지금 주상을 섬길 수 없습니다."

또 스스로 남몰래 밀계密啓를 만들어 이렇게 아뢰었다.

"주상을 옹립한 건 사실 선군의 뜻이 아니라 신 채족이 주모한 것입니다. 이제 송나라가 신을 감금하고 돌을 받아들이라 하며 신에게 맹약을 요구했습니다. 신이 죽으면 주상께 아무 도움이 되지 못할까 두려워 신은 이미 저들의 말을 받아들였습니다. 지금 송나라 군사가 우리 교외에까지 들어왔고, 우리 신하들도 송나라의 강력한 군사가 두려워 저들을 맞아들이는 일에 협조하고 있습니다. 주상께선 이러한 사태에 따라 잠시 몸을 피하시는 것이 좋을 듯합니다. 신이 앞으로 기회를 틈타 다시 주상을 맞아오도록 하겠습니다."

또 밀서 끝에 한마디 맹세의 말을 첨가했다.

"이 말을 어긴다면 하늘의 해가 용서치 않을 것입니다."

정 소공은 상소문과 밀계를 받은 뒤 자신이 이미 고립무원의 상황에 처해 있다는 걸 알았다. 그리하여 부인 규씨와 눈물로 이별하고 위衛나라로 달아났다.

9월 기해己亥일에 채족은 공자 돌을 받들어 보위에 모셨다. 이 사람이 바로 정 여공厲公이다. 이제 정치의 대소사는 모두 채족에 의해 결정되었다. 또 채족은 딸을 옹규에게 시집보냈고, 사람들은 그녀를 옹희雍姬라고 불렀다. 또한 여공에게 말을 하여 옹규를 대부의 직에 임명하게 했다. 옹씨는 원래 여공의 외가이므로 여공이 송나라에 있을 때 옹씨와 매우 친밀하게 왕래했다. 따라서 여공은 옹규를 채족 다음으로 총애했다. 여공이 즉위한 뒤 백성도 모두 복종했다. 그러나 오직 공자 미와 의만 불만을 품었고 또 여공이 자신들을 해칠까봐 두려워했다. 여공이 즉위한 바로 그달에 공자 미는 채나라로 도망쳤고, 공자 의는 진陳나라로 도망쳤다. 송 장공은 공자 돌이 즉위했다는 소식을 듣고 축하 서신을 보냈다. 송나라 사신이 이번에 축하 서신과 함께 가져간 명령 때문에 두 나라 사이에 전쟁이 일어나게 된다. 다음 회를 읽어보시라.

아버지를 위해 남편을 버리다

송 장공은 뇌물을 탐하다 병화를 자초하고
정나라 채족은 사위를 죽이고 주상을 내쫓다
宋莊公貪賂搆兵, 鄭祭足殺壻逐主.

송 장공은 사람을 시켜 서찰을 보내 정 여공의 즉위를 축하하고, 바로 세 성 및 흰 옥구슬, 황금, 곡식을 요구했다. 정 여공은 채족을 불러 대책을 상의했다.

"당초에 나라를 얻는 데 급급해서 저들이 함부로 요구해도 감히 명령을 어길 수 없었소. 이제 저들은 과인이 즉위하자마자 바로 보상을 요구하고 있소. 만약 저들의 말을 그대로 따른다면 이 나라의 창고가 다 빌 지경이오. 게다가 과인이 보위를 잇자마자 우리의 세 성을 잃는다면 어찌 이웃 나라의 웃음거리가 되지 않겠소?"

채족이 말했다.

"'민심이 아직 안정되지 않았는데, 땅까지 할양하면 변란이 일어날까 두려우니, 세 성에서 받은 세금을 대신 보내고 싶다'고 하십시오. 또 흰 옥구슬과 황금은 3분의 1만 보내고 완곡한 말로 사죄하십시오. 그리고 해마다 바칠 곡식은 내년부터 시작하겠다고 요청하시는 게 좋겠습니다."

여공은 그 말에 따라 답서를 작성하여 먼저 흰 옥구슬 30쌍과 황금 3000일鎰 그리고 세 성의 세금을 초겨울까지 바치겠다고 약속했다.

사신이 돌아가 이 사실을 보고하자 송 장공은 진노하여 소리쳤다.

"죽어가는 놈을 내가 살렸고, 그 미천한 놈을 내가 부귀하게 해주었다. 내게 주기로 허락한 그 갖가지 물건도 사실은 모두 홀의 물건이다. 그게 제 놈과 무슨 상관이기에 감히 인색하게 군단 말이냐?"

그날로 바로 사신을 다시 보내 반드시 원래 숫자를 채워야 하고 또 세 성의 할양을 원하지 세금을 원하는 게 아니라고 닦달했다. 정 여공은 다시 채족과 상의하여 곡식 2만 종鍾을 공물로 바쳤다. 송나라 사신은 그것을 갖고 갔다가 바로 다시 돌아와서 말을 전했다.

"만약 지난번에 허락한 숫자를 채우지 못하면 채祭 대부께서 직접 와서 해명하라고 했소."

채족이 정 여공에게 말했다.

"송나라는 우리 선군의 큰 은덕을 입고도 아직 털끝만 한 보답도 하지 않았습니다. 그런데도 지금 주상전하를 옹립한 공에 기대어 한도 끝도 없는 탐욕을 부리고 있고 게다가 무례한 언사까지 남발하고 있으니 저들의 말을 들어줘서는 안 됩니다. 청컨대 제나라와 노나라로 사신을 보내 원만한 중재를 부탁해보십시오."

정 여공이 말했다.

"제나라와 노나라가 우리 정나라를 위해 힘을 써주겠소?"

채족이 말했다.

"지난날 우리 선군께서 허許와 송宋을 칠 때 제나라와 노나라가 함께 참전하지 않은 적이 없었습니다. 게다가 지금의 노후를 옹립할 때도 사실 우리 선군께서 일을 성사시켰습니다. 그런즉 제나라는 우리 정나라에게 두터운 인정을 베풀지 않는다 해도, 노나라는 우리 부탁을 사양하지 못할 것입니다."

정 여공이 말했다.

"원만한 중재란 건 어떤 것이오?"

채족이 말했다.

"당초 송나라 화독이 임금을 시해하고 공자 빙을 옹립할 때 우리 선군께서 제·노와 더불어 저들의 선물을 받고 그 일을 이뤄주셨습니다. 노나라는 고郜의 대정大鼎[1]을 받았고, 우리 나라는 상이商彝[2]를 받았습니다. 지금 제나라와 노나라에 우리 사정을 알리고 상이를 송나라에 돌려주면, 송공은 지난 일을 생각하고 반드시 부끄러운 마음이 들어 지나친 요구를 그칠 것입니다."

정 여공이 매우 기뻐하며 말했다.

"과인이 경의 말을 들으니 마치 꿈에서 깨어나는 것 같소."

그리하여 곧바로 사신을 시켜 예물을 싣고 각각 제나라와 노나라로 가서 새 임금 즉위 사실을 알리고 송나라가 배은망덕하게도 끊임없이 뇌물

1_ 대정大鼎: 고郜는 제후국 이름. 송나라에게 멸망당했다. 정鼎은 고대에 국가의 정통성과 권력을 상징하는 기물로 발이 셋에 귀가 둘 달린 솥이다. 전설에 따르면 중국 하나라 우왕禹王이 구주九州(중국 전역)의 쇠를 모아 솥을 만들었는데, 그 이름을 구정이라 했다. 본문에서는 송공宋公 추대를 인정받기 위해 송나라가 고나라에게서 빼앗은 대정을 노나라에 준 것을 말한다.

2_ 상이商彝: 춘추시대 송나라는 상나라의 후예가 봉해진 나라다. 따라서 상나라 때부터 전해져오던 보물인 상이가 있었다. 이는 청동제 술그릇으로 종묘 제사에 쓰던 귀한 물건이다. 송 장공莊公은 보위를 인정받기 위해 상이를 정나라에 뇌물로 주었다.

을 요구한다고 호소하게 했다. 사신은 노나라에 도착하여 이 명령을 수행했다. 그러자 노 환공이 웃으면서 말했다.

"지난날 송나라 군주는 우리 나라에 단지 솥 하나를 선물로 주었을 뿐이오. 지금 송나라는 벌써 정나라에서 받은 뇌물이 많은데도 아직 만족할 줄 모른단 말이오? 과인이 몸소 그 일을 맡아 송나라로 가서 그대의 주상을 위해 화해를 청해보도록 하겠소."

사신이 감사를 표한 뒤 이별을 고했다.

한편 또 다른 정나라 사신은 제나라로 가서 명령을 수행했다. 제 희공僖公은 지난날 융적을 패퇴시킨 일 때문에 공자 홀에게 감격하여 둘째 딸 문강을 그와 혼인시키려 한 적이 있다. 비록 공자 홀이 굳게 사양하고 말았지만 마음속 깊은 곳에는 아직도 그를 향한 작은 호감이 남아 있었다. 그런데 오늘 정나라에서 홀을 폐위하고 돌을 옹립했다는 소식을 듣자 제후齊侯의 마음은 저절로 불쾌해졌다. 그래서 사신에게 말했다.

"정나라 군주가 무슨 죄가 있기에 갑자기 폐위되었단 말이오? 그대 나라의 임금 노릇을 하려면 정말 어렵겠소! 과인이 마땅히 제후들을 이끌고 가서 그대 나라 성 아래에서 만날 것이오!"

그러면서 예물도 모두 받지 않았다. 사신이 돌아와 이 사실을 정 여공에게 보고했다. 여공이 대경실색하며 채족에게 말했다.

"제후가 우리를 질책하려고 틀림없이 전쟁을 일으킬 것 같소. 어떻게 대처하는 것이 좋겠소?"

채족이 말했다.

"신이 군사를 뽑고 병거를 마련하여 미리 준비하겠습니다. 적이 오면 맞아 싸우면 될 뿐 무엇을 두려워하십니까?"

노 환공은 공자 유翬를 송나라로 보내 서로 회합 날짜를 정하자고 했다. 송 장공이 말했다.

"노나라 군후께서 만나자고 하니 과인이 직접 노나라 경계까지 가야겠소. 어찌 노나라 군후께서 번거롭게 먼 길을 오시게 할 수 있겠소?"

공자 유가 돌아가 그 말을 전했다. 노후가 다시 사람을 보내 약속을 정하게 했다. 이에 여러 곳을 찾자하여 부종扶鍾에서 만나기로 약속했다. 이때가 주 환왕 20년 가을 9월이었다.

송 장공과 노 환공은 부종에서 만났다. 노 환공은 정나라를 대신해 감사를 표하고 화해를 요청했다. 송 장공이 말했다.

"정나라 군주는 과인의 은혜를 깊이 받았소. 계란으로 비유하자면 과인이 그것을 품어 날개까지 돋게 해준 셈이오. 과인에게 보답하겠단 예물도 저들의 본심에서 나온 것이오. 이제 귀국하여 보위를 찬탈하고 나자 바로 약속을 저버리려 하고 있소. 과인이 어찌 그 일을 잊을 수 있겠소?"

노 환공이 말했다.

"대국이 정나라에 베푼 은혜를 정나라가 어찌 잊을 수 있겠소? 그러나 보위를 이은 지 아직 얼마 되지 않았고, 창고도 텅 비어 잠시 약속을 지키지 못하고 있을 뿐이오. 이제 좀 늦고 빠른 차이는 있을지언정 결코 약속을 저버리지는 않을 것이오. 이 일은 과인이 보증할 수 있소!"

송 장공이 또 말했다.

"금이나 옥과 같은 보물은 더러 창고에 채워져 있지 않을 수도 있지만 세 성을 할양한다는 것조차 한마디 말로 그치고 있소. 이건 어찌하여 결정을 내리지 않는 것이오?"

노 환공이 말했다.

"정나라 군후는 조상의 유업을 잃고 이웃 여러 나라에 웃음거리가 될까 두려운 것이오. 그리하여 세금으로 대신하고자 하는 것이오. 소문을 듣건 대 벌써 곡식 만 종을 받으셨다 하더이다만."

송 장공이 말했다.

"곡식 2만 종을 주기로 한 것은 원래 해마다 보낼 곡식 수량에 포함되는 것이지 세 성과는 무관한 것이오. 게다가 보내주기로 한 예물조차 원래 숫자의 절반에도 미치지 못하고 있소. 지금도 이와 같은데 뒷날 열의가 다 식고 나면 과인이 무슨 희망을 가질 수 있겠소? 군후께서는 일찌감치 과인을 위해 일을 좀 도모해주기 바라오."

노 환공은 송 장공의 고집이 대단한 것을 보고 불만스런 마음으로 회합을 끝냈다.

노 환공은 귀국하여 바로 공자 유를 정나라로 보내 송 장공이 화해를 받아들이지 않았다는 말을 전했다. 정 여공은 또 대부 옹규에게 상이를 받들고 가서 노 환공에게 바치라고 했다. 옹규가 환공에게 말했다.

"이것은 송나라의 오래된 유물입니다. 우리 주상께서는 이걸 감히 혼자 차지할 수 없다고 하면서 다시 송나라 창고에 귀속시키고 세 성의 값으로 쳐달라고 하십니다. 여기에다 다시 흰 옥구슬 30쌍과 황금 2000일을 진상 하오니 바라옵건대 군후께서 좋은 말로 화해를 시켜주시옵소서!"

노 환공은 정리상 거절할 수가 없어서 이제 몸소 송나라로 갈 수밖에 없었다. 그리하여 다시 곡구穀邱(河南省 虞城 穀熟集鎭) 땅에서 송 장공과 회합을 갖기로 약속했다. 두 군주의 상견례가 끝나자 노 환공은 정 여공을 대신해 불안한 마음을 전하면서 흰 옥구슬과 황금을 약속한 수량만큼 건넸다. 그러면서 환공이 넌지시 말했다.

"군후께서 지난번 정나라가 약속한 물건을 절반도 바치지 않는다 하시기에, 과인이 바른말로 정나라를 질책했소. 이것이 정나라가 이번에 힘을 다해 보내온 물품이오."

송 장공은 고맙단 말은 한마디도 하지 않고 단지 이렇게 물었다.

"세 성은 언제 할양한다는 것이오?"

노 환공이 말했다.

"정나라 군후께선 선조들이 대대로 지켜온 땅을 사사로운 은혜 때문에 가볍게 버리려 하지 않으시오. 지금 받들어 올리는 이 보물은 세 성의 값과 맞먹을 것이오."

그러고는 바로 좌우 시종들에게 황금색 비단 보자기에 싼 물건을 높이 받들어 송 장공 앞에 무릎 꿇고 헌상하게 했다. 송 장공은 '사사로운 은혜'라는 말을 듣고 미간을 찌푸리며 불쾌한 모습을 보였다. 보자기를 풀어보고는 그 물건이 당초 송나라가 정나라에 뇌물로 바친 상이商彝라는 걸 알아보았다. 그러나 문득 안색을 바꾸며 모르는 척하고 물었다.

"이게 뭣에 쓰는 물건이오?"

노 환공이 대답했다.

"이것은 귀국의 옛 창고에 보관해오던 보물이오. 정나라 선군이신 장공께서 지난날 귀국을 위해 힘을 보태주시자 귀국에서 이 귀중한 물건을 선물로 보내 대대로 국보로 전하게 한 것이오. 그러나 지금 보위를 계승한 군후는 이 보물을 감히 혼자서만 즐길 수 없다고 여기고 귀국으로 돌려보낸 것이오. 그리고 지난날 군후께서도 지금 정백鄭伯과 같은 일을 겪은 사정을 생각하시고 땅을 할양하라는 말씀은 거두어주시기 바라오. 정나라 선군께서는 귀국의 보물을 받았는데, 유독 지금의 정백이 왜 그것을 돌려주려 하겠소?"

송 장공은 노 환공이 지난 일을 얘기하자 자기도 모르는 사이에 두 뺨이 붉어졌다. 그래서 이렇게 응대했다.

"과인은 지난 일을 벌써 잊어버렸소. 돌아가서 옛날 창고지기에게 물어보도록 하겠소."

이렇게 논의가 진행되고 있는데 갑자기 보고가 올라왔다.

"연燕나라 군후燕伯께서 우리 송나라에 왔다가 이곳 곡구에까지 들렀습니다."

송공은 곧 연백燕伯을 청하여 노후와 함께 만나도록 주선했다. 연백은 송공을 보고 하소연했다.

"우리 나라 땅이 제나라와 가까워 늘 제나라에게 침략을 당하오. 과인은 송나라 군후께서 신령하신 능력으로 제나라에 우호를 청해 우리의 사직을 보전해주시기 바라오."

송 장공이 허락했다. 노 환공이 장공에게 말했다.

"제나라는 기紀나라와 대대로 원수지간이어서 늘 기나라를 습격할 마음을 품고 있소. 송나라 군후께서 연나라를 위해 우호를 청하신다면, 과인도 기나라를 위해 우호를 요청하겠소. 나라 간의 우호관계가 이루어진다면 전쟁도 그칠 수 있을 것이오."

그리하여 세 나라 군주가 마침내 곡구에서 함께 동맹을 맺었다. 노 환공이 귀국한 뒤 가을에서 겨울까지 송나라로부터 아무런 회신도 없었다.

한편 정나라는 송나라 사신의 뇌물 독촉이 끊임없이 이어지자 다시 노 환공에게 사람을 보내 도움을 요청했다. 노 환공도 어쩔 수 없이 송 장공과 허구虛龜(山東省 郯城 馬莊村)에서 다시 회합을 갖고 정나라와 평화롭게 지내는 일을 논의하자고 약속했다. 그러나 송 장공은 오지 않고 사신이 와서 노 환공에게 말을 전했다.

"과인은 정나라와 약속한 것이 있으니 군후께서는 더 이상 알려고 하지 않는 것이 좋겠소."

노 환공이 노발대발하며 꾸짖었다.

"보통 사람도 탐욕에 빠져 신의를 저버리면 안 되는데 하물며 한 나라의 군주가 이 무슨 작태란 말이냐?"

그러고는 마침내 수레를 돌려 정나라로 가서 정 여공과 무보武父(河南省 蘭考 북쪽) 땅에서 회합을 갖고 군사를 합하여 송나라를 치기로 약속했다. 염옹髥翁이 이 일을 시로 읊었다.

자홀 축출 은공 시해 모두가 원흉인데　　　　逐忽弑隱幷元兇
악인들의 상부상조 그 의도가 명백하네　　　　同惡相求意自濃
그러나 송 장공만 탐욕이 심하다고　　　　　　只爲宋莊貪詐甚
노나라 정나라가 군사를 일으켰네　　　　　　致令魯鄭起兵鋒

송 장공은 노 환공이 화를 내고 돌아갔다는 소식을 듣고 양국 간의 우호관계가 끝까지 유지되지 못할 것이라고 생각했다. 또 제 희공이 정백鄭伯 돌(여공)을 도우려 하지 않는다는 소문을 듣고 공자 유游를 파견해 우호를 맺게 하며 정백의 배은망덕한 처사를 알렸다.

"우리 주상께서 지난 일을 후회하며 군후 전하와 협력하여 정백 돌을 공격하고자 합니다. 그리하여 정나라의 옛 군주 홀을 복위시키고 아울러 연백과도 화평한 관계를 유지했으면 합니다."

송 장공이 뇌물을 밝히다가 전쟁에 얽혀들다.

제나라로 간 사신이 아직 돌아오지도 않았는데 송나라 변방을 지키는 관리가 보고를 올렸다.

"노나라와 정나라가 함께 군사를 일으켜 공격해오고 있습니다. 그 선봉의 기세가 매우 날카로워 벌써 수양睢陽(河南省 商邱 睢陽區 근처)까지 당도했습니다."

송 장공은 깜짝 놀라 대부들을 소집하여 적을 맞아 싸울 대책을 상의하게 했다. 공자 어열御說이 간언을 올렸다.

"군대의 강약은 출전의 명분이 옳으냐 그르냐에 달려 있습니다. 우리가 정나라에 뇌물을 탐하다가 노나라와의 우호도 저버렸으니 저들에게도 할 말이 있을 것입니다. 차라리 우리의 죄를 인정하고 강화하여 전쟁을 끝내는 것이 상책일 것입니다."

남궁장만이 말했다.

"적병이 성 아래까지 이르렀는데 화살 한 발 쏘지 않는다는 건 우리가 약하다는 걸 보여주는 것에 불과하오. 그렇게 하여 어떻게 나라를 지킬 수 있겠소?"

태재 화독이 말했다.

"장만의 말이 옳습니다."

송 장공은 마침내 어열의 말을 듣지 않고 남궁장만을 대장으로 삼는다는 어명을 내렸다. 남궁장만은 맹획猛獲을 선봉장으로 추천하고 병거 300승을 가려 뽑았다.

양군은 곧바로 마주보며 진영을 크게 펼쳤다. 노 환공과 정 여공은 수레를 나란히 몰고 나와 진영 앞에 멈추고 송 장공이 말을 걸어오도록 화를 돋우었다. 그러나 송 장공은 좀 부끄러운 마음이 드는지 몸이 아프단 핑계를 대고 앞으로 나가지 않았다. 남궁장만은 멀리서 수놓은 일산 두 개가 나부끼는 걸 바라보고는 그곳에 두 나라 군주가 있다는 걸 알았다. 그는 맹획의 등을 어루만지며 말했다.

"네가 오늘 전공을 세우지 않고 또 언제를 기다릴 테냐?"

맹획은 명령에 응하여 손에 혼철점강모渾鐵點鋼矛3란 창을 들고 수레를 휘몰아 직선으로 달려나갔다. 노나라와 정나라 두 군주는 맹획이 달려오는 기세가 사나운 것을 보고 자신들의 수레를 한발 후퇴시켰다. 그러자 좌우에서 두 명의 상장군이 뛰어나왔다. 노나라에서는 공자 익灣이, 정나라에서는 원번原繁이 각각 병거를 몰고 적을 맞으러 나갔다. 먼저 적장의 성명을 묻자 "나는 송나라 선봉장 맹획이다"라는 대답이 돌아왔다. 원번은 가소롭다는 듯이 말했다.

"이름 없는 졸개로구나. 너 같은 놈에게 내 칼을 더럽히고 싶지 않으니 사생결단을 벌이려면 네놈 대신 대장을 오라고 해라."

맹획은 발끈하며 창을 들어 원번을 찔렀다. 원번도 칼을 뽑아 응전했다. 공자 익은 노나라 군사를 지휘하여 철통같이 에워쌌다. 맹획은 이들 두 장수와 싸우면서도 전혀 두려운 기색이 없었다. 이어 노나라 장수 진자秦子와 양자梁子 그리고 정나라 장수 단백檀伯까지 함께 공격에 나섰다. 그러자 맹획은 더 이상 힘을 쓸 수 없었고 결국 양자가 쏜 화살에 오른팔을 맞았다. 그리하여 맹획은 창을 잡을 수 없게 되어 결국 속수무책으로 사로잡히고 말았다. 송나라의 병거와 갑사들은 모두 포로가 되었고 도망간 자는 겨우 보졸 50여 명에 불과했다.

3_ 혼철점강모渾鐵點鋼矛: 장팔사모丈八蛇矛와 비슷하게 생긴 강철 창. 창날이 길고 날카롭다.

남궁장만은 맹획의 패배 소식을 전해 듣고 이를 부득부득 갈았다.

"맹획을 다시 구출해내지 못한다면 무슨 면목으로 성으로 돌아가랴?"

이에 그의 맏아들 남궁우南宮牛를 시켜 병거 30승을 이끌고 싸움을 부추기도록 했다. 그러고는 몰래 말했다.

"거짓으로 패한 척하고 적군을 서문까지 유인하거라. 내게 좋은 계책이 있다."

남궁우는 대답한 뒤 출전하여 창을 비껴들고 적진을 향해 마구 욕설을 퍼부었다.

"정나라 돌, 이 배은망덕한 놈아! 스스로 죽을 곳을 찾아와서 왜 속히 항복하지 않느냐?"

그러자 바로 정나라 장수 한 명이 궁노수弓弩手 여러 명을 이끌고 병거 한 대에 올라 진영을 빙빙 돌다가, 남궁우의 나이가 어린 것에 속아 바로 싸움을 걸어왔다. 3합도 겨루지 않고 남궁우는 병거를 돌려 달아나기 시작했다. 정나라 장수는 놓치지 않으려고 그 뒤를 바짝 뒤쫓았다. 거의 서문 근처까지 왔을 때 포성이 크게 울렸다. 남궁장만이 벌써 뒤를 끊고 남궁우가 앞에서 병거를 돌려 양쪽에서 협공을 해왔다. 정나라 장수는 화살 여러 발을 연속으로 발사했으나 남궁우에게는 맞지 않았다. 정나라 장수는 당황했고, 이때 남궁장만이 병거로 뛰어올라 한 손으로 그 정나라 장수를 낚아채 사로잡았다. 한편 정나라 장수 원번은 본진의 부장 하나가 병거 한 대를 몰고 적진으로 들어갔다는 소식을 듣고, 그가 곤경에 빠질까 걱정이 되어 단백과 함께 군사를 질풍같이 휘몰아 앞으로 달려나갔다. 송나라의 성문은 활짝 열려 있었으며 태재 화독이 직접 대군을 거느리고 성을 나와 응전했다. 그곳에 있던 노나라 장수 공자 익도 진자와 양자를 이끌며 전투를 도왔다. 양편 군사들은 각각 횃불을 들고 한바탕 혼전을 벌였다. 그 싸움은 닭이 울 무렵에야 그쳤는데, 송나라 군사의 손실이 매우 컸다. 남궁장만은 사로잡은 정나라 부장을 바치면서 송 장공에게 그자를 정나라 진영으로 데리고 가서 맹획과 교환하기를 청했다. 송 장공이 그 일을 허락했다. 송나라 사신은 정나라 진영으로 가서 포로 교환에 관한 일을 설명했다. 정 여공도 그 일을 허락하자 각각 함거를 자기 진영 앞까지 밀고 나와 포로를 교환했다. 정나라 부장도 정나라 진영으로 돌아왔고, 맹획도 송나라 성으로 돌아갔다. 이날은 각자 휴식하며 싸움을 하지 않았다.

한편 공자 유游는 제나라로 가서 명령을 수행했다. 제 희공이 말했다.

"정나라 돌은 형을 쫓아내고 보위에 오른 놈이라 과인이 평소에 증오하고 있었소. 그러나 과인은 지금 기나라와 싸우는 중이어서 정나라에 가볼 틈이 없소. 만약 귀국에서 군사를 출동시켜 과인이 기나라를 치는 걸 도와준다면 귀국이 정나라 치는 일을 과인이 도와주지 않을 수 있겠소?"

공자 유는 제 희공에게 하직 인사를 하고 송 장공에게 돌아와 사신 갔던 일을 보고했다.

이즈음 노 환공과 정 여공이 군영에서 송나라를 공격할 대책을 상의하고 있는데 갑자기 기나라 사신이 급한 전갈을 가져왔다는 보고가 올라왔다. 노 환공이 사신을 인견할 때 사신이 기나라 국서를 올렸다. 그 내용은 이렇다.

제나라 군사가 우리 기나라를 공격하여 형세가 위급합니다. 나라의 멸망이 조석에 달렸으니 대대로 혼인한 우호를 생각하시어 군사를 보내 수화水火 속에서 우리를 구원해주십시오.

노 환공이 크게 놀라 정 여공에게 말했다.

"기나라 군주가 급한 전갈을 보내왔으니 과인이 구원하러 가지 않을 수 없소. 송나라의 성은 아직 함락시키지 못했으나 이제 철군하는 것이 좋을 듯하오. 짐작건대 송 장공도 감히 더는 뇌물을 요구하지 못할 것이오."

정 여공이 말했다.

"군후께서 기나라를 구원하기 위해 군사를 이동시킨다면 과인도 잔약한 병사나마 모두 이끌고 그 뒤를 따르고 싶소."

노 환공이 크게 기뻐하며 즉시 진채를 거두라고 영을 내리고는 일제히 기나라를 향해 출발했다. 노 환공이 30리를 앞서 가고 정 여공이 군사를 이끌고 뒤따라가며 적의 습격을 차단했다. 송나라는 먼저 공자 유가 가져온 답신을 받았고, 나중에야 적의 군영이 이동하고 있다는 사실을 알았다. 따로 자신들의 군사를 유인하는 계략이 있을까봐 적을 추격하지는 않았다. 다만 세작을 보내 적의 사정을 염탐하게 했다. 세작이 돌아와 보고했다.

"적병은 모조리 국경 밖으로 나가 기나라를 향해 가고 있습니다."

송나라는 그제야 마음을 놓았다. 태재 화독이 아뢰었다.

"이전에 정나라를 칠 때 제나라가 우리를 도와주었으므로, 우리도 제나라가 기나라를 치는 걸 도와주어야 합니다."

남궁장만이 말했다.

"신이 가겠습니다."

송 장공은 병거 200승을 징발하여 여전히 맹획을 선봉장으로 삼아 밤새워 제나라를 도와주러 가게 했다.

제 희공은 전에 위후衛侯와 병력을 합치기로 약속했을 뿐만 아니라 이제 연나라 병사까지 징발했다. 위나라가 군사를 출발시키려 할 때 선공宣公이

병으로 죽고 세자 삭朔이 즉위했다. 이 사람이 바로 위 혜공惠公이다. 혜공은 비록 상중이었지만 사양하지 않고 병거 200승을 파견하여 도움을 주었다. 연나라 군주도 제나라의 병탄이 두려울 뿐 아니라 이번 기회에 우호를 돈독히 하려고 마침내 친히 군사를 이끌고 달려왔다. 기나라 군주는 세 나라의 연합 군사가 대군인 것을 보고 감히 나가 싸울 엄두도 못 낸 채 해자를 깊게 파고 보루를 높게 쌓아 굳게 지키기에 급급했다. 그러던 어느 날 문득 보고가 날아들었다.

"노나라와 정나라 두 군후께서 기나라를 구원하러 오셨습니다."

기나라 군주는 성 위로 올라가 구원병이 온 것을 보고 몹시 기뻐서 접대할 준비를 빠짐없이 하게 했다.

노 환공이 먼저 도착하여 군영 앞에서 이제 적이 된 제 희공과 만났다. 노 환공이 말했다.

"기나라는 우리 나라와 대대로 혼인한 사이인데, 귀국에 죄를 지었다는 소문을 들었소. 그래서 과인이 몸소 와서 사면을 청하는 바요."

제 희공이 말했다.

"우리 선조 애공哀公께선 기나라에게 참소를 당해 주나라에서 솥에 삶겨 죽었소. 그 이후 지금까지 8세世를 내려오도록 아직 복수도 하지 못하고 있소. 군후께서는 그 인척을 도와야 하고, 나는 내 원수를 갚아야 하니 오늘은 오직 싸움만 있을 뿐인 것 같소."

노 환공이 진노하여 공자 익에게 병거를 출동시키라고 명령을 내렸다. 제나라에서는 공자 팽생彭生을 시켜 적을 맞아 싸우도록 했다. 팽생은 만 사람이 힘을 합쳐도 당해낼 수 없는 용력을 갖고 있었다. 그러니 공자 익이 어떻게 그를 당해낼 수 있겠는가. 이에 진자와 양자 두 장수도 힘을 합쳐서 앞으로 치달려나갔지만 팽생을 이길 수 없었고, 겨우 제 앞가림만 할 수 있을 뿐이었다. 위나라와 연나라 군주는 제나라와 노나라가 전투 중이란 말을 듣고 역시 이곳으로 달려와 힘을 합쳐 공격을 퍼부었다. 후위인 정 여공의 대군도 당도했고, 원번도 단백 등 여러 장수를 이끌고 곧장 제 희 공의 진영으로 돌진해 들어갔다. 기나라 군주도 자신의 아우인 영계嬴季에 게 군사를 이끌고 성을 나가 싸움을 돕게 했다. 함성이 하늘에 진동했다. 공자 팽생은 감히 더 싸울 마음이 나지 않아 급급히 병거를 돌려 후퇴했다. 여섯 나라의 병거가 한곳에서 혼전을 벌이며 서로 살육을 자행했다. 노 환공은 연나라 군주를 보고 소리 질렀다.

"곡구穀邱의 동맹으로 송, 노, 연은 함께 힘을 합치기로 했다. 동맹 때 입에 바른 피가 아직 마르지도 않았는데[4] 송나라 놈들이 맹약을 배신하여 과인이 토벌하러 왔다. 너도 송나라의 소행을 본받아 목전에서 아부할 줄만 알고 국가의 먼 앞날은 내다볼 줄 모르느냐?"

연나라 군주는 스스로 신의를 잃은 것을 알고 고개를 숙이고는 그 자리를 피한 뒤 패배한 군사를 수습한다는 핑계를 대고 도망치고 말았다. 위나라는 대장이 없어서 군사들이 가장 먼저 무너졌고 연이어 제 희공의 군사역시 패하여 달아났다. 살육한 시체가 온 들판을 덮었고, 피가 흘러 냇물을 이뤘다. 팽생은 전투 중에 화살을 맞고 거의 죽음의 문턱까지 가 있었다. 이처럼 위급한 상황에 마침 송나라 군사가 당도하자 그제야 노나라와 정나라에서 군사를 거두었다. 호증胡曾 선생이 이를 영사시로 읊었다.

4_ 구혈미간口血未干: 회맹 때 입에 바른 희생의 피가 아직 마르지 않았다. 서로 맹세한 시기가 오래지 않았는데도 벌써 약속을 지키지 않음을 비유한다.(『좌전』 양공襄公 9년)

약소국을 기만하고 탐욕을 자행하며   明欺弱小恣貪謀

외로운 성을 경각에 접수한다 떠벌렸지   只道孤城頃刻收

다른 나라 망하기 전에 자국 군사 패하여   他國未亡我已敗

제후는 천고 역사에 웃음거리 되었도다   令人千載笑齊侯

송나라 군사가 막 당도하여 가쁜 숨도 아직 고르지 못했는데, 노나라와 정나라 군사가 들이닥쳤다. 송나라 군사는 진영도 세우지 못하고 대패하여 달아났다. 이에 각 나라는 패잔병을 수습한 뒤 길을 나누어 귀국했다. 제 희공은 기나라 도성을 돌아보며 맹세했다.

"내가 살아 있는 한 기나라를 반드시 없앨 것이요, 기나라가 존속하는 한 나는 이 세상에 없을 것이다. 같은 하늘 아래서 결코 함께 살지 않겠다!"

기나라 군주는 노나라와 정나라 군주를 영접하여 도성으로 들어가서 융숭하게 대접하고 군사들에게도 거듭 후한 상과 음식을 내렸다. 영계가 앞으로 나서며 말했다.

"이제 제나라 군사가 패배하여 우리 기나라에 대한 원한이 더욱 깊어졌을 것입니다. 지금 두 군후께서 함께 계시니 우리 기나라를 보전할 대책을 마련해주시겠습니까?"

노 환공이 말했다.

"지금 이 자리에서 바로 논의할 수는 없고 천천히 생각해보도록 합시다."

다음 날 기나라 군주는 멀리 성 밖 30리까지 나와서 두 군주와 눈물로 이별했다.

노 환공이 귀국한 뒤 정 여공이 또 사신을 보내 우호를 돈독히 하자면서 앞서 무보武父에서 맺은 맹약을 다시 확인했다. 이로부터 노나라와 정나라가 한패가 되었고, 송나라와 제나라가 또 다른 한패가 되었다. 이때 역櫟 (陝西省 西安 臨潼區) 땅을 지키던 정나라 대부 공자 원이 세상을 떠나자 채족 은 정 여공에게 아뢰어 단백으로 그 자리를 대신하게 했다. 이때가 주 환 왕 22년이었다.

제 희공은 기나라에 패배한 후 울분이 쌓여 병이 났다. 이해 겨울 병이 위독해지자 세자 제아諸兒를 탑전에 불러놓고 당부했다.

"기나라는 대대로 우리 원수다. 기나라를 멸망시켜야 효자라고 할 수 있 다. 너는 이제 보위를 이을 것이니 마땅히 이 일을 제일 중요한 일로 삼아 라. 이 원수를 갚지 못한다면 내 사당에 들어오지도 말아라!"

제아는 머리를 조아리고 하교를 받았다. 제 희공은 또 이중년의 아들 무 지無知를 불러서 제아를 향해 절을 하게 한 뒤 당부했다.

"같은 어머니에게서 난 내 친동생에게 한 점 혈육이라곤 이 아이뿐이다. 너는 마땅히 잘 보살펴주어야 한다. 의복과 녹봉도 내가 생전에 대우하던 것과 똑같이 해줘야 한다."

말을 마치고는 마침내 눈을 감았다. 대부들이 세자 제아를 받들어 장례 를 치르고 보위를 잇게 하니 이 사람이 바로 제 양공襄公이다.

한편 송 장공은 정나라에 대한 원한이 뼈에 사무쳤다. 이에 다시 사신 을 시켜 정나라에서 보내온 금옥金玉을 제, 채, 위, 진 네 나라에 나누어주 고 복수를 위한 군사를 빌려달라고 했다. 제나라는 상중이었기 때문에 대 부 옹늠雍廩에게 병거 150승을 주어 송나라를 돕게 했다. 채나라와 위나라 도 각기 장수를 보내 송나라와 함께 정나라를 치게 했다. 정 여공은 바로 싸움을 하고 싶었지만 상경 채족이 아뢰었다.

"불가합니다. 송나라는 대국이고 이제 온 국력을 기울여 사납게 몰려오고 있습니다. 만약 싸우다가 실패하는 날이면 우리의 사직도 보존하기 어려울 것입니다. 다행히 이긴다 해도 장차 대대로 원수가 될 게 분명하니 우리 나라는 편안할 날이 없을 것입니다. 송나라 마음대로 하도록 내버려두는 것이 더 좋은 계책입니다."

정 여공은 의아한 마음을 풀 수 없었다. 그런데 채족은 결국 마음대로 명령을 내려 백성에게 성을 지키게 하고 싸움을 거는 자는 죄를 묻겠다고 했다. 송 장공은 정나라 군사가 성 밖으로 나오지 않는 것을 보고 정나라 동쪽 교외를 크게 약탈했을 뿐만 아니라 화공으로 거문渠門[5]까지 파괴했다. 그러고는 큰길까지 몰려왔다가 결국 종묘에까지 이르렀다. 송나라 군사들은 종묘의 서까래를 모두 거두어 돌아가서 노문盧門[6]의 서까래로 사용하며 정나라를 모욕했다. 정 여공은 우울하고 불쾌하여 탄식했다.

"내가 늘 채족에게 제약을 받으니 무슨 즐거움으로 임금 노릇을 하겠는가?"

이에 남몰래 채족을 죽일 마음을 품게 되었다.

다음 해 봄 3월 주 환왕도 병이 위독해져서 침대 맡에 주공 흑견을 불러놓고 말했다.

"적자를 옹립하는 것이 예법에 맞는 일이오. 그러나 짐은 둘째인 극克을 총애해왔소. 이제 극을 경에게 부탁하오. 훗날 형이 죽은 뒤 동생이 보위를 이어받을 수 있도록 경이 주관해주시오."

5_ 거문渠門: 정나라 도성의 성문 이름.
6_ 노문盧門: 송나라 도성의 성문 이름.

말을 마치고 마침내 세상을 떠났다. 주공은 명령에 따라 세자 타佗를 즉위하게 했다. 이 사람이 바로 주周 장왕莊王이다.

정 여공은 주나라에 상사喪事가 났다는 소식을 전해 듣고 사신을 보내조문하려 했다. 채족이 또 굳게 간했다.

"주나라는 선군의 원수입니다. 우리 장수 축담이 왕의 어깨를 쏜 적도 있습니다. 조문하기 위해 사람을 보냈다간 모욕만 당할 것입니다."

정 여공은 그 말에 따를 수밖에 없었지만 마음속으로 더욱 분노가 들끓어 올랐다.

하루는 후원에서 산책하는데 오직 대부 옹규만 그 뒤를 따랐다. 정 여공은 새가 마음껏 비상하며 즐겁게 노래하는 것을 보고 슬프게 탄식했다. 옹규가 한 발짝 앞으로 나서며 말했다.

"이처럼 화창한 봄날 온갖 새도 즐겁게 노니는데, 주상전하께서는 고귀한 제후의 몸으로 불쾌한 기색을 보이시는 듯하니 어찌된 일입니까?"

정 여공이 말했다.

"온갖 새도 자유롭게 비상하고 자유롭게 노래하며 전혀 다른 것에 제약을 받지 않는데, 과인은 저 새들만도 못하오. 이러한 까닭에 즐겁지가 않소."

옹규가 말했다.

"주상께서 우려하시는 바가 바로 지금 권력을 잡고 있는 자 때문이 아닙니까?"

정 여공이 입을 닫고 대답하지 않았다. 옹규가 또 말했다.

"신이 듣건대 '임금은 아비와 같고 신하는 자식과 같다'고 했습니다. 그러므로 자식이 아비를 위해 걱정을 나눌 수 없으면 불효가 되고, 신하가 임금을 위해 우환을 없앨 수 없으면 불충이 될 것입니다. 만약 주상께서 신을 불초하다고 여기지 않으시고 일을 맡겨주신다면 신이 어찌 감히 사력을 다하지 않을 수 있겠습니까?"

정 여공이 좌우를 경계하며 옹규에게 말했다.

"경은 채족이 아끼는 사위가 아니오?"

옹규가 말했다.

"사위는 맞습니다만 아끼는 일은 없었습니다. 신이 채씨에게 장가들게 된 건 기실 송나라 군주의 핍박 때문이었지 채족의 본심이 아니었습니다. 채족은 말끝마다 옛 주상을 언급하며 아직도 그리워하고 있습니다. 다만 송나라가 생각을 바꾸지 않는 걸 두려워하고 있을 뿐입니다."

정 여공이 말했다.

"경이 채족을 죽일 수만 있다면 과인이 그의 자리를 대신하게 해주겠소. 하지만 그 계책을 어떻게 마련해야 할지 모르겠소."

옹규가 말했다.

"지금 동쪽 교외가 송나라 군대에 의해 파괴되어 백성의 거주지도 아직 복구하지 못하고 있습니다. 주상께서 내일 사도司徒에게 명하여 그곳 백성의 주택을 수리하게 하시고, 채족에게는 곡식과 옷감을 싣고 가서 그곳 주민들을 위로하게 하시옵소서. 그때 신이 동쪽 교외에서 잔치를 베풀고 짐독鴆毒7을 탄 술을 그에게 마시게 하겠습니다."

정 여공이 말했다.

"과인은 경에게 목숨을 맡기겠소. 신중하고 조심하기 바라오."

7_ 짐독鴆毒: 짐새의 깃에 있다는 맹렬한 독.

옹규는 귀가해서 그의 아내 채씨祭氏를 보게 되자 자기도 모르게 당황한 기색을 드러내 보였다. 채씨가 의심이 들어 물었다.

"조정에서 오늘 무슨 일이 있었어요?"

"없었소!"

"천첩이 당신의 말을 들어보고 당신의 안색을 살펴보건대 틀림없이 무슨 일이 있었던 같아요. 부부는 일심동체이니 일이 크든 작든 천첩도 알아야겠어요."

옹규가 말했다.

"주상께서 장인어른을 동쪽 교외로 보내 백성을 위로하려 하시고, 그 시간에 맞춰 나도 그곳에서 잔치를 열고 장인어른의 장수를 축원하려 하오. 그 밖에 다른 일은 없소."

채씨가 말했다.

"당신은 친정아버지께 잔치를 베풀면서 하필 교외에다 자리를 마련하셔요?"

옹규가 말했다.

"이건 주상의 명령이오. 당신은 더 이상 묻지 마오."

채씨는 더욱 의심스러웠다. 이에 술상을 차려 옹규를 만취하게 한 후 그가 정신이 혼미한 틈을 타서 거짓으로 물었다.

"주상께서 네게 채족을 죽이라고 했는데, 넌 벌써 잊었느냐?"

옹규가 비몽사몽간에 혀 꼬부라진 소리로 대답했다.

"그 일을 제가 어찌 감히 잊을 수 있겠나이까?"

아침에 일어나서 채씨가 옹규에게 말했다.

"당신 우리 친정아버지를 죽이려 하시지요? 저는 벌써 다 알고 있답니다."

"있을 수 없는 일이오."

"밤에 취해서 잠이 들어 잠꼬대를 하셨어요. 제게까지 숨길 필요는 없잖아요."

"만약 그런 일이 있다면 당신은 어떻게 할 거요?"

"출가외인인데, 무슨 말이 필요하겠어요?"

이에 옹규는 자신의 계획을 남김없이 채씨에게 이야기했다. 채씨가 말했다.

"친정아버지께서는 아마도 출행을 아직 정하지 못하셨을 거예요. 때가 되면 제가 하루 먼저 친정으로 가서 아버지께서 동쪽 교외로 꼭 나가시도록 재촉할게요."

"이 일이 성공하면 나는 그 자리를 대신하게 되오. 이건 당신에게도 영광이 될 거요."

채씨는 과연 하루 먼저 친정으로 가서 어머니에게 물었다.

"아버지와 남편 중에 어느 분이 더 친한가요?"

그 어머니가 말했다.

"모두 친하지."

또 물었다.

"두 사람 중에 정으로 말하면 어느 분이 더 친하냐니까요?"

"아버지가 남편보다 더 친하지."

"왜죠?"

그 어머니가 대답했다.

"시집 안 간 여자는, 아버지는 있지만 남편은 없고, 시집간 여자는 재가는 할 수 있지만 다시 태어날 수는 없기 때문이다. 남편의 사랑은 인도人道

에 부합하지만 아버지의 사랑은 천도天道에 부합한단다. 그러니 남편을 어찌 아버지에 비교할 수 있겠느냐?"

그 어머니는 비록 무심결에 한 말이었지만, 채씨는 유심하게 들으며 도리를 깨달았다. 그러고는 마침내 두 줄기 눈물을 흘리며 말했다.

"저는 오늘 아버지를 위해 더 이상 남편을 돌아보지 않겠어요!"

마침내 옹규의 계획을 남몰래 어머니에게 이야기했다. 그 어머니는 대경실색하며 채족에게 그 이야기를 전했다. 채족이 말했다.

"당신은 아무 말도 하지 마오. 때가 되면 내가 알아서 처리하겠소."

때가 되자 채족은 심복인 강서強鉏를 시켜 날카로운 칼을 품은 용사 10여 명을 데리고 자신의 뒤를 따르라고 했다. 또 공자 알關에게 명령을 내려 집안의 갑사 100여 명을 인솔하고 교외에서 호응하며 변화하는 상황에 대처하라고 했다. 채족의 행차가 동쪽 교외에 이르자 옹규가 중도에서 맞아들여 아주 풍성한 잔치를 베풀었다. 채족이 말했다.

"나랏일을 위해 뛰어다니는 건 신하의 예로서 당연한 일이다. 어찌 이렇게 큰 잔치를 벌인단 말인가?"

옹규가 말했다.

"교외의 봄빛이 몹시 고와, 다만 술 한잔을 마련하여 그간의 노고를 풀어드리고 싶었습니다."

말을 마치고 커다란 뿔잔에 술을 가득 부어 채족 앞에 꿇어앉아 만면에 미소를 머금고 장수를 축원했다. 채족은 옹규를 부축하여 일으키는 척하다가 먼저 오른손으로 그의 팔을 잡고 왼손으로는 잔을 받아 땅바닥에 부었다. 땅바닥에서 불꽃이 일었다. 채족이 마침내 고함을 질렀다.

"보잘것없는 놈이 어찌 감히 나를 희롱하느냐?"

鄭
殺
逐
主

채족이 사위를 죽이고 임금을 내쫓다.

그러고는 좌우의 시종들에게 소리쳤다.

"처치하라!"

강서와 용사들이 한꺼번에 뛰어올라와 옹규를 포박하고 목을 베었다. 그 시신은 성 아래 해자에다 버렸다. 정 여공도 교외에다 군사를 매복시키고 옹규의 거사를 도우려고 했지만 일찌감치 공자 알에게 발각되어 대부분 죽임을 당하고 말았다. 정 여공은 거사 실패 소식을 듣고 깜짝 놀랐다.

"채족이 나를 용서하지 않겠구나!"

그러고는 바로 도성을 나와 채나라로 도망쳤다. 그 뒤에 어떤 사람이 옹규가 아내 채씨에게 계획을 발설했고 결국 채족이 미리 대비를 할 수 있게 되었다고 말하자 정 여공이 듣고 탄식했다.

"국가 대사를 여편네와 모의하다니 죽어 마땅한 놈이다!"

채족은 여공이 벌써 도망쳤단 소식을 듣고 공보정숙公父定叔을 위나라로 보내 이전 임금인 정 소공昭公 홀忽을 맞아오게 하여 다시 보위에 오르게 했다. 그러면서 사람들에게 이렇게 말했다.

"내가 옛 주상께 신의를 잃지 않았도다."

뒷일이 어떻게 될지는 다음 회를 보시라.

미녀와 개망나니

위 선공은 누대를 세워 며느리를 범하고
고거미는 기회를 틈타 임금을 갈아치우다
衛宣公築臺納媳, 高渠彌乘間易君.

위衛 선공宣公은 이름이 진晉으로 사람됨이 음란하고 절제할 줄 몰랐다. 공자 시절부터 부친인 위 장공莊公의 첩 이강夷姜이라는 여자와 사통하여 아들까지 낳아 민간에 맡겨 기르게 했다. 그 아들의 이름은 급자急子였다. 위 선공은 즉위한 날부터 정실인 형비邢妃는 총애하지 않고 오직 이강과 놀아나면서 마치 정식 부부처럼 행동했다. 또한 급자를 후사로 삼으려고 우공자右公子 직職에게 그를 부탁했다. 당시 급자는 점점 자라 벌써 열여섯 살이 되었다. 이에 제齊 희공僖公의 장녀에게 장가를 들이려 했다. 사신이 돌아와서 보고하는 말을 듣고 위 선공은 제 희공의 딸이 절세의 미녀라는 걸 알았다. 마음속으로는 미색을 탐하는 욕망이 끓어올랐으나, 입에 올리기가 어려웠다. 이에 명장名匠을 불러다 기하淇河 가에 높은 누대를 짓게 했다. 붉은 난간에 채색 기둥을 세우고 방들도 겹겹으로 만들어 그 화려함을 지극하게 했다. 그 누대를 신대新臺라고 불렀다. 그리고 먼저 그곳에서 송나라 군주와 회맹한다는 핑계를 대고 급자를 사신으로 보냈다. 그런 뒤 좌공자左公子 예洩를 제나라로 보내 강씨姜氏를 곧바로 신대로 맞아오게 하여 자신이 취하니 그녀가 바로 선강宣姜이다. 당시 사람들이 신대 시를 지어 선공의 음란함을 풍자했다.

신대는 반짝반짝	新臺有泚
황하 물은 출렁출렁	河水彌彌
고운 임 원했건만	燕婉之求
추악한 자 만났도다	籧篨不鮮
어망을 쳤는데	魚網之設
큰 기러기 걸려드네	鴻則離之
고운 임 원했건만	燕婉之求
개망나니 만났도다	得此戚施[1]

위의 시 원문에서 거저籧篨와 척시戚施는 모두 추악한 모습을 가리키는 말로 위 선공을 비유한다. 강씨가 원래 아름다운 짝을 구했으나 본의 아니게 이처럼 추악한 자의 배필이 된 것을 노래한 것이다. 후세 사람들은 역사책을 읽다가 이 대목에 이르러, 제 희공에게 두 딸 장녀 선강과 차녀 문강이 있었는데, 선강은 시아비와 음란한 짓을 했고 문강은 오라비와 음란

1_ 이 시는 『시경』 「패풍邶風」에 '신대新臺'라는 제목으로 실려 있다. 여기에 실린 것은 「신대」의 1연과 3연이다. 「모시서毛詩序」에서도 이 시를 위 선공의 악덕을 풍자한 것이라고 했다.

위 선공이 며느리를 첩으로 취하다.

한 짓을 했으니, 인간의 윤리와 하늘의 이치가 여기에서 모두 사라졌다고
했다. 이를 탄식한 시가 있다.

춘추시대 요염하기론 선강, 문강 으뜸인데   妖艶春秋首二姜

제나라 위나라의 윤리강상 어지럽혔네   致令齊衛紊綱常

하늘이 미녀를 내어 국가에 재앙 내리니   天生尤物殃人國

제 선왕 도운 무염에게 미치지 못했도다[2]   不及無鹽佐伯王

급자는 송나라로부터 돌아와 신대에서 귀국 보고를 했다. 선공은 서모
庶母를 뵙는 예로 강씨를 알현하게 했지만 급자는 원망하는 마음이 전혀
없었다. 선공은 제나라 강씨를 들인 이후로 오직 신대로 가서 아침저녁으
로 먹고 마시며 즐길 뿐 이강은 한쪽에 내버려두고 돌아보지 않았다. 그렇
게 3년 동안 선강과 함께 거주하며 두 아들까지 낳았다. 맏이의 이름은 수
壽였고, 둘째의 이름은 삭朔이었다. 옛말에 이르기를 "마누라가 사랑스러우
면 자식까지 귀여워한다"고 했다. 선공은 강씨를 편애하고 나서 지난날 급
자를 사랑하던 마음을 전부 수와 삭에게 옮겼다. 그의 마음속은 백 년 이
후에도 위나라의 강산을 수와 삭 형제에게 물려주면 만족스러울 것 같았
다. 그러나 급자라는 녀석이 눈엣가시로 여겨졌다. 세월이 흘렀다. 공자 수
는 천성이 효성스럽고 우애가 깊어서 급자를 같은 어머니에게서 난 형제처
럼 아꼈다. 아버지 선공 앞에서도 늘 형을 위하여 모든 일을 양보했다. 급

2_ 무염無鹽: 전국시대 제나라 무염無鹽 땅의 여인 종리춘鍾離春. 제 선왕宣王이 미색과 사냥에
미쳐 정사를 소홀히 하자 당시 추녀醜女였던 종리춘이 바른말로 간언을 올려 선왕의 실정을 바
로잡고 정실부인에 책봉되었다. 이 소설 제89회 참조.

자도 온화하고 신중한 성품으로 아직 덕망을 잃지 않고 있어서 제 선공 역시 자신의 속마음을 드러낼 수 없었다. 그래서 훗날 공자 수를 보위에 올리도록 좌공자 예洩에게 몰래 부탁했다. 그러나 수의 동생 공자 삭朔은 수와 같은 어머니 소생이기는 했지만 성격이 완전히 달랐다. 나이는 어리면서도 천성이 교활하여 어머니의 총애만 믿고 자객을 기르며 마음속으로 헛된 소망을 품고 있었다. 급자를 증오했을 뿐만 아니라 친형인 공자 수까지도 쓸데없는 혹처럼 여겼다. 그러나 일에는 앞뒤 순서가 있는 법이어서 먼저 급자를 제거하는 걸 가장 중요하게 생각하고 늘 불순한 말로 자기 어머니를 자극했다.

"아바마마께서 우리 모자를 잘 대해준다지만 아무래도 급자를 우선시하는 것 같습니다. 그는 형이고 우리는 아우이니 훗날 보위를 이을 때 장유유서의 순서를 어길 수 없을 것입니다. 하물며 이강은 어머니 때문에 총애를 빼앗겨서 마음에 원한을 품고 있습니다. 만약 급자가 임금이 되고 이강이 국모가 되면 우리 모자가 발 디딜 땅은 없을 것입니다."

선강은 원래 급자의 아내로 간택되었지만 지금은 그의 아버지 선공과 함께 살게 되었다. 그녀는 아들을 낳았을 때 급자가 자신에게 방해가 된다고 생각했다. 그리하여 마침내 둘째 아들 삭과 모의하여 사사건건 제 선공 앞에서 급자를 참소했다.

하루는 급자의 생일이었는데, 공자 수가 주연을 베풀고 축하주를 올렸다. 그곳에 공자 삭도 자리를 함께했다. 그 자리에서 급자와 공자 수는 아주 친밀하게 대화를 나누며 잔치를 즐겼다. 공자 삭은 자신이 끼어들 데가 없자 몸이 아프단 핑계를 대고 먼저 물러나와 바로 어머니 강씨에게 달려갔다. 그러고는 두 눈에 눈물을 흘리며 얼토당토않은 거짓말을 늘어놓았다.

"소자가 좋은 마음으로 수 형님과 함께 급자에게 축수祝壽를 올리는데, 급자가 술에 취해 저를 희롱하며 자신의 아들이라고 했습니다. 제가 마음이 불편하여 몇 마디 했더니 그자가 이렇게 말했습니다. '네 어미는 원래 내 마누라다. 그러니 너는 나를 아버지라고 불러야 마땅하다.' 소자가 다시 몇 마디 하려는데 그자가 주먹을 휘둘러 저를 때렸습니다. 다행히 수 형님께서 말리는 틈에 소자는 그 자리에서 도망쳐 나왔습니다. 이처럼 막대한 치욕을 당했사오니 바라옵건대 어마마마께서는 아바마마께 이 사실을 알려서 일을 처결해주시옵소서."

선강은 그 말을 사실이라 여기고 선공이 방으로 들어오자 엉엉 소리쳐 울며 일이 여차여차하게 됐다면서 거기에 거짓말을 몇 마디 더 보탰다.

"그놈이 첩의 몸을 더럽히고자 이렇게 말했다 합니다. '우리 어머니는 원래 우리 아버지의 서모였는데 지금은 아버지의 아내가 되어 있다. 하물며 네 어머니는 원래 내 본처다. 아버지가 빌려간 것이므로 나중에 위나라의 강산과 함께 모두 나에게 돌려줘야 할 것이다.'"

선공은 공자 수를 불러서 물었다. 수가 대답했다.

"절대로 그런 말을 하지 않았습니다."

선공은 반신반의했지만 내시를 보내 이강에게 교시를 내려 아들을 잘 가르치지 못했다며 심하게 꾸짖었다. 이강은 가슴에 가득한 원통함을 하소연할 길이 없어서 결국 목을 매고 죽었다. 염옹이 시를 지어 탄식했다.

애비 첩이 어찌하여 그 아들과 간통했나　　　　父妾如何與子通

한 여자에 부자가 붙은 위 음풍이 웃음거릴세　　聚麀傳笑衛淫風

이날 목맨 이강은 그 시기가 늦었나니　　　　　夷姜此日投繯晚

급자는 그 어머니를 애통하게 생각했으나 아버지 위 선공이 이상하게 생각할까봐 두려워 몰래 숨어서 흐느꼈다. 공자 삭은 또다시 어머니 선강과 입을 맞춰 급자를 참소하면서 생모가 비명에 죽었기 때문에 원망을 내뱉으며 나중에 자기 모자의 목숨을 노릴 거란 말을 했다. 위 선공은 원래 이 말을 믿지 않았지만 질투하는 첩과 아첨하는 아들이 밤낮으로 참소를 계속하며 급자를 죽여서 후환을 끊어야 한다고 하자 결국 선공도 그 말을 듣지 않을 수 없었다. 그러나 이리 뒤척 저리 뒤척 아무리 생각을 굴려봐도 죽일 명분이 없었다. 이에 다른 사람의 손을 빌려 길 위에서 죽여야만 사람들의 이목을 가릴 수 있을 것 같았다.

그때 마침 제 희공이 기나라를 치고자 위나라에 병력 파견을 요청했다. 선공은 아들 삭과 상의하여 출병 날짜를 정한다는 핑계를 대고 급자에게 흰 깃발을 주어 제나라로 가게 했다. 제나라로 가는 요충지인 신야莘野(山東省 莘縣 근처)로 뱃길이 지나고, 신야에서는 반드시 뭍으로 올라야 하기 때문에 그곳에서 급자를 해치우면 아무 대비를 하지 못할 것이라고 했다. 공자 삭이 지금까지 몰래 자객을 기른 것은 바로 오늘 이런 일에 쓰기 위한 것이었다. 이에 그들에게 도적을 가장하고 신야에 매복해 있다가 흰 깃발을 가진 사람이 지나가면 바로 뛰쳐나와 함께 손을 쓰라고 했다. 그리고 흰 깃발을 가지고 와서 보고하면 후한 상을 내리겠다고 공언했다. 공자 삭은 이렇게 일을 처리하고 나서 어머니 선강에게 와서 보고했다. 선강도 매우 기뻐했다.

한편 공자 수는 부친 위 선공이 시종들을 물리치고 홀로 아우 삭을 불러 뭔가를 의논하는 걸 보고 매우 의심스러운 생각이 들었다. 후궁으로 들어가 어머니를 뵙고 말을 붙이며 그 내막을 떠보았다. 선강은 내막을 감추지 못하고 모든 사실을 실토하며 당부했다.

"이건 네 아버지의 생각이니라. 우리 모자의 후환을 없애려는 것이니 다른 사람에게는 발설하지 말거라."

공자 수는 흉계가 이미 정해져서 간언을 올려봐야 아무 도움이 되지 않는다는 것을 알고 몰래 급자를 찾아가서 아버지의 흉계를 알렸다.

"이번에 가시는 길에 반드시 신야를 지나야 할 것입니다. 그곳에서 흉한 일이 발생할 것이니 차라리 타국으로 망명하여 다른 좋은 계책을 마련하소서."

급자가 말했다.

"자식된 자는 아버지의 명령을 따르는 것이 효도이고 아버지의 명령을 내버리면 불효자가 되는 것이다. 이 세상에 어찌 아버지 없는 나라가 있겠느냐? 망명을 하려 해도 어느 나라로 갈 수 있단 말이냐?"

그리하여 마침내 행장을 꾸려 배를 타고 의연히 제나라로 향했다. 공자 수는 급자에게 눈물로 권해도 따르지 않자 이렇게 생각했다.

'우리 형님은 정말 어진 사람이다. 이번 행차에 나섰다가 만약 도적의 손에 목숨을 잃으시면 아바마마께서는 나를 후사로 삼으실 것인데 그때 어떻게 내 자신을 변명하리오? 자식도 아버지가 없을 수 없지만, 동생도 형님이 없을 수 없다. 내 마땅히 우리 형님보다 먼저 가서 형님 대신 죽으면 우리 형님은 죽음에서 벗어나리라. 아바마마께서도 내가 죽었다는 소식을 듣고 올바름을 깨달을 수 있을 것이니 그러면 부모의 사랑과 자식의 효도가 모두 이루어져 만고에 아름다운 이름을 남길 수 있을 것이다.'

이에 따로 배 한 척에 술을 싣고 서둘러 강으로 가서 급자에게 송별연을 청했다. 급자는 사양했다.

"임금의 명을 받은 몸으로 감히 잠시도 지체할 수 없다."

공자 수는 술동이를 급자의 배로 옮겨 싣고 잔을 가득 채워 급자에게 올렸다. 한 마디 말도 하기 전에 자기도 모르게 술잔 속에 눈물이 떨어졌다. 급자는 얼른 잔을 받아 마셨다. 공자 수가 말했다.

"술이 더러워졌소!"

급자가 말했다.

"나는 내 동생의 고운 마음을 마시려는 것이다."

공자 수가 눈물을 닦으며 말했다.

"오늘 이 술은 우리 형제가 영원히 이별하는 술이오. 형님께서는 못난 아우의 정을 굽어살피시어 부디 많이 드시오."

급자가 말했다.

"어찌 양껏 마시지 않을 수 있겠느냐?"

두 사람은 서로를 바라보며 계속해서 권커니 잣거니 했다. 공자 수는 속으로 자신의 주량을 조절하고 있었으나 급자는 잔을 받는 대로 바로 마시다가 자신도 모르게 만취했다. 그러고는 자리에 쓰러져 코를 골며 잠이 들었다.

공자 수가 시종들에게 말했다.

"어명은 지체할 수 없는 법이다. 내가 대신 가야겠다."

이에 곧바로 급자의 손에 있던 흰 깃발을 가져와 고의로 뱃머리에 세우고 자신의 시종들을 따르게 했다. 이어서 급자의 시종들에게는 급자를 잘 지키게 하고 소매에서 편지 한 통을 꺼내 이렇게 당부했다.

"세자께서 깨어나신 뒤에 보여드려라!"

그러고는 바로 명령을 내려 배를 출발시켰다. 행차가 신야에 가까워지자 수레를 준비시키고 강 언덕으로 오르려고 했다. 그때 그곳에 매복해 있던 자객들은 멀리 뱃전에 흰 깃발이 나부끼는 것을 보고 틀림없이 급자가 도착했다고 생각했다. 배가 도착하자 한꺼번에 소리를 지르며 벌 떼처럼 몰려나왔다. 공자 수는 당당하게 앞으로 나서며 소리쳤다.

"나는 본국 위후衛侯의 장자로 명령을 받들고 제나라로 사신을 가는 길이다. 너희는 어떤 놈들이기에 감히 나를 막아선단 말이냐?"

도적들이 일제히 소리를 질렀다.

"우리는 위후 마마의 밀지를 받고 네놈의 목을 취하러 왔다."

동시에 그들은 칼을 빼들고 마구 휘둘렀다. 시종들은 상대방의 기세가 사납고 또 어찌된 영문인지 알 수 없어서 일시에 놀라 흩어졌다. 가련하게도 공자 수는 목에 칼을 받고 목숨을 잃었다. 도적들은 목을 잘라 나무 상자에 넣고 일제히 배로 내려가 흰 깃발을 뽑은 뒤 귀로에 올랐다.

한편 급자는 원래 주량이 세지 못해서 마신 양이 적었기 때문에 금방 잠에서 깼다. 그러나 공자 수는 보이지 않고 시종들이 편지 한 통을 올렸다. 급자가 뜯어보니 다음과 같은 글자가 쓰여 있었다.

"아우가 대신 가오니 형님께서는 급히 피하소서弟己代行, 兄宜速避."

급자는 자기도 모르게 눈물을 흘리며 말했다.

"아우가 나를 위해 환난에 빠져들었다. 내 마땅히 속히 가봐야겠다. 그러지 않으면 놈들이 내 아우를 잘못 죽일 것이다."

다행히 수행 노복들이 건재하여 공자 수가 타고 온 배를 다시 타는 사공을 재촉했다. 배는 번개처럼 새처럼 앞을 향해 치달렸다. 그날 밤은 달이 명경같이 밝았다. 급자는 아우 생각에 눈도 붙이지 못하고 전방을 주시하고 있었다. 그때 멀리서 공자 수가 탄 것처럼 보이는 배가 나타나자 기뻐하며 말했다.

"천행으로 내 아우가 아직도 살아 있구나."

곁에 있던 시종이 아뢰었다.

"이쪽으로 오는 배이지 제나라로 가는 배가 아닙니다."

급자는 의심스러워서 배를 가까이 대게 했다. 두 배의 거리가 가까워지자 배의 돛대가 분명하게 보였다. 배 안에는 도적들만 보이고 공자 수의 얼굴은 보이지 않았다. 급자는 더욱 의심스러워 짐짓 거짓 목소리로 물었다.

"주상의 명령을 완수했는가?"

도적들은 상대가 비밀의 내막을 얘기하는 것을 듣고 공자 삭이 마중하러 보낸 사람인 줄 알고 나무 상자를 들어 바치며 대답했다.

"일이 이미 끝났습니다."

급자가 상자를 열어보니 공자 수의 머리가 들어 있었다. 그는 하늘을 우러러 통곡했다.

"하늘이시여! 원통합니다."

도적들이 놀라 물었다.

"아버지가 그 아들을 죽인 것인데 무슨 까닭으로 원통하다는 것이오?"

급자가 말했다.

"내가 바로 진짜 급자다. 아바마마께 죄를 지어서 아바마마께서 나를 죽이려 한 것이다. 이 사람은 내 동생 수인데, 무슨 죄목으로 죽였단 말이냐? 어서 내 머리를 베어 아바마마께 바치고 사람을 잘못 죽인 죄를 용서받거라!"

도적 중에 두 공자의 얼굴을 아는 자가 있어 달빛 아래에서 자세히 비교해보고는 말했다.

"정말 잘못 죽였다!"

도적들은 마침내 급자의 머리를 베어 상자에 넣었고, 그 옆의 시종들은 모두 놀라 사방으로 흩어졌다.

『시경詩經』「위풍衛風」에 '이자승주二子乘舟'라는 시가 있어 형제가 다투어 죽음을 맞는 상황을 읊고 있다.

두 아들이 배를 타고	二子乘舟
두둥실 멀리 갔네	汎汎其景
그대를 생각함에	願言思子
내 마음은 전전긍긍	中心養養
두 아들이 배를 타고	二子乘舟
두둥실 떠나갔네	汎汎其逝
그대를 생각함에	願言思子
별 탈이나 없었으면	不瑕有害

시인은 명확하게 가리켜 말하지 않았지만 배를 타고 떠난 사람을 그리워하며 비통한 마음을 기탁하고 있다.

도적들은 밤을 새워 위나라 도성으로 달려와 먼저 공자 삭을 만나 흰 깃발을 바쳤다. 그런 뒤 두 공자가 앞뒤로 피살된 상황을 자세히 이야기했다. 사람을 잘못 죽인 죗값을 치를까 두려웠기 때문이다. 그러나 화살 하나로 새 두 마리를 잡은 상황이 공자 삭의 마음에 딱 들어맞을 줄 어떻게 생각이나 했겠는가? 공자 삭은 스스로 황금과 비단을 내어 도적들에게 후한 상을 내렸다. 그러고는 궁궐로 들어와 자신의 어머니를 만나 뵙고 이렇게 말했다.

"수 형님이 흰 깃발을 갖고 앞서 갔다가 스스로 목숨을 버렸다고 합니다. 다행히 급자가 나중에 도착해서 천행으로 스스로 진짜 이름을 실토하여 수 형님의 목숨도 보상을 받게 되었습니다."

선강은 공자 수의 죽음에 가슴이 아팠지만 다행히 눈엣가시 같은 급자를 제거했으므로 슬픔과 기쁨이 교차했다. 모자는 이 사실을 선공에게 천천히 알리자고 의견을 모았다.

한편 좌공자左公子 예洩는 원래 급자의 부탁을 받았고, 우공자右公子 직職은 공자 수의 부탁을 받았다. 두 사람은 각각 급자와 수의 상황에 관심을 기울이다가 사람을 보내 소식을 알아보게 했고 여차여차한 보고를 받았다. 처음에는 각자 자신의 주군을 위하는 일에서 벗어나지 못하다가 지금이 비통한 상황에 이르러서는 동병상련의 마음이 되어 일을 상의하게 되었다. 그리하여 위 선공이 아침 조회에 나오기를 기다렸다가 두 사람은 바로 탑전에 들어가 바닥에 엎드려 절을 하며 대성통곡했다. 위 선공이 놀라서 무슨 까닭인지 물었다. 공자 예와 공자 직은 입을 모아 급자와 공자 수가 피살된 상황을 자세하게 아뢰었다.

"머리라도 수습하여 매장할 수 있게 해주시옵소서. 당초에 부탁받은 소임을 다하고자 합니다."

그렇게 말하고는 더욱 소리 높여 통곡했다. 위 선공은 급자를 미워하기는 했지만 공자 수는 끔찍이 아끼던 아들이었다. 그런데 갑자기 두 아들이 동시에 피살되었다는 소식을 듣고 놀란 마음에 얼굴이 흙빛이 되어 한동안 아무 말도 할 수 없었다. 아픔이 진정되자 슬픔이 생겨나서 눈물이 비 오듯 쏟아졌다. 그러고는 연이어 탄식했다.

"제나라 강씨가 나를 망쳤도다. 제나라 강씨가 나를 망쳤어."

위 선공은 즉시 공자 삭을 불러 추궁했다. 그러나 삭은 모른다는 말만 했다. 선공은 진노하여 공자 삭에게 살인한 도적놈을 잡아오라고 명령을 내렸다. 공자 삭은 입으로는 명령을 받든다고 하고서도 어물쩍 급한 불만 끄려 했지 어디 도적을 잡아 바칠 생각이나 있었겠는가?

위 선공은 몹시 놀란 나머지 죽은 공자 수만 생각하다가 몸져눕고 말았다. 눈만 감으면 이강, 급자, 수가 눈앞에서 흐느껴 우는 모습이 보였다. 그러다가 위 선공은 기도의 효험도 보지 못하고 반달 만에 죽었다. 공자 삭이 장례를 주관하며 보위를 계승하니 이 사람이 바로 위 혜공惠公이며 당시 삭의 나이 열다섯이었다. 좌공자·우공자 관직은 모두 폐지했다. 서형인 공자 석碩(급자의 동생. 자는 소백昭伯)은 혜공의 조치에 불복하고 한밤중에 제나라로 달아났다. 공자 예와 공자 직은 혜공에게 원한을 품고 늘 급자와 공자 수의 복수를 하고자 했지만 아직 좋은 기회를 잡지 못하고 있었다.

이야기가 두 갈래로 나뉜다. 위후衛侯 삭朔은 즉위 초에 제나라를 도와 기나라를 공격했다가 정나라에 패배하여 원한을 품고 있었다. 그때 정나라에서 사신을 보냈다는 보고를 들었다. 사신을 보낸 까닭을 물어본즉 정 여공厲公을 쫓아내고 신하들이 옛 임금 홀忽을 복위시킨다고 했다. 위후 삭은 몹시 기뻐서 즉시 수레와 사람을 마련하여 정 소공 홀을 호송, 귀국하게 했다. 채족은 재배를 올리며 지난날 소공을 보호하지 못한 죄를 사과했다. 정 소공은 채족의 죄를 다스리지는 않았지만 마음속으로 불만이 가득

하여 그에게 베푸는 은전도 옛날보다는 상당히 줄이게 되었다. 채족도 전 전긍긍 불안해하며 늘 병을 핑계로 조회에도 참석하지 않았다.

고거미 역시 평소 정 소공에게 총애를 잃어서 소공이 귀국 후 자신을 해칠까봐 두려워했다. 이에 그는 자객을 기르며 소공을 죽이고 공자 미를 보위에 세울 계략을 꾸미게 되었다. 이때 정 여공은 채나라에서 그곳 사람들과 두터운 친분을 맺고 단백에게 사람을 보내 그곳 역櫟 땅을 빌려 재기의 소굴로 삼고 싶다고 했다. 그러나 단백은 그 말을 듣지 않았다. 정 여공은 채나라 사람을 장사치로 위장시켜 역 땅으로 보내 장사를 하게 했다. 그걸 기회로 역 땅 사람들과 두터운 친분을 맺고 암암리에 도움을 주고받기로 약속했다. 그러고는 마침내 기회를 틈타 단백을 죽였다. 정 여공은 드디어 역 땅에 살며 성을 높이 쌓고 해자를 깊이 팠다. 그러고는 무장한 병사를 많이 기르며 장차 정나라를 적국으로 삼고 습격할 음모를 꾸몄다. 채족은 보고를 듣고 깜짝 놀라 황급히 정 소공에게 대부 부하傅瑕를 시켜 대릉大陵에 군사를 주둔시키고 여공의 진격로를 막으라고 아뢰었다. 여공은 정나라가 자신의 공격에 대비하는 것을 알고 사람을 노후魯侯에게 보냈다. 그리고 자신을 대신해 송나라에 사죄의 뜻을 전달해달라고 하면서 복위된 후 이전에 바치지 않았던 뇌물을 다 바치겠다고 했다. 노나라 사신이 여공 대신 송나라에 도착하자 송 장공은 탐욕스러운 마음이 다시 발동하여 채·위와 연합한 뒤 여공의 제의를 받아들였다. 이때 위후 삭은 자신이 정 소공 복위에 공을 세웠는데도 불구하고 소공이 아무런 사례도 하지 않자 소공에게 원한을 품고 오히려 송나라와 협력을 도모하게 되었다. 또 위후 삭은 즉위 이래 다른 제후들과 아직 회합을 가진 적이 없기 때문에 이번에 스스로 군사를 거느리고 국외로 나가고자 했다.

위나라에서는 공자 예가 공자 직에게 말했다.

"지금 임금이 원행을 한다니 우리가 거사할 날이 바로 이때요!"

공자 직이 말했다.

"거사를 실행하려면 먼저 보위를 정하여 백성에게 임금이 있음을 보여야 혼란이 일어나지 않을 것입니다."

바야흐로 밀담을 나누고 있는데, 문지기가 보고를 올렸다.

"영궤窅跪 대부께서 상의할 일이 있다고 오셨습니다."

두 공자가 영궤를 맞아들이자 영궤가 꿇어 엎드려 아뢰었다.

"두 공자께서는 지난번 배에서 살해되신 두 분의 원한을 잊으셨소? 오늘의 기회를 놓쳐서는 안 될 것이오."

공자 직이 말했다.

"지금 누구를 추대할 것인가를 의논 중이었는데, 아직 사람을 정하지 못했소."

영궤가 말했다.

"제가 보기엔 여러 공자 중에서 검모黔牟 공자만이 인후한 성품을 지니고 있어서 보필할 만합니다. 또 주나라 왕실의 사위이므로 백성을 아우를 수 있을 것입니다."

세 사람은 입술에 피를 바르고 그렇게 하기로 의논을 정했다. 그러고는 몰래 급자와 공자 수의 옛날 시종들을 통해 거짓 정보 한 가지를 퍼뜨리게 했다. 내용은 이렇다.

"위나라 군주가 정나라를 정벌하다가 패전 끝에 죽었다."

이에 공자 검모를 맞이하여 보위에 올렸다. 백관들의 알현이 끝난 뒤 공자 삭이 두 형을 함정에 빠뜨렸고 그로 인해 그 아버지 위 선공이 원통하게 죽었다는 사실을 선포했다. 또 급자와 공자 수의 장례를 다시 치르고 그 관도 예법에 맞게 다시 바꿔 묻었으며 주 왕실에도 사신을 파견하여 새로운 군주의 즉위를 알렸다. 영궤는 혜공의 귀국을 막기 위해 군사를 이끌고 교외로 나가 진을 쳤다. 공자 예는 혜공의 모친 선강宣姜을 죽이려 했지만 공자 직이 만류하며 말했다.

"선강이 비록 죄를 범했지만 그래도 제나라 군주의 동생이오. 그 여자를 죽이면 제나라와 원한을 맺을까 두려우니 차라리 살려서 제나라와 우호를 유지하는 것이 더 좋을 것이오."

이에 선강을 별궁으로 내치고 매달 일상용품과 먹을 것을 모자라지 않게 대주도록 했다.

한편 송, 노, 채, 위 네 나라의 연합군은 정나라를 공격했다. 정나라에서는 채족이 군사를 이끌고 대릉大陵(河南省 許昌 남쪽)에 이르러 부하傳瑕와 힘을 합쳐 적을 막았다. 이들은 임기응변으로 시간을 끌며 아직 세력의 균형을 잃지 않고 있었다. 네 나라는 신속히 승리하지 못하자 군사를 돌려 귀국할 수밖에 없었다.

위후 삭은 정나라 정벌에서 아무 공도 세우지 못하고 돌아오는 중에 두 공자가 반란을 일으켜 이미 검모를 보위에 올렸다는 소식을 듣고 바로 제나라로 도망쳤다. 제 양공襄公이 말했다.

"그대는 나의 생질이다."

그리고는 저택과 먹을 것을 넉넉하게 대주면서 군사를 일으켜 보위를 되찾는 일을 도와주겠다고 허락했다. 삭은 마침내 제 양공과 이렇게 약속했다.

"만약 귀국하게 되면 공실公室 창고의 금은보화를 실어와서 사례하겠습니다."

제 양공이 크게 기뻐했다. 그때 홀연 "노나라의 사신이 당도했습니다"라는 보고가 올라왔다. 이즈음 제 양공이 주 왕실에 청혼하여 천자의 윤허가 내려졌기 때문에 노 환공이 왕희王姬를 제 양공에게 출가시키는 일을 주관하게 되었다. 노 환공은 친히 제나라로 와서 얼굴을 맞대고 그 일을 상의하고 싶어했다. 제 양공은 누이동생 문강을 오래 만나지 못한지라, 어찌 부부가 함께 오지 않느냐고 질책하며 마침내 사신을 노나라로 보내 문강도 함께 맞아오게 했다. 대부들이 위나라를 칠 날짜를 묻자 양공이 말했다.

"검모도 천자의 사위이고, 과인도 주 왕실과 혼인하려 하오. 그 일은 잠시 연기하도록 하겠소."

그러나 위나라 사람들이 선강을 죽일까 두려워서 공손무지公孫無知를 시켜 공자 석碩을 위나라로 데려다주라고 했다. 그리고 공손무지에게 공자 석과 선강을 비밀리에 엮어주라고 몰래 당부했다. 그것은 삭을 복위시키기 위한 발판을 마련하려는 계책이었다. 공손무지는 명령을 받들고 공자 석을 데리고 위나라로 가서 새로운 군주 검모와 상면했다. 이때 공자 석은 아내가 벌써 죽었기 때문에 공손무지는 제 양공의 뜻을 위나라 군신들에게 두루 알렸고, 아울러 선강에게까지 전했다. 그런데도 선강은 오히려 마음이 흡족해했다. 위나라 신하들은 평소에 선강이 참람되게도 중궁의 지위에 앉아 있는 걸 미워하고 있었기 때문에 이제 그 명분을 깎아내리기 위해 이 일에 기꺼이 따르지 않는 사람이 없었다. 다만 공자 석 본인만 부자지간의 윤리를 생각하고 단호하게 거절했다. 공손무지가 공자 직에게 몰래 이야기했다.

"이 일이 잘 처리되지 못하면 제가 돌아가 우리 주상께 무슨 말을 하겠소?"

공자 직은 제나라와의 우호를 해칠까 두려워 계책을 마련하고 공자 석을 연회에 초대했다. 그러고는 예쁜 기생을 붙여 음악을 연주하고 술을 따르게 했다. 공자 석이 인사불성으로 만취한 뒤에는 그를 별궁으로 부축해 들어가서 선강과 동침하게 했다. 취중에 남녀 간의 일이 이루어졌으므로 깨어나 후회해도 돌이킬 수 없었다. 마침내 선강과 공자 석은 부부가 되었다. 이후 전부 5남매를 낳았다. 장남인 제자齊子는 요절했고, 차남은 대공戴公 신申이고, 그다음은 문공文公 훼燬다. 딸 둘은 각각 송 환공桓公과 허許 목공穆公의 부인이 되었다. 사신이 시를 지어 이를 탄식했다.

며느리를 어찌 훔쳐 마누라로 삼았는가	子婦如何攘作妻
아들과 서모 간통했으니 응보가 안 늦었네	子烝庶母報非遲
이강夷姜이 낳은 아들 선강宣姜이 취했으니	夷姜生子宣姜繼
가문의 흐름이라 이상할 게 없도다	家法源流未足奇

이 시에서는 지난날 위 선공이 부친의 첩 이강과 간통하여 아들 급자를 낳은 사실과, 이제 그 아들 공자 석이 또 선강과 간통하여 5남매를 낳은 사실을 읊고 있다. 그렇게 가법家法이 전해지게 되었으니 비단 신대新臺의 응보에 그치지 않는 것이다.

이야기가 두 갈래로 나뉜다. 채족은 대릉에서 돌아왔지만 옛 임금인 여공 돌突이 역 땅에 머물며 끝까지 정나라의 우환거리가 되자 그를 제압할 대책을 생각하게 되었다. 채족은 제나라와 여공 돌이 기나라와 전쟁에서 원수가 되어, 이제 여공을 받아들여달라고 해도 오직 제나라만 허락하지 않고 있다는 사실을 상기했다. 게다가 새로운 임금이 보위를 이은 지금이 친목을 도모하기에 안성맞춤의 시기였다. 또 노 환공이 제나라를 위해 혼인을 주관했고, 제나라와 노나라 사이의 친선이 더욱 돈독해질 것이라는 소문도 들려왔다. 이에 채족은 정 소공에게 자신이 직접 예물을 싣고 가서 제나라와 우호를 맺고 내친김에 노나라와도 친선을 다지겠다고 아뢰었다. 만약 두 나라의 도움을 얻을 수 있다면 송나라와도 대적할 만한 것이었다. 옛말에 이르기를 "지혜로운 사람이 천 번을 생각하더라도 반드시 한 가지 실수는 있게 마련이다"라고 했다. 채족은 여공 돌을 방비할 줄만 알고 고거미의 악랄한 음모가 벌써 완료되었다는 것은 알지 못했다. 고거미는 다만 채족이 꾀가 많아 감히 손을 쓰지 못하고 있었는데, 이제 채족이 먼 길을 떠나게 되자 더 이상 거리낄 것이 없게 되었다. 고거미는 비밀리에 사람을 보내 공자 미를 맞아오게 했다. 그리고 정 소공이 겨울 증제烝祭를 지내러 행차하는 틈을 타 중도에 자객을 매복시키고 소공을 습격하여 시해한 후 소공이 도적들에게 피살되었다고 꾸며댔다. 고거미는 마침내 공자 미를 받들어 보위를 잇게 하고 공자 미의 명령으로 사신을 보내 채족을 귀국케 했다. 그리하여 고거미는 채족과 함께 국정을 장악했다. 가련하게도 정 소공은 복위된 지 채 3년도 안 되어 결국 역신들에게 참화를 당했다. 염선髥仙이 역사책을 읽다가 이 대목에 이르러 이렇게 논했다.

"정 소공은 세자 시절에 이미 고거미의 악행을 알았다. 그런데 두 차례나 임금이 되어서도 흉악한 자를 제거하지 못하고 스스로 참화의 빌미를 남겼으니 어찌 우유부단함에서 비롯된 재앙이 아니겠는가?"

이에 시를 지어 탄식했다.

고거미가 정 소공을 시해하다.

독초임을 알았다면 뽑아내야 마땅한 법　　　　　　明知惡草自當鉏

뱀 같고 범 같은 자와 어떻게 함께 살리　　　　　　蛇虎如何與共居

내가 적을 제압 못 하면 적이 나를 제압하니　　　　我不制人人制我

당년에 정 소공은 고거미를 잘못 알았네　　　　　　當年枉自識高渠

정나라 공자 미가 어떤 결말을 맞는지는 다음 회를 보시라.

침대에서 벌어진 일

노 환공 부부는 제나라로 가고
정 자미 군신은 살육을 당하다
魯桓公夫婦如齊, 鄭子亹君臣爲戮.

제 양공襄公은 정나라에서 채족이 외교 사절로 온 것을 보고 흔쾌히 맞이했다. 바야흐로 답례 사절을 보내려고 하는데 고거미가 정 소공을 시해하고 공자 미를 보위에 세웠다는 소식이 들려왔다. 양공은 진노하여 바로 군사를 일으켜 정나라를 치고 싶은 마음이 굴뚝같았다. 그러나 노 환공 부부가 곧 제나라로 오게 되어 있었기 때문에 정나라와 관련된 일은 미뤄 놓고 친히 낙수濼水(山東省 濟南 趵突泉)까지 마중을 나갔다.

노 환공의 부인 문강은 제나라에서 사신이 온 것을 보고 자신도 마음속으로 오라버니 생각이 나서 친정에 간다는 명분으로 노 환공과 동행하고 싶어했다. 환공은 자기 아내를 지극히 사랑했으므로 그 요청에 따르지 않을 수 없었다. 그러자 대부 신수申繻가 간언을 올렸다.

"'여자에겐 자기 집이 있고, 남자에겐 자기 가문이 있다女有室, 男有家'는 것이 옛 제도입니다. 예법은 더럽힐 수 없고, 더럽히게 되면 혼란이 생깁니다. 여자는 출가해서 부모님이 살아 계실 때 1년에 한 번 근친을 가는 것이 예법입니다. 지금 군부인께서는 부모님이 모두 돌아가셨으므로 여동생이 오라버니의 집으로 근친을 가는 법은 없습니다. 우리 노나라는 예의를 나라의 기반으로 삼고 있는데 어찌 예의에 어긋난 일을 할 수 있겠습니까?"

노 환공은 이미 문강의 동행을 허락했기 때문에 어쩔 수 없다며 끝내 신수의 간언을 듣지 않고 부부가 함께 제나라로 가게 되었다. 수레가 낙수濼水에 이르자 제 양공이 일찌감치 마중 나와 있었다. 서로 은근하게 인사를 주고받으며 각각 안부를 묻고 함께 수레를 출발시켜 임치臨淄(山東省 淄博 臨淄區)에 도착했다. 노 환공은 주나라 천자의 명령을 받들어 혼사를 의논했다. 제 양공은 매우 감격해하며 먼저 큰 잔치를 베풀어 환공 부부를 환대했다. 그 후 옛날 비빈과 궁녀를 만나게 한다면서 문강을 궁궐 안으로 데리고 들어갔다. 그러나 그것이 미리 밀실을 마련해놓고 따로 주연을 즐기며 문강과 회포를 풀기 위한 조치라는 사실을 그 누가 알았으리오? 술을 마시는 중간에도 서로가 서로를 은근히 바라보다가 함께 탐욕을 채우며 천륜도 돌아보지 않고 마침내 구차한 짓까지 저지르고 말았다. 두 사람은 미련이 남아 서로 헤어지지 못하고 궁궐 안에 머무르며 함께 잤다. 다음 날 해가 중천에 떴는데도 서로의 몸을 끌어안고 일어나지 못했다. 노 환공은 혼자 밖에 버려진 채 차갑고 쓸쓸한 밤을 보내야 했다.

노 환공은 의심이 들어 사람을 궁궐 문 안으로 들여보내 상황을 자세히 염탐하게 했다. 그 사람이 돌아와 보고했다.

"제나라 군주께서는 아직 정실부인이 없고 측실인 연씨連氏만 있다고 하온데, 연씨는 바로 대부 연칭連稱의 사촌 여동생이라 합니다. 지금까지 총

魯桓公夫
婦如齊

노 환공 부부가 제나라로 가다.

애를 얻지 못해 제나라 군주와는 함께 거주하지 않는다 합니다. 강 부인께서는 제나라 궁궐로 들어가시어 남매간의 회포만 풀었을 뿐 다른 비빈이나 궁녀들과는 자리를 함께하지 않았다 합니다."

노 환공은 좋지 못한 일이 일어났음을 짐작하고, 어제 문강과 함께 제나라 궁궐로 들어가 그 동정을 감시하지 못한 것이 한이 되었다. 이때 마침 보고가 올라왔다.

"국모께서 제나라 궁궐에서 나오셨습니다."

노 환공은 화가 치밀어 올라 바로 강씨에게 물었다.

"밤새도록 궁중에서 누구와 술을 마셨소?"

문강이 대답했다.

"연비와 마셨습니다."

또 물었다.

"언제까지 마셨소?"

"헤어진 지 오래라 이야기가 길어져서 한밤중 담장 위로 달이 솟을 때까지 마셨습니다."

"당신 오라비가 술을 마시러 오진 않았소?"

"오라버니께선 오지 않았습니다."

노 환공이 또 물었다.

"설마 남매간에 정도 있을 터인데, 자리를 함께하지 않았단 말이오?"

"술을 마시는 도중에 한 번 왔다가 술 한 잔 권하고 바로 돌아갔습니다."

"술자리를 파하고도 어찌 궁궐을 나오지 않았소?"

"밤이 깊어서 궁을 나오기가 불편했습니다."

"어디서 잠을 잤소?"

문강이 대답했다.

"그만하시지요. 왜 그런 질문까지 하십니까? 제나라 궁궐에 방이 그렇게 많은데 어찌 소첩이 머물 곳이 없겠습니까? 소첩은 옛날 처녀 때 쓰던 서궁에서 잤습니다."

노 환공이 또 말했다.

"그럼 오늘은 왜 이렇게 늦게 일어난 것이오?"

"밤늦게까지 술을 마시느라 피곤했고 오늘 아침에는 머리를 감고 빗느라 시간이 이렇게 된 줄 몰랐습니다."

"잠자는 곳에 누가 함께 있었소?"

"궁녀들뿐이었습니다."

"당신 오라비는 어디서 잔 거요?"

문강은 자기도 모르게 얼굴을 붉히며 말했다.

"여동생이 어떻게 오라버니의 잠자리에 신경 쓸 수 있겠습니까? 참 우스운 말을 하십니다."

"아마도 오라비라는 작자가 여동생의 잠자리에 신경을 썼겠지."

"그게 무슨 말이에요?"

"자고로 남녀는 유별한 법이다. 궁중에서 남매가 동침했다는 걸 과인이 다 알고 있는데 거짓말을 하다니."

문강은 입으로는 사실을 얼버무리고 반박을 하며 흐느껴 울었지만 마음속으로는 점점 부끄러움이 밀려들었다. 노 환공은 지금 몸이 제나라에 있어서 어떻게 할 수 없었다. 마음속에선 분노가 치솟아 올랐지만 분풀이를 할 수도 없었다. 정말 "분하지만 말도 할 수 없다敢怒而不敢言"는 격이었다. 그래서 바로 사람을 보내 제 양공에게 작별을 고했다. 문강의 죄는 귀국해서 다시 다스릴 작정이었다.

제 양공은 자신의 행동이 잘못된 것이라는 걸 알고 동생 문강이 궁을 나갈 때도 안심할 수가 없었다. 이에 심복인 역사力士 석지분여石之紛如에게 문강의 뒤를 따라가서 환공 부부가 무슨 이야기를 나누는지 염탐해오라고 시켰다. 석지분여가 돌아와 보고했다.

"노나라 군주와 부인이 말다툼을 하는데 여차여차했습니다."

제 양공은 깜짝 놀랐다.

"노후가 나중에나 알게 될 것이라고 생각했는데, 어찌 이렇게 일찍 알았단 말인가?"

잠시 후 작별을 고하러 노나라 사신이 온 걸 보고 일이 발각된 것을 분명히 알게 되었다. 이에 우산牛山(山東省 肥城 新城 북쪽)으로 함께 놀러 가서 작별 인사를 하겠다고 청했다. 사람을 연거푸 몇 차례나 보낸 후에야 환공은 수레를 타고 교외로 나섰다. 문강은 답답하고 불쾌한 마음으로 숙소에 머물러 있을 수밖에 없었다.

양공은 문강을 차마 돌려보낼 수도 없었고, 환공이 원한을 품고 원수가 될까 두려워 사생결단의 심정으로 공자 팽생에게 잔치가 끝난 후 노후를 숙소로 배웅할 때 수레 안에서 노후의 생명을 끝장내라고 분부했다. 팽생은 전에 기나라와 싸울 때 환공의 군대에 화살을 맞았던 원통함이 기억나서 흔쾌히 명령에 따랐다. 이날 우산의 잔치는 가무가 성대하게 펼쳐졌고, 양공도 평소보다 갑절이나 은근하게 환공을 대했다. 그러나 환공은 고개를 숙이고 말없이 앉아 있을 뿐이었다. 양공은 대부들을 시켜 번갈아 술잔을 권하게 했고 또 궁녀와 내시들을 시켜 꿇어앉아 술잔을 받들어 올리게 했다. 환공은 마음이 우울하여 술로 답답함을 풀고자 하다가 자기도 모르는 사이에 인사불성으로 대취하여 작별 인사도 제대로 하지 못하고 말았다. 양공은 공자 팽생을 시켜 노후를 안아다 수레에 태우게 했다. 팽생은 마침내 노후와 함께 수레를 탔다. 도성 문을 나서 대략 2리를 갔을 때, 팽생은 노후가 깊이 잠든 것을 보고 팔뚝으로 그 허리를 감싸 안고 늑골을 부러뜨렸다. 그는 힘이 장사여서 그의 팔뚝은 쇳덩이와 같았다. 노후는 늑골이 부러져서 외마디 비명을 지르고는 수레 가득 피를 흘리며 죽었다. 팽생은 바깥 시종들에게 이렇게 말했다.

"노후께서 만취하여 나쁜 음식에 중독된 듯하니, 속히 수레를 몰아 성으로 들어가서 주상께 보고해야겠다."

시종들이 비록 내막을 짐작하고는 있었지만, 누가 감히 여러 말을 할 수 있겠는가? 사관이 이 사건을 시로 읊었다.

남녀 사이는 작은 혐의도 가장 분명해야 하나	男女嫌微最要明
부부가 국경 넘어 함부로 나아갔네	夫妻越境太胡行
당시에 신수의 간언을 들었다면	當時若聽申繻諫
어떻게 수레 속에서 육신이 찢겼으랴	何至車中六尺橫

제 양공은 노후가 갑자기 죽었다는 소식을 듣고 거짓으로 흐느껴 울며 극진하게 염을 하고 입관한 뒤 노나라에 사신을 보내 시신을 운구하여 장례를 치르라고 했다. 노나라 시종들이 돌아와서 수레에서 시해가 일어난 까닭을 빠짐없이 보고했다. 대부 신申이 말했다.

"나라에는 임금이 하루라도 없어서는 아니 되오. 세자 동同을 받들어 장례를 주관하게 하고 운구 수레가 도착하면 바로 즉위 의례를 행하도록 합시다."

공자 경보慶父는 자가 맹孟으로 노 환공의 서장자庶長子다. 그가 팔뚝을
휘두르며 말했다.

"제나라 군주는 윤리를 어지럽힌 무례한 행동으로 그 재앙이 우리 주상
에게까지 미치게 했소. 원컨대 나에게 병거 300승만 주시면 제나라를 정
벌하고 그 군주의 죄를 성토하겠소."

대부 신수는 그 말이 의심스러워 몰래 모사謀士인 시백施伯에게 물었다.

"제나라를 정벌할 수 있겠는가?"

시백이 말했다.

"이번 일은 애매하니 이웃 나라에 소문이 나서는 안 됩니다. 게다가 노
나라는 약하고 제나라는 강하므로 정벌에 나서도 꼭 승리한다는 보장이
없고 오히려 추악한 소문만 퍼지게 될 것입니다. 차라리 은인자중하며 수
레에서 사고가 일어난 원인을 밝혀달라고 한 후 제나라 스스로 팽생을 죽
여 이웃 나라에 해명하도록 하는 편이 더 나을 것입니다."

신수는 경보에게 그 계책을 알려주고 마침내 시백에게 제나라로 보낼 국
서의 초안을 잡게 했다. 세자는 거상居喪 중이어서 아무 말도 하지 못하고,
그 대신 대부들이 연명으로 사신을 제나라로 보내 운구 수레를 맞아오게
했다.

제 양공이 국서를 뜯어보니 다음과 같은 내용이었다.

외신外臣 신수申繻 등은 제나라 군후 전하께 머리를 조아리며 국서를 올립니
다. 우리 주상께서 천자의 명을 받든 후로 감히 편안히 머무를 수가 없어서
국혼國婚을 의논하기 위해 제나라 조정으로 갔습니다. 그러나 이제 가서 돌

아올 수 없는 몸이 되었사온데, 길가 사람들은 시끌벅적하게 떠들며 모두 수레 안에서 발생한 변고 때문이라고 말하고 있습니다. 지금 죄를 귀착시킬 곳이 없게 되어 우리 소국의 치욕이 제후들에게 두루 퍼지고 있습니다. 청컨대 팽생의 죄를 다스려주시옵소서.

제 양공은 국서를 다 읽고 나서 사람을 보내 팽생을 입조하게 했다. 팽생은 자신이 큰 공을 세웠다고 생각하고 의기양양하게 조정으로 들어왔다. 양공은 노나라 사신 면전에서 그를 꾸짖으며 말했다.

"과인은 노나라 군후의 술이 과하다고 생각되어 네게 잘 부축하여 수레에 모시게 했다. 그런데 어찌하여 조심해서 모시지 않고 갑자기 돌아가시게 했느냐? 너는 그 죄를 벗어나기가 어렵다!"

그러고는 좌우 사람들로 하여금 포박하여 저잣거리로 끌고 가 참수하게 했다. 팽생이 크게 울부짖으며 말했다.

"누이동생과 음란한 짓을 하고 그 남편까지 죽인 건 모두 무도하고 멍청한 네놈의 만행이다. 오늘 또 네놈이 그 죄를 나에게 뒤집어씌운다만 나는 죽어서도 네놈의 모든 악행을 알고, 반드시 귀신이 되어 네놈의 목숨을 가져갈 것이다."

양공은 자신의 귀를 막았으나 좌우 사람들은 모두 몰래 웃었다. 양공은 한편으로 주나라 천자에게 사신을 보내 이번 혼사에 감사를 드리고 아울러 신행 날짜를 정했다. 또 다른 한편으로는 노나라에 사신을 보내 노 환공의 운구 수레를 모시고 귀국하게 했다. 그러나 문강은 여전히 돌아가지 않고 제나라에 머물렀다.

노나라 대부 신수는 세자 동同을 모시고 교외에까지 나가서 운구 수레를 맞이한 뒤 바로 환공의 관 앞에서 상주로서 예를 올리게 하고 보위를 계승하게 하니 이 사람이 바로 노 장공莊公이다. 신수申繻, 전손생顓孫生, 공자 익溺, 공자 언偃, 조말曹沫[1] 등 문무 관료가 다시 조정의 기강을 바로잡았다. 노 장공의 서형庶兄 경보慶父와 서제庶弟 아牙, 그리고 친동생 계우季友도 모두 국정에 참여했다. 신수는 시백의 재주를 천거하여 상사上士의 관직에 임명하게 했다. 다음 해에 개원하니 이때가 주 장왕莊王 4년이다.

노 장공은 군신 회의를 소집하여 제나라 양공의 혼인을 주관하는 일을 의논하게 했다. 시백이 말했다.

"지금 나라에 세 가지 치욕스런 일이 있습니다. 주상께서는 알고 계시옵니까?"

노 장공이 말했다.

"세 가지 치욕이 무엇이오?"

시백이 말했다.

"선군의 장례를 벌써 치렀지만 선군의 오명이 아직도 사람들 입에 오르내리고 있으니 이것이 첫 번째 치욕입니다. 군부인께서 제나라에서 돌아오지 않으시어 사람들의 논란이 그치지 않고 있으니 이것이 두 번째 치욕입니다. 제나라는 원수의 나라이고 주상께서 아직 복상服喪 중이신데도, 제나라 군주의 혼례를 주관해야 합니다. 이 일은 천자의 명이라 그것을 사양하면 천자의 명을 거역하는 것이고 사양하지 않으면 천하 사람들에게 웃

1_ 조말曹沫: 사마정司馬貞의 『사기색은』,「자객열전」의 조말曹沫 주석에 근거하여 조귀曹劌와 동일인으로 본다. 그러나 '귀劌'와 '말沫'은 발음이 전혀 통하지 않으므로 '말'은 당연히 '매沫'로 읽는 것이 더 타당하다. 따라서 조말은 '조매'로 읽어야 정확하지만 이 번역본에서는 관례대로 조말로 읽었다.

음거리가 되니 이것이 세 번째 치욕입니다."

노 장공이 불안스럽게 말했다.

"이 세 가지 치욕을 어떻게 하면 벗을 수 있겠소?"

시백이 말했다.

"사람들에게 미움을 받지 않으려면 먼저 스스로 선한 일을 해야 합니다. 사람들에게 의심을 받지 않으려면 먼저 스스로 신의를 쌓아야 합니다. 선군이 즉위한 일은 천자의 명령을 받지 못한 것입니다. 이번에 혼례를 주관하는 기회에 주 왕실에 어명을 청해 구천에 계신 선군의 명예를 회복하시옵소서. 이것이 첫 번째 치욕을 벗어나는 길입니다. 또 지금 군부인께서 제나라에 계십니다. 마땅히 예를 갖추어 맞아오시어 주상의 효도를 다하시옵소서. 이것이 두 번째 치욕에서 벗어나는 길입니다. 다만 제나라 군주의 혼례를 주관하는 일은 원만하게 처리하기가 어렵지만 그래도 대책은 있습니다."

장공이 말했다.

"그 대책이 무엇이오?"

시백이 말했다.

"제 양공에게 시집가는 왕희王姬의 객관을 교외에 신축하시고 상대부를 시켜 그곳으로 맞아오고 배웅하게 하시옵소서. 주상께서는 상주이시므로 그 일을 직접 할 수 없어서 사양했다고 하시옵소서. 그러면 위로는 천자의 명령을 거역하지 않은 것이 되고, 아래로는 대국과의 정을 뿌리치지 않은 것이 되며, 중간으로도 거상의 예절을 어기지 않은 것이 됩니다. 이와 같이 하면 세 가지 치욕에서 벗어나실 수 있을 것입니다."

노 장공이 말했다.

"신수가 그대를 '꾀주머니'라고 하더니 과연 그렇도다!"

그러고는 그 계책을 하나하나 모두 시행했다.

그리하여 노나라 사신인 전손생은 주 왕실로 가서 왕희를 모셔가기를 청했다. 아울러 제후의 예복, 면류관, 홀笏, 벽璧을 하사하여 구천에 계신 선군을 영예롭게 해달라고 호소했다. 주 장왕은 이를 윤허하고 사람을 보내 노나라 선군에게 환공桓公이란 시호까지 하사하기로 했다. 주공 흑견이 노나라로 가기를 청했지만 장왕은 윤허하지 않고 대부 영숙榮叔을 보냈다. 원래 주 장왕의 동생 극호은 선왕인 주 환왕의 총애를 받았고 환왕은 임종 시에 주공 흑견에게 왕자 극을 부탁했다. 이 때문에 주 장왕은 흑견이 다른 마음을 품고 있다고 의심하고 그가 외국과 사사로이 교분을 쌓으며 왕자 극의 당파를 만드는 걸 두려워했다. 그래서 흑견을 외교 사절로 보내지 않았다. 흑견은 주 장왕이 자신을 의심하는 걸 알고 밤중에 몰래 왕자 극의 집으로 갔다. 그리고 왕희가 시집가는 날을 틈타 반란을 일으켜 장왕을 죽이고 왕자 극을 보위에 올리기로 모의했다. 대부 신백辛伯이 그 모의를 알아채고 장왕에게 밀고하자 장왕은 흑견을 죽이고 왕자 극을 추방했다. 왕자 극은 연나라로 도망쳤다. 이 이야기는 여기서 잠시 거론하지 않겠다.

한편 노나라 전손생은 왕희를 제나라로 배웅하고 노 장공의 명령을 받들어 장공의 모친 문강을 맞아오고자 했다. 제 양공은 차마 보내기 싫었지만 공론에 막혀 귀환시킬 수밖에 없었다. 출발에 앞서 서로 소매를 부여잡고 거듭거듭 안타까운 인사말을 건넸다.

"나중에 다시 만날 날이 있으리다!"

그러면서 각기 눈물을 뿌리며 이별했다. 문강은 첫째, 음탕한 욕망을 버리지 못해 제 양공을 떠나기가 싫었고, 둘째, 올바른 이치를 배반하고 윤리강상을 해쳤으므로 노나라로 돌아가기가 부끄러웠다. 한 걸음 뗄 때마다 한 걸음 주저하며 느릿느릿 작襧(山東省 濟南 長淸區) 땅에 이르렀다. 행궁이 깨끗한 것을 보고 감탄하며 말했다.

"이곳은 노나라 땅도 아니고 제나라 땅도 아니므로 여기가 바로 내 집이다!"

그리하여 시종에게 분부하여 노 장공에게 답신을 보내게 했다.

"미망인은 한적함을 좋아하기 때문에 궁궐로 돌아가고 싶지 않소. 나를 데려가려면 나를 죽이지 않고는 안 될 것이오."

노 장공은 자신의 모친이 귀국할 면목이 없다는 것을 알고 축구祝邱(山東省 臨沂 河東區 湯河鎭 故縣村)에 별궁을 짓고 모친을 모셔와 거주하게 했다. 문강은 마침내 제나라와 노나라 두 곳을 마음대로 왕래할 수 있게 되었다. 노 장공은 사시사철 예물을 보내며 문안 인사를 그치지 않았다. 뒷날 사관은 이렇게 논평했다.

"노 장공은 문강에 대해서 인정으로 논하자면 자신을 낳아준 어머니이며, 의리로 논하자면 자신의 아버지를 죽인 원수다. 만약 문강이 노나라로 돌아왔다면 오히려 처리하기가 어려웠을 것이다. 어쩔 수 없이 두 곳에서 배회하게 한 것은 장공이 자신의 효도를 온전하게 하기 위한 방법이었다고 할 수 있다."

염옹이 이 일을 시로 읊었다.

남편 죽이고 노로 돌아갈 면목이 없어서　　　　　弑夫無面返東蒙
작 땅에 살며 제, 노 사이를 이리저리 배회했네　　襧地徘徊齊魯中
두꺼운 얼굴 들고 고국으로 귀환했으면　　　　　若使腆顔歸故國

이야기가 두 갈래로 나뉜다. 제 양공이 노 환공의 늑골을 부러뜨려 죽인 뒤 백성의 여론이 들끓어오르며 이런 말이 떠돌았다.

"제나라 군주가 무도하여 이처럼 음란하고 경우 없는 짓을 저질렀다."

양공은 남몰래 부끄러움을 느끼고는 급히 사람을 보내 주 왕실의 왕희를 맞아와 혼례를 올렸다. 그래도 백성의 논란이 끊이지 않자 다시 한두 가지 의로운 일을 하여 백성을 복종하게 하고 싶었다. 그래서 이렇게 생각했다.

'정나라에서는 임금을 시해했고, 위나라에서는 임금을 쫓아냈다. 이 둘은 모두 큰 문제다. 그러나 위 공자 검모는 주나라 천자의 사위이므로, 내가 주 왕실의 왕희에게 장가들자마자 위나라 검모와 맞서는 것은 그리 타당하지 못한 일이다. 차라리 먼저 정나라의 죄를 토벌하면 제후들이 반드시 두려워 굴복하리라!'

또 병사를 일으켜 정나라를 토벌하다가 승부를 낼 수 없을까 두려워 짐짓 사람을 정나라 새 군주 미亹에게 보내 수지首止(河南省 睢縣 동남)에서 만나 회맹을 맺자고 했다. 새 군주 미는 크게 기뻐하며 말했다.

"제나라 군주가 교분을 맺자고 하니 우리 나라는 이제 태산처럼 편안하게 되었소!"

이에 고거미, 채족과 함께 수지로 가고자 했다. 그러나 채족은 병을 핑계로 사양했다. 원번原繁이 몰래 채족에게 물었다.

"새로운 주상께서 제나라 군주와 우호를 맺고자 하시니, 상공께서 의당 도우러 가셔야 할 터인데 어찌하여 함께 가지 않으시오!"

채족이 말했다.

"제후齊侯는 용맹하고 잔인한 사람이오. 대국의 보위를 계승한 뒤 야심만만하게 패자霸者가 되려는 마음을 품고 있소. 게다가 선군이신 소공昭公께서는 제나라에서 융적을 물리친 전공을 세우셨소. 그래서 제나라는 늘 소공을 그리워하고 있는 것이오. 대저 대국의 의도는 추측하기가 어렵소. 대국이 소국과 우호를 맺을 때는 틀림없이 간계를 숨기는 법이오. 이번 행차에서도 군신이 죽임을 당할 것 같소."

원번이 말했다.

"상공의 말씀이 사실이라면 정나라의 보위는 누가 잇게 되는 것이오?"

채족이 말했다.

"반드시 공자 의儀가 잇게 될 것이오. 그 사람이 임금이 될 상을 타고났소. 선군이신 장공莊公께서도 그런 말씀을 하신 적이 있소."

원번이 말했다.

"많은 사람이 상공을 지혜롭다 하더이다. 제가 이번에 잘 지켜볼 것이오."

약속 날짜가 다가오자 제 양공은 왕자 성보成父·관지보管至父 두 장수에게 각각 자객 100여 명을 거느리고 자신의 좌우를 지키게 했다. 또한 역사 석지분여石之紛如에겐 자신의 뒤를 바짝 따르라고 했다. 고거미가 새 임금 미를 인도하여 회맹단으로 오르게 했다. 제 양공과 인사가 끝나자 근신近臣 맹양孟陽이 피를 담은 바리를 받쳐 들고 꿇어앉아서 입술에 피를 바르기를 청했다. 제 양공이 맹양을 보고 눈짓을 하자 맹양이 벌떡 일어섰다. 그때 제 양공은 정나라 군주 미의 손을 움켜잡고 물었다.

"정나라 선군 소공이 무슨 연유로 죽었는가?"

미는 안색이 변하여 부들부들 떨며 말을 하지 못했다. 고거미가 대신 대답했다.

"선군께선 병환으로 돌아가셨습니다. 군후께서는 번거롭게 어찌 그런 걸 물으십니까?"

제 양공이 말했다.

"소문에 증제蒸祭 때 도적을 만났다고 하니, 병과는 관계없는 일이다."

고거미가 사실을 숨길 수 없음을 알고 단지 이렇게 대답했다.

"원래 감기에 걸리셨다가 다시 도적에 놀라 갑자기 돌아가셨습니다."

제 양공이 말했다.

"임금의 행차에는 반드시 경비가 삼엄할 것인데, 그 도적이 어디서 왔단 말이냐?"

고거미가 대답했다.

"적자와 서자가 다툰 지가 하루 이틀의 일이 아닙니다. 각각 사사로운 패거리를 만들어 기회를 틈타 준동하니 누가 저들을 방비할 수 있겠습니까?"

양공이 또 말했다.

"도적을 잡았나? 못 잡았나?"

고거미가 말했다.

"지금까지 아직 조사 중이나 종적을 찾을 수 없습니다."

양공이 진노하여 소리쳤다.

"도적이 눈앞에 있는데 무얼 조사한단 말이냐? 네놈은 국가의 작위를 받고 사사로운 원한으로 임금을 시해하고도 과인의 면전에서 아직 감히 말을 모호하게 돌리고 있도다. 과인이 오늘 네 선군을 위해 복수를 하겠노라!"

그러고는 역사를 불렀다.

"내 앞에서 속히 꽁꽁 묶어라!"

제 양공이 정나라 군신을 죽이다.

정 군주 미는 머리를 조아리며 애걸했다.

"그 일은 나와 무관하오. 모두 고거미가 벌인 짓이오. 목숨만 살려주시오!"

제 양공이 말했다.

"고거미의 소행을 알고도 어찌 죄를 주지 않았는가? 네놈도 오늘 황천에 나 가서 변명하거라!"

제 양공이 손을 한 번 흔들자 왕자 성보와 관지보가 자객 100여 명을 이끌고 일제히 뛰어올라왔다. 미는 난도질을 당한 끝에 비명횡사했다. 정 군주와 함께 수행한 시종들도 제나라 사람들의 기세가 대단한 것을 보고 아무도 손을 쓰지 못한 채 일시에 뿔뿔이 도망쳤다.

제 양공이 고거미에게 말했다.

"네 임금은 벌써 죽었는데 너는 아직도 살기를 바라느냐?"

고거미가 대답했다.

"내 죄가 막중함을 알고 있다. 어서 죽여라."

양공이 말했다.

"네놈을 한칼에 죽인다면 네놈이 너무 편하지 않겠느냐?"

이에 도성으로 데리고 가서 남문 앞에서 거열형車裂刑에 처하게 했다. 거열이란 죄인의 머리와 사지를 다섯 대의 수레에 묶고 각각 방향을 나누어 소를 한 마리씩 멍에를 매게 한 뒤 채찍질하여 그 죄인의 몸을 다섯으로 찢어 죽이는 형벌이다. 속칭 '오우분시五牛分尸'(다섯 마리 소가 시체를 나눔)라 고도 하는데 극형 중의 극형이다. 제 양공은 자신의 의거를 제후들에게 널리 알리려고 고의로 이 극형을 사용하여 일을 과장하려 한 것이다. 고거미가 죽자 양공은 그 머리를 남문 위에 효수하고 이렇게 방을 붙였다.

"역적들은 이 꼴을 보아라逆臣視此!"

또 한편으로는 사람을 시켜 정 군주의 시체를 동쪽 성곽 밖에 버리고 마른 풀로 덮게 했다. 다른 한편으로는 정나라에 사신을 보내 사실을 알렸다.

"난신적자에게 주나라 천자께서 형벌을 내리셨다. 그대들 나라 고거미가 시해를 주도하고 마음대로 서자를 보위에 세웠다. 과인은 정나라 선군의 불행을 애통하게 생각하고 정나라를 위해 이미 그 죄인들을 성토하여 죽였다. 원컨대 새 임금을 세워 지난날의 우호를 회복하기를 바라노라."

원번은 그 소문을 듣고 감탄했다.

"채족의 지혜에 나는 도저히 미치지 못하겠다!"

대부들이 함께 새 임금 세우는 일을 상의했다. 숙첨叔詹이 말했다.

"옛 주상께서 역櫟 땅에 계신데 어찌 맞아오지 않으시오?"

채족이 말했다.

"도망간 주상을 모셔와 다시 종묘를 욕되게 할 수는 없소. 공자 의儀를 새 군주로 모시는 것이 좋을 것이오."

원번도 찬성했다. 이에 진陳나라에서 공자 의를 모셔와 보위를 잇게 했다. 채족은 상대부, 숙첨은 중대부, 원번은 하대부가 되었다. 공자 의는 즉위하자마자 채족에게 국정을 맡겨 백성을 구휼하고 좋은 제도를 잘 갖추게 했다. 그리고 제나라와 진나라 등 여러 나라에 우호 사절을 파견했다. 또 초나라의 명을 받아들여 해마다 조공을 바치면서 영원한 속국이 되었다. 정 여공은 보위에 다시 오를 기회가 없었으니, 이때부터 정나라는 다소 안정된 상태를 유지했다. 뒷날 일이 어찌 되는지는 다음 회를 보시라.

제14회

혼비백산한 제 양공

위후 삭은 천자와 싸우며 자기 나라로 돌아가고
제나라 양공은 사냥을 나갔다가 귀신을 만나다
衛侯朔抗王入國, 齊襄公出獵遇鬼.

　　왕희王姬는 제나라로 와서 양공襄公과 혼례를 올렸다. 왕희는 성품이 정
숙하고 얌전했으며 언행도 구차하지 않았다. 반면에 제 양공은 음행에 미
친 무뢰배였으니 서로가 잘 맞지 않았다. 왕희는 중궁에서 여러 달을 보낸
뒤 양공과 그 누이동생 간의 음행을 모두 알게 되었다. 왕희는 다른 사람
에겐 말도 못 하고 혼자서 탄식했다.

　　"이 같은 패륜 행위는 짐승만도 못한 짓이다. 내가 불행하게도 인간도
아닌 자에게 시집왔으니 이것도 나의 운명이다."

　　그 우울함이 병이 되어 1년도 안 돼 결국 세상을 떠났다.

　　제 양공은 왕희가 죽고 나서 더욱 거리낌이 없어졌다. 마음속으로 늘 문
강을 생각하며 사냥을 나간다는 핑계를 대고 시도 때도 없이 작 땅으로 갔
다. 그곳에서 다시 사람을 축구祝邱로 보내 비밀리에 문강을 작 땅으로 데리

고 와서 밤낮없이 음행을 즐겼다. 그리고 노나라 장공莊公이 화를 낼까 두려워 병력으로 위협을 가하려고 했다. 이에 친히 중무장한 군사를 거느리고 기나라를 습격하여 병邴(山東省 臨朐 남쪽), 진郡(山東省 昌邑 북쪽), 오部(山東省 安丘 서쪽) 땅을 탈취한 뒤 군사를 휴성酅城(山東省 淄博 臨淄區 동쪽)으로 이동시켰다. 그러고는 사람을 보내 기후紀侯에게 최후통첩을 했다.

"속히 항복 문서를 쓰면 멸망은 면할 것이다!"

기후가 탄식했다.

"제나라는 대대로 내려온 우리의 원수다. 나는 원수의 조정에 무릎을 꿇고 구차하게 목숨을 구걸할 수 없다."

그리하여 부인 백희伯姬를 시켜 서찰을 써서 노나라에 구원병을 요청했다. 그때 제 양공이 명령을 내렸다.

"기나라에 구원병을 보내는 자가 있으면 내가 먼저 군사를 돌려 토벌할 것이다!"

노 장공은 사신을 정나라로 보내 함께 기나라를 구원하자고 했다. 정나라 군주 의儀는 정 여공厲公이 역櫟 땅에서 정나라를 습격할까봐 감히 군사를 출동시킬 수 없었고 이에 사람을 보내 함께할 수 없다는 뜻을 전했다. 손바닥 하나로는 박수를 칠 수 없다는 격으로 노후魯侯는 활滑(山東省 平陰 서남) 땅까지 행군했다가 제나라 군사의 위력에 겁을 먹고 사흘을 머물다 회군했다. 기후는 노나라 군사가 퇴각했다는 소식을 듣고 나라를 지킬 수 없음을 알았다. 그래서 도성과 처자식을 모두 동생 영계嬴季에게 맡기고 종묘에 이별을 고하면서 대성통곡했다. 그러고는 한밤중에 성문을 열고 나가서 종적을 감추었다.

영계가 대신들에게 물었다.

"나라가 망하는 것과 조상의 제사를 받드는 것 중 어느 것이 더 중요하오?"

대신들이 모두 대답했다.

"제사를 받드는 것이 더 중요합니다."

영계가 말했다.

"만약 종묘의 제사를 이어갈 수만 있다면 내가 원수에게 직접 무릎 꿇는 것이 뭐가 애석하랴?"

그러고는 곧바로 항복 문서를 써서 제나라의 신하가 되어 종묘의 제사를 받들고자 한다고 했다. 제 양공이 이를 윤허했다. 영계는 마침내 기나라의 토지와 호구를 모두 제나라로 넘기고 머리를 조아리며 선처를 애원했다. 양공은 그 문서를 받아들인 뒤 기나라 종묘 곁에 30호의 가구를 떼어 기나라 제사를 받들게 하고 영계를 종묘지기廟主라고 부르게 했다. 기나라 백희는 놀람과 두려움으로 결국 세상을 떠났다. 양공은 군후君侯 부인의 예에 맞춰 장례를 치르라고 명하여 노나라에 잘 보이려 했다. 백희의 여동생 숙희叔姬도 옛날 백희가 기후에게 출가할 때 함께 시집왔다. 제 양공은 그녀를 친정인 노나라에 다시 돌려보내려고 했다. 숙희가 말했다.

"여자의 의리는 출가하여 남편을 따르는 것이다. 나는 살아서 영씨嬴氏 집안 아내가 됐으니 죽어서도 영씨 집안 귀신이 되겠다. 여기를 버리고 어디로 가란 말이냐?"

제 양공은 그 말을 들을 수밖에 없었다. 그녀는 휴酅 땅에 살며 절개를 지키다가 몇 년 뒤 세상을 떠났다. 사관이 그녀의 행적을 찬양한 시를 지었다.

세상 풍속 쇠퇴하고 허물어져서   世衰俗敝

음란한 기풍이 이어졌다네	淫風相襲
제 양공은 누이와 음란 즐겼고	齊公亂妹
신대에선 며느리를 탈취했다네	新臺娶媳
금수의 행동에 탐욕이 겹쳐	禽行獸心
윤리강상 무너지고 사라졌다네	倫亡紀佚
그런데 작은 나라 잉첩 하나가	小邦妾媵
절개 지켜 일부종사 변치 않았네	矢節從一
기꺼이 옛 종묘를 수호하면서	寧守故廟
친정인 노나라로 가지 않았네	不歸宗國
우뚝하고 탁월하다 숙희의 행적	卓哉叔姬
'백주柏舟'[1] 시의 그 여인과 동일하다네	柏舟同式

제 양공이 기나라를 멸망시킨 해는 바로 주 장왕 7년이다.

이해에 초 무왕武王 웅통熊通은 수隨나라 군주가 조공을 바치러 오지 않는다며 다시 군사를 일으켜 수나라를 정벌하려 했으나 그곳까지 가지 못하고 죽었다. 영윤令尹[2] 투기鬪祈와 막오莫敖[3] 굴중屈重은 임금의 상喪을 밖으로

1_ 백주柏舟: 『시경』 「패풍」과 「용풍鄘風」에 각각 1수씩 나온다. 「패풍」에 실린 '백주'는 남편에게 소박맞은 여인의 심정을 노래한 것이고, 「용풍」에 실린 '백주'는 약혼자가 죽었는데도 다른 남자에게 시집가지 않겠다는 여인의 절개를 읊은 것이다. 여기서는 「용풍」의 백주를 가리킨다.

2_ 영윤令尹: 춘추전국시대 초나라의 최고위 관직. 우리나라 조선시대의 영의정에 해당된다.

3_ 막오莫敖: 춘추전국시대 초나라의 최고위 관직이었으나 영윤이 그 지위를 대신하면서 두 번째 지위로 밀려났다. 그러나 후기로 갈수록 지위가 더욱 낮아져서 다섯 번째 관직인 좌사마左司馬 뒤로까지 밀렸다.

알리지 않고 비밀에 부쳤다. 그리고 기습병을 내어 샛길을 따라 곧바로 수나라 도성까지 접근시켰다. 수나라는 공포에 떨며 강화를 요청했다. 굴중은 거짓으로 왕명을 빙자하여 수후隨侯에게 초나라의 연맹에 가입하게 했다. 그러고는 대군이 회군하면서 한수漢水를 건넌 뒤에 국상을 발표했다. 초 무왕의 아들 웅자熊貲가 즉위하니 이 사람이 바로 초 문왕文王이다. 이 이야기는 여기서 잠시 거론하지 않겠다.

한편 제 양공이 기나라를 멸망시키고 개선하자 문강은 도중에까지 마중 나가 그 오라비를 영접했다. 그러고는 축구로 가서 성대하게 잔치를 베풀었다. 두 사람은 제후국 군주들이 만날 때 사용하는 성대한 예법으로 서로 잔을 주고받으며 즐겼고, 제나라 군사들에게도 넉넉한 음식과 술을 내렸다. 또 문강은 양공과 작 땅까지 가서 계속 음행을 즐기며 함께 묵었다. 이에 제 양공은 문강을 시켜 노 장공에게 편지를 써서 작 땅으로 자신을 만나러 오게 했다. 노 장공은 어머니의 명을 어길 수가 없어서 마침내 어머니 문강을 알현하러 작 땅으로 갔다. 문강은 노 장공에게 생질이 외삼촌을 뵙는 예로 제 양공을 만나게 했고, 또 기나라 백희를 후하게 장사 지내준 일에 감사를 표하게 했다. 노 장공은 거절할 수가 없어서 억지로 어머니의 말에 따랐다. 제 양공은 몹시 기뻐하며 성대한 잔치를 베풀어 노 장공을 대접했다. 이때 양공에게는 새로 태어난 딸이 하나 있었다. 문강은 노 장공의 내전이 아직도 비어 있다고 하면서 제 양공의 한 살 된 딸과 정혼하도록 했다. 노 장공이 말했다.

"아직 핏덩이를 제 짝으로 맞을 수는 없습니다."

문강이 화를 내며 말했다.

"네가 감히 어미의 친척을 소원하게 대한단 말이냐?"

제 양공도 나이가 너무 많이 차이 난다며 흠을 잡았다. 그러나 문강은 이렇게 말했다.

"20년을 기다렸다가 시집을 보내도 늦지 않습니다."

양공은 문강의 마음을 잃을까 두려웠고, 장공도 감히 어머니의 명을 어길 수 없어서 두 사람 모두 그 혼인을 허락할 수밖에 없었다.4 생질과 외삼촌 사이에다 사위와 장인 사이를 보탰으니 정이 더욱 친밀해진 셈이었다. 두 나라 군주는 수레를 나란하게 몰고 나가 작 땅의 들판에서 사냥을 즐겼다. 장공은 백발백중 빗나가는 화살이 없었다. 양공은 칭찬을 그치지 않았다. 어떤 시골 사람이 장공을 손가락질하며 놀렸다.

"저자는 우리 전 임금님의 가짜 새끼다."

장공이 진노하여 좌우의 시종을 시켜 그 사람을 찾아내 죽였다. 양공도 장공에게 화를 내거나 탓하지 않았다. 후세 사관이 장공을 논하여 어미만 있고 애비는 없으며 또 애비는 망각하고 원수를 섬겼다고 비난했다. 이를 꾸짖는 시를 남겼다.

수레에서 생긴 원한 여러 해 되었다고	車中飲恨已多年
기꺼이 원수와 한 하늘을 이고 살까	甘與仇讎共戴天
가짜 새끼라 욕한 야인을 탓하지 말지라	莫怪野人呼假子

4_ 여기에 나오는 제 양공의 어린 딸이 나중에 노 장공莊公의 부인이 되는 애강哀姜이다. 『사기』에는 제 양공의 누이동생이라고 했지만, 그건 불가능하다. 왜냐하면 애강이 노나라로 출가할 때, 제 양공의 부친인 제 희공僖公이 죽은 지 벌써 27년의 세월이 흘렀기 때문이다. 스무 살에 출가한 애강이 제 희공의 딸이 될 수 없으므로 제 양공의 딸이 되어야 맞다.

진작에 가짜 애비와 혼인까지 정했으니　　　　　　　　已同假父作姻緣

　　문강은 노나라와 제나라 사이에서 제 오라비와 함께 사냥놀이를 즐긴 뒤 더욱 거리낌이 없어져서 시도 때도 없이 양공과 한곳에서 어울렸다. 어떤 때는 방防(山東省 費城 동북) 땅에서 만나기도 하고 어떤 때는 곡穀(山東省 平陰 서남) 땅에서 만나기도 했다. 또 때로는 바로 제나라 도읍에까지 가서 공공연히 궁중에 머물며 엄연히 부부처럼 행동했다. 당시 백성이 '재구載驅'[5] 시를 지어 문강을 풍자했다.

　　수레 소리 달캉달캉 잘도 달리고　　　　　　　載驅薄薄
　　대자리에 고운 주렴 붉은 가죽에　　　　　　　簟茀朱鞹
　　노나라에서 오는 길은 평탄도 하니　　　　　　魯道有蕩
　　제나라 임금 딸은 저녁에 오네　　　　　　　　齊子發夕
　　문수는 아득히 넘실거리고　　　　　　　　　　汶水滔滔
　　시종들은 끝도 없이 북적거리네　　　　　　　行人儦儦
　　노나라에서 오는 길은 평탄도 하고　　　　　　魯道有蕩
　　제나라 임금 딸은 질펀히 노네　　　　　　　　齊子遊遨

　　원문의 박박薄薄은 수레가 빨리 달리는 모양이다. 점簟은 자리로 수레에 까는 것이다. 불茀은 수레 뒷문이다. 주곽朱鞹은 붉은 칠을 한 짐승 가죽이다. 모두 수레 장식이다. 제자齊子는 문강을 가리킨다. 이 시는 문강이 이런

_____
5_ 재구載驅: 『시경』「제풍」에 나온다. 여기에 실린 것은 제1연과 제3연이다.

화려한 수레를 타고 제나라로 가는 것을 읊은 것이다. 표표僄僄는 문강을 수행하는 노복과 시종들이 많은 모양이다.

또 '폐구敝笱'[6] 시에서는 노나라 장공을 풍자하고 있다.

해진 통발 어살에 매어뒀더니	敝笱在梁
방어 환어 큰 고기가 들락거리네	其魚魴鰥
제나라 임금 딸이 돌아가는데	齊子歸止
따르는 시종이 구름과 같네	其從如雲
해진 통발 어살에 매어뒀더니	敝笱在梁
방어 연어 큰 고기가 들락거리네	其魚魴鱮
제나라 임금 딸이 돌아가는데	齊子歸止
따르는 시종이 강물과 같네	其從如水

구笱는 고기를 잡는 통발이다. 해진 통발로는 큰 고기를 잡을 수 없다는 뜻이다. 노 장공이 문강의 음행을 막을 수 없었음을 비유한 것이다. 문강이 노복과 시종을 데리고 마음대로 출입했지만 그것을 막을 수 없었다.

한편 제 양공이 작 땅에서 돌아오자 쫓겨난 위후 삭朔(혜공)은 기나라를 멸망시킨 양공의 공적을 축하하며 위나라 정벌 시기를 정해달라고 부탁했다. 양공이 말했다.

"이제 왕희도 벌써 죽었으니 위나라를 치는 일에 방해될 것은 없다. 그

6_ 폐구敝笱: 『시경』 「제풍」에 나온다. 여기에 실린 것은 제1연과 제2연이다. 그러나 2연의 마지막 구절 '其從如水'가 『시경』에서는 '其從如雨'로 되어 있다.

러나 제후들과 연합하지 않으면 거사를 공인받지 못한다. 그대는 잠깐만 기다리라."

쫓겨난 위후 삭은 고맙다며 인사했다. 며칠이 지나고 나서 양공은 송, 노, 진, 채 네 나라에 사신을 보내 함께 위나라를 정벌하고 위후 혜공을 복위시키자고 했다. 그 격문은 이렇다.

하늘이 위나라에 참화를 내리려고 역적 예洩와 직職을 태어나게 했소. 이들이 제멋대로 임금을 폐위하여 그 임금이 국경을 넘어 우리 나라에 머문 지 오늘로 벌써 7년이오. 과인은 좌불안석이나 나라 경계에 전쟁이 잦아 바로 토벌할 수 없었소. 지금 다행히 조금 한가로운 시간이 생겨 해진 군장을 갖춰 여러 군주의 뒤를 따르고자 하오. 이제 이곳에 와 있는 위후를 좌우에서 도와, 저곳에서 보위를 이어서는 안 될 자를 토벌하고자 하오.

이때가 주 장왕 8년 겨울이었다.

제 양공은 병거 500승을 내어 위후 삭과 함께 먼저 위나라 경계에 이르렀다. 다른 네 나라 군주도 각각 군사를 이끌고 모여들었다. 그 네 나라 제후는 누구인가? 송 민공閔公 첩捷, 노 장공莊公 동同, 진 선공宣公 저구杵臼, 채 애후哀侯 헌무獻舞가 그들이었다. 지금 위후는 다섯 나라 군사가 쳐들어온다는 소식을 듣고 공자 예, 직과 상의하여 대부 영궤를 주나라에 보내 급보를 알렸다. 주 장왕이 신하들에게 물었다.

"누가 짐을 위해 위나라를 구해주겠소?"

주공周公 기보忌父와 서괵공西虢公 백개伯皆가 아뢰었다.

"우리 왕실이 정나라를 정벌하다가 위엄에 손상을 입은 이후 호령이 잘 시행되지 않고 있습니다. 지금 제후齊侯 제아諸兒는 왕희와 맺어진 인척간임을 생각지도 않고, 네 나라의 군사를 규합하여 쫓겨난 위후를 복위시킨다는 명분을 내걸고 있습니다. 명분도 있고 군사도 강하니 대적해서는 안 됩니다."

이때 왼쪽 줄 맨 마지막에 앉아 있던 사람이 몸을 벌떡 일으키며 말했다.

"두 분의 말씀은 틀렸습니다. 네 나라는 단지 군사가 강할 뿐이지 어찌 명분까지 있다고 하십니까?"

중신들이 바라보니 바로 하사下士 자돌子突이었다. 주공이 말했다.

"제후가 나라를 잃었다가 다시 찾는데 어째서 명분이 없다는 것인가?"

자돌이 말했다.

"지금 위후 검모黔牟의 즉위는 이미 우리 천자의 명을 받은 것입니다. 검모가 즉위했으니 공자 삭이 폐위되는 건 필연입니다. 두 분께서 지금 천자의 명령은 명분이 없다 하시고 제후 복위는 명분이 있다 하시니 저는 도저히 이해할 수 없습니다."

괵공이 말했다.

"정벌은 국가 대사이니 우리의 힘을 헤아려 시행해야 한다. 우리 왕실이 힘을 잃은 지 벌써 하루 이틀이 아니다. 정나라를 정벌하다가 선왕께서 군사를 이끌던 중 축담이 쏜 화살에 맞은 적이 있다. 그러나 지금까지 2대에 이르도록 아직도 죄를 묻지 못하고 있다. 게다가 네 나라의 힘은 정나라의 열 배이니 외로운 군사로 구원에 나서는 것은 계란으로 바위치기와 같다. 부질없이 스스로 위엄을 깎아서 무슨 도움이 된단 말인가?"

자돌이 말했다.

"천하의 일은 올바른 이치가 강한 힘을 이기는 것이 불변의 법칙이고 강한 힘이 올바른 이치를 이기는 것은 변칙이라고 합니다. 천자의 명이 있는 곳에 올바른 이치가 모일 것입니다. 한때의 강하고 약함이야 힘에 달렸겠지만 천고의 승패는 이치에 있습니다. 만약 올바른 이치를 능멸하면서 탐욕을 펼치려는데도 떨쳐 일어나 문책하는 이가 한 사람도 없다면 천고의 시비는 이로부터 완전히 무너질 것이고, 천하에 더 이상 천자가 존재하지 않게 될 것입니다. 그러면 여러 공경대부께서는 무슨 면목으로 왕실의 경사卿士라는 소리를 들을 수 있겠습니까?"

괵공은 아무 대답도 할 수 없었다. 주공이 물었다.

"만약 오늘 위나라를 구원하는 군사를 일으킨다면 그대가 그 임무를 맡을 수 있겠는가?"

자돌이 말했다.

"아홉 가지 정벌에 관한 법九伐之法7은 사마司馬께서 잘 알고 계실 것입니다. 저는 지금 벼슬이 낮고 재주는 열등하여 진실로 그 임무를 맡을 수 없습니다. 그러나 전장으로 가려는 사람이 없다면 제가 죽음을 아끼지 않고 사마 대신 가겠습니다."

주공이 또 말했다.

"그대가 위나라를 구원하러 가서 반드시 승리할 수 있겠는가?"

자돌이 말했다.

"제가 오늘 출병하는 것은 올바른 이치에 근거한 것입니다. 만약 문왕, 무왕, 선왕, 평왕의 영령께서 대의에 근거하여 올바른 말을 하게 해주신다면 네 나라는 죄를 뉘우칠 것이고 이는 우리 왕실의 복입니다. 그러나 이

7_ 아홉 가지 정벌에 관한 법九伐之法: 주나라 때 천자가 제후를 정벌하는 아홉 가지 명분을 말한다. 『주례周禮』 「하관夏官·대사마大司馬」에 자세한 내용이 나온다.

는 제 능력으로 반드시 이룰 수 있는 결과가 아닙니다."

대부 부진富辰이 말했다.

"돌의 말이 심히 장합니다. 이번에 보내시어 우리 왕실에도 사람이 있음을 만천하에 알리십시오."

주 천자가 그 말에 따라 먼저 영궤를 보내 위나라에 알리고 천자의 군대는 그 뒤를 따라가게 되었다.

주공과 괵공은 자돌이 성공할까 시샘이 나서 겨우 병거 200승만 내주도록 했다. 그러나 자돌은 전혀 위축됨이 없이 태묘에 고하고 출전했다. 이때 다섯 나라 동맹군은 벌써 위나라 도성 아래 당도하여 거센 공격을 퍼붓고 있었다. 공자 예와 직은 밤낮없이 성 안팎을 순시하며 천자의 군대가 포위를 풀어주기를 학수고대하고 있었다. 하지만 자돌이 이끌고 온 군대가 미약하고 장수도 부족함을 어찌 짐작이나 했겠는가? 이런 군사로 어떻게 호랑이 같은 다섯 나라의 군사를 대적할 수 있단 말인가? 저들은 자돌이 진영을 펼치기도 전에 한바탕 살육전을 크게 벌였다. 그리하여 200승의 병거는 눈 녹듯이 사라지고 말았다. 자돌이 탄식했다.

"내가 천자의 명을 받들고 싸우다 죽으니 충의의 귀신은 될 수 있다."

이에 직접 적병 수십 명을 죽이고 목을 찔러 자결했다. 염옹이 시를 지어 찬탄했다.

고군孤軍으로 전장 나서 성공하진 못했지만	雖然隻旅未成功
천하 사람 이목 속에 밝은 왕명 보였도다	王命昭昭耳目中
대의 보고 용기 냄은 진정한 대장부라	見義勇爲眞漢子
승패만 가지고서 영웅을 논단 말라	莫將成敗論英雄

위나라의 성을 지키던 군사들은 천자의 군대가 벌써 패했다는 소식을 듣고 앞다투어 도망쳤다. 제나라 군사가 가장 먼저 성에 올랐고, 네 나라 군사가 뒤를 이어 성문을 깨뜨리고 전 위후 삭朔을 입성시켰다. 공자 예와 공자 직 그리고 영궤는 흩어진 군사를 수습하여 현 위후 검모를 호위하며 도망치다가 노나라 군사를 만나 크게 살육을 당했다. 영궤는 포위를 벗어나 먼저 도망쳤고 세 사람은 모두 노나라 군사의 포로가 되었다. 영궤는 그들을 구원할 힘이 없음을 알고 장탄식을 하다가 결국 진秦나라로 도주했다. 노 장공은 세 사람을 위후 삭에게 바쳤다. 위후는 이들을 감히 처결하지 못하고 다시 제 양공에게 바쳤다. 양공은 도부수刀斧手를 시켜 예와 직 두 공자의 목을 벴다. 그러나 공자 검모는 주 천자의 사위로 제 양공과는 동서지간이기 때문에 죽이지 않고 사면하여 주나라로 돌려보냈다. 위후 삭은 종을 울리고 북을 치며 다시 보위에 올랐다. 그리고 공실 창고의 금은 보화를 풀어 제 양공에게 후한 뇌물을 주었다. 양공이 말했다.

"노후께서 세 공자를 사로잡았으니 그 공로가 적지 않소."

그러고는 뇌물의 절반을 나누어 노 장공에게 주었다. 또 위후에게 금은 보화를 더 달라고 하여 송, 진, 채 세 나라 군주에게도 나눠줬다. 이것이 주 장왕 9년의 일이다.

제 양공은 천자의 장수 자돌을 패퇴시키고 위후 검모를 추방한 뒤 주 천자가 다시 토벌하러 오지 않을까 진실로 두려웠다. 그래서 대부 연칭連稱을 장수로 삼고 관지보管至父를 부장으로 삼아 군사를 이끌고 규구葵邱(河南省 民權) 중간에 있는 고을 땅으로 보내 동남쪽 길을 지키게 했다. 두 장수는 출발에 앞서 제 양공에게 부탁을 했다.

"신은 변방을 지키는 노고를 마다하지 않겠습니다. 다만 기한이 언제까

위후 삭이 다시 보위에 오르다.

지인지 말씀해주십시오."

이때 제 양공은 참외를 먹고 있었다. 그래서 이렇게 말했다.

"지금이 참외가 익을 때이니 내년에 참외가 다시 익을 때 교대 군사를 보내주마."[8]

두 장수는 규구로 가서 주둔했다.

어느덧 1년의 세월이 훌쩍 지났다. 어느 날 수졸戍卒 하나가 새 참외를 진상했다. 두 장수는 참외가 익을 때 교대해주겠다는 약속이 생각났다.

"지금이 바로 교대 시기인데, 어째서 주상께서는 사람을 보내지 않는 것인가?"

그리하여 특별히 심복을 도성으로 보내 상황을 탐지하게 했다. 그러자 제나라 군주가 곡성穀城으로 가 문강과 환락을 즐기면서 벌써 한 달째 돌아오지 않고 있다는 소식이 들려왔다. 연칭이 노발대발하며 소리쳤다.

"군부인 왕희께서 돌아가신 뒤 내 여동생이 새 군부인이 되어야 하거늘, 무도하고 어리석은 군주가 윤리는 돌아보지도 않고 날마다 바깥에서 음란한 쾌락에만 탐닉하며 우리를 변방 구석에 내버려두다니, 내 기필코 이놈을 죽이리라!"

그러고는 관지보에게 말했다.

"자네가 나의 한 팔이 되어줄 수 있겠는가?"

관지보가 말했다.

8_ 급과이대及瓜而代: 참외(오이)가 익을 때 임무를 교대해준다는 뜻. 교체 시기가 되면 새로운 사람으로 임무를 바꾸어준다는 의미다. 그러나 아래 대목에서 보듯 제 양공은 연칭과 관지보에게 임무 교대 약속을 지키지 않아서 결국 시해되었다. 따라서 처음에 굳은 약속을 했다가 나중에 그것을 지키지 않는다는 의미로도 쓰인다.(『좌전』 장공莊公 8년)

"참외가 익을 때 교대해준다는 건 주상이 친히 허락한 일이오. 아마도 잊고 있는 듯하니 차라리 직접 교대를 요청하는 것이 더 낫겠소. 군사들이 모두 원망하는 마음을 가져야 거사에 동원할 수 있을 것이오."

연칭이 말했다.

"좋다!"

이에 사람을 보내 양공에게 참외를 바치며 교대를 요청했다. 양공이 화를 내며 말했다.

"군사의 임무를 교대하는 건 과인 마음대로다. 그런데 어찌하여 감히 교대를 요청하는가? 다시 참외가 익을 때까지 1년 더 기다려라."

보고를 받고 연칭은 분노에 몸을 떨며 관지보에게 말했다.

"이제 거사를 일으키려면 어떤 계책을 써야 하겠는가?"

관지보가 말했다.

"무릇 거사를 할 때는 반드시 받들어 모실 분이 있어야 성공할 수 있소. 공손무지公孫無知는 바로 공자 이중년의 아들이오. 선군 희공게서는 같은 어머니에게서 난 아우였기 때문에 중년도 총애했고 무지도 사랑했소. 그래서 어려서부터 궁중에서 기르며 의복과 예절을 모두 세자와 다름없이 해주었소. 이번 주상이 즉위하고 나서도 무지는 계속 궁중에서 살았소. 그러다가 무지가 주상과 씨름을 한 적이 있는데, 그때 무지가 발을 걸어 주상을 땅에 쓰러뜨리자 주상이 아주 불쾌해했소. 또한 어느 날 무지는 대부 옹늠雍廩과 말다툼을 한 적이 있소. 주상은 그의 태도가 불손하다고 화를 내면서 마침내 궐 밖으로 쫓아내고 품계와 녹봉을 절반으로 깎았소. 그래서 무지는 주상에게 한을 품은 지 상당히 오래됐소. 지금도 무지는 늘 반란을 일으킬 생각을 하지만 도와주는 사람이 없음을 한탄하고 있소. 무지와 비밀리에 연락하는 것이 좋겠소. 그 후 안팎에서 호응하면 거사가 반드시 성공할 것이오."

연칭이 말했다.

"언제가 좋겠는가?"

관지보가 말했다.

"주상은 군사 일을 좋아하고 사냥도 좋아하오. 맹호가 소굴을 떠나면 제압하기 쉬울 것이오. 궁궐을 떠나는 시기를 미리 알아 그 기회를 놓치지 않으면 될 것이오."

연칭이 말했다.

"내 누이가 궁중에 있지만 주상에게서 총애를 잃고 원망을 품고 있다. 지금 무지와 연락하여 내 누이와 계책을 함께 꾸미게 하고, 주상의 빈틈을 노려 밤을 도와 우리에게 연락하게 한다면 일이 잘못되지 않을 것이다."

이에 다시 심복을 보내 공손무지에게 서찰을 올렸다. 서찰의 내용은 이러했다.

어지신 공손公孫.

제후의 손자께서는 선군 재위 시에 적자와 같은 총애를 받으셨습니다. 그런데 하루아침에 품계를 깎이시니 길 가는 사람도 모두 불평을 합니다. 게다가 지금 주상은 음란하고 우둔함이 날마다 심해져서 명령에 일정한 법도가 없습니다. 저희는 규구에서 오래도록 변방을 지키고 있지만 참외가 익을 때가 되어도 임무를 교대해주지 않고 있습니다. 삼군의 병졸들도 울분을 터뜨리며 반란을 생각하고 있습니다. 만약 거사를 도모할 기회가 있으시다면 연칭 등 이곳 군사가 견마지로犬馬之勞를 다하여 힘껏 공을 추대할까 합니다.

연칭의 사촌 여동생은 궁중에서 총애를 잃고 원망을 품고 있으니 하늘이 공손을 도와 내응內應의 보조자가 되게 하신 듯합니다. 절대로 기회를 놓치지 마옵소서.

공손무지는 서찰을 읽고 크게 기뻐하며 답장을 보냈다.

하늘이 음란한 자를 혐오하사 장군의 충정을 열어주신 듯하오. 삼가 보내주신 말씀대로 따르도록 하겠소. 조만간 보고를 올리겠소.

공손무지는 시녀를 시켜 연비連妃에게 서찰을 보냈고 아울러 연칭의 서찰을 함께 보여주며 이렇게 말하도록 했다.

"만약 거사가 성공하면 그대를 내 부인으로 삼겠소."

연비도 허락했다.

주 장왕 11년 초겨울 10월, 제 양공은 고분姑棼(山東省 博興) 들판에 패구貝邱라는 산이 있고 거기에 짐승이 많이 모여들어 사냥할 만한 장소란 걸 알고 있었다. 이에 비費 내시內侍(도인徒人 비費) 등을 시켜 미리 경계하게 하고 병거도 정돈해두게 했다. 그러고는 다음 달에 그 들판으로 사냥을 가기로 했다. 연비는 궁녀를 시켜 공손무지에게 서찰을 보냈고, 무지는 다시 밤낮없이 서찰을 규구로 보내 연칭과 관지보 두 장군에게 사실을 알렸다. 그리하여 11월 초순에 함께 거사하기로 약속했다. 연칭이 말했다.

"주상이 사냥을 나가면 도성 안은 텅 비게 될 터인즉 우리가 군사를 이끌고 도성 문 안으로 쳐들어가 공손무지를 보위에 올리는 것이 어떻겠는가?"

관지보가 말했다.

"주상은 지금 이웃 나라와 화목하게 지내고 있소. 만약 이웃 나라 군사를 빌려 우리를 토벌하러 오면 어떻게 막을 수 있겠소? 차라리 고분에 복병을 매복한 뒤 먼저 우매한 임금을 죽이는 것이 더 나을 것이오. 그런 뒤 공손을 받들어 즉위케 하면 만전을 기할 수 있을 것이오."

당시 규구의 병졸들은 외지에서 오랜 병역에 시달려 집을 생각하지 않는 사람이 없었다. 그래서 연칭이 비밀리에 각기 마른 식량을 준비하고 패구산으로 간다는 명령을 전달하자 모든 군사가 기뻐 따르지 않는 사람이 없었다.

제 양공은 11월 초하룻날 어가를 몰고 사냥에 나섰다. 수행원은 역사 석지분여石之紛如 및 총신 맹양孟陽 등 몇몇뿐이었다. 그들에게 사냥을 위해 매와 사냥개를 준비하게 하면서도 대신은 한 사람도 따라오지 못하게 했다. 먼저 고분에 도착하니 원래 지어놓은 행궁이 있었고 그곳에서 노느라 하루를 보냈다. 그곳 백성이 술과 고기를 바쳤고 제 양공은 한밤중까지 즐겁게 술을 마셨다. 그러고는 마침내 그곳에서 유숙했다. 다음 날 사냥 수레를 타고 패구산으로 갔다. 연도에 수목이 울창했고 등 넝쿨이 하늘을 가리고 있었다. 제 양공은 높은 언덕에 수레를 멈추고는 숲에 불을 지르라고 명령했다. 그런 뒤 힘을 합쳐 짐승을 포위하고 화살을 쏘며 매와 사냥개를 풀어놓을 작정이었다. 바람을 타고 불길이 세차게 번지자 여우와 토끼 같은 짐승들이 동분서주 사방으로 달아났다. 그때 갑자기 큰 돼지 한 마리가 나타났다. 소처럼 생겼지만 뿔은 없었고, 호랑이처럼 생겼지만 얼룩이 없었다. 불길 속에서 뛰쳐나와 양공이 있는 높은 언덕으로 올라가서 수레 앞에 쭈그리고 앉았다. 그때 사람들은 모두 사냥을 하러 수레를 몰고 간 뒤라 오직 맹양만 제 양공 곁에 서 있었다. 양공이 맹양을 돌아보며 말했다.

"너는 나를 위해 저 돼지를 쏘아라."

맹양이 눈을 휘둥그레 뜨고 바라보다가 깜짝 놀랐다.

"돼지가 아닙니다. 바로 공자 팽생彭生입니다!"

양공이 노발대발하며 소리쳤다.

"팽생이 어찌 감히 나를 만나러 올 수 있단 말이냐?"

바로 맹양의 활을 빼앗아 직접 돼지를 쏘았다. 그러나 연거푸 세 발을 쏘아도 맞지 않았다. 그 거대한 돼지는 몸을 곧추세우고 앞발을 앞으로 모은 채 사람처럼 걸으며 큰 소리로 울었다. 그 애통한 소리가 차마 듣기 어려울 정도였다. 양공은 겁이 나서 모골이 송연해졌고 수레에서 떨어져 왼발을 다치면서 비단 신발絲文履 한 짝이 벗겨졌다. 그 신발을 돼지가 물고 달아나다가 갑자기 눈앞에서 사라졌다. 염옹이 이 일을 시로 읊었다.

노 환공은 지난날 수레에서 죽었는데	魯桓昔日死車中
오늘날 수레에선 제 양공이 귀신 봤네	今日車中遇鬼雄
원통히 죽은 팽생이 악귀로 변한 건데	枉殺彭生應化厲
제아(양공)는 부질없이 화살만 쏘아댔네	諸兒空自引雕弓

비費 내시와 시종들이 제 양공을 부축해 일으켜 수레에 눕게 하고, 사냥을 파한다는 명령을 내린 뒤 급히 고분의 행궁으로 돌아가 투숙했다. 양공 자신도 정신이 아득하고 마음이 초조함을 느꼈다. 군중에서는 벌써 이경二更(밤 9시)을 알리는 딱따기 소리가 들렸다. 양공은 왼발이 아파서 몸을 뒤척이며 잠을 이룰 수 없었다. 맹양에게 말했다.

"과인을 부축하여 천천히 몇 걸음 걷도록 도와다오."

齊襄公出獵遇鬼

제 양공이 사냥 도중 귀신을 만나다.

그런데 좀 전에 수레에서 떨어질 때 너무 황급하여 신발을 잃어버린 것도 몰랐는데 이제야 그 사실을 알게 되었다. 그래서 비 내시에게 신발을 찾았는지 추궁했다. 비가 말했다.

"신발은 그 큰 돼지가 물고 갔습니다."

양공은 그 말에 증오심을 느끼고 노발대발했다.

"네놈이 과인을 따라다니면서 과인의 신발이 있는지 없는지도 모른단 말이냐? 만약 그 괴물이 물고 갔다면 어찌 그때 일찍 말하지 않았느냐?"

그러면서 직접 가죽 채찍을 들고 비의 등짝을 후려치기 시작했다. 피가 흘러 땅을 가득 적시자 겨우 손을 멈추었다. 비는 채찍을 맞고 눈물을 흘리며 문밖으로 나오다가 마침 연칭과 마주쳤다. 그는 여러 사람을 이끌고 안쪽의 동정을 염탐하다가 비가 나오는 것을 보고 바로 붙잡아 포박했다. 비에게 물었다.

"무도하고 우매한 임금은 지금 어디 있느냐?"

"침전에 있소."

"침대에 누웠는가?"

"아직 눕지 않았소."

연칭이 칼을 들고 비를 베려 했다. 비가 말했다.

"나를 죽이지 마시오. 내가 앞장서서 여러분의 눈과 귀가 되어드리겠소."

연칭이 그 말을 믿지 못하자 비가 말했다.

"나도 방금 채찍으로 맞아 상처가 생겼소. 나도 저 도적놈을 죽이고 싶소!"

그러고는 옷을 벗고 채찍 맞은 등을 보여주었다. 연칭은 피와 살이 짓이겨진 처참한 모습을 보고 마침내 비의 말을 믿게 되었다. 그리하여 포박을 풀어주고 안쪽에서 호응하도록 당부했다. 또한 곧바로 관지보를 불러 군사들을 이끌고 행궁으로 밀고 들어오라고 명령했다.

한편 비는 몸을 돌려 침전 문 안으로 들어서다가 바로 석지분여를 만나 연칭의 반란 소식을 알렸다. 그리고 침전으로 가서 양공에게 고했다. 양공은 당황하며 어쩔 줄 몰라 했다. 내시가 말했다.

"사태가 위급합니다. 한 사람을 주상전하로 변장시켜 침대에 누워 있게 하고 주상께서는 안쪽 문 뒤쪽에 몸을 숨기십시오. 다행히 창졸지간에 알아보지 못하면 참화를 벗어날 수도 있을 것입니다."

맹양이 말했다.

"신이 주상전하의 과분한 은혜를 입었으니 이 몸으로 주상전하를 대신하겠습니다. 감히 죽음을 아끼지 않겠습니다."

맹양은 바로 침대에 누워 얼굴을 안쪽으로 돌렸다. 제 양공은 친히 비단 용포를 벗어 맹양을 덮어주고 안쪽 문 뒤에 숨었다. 그러고는 비를 보고 물었다.

"너는 어찌하려느냐?"

"신은 석지분여와 힘을 합쳐 적을 막아내겠습니다."

"등의 상처는 아프지 않으냐?"

"신은 이제 죽음도 피하지 않을 것인데, 등의 상처가 무슨 대수이겠습니까?"

양공이 탄식했다.

"너는 충신이로다!"

비는 석지분여에게 시종들을 이끌고 중문을 지키게 하고 자신은 단신으로 날카로운 칼을 들고 적을 인도하는 척하면서 연칭을 찔러 죽일 심산이었다.

그때 적들이 이미 대문으로 진격해 들어왔고 연칭이 선두에서 칼을 든 채 길을 열고 있었다. 관지보는 문밖에 군사를 도열시키고 만일의 사태에 대비하고 있었다. 비는 연칭이 사나운 기세로 밀고 들어오는 것을 보고 길을 인도할 겨를도 없이 앞으로 한 걸음 달려나가 칼을 휘둘렀다. 그러나 연칭이 두꺼운 갑옷을 입고 있어서 칼날이 들어가지 않을 줄 누가 상상이나 했겠는가? 비는 오히려 연칭에게 한칼을 맞고 두 손가락이 잘려나갔다. 그리고 다시 또 한칼을 맞고 머리가 둘로 갈라져 방문 가운데서 죽었다. 석지분여는 창을 빼들고 전투를 벌였다. 10여 합을 겨루는 동안 연칭이 빙빙 돌며 한 걸음 한 걸음 전진해왔다. 석지분여는 점점 뒤로 물러서다가 돌계단에 발이 걸려 주저앉았고 그때 연칭의 칼을 맞고 쓰러져 죽었다. 마침내 침전으로 들어서자 그곳을 지키던 시종들이 놀라 흩어졌다. 드리워진 꽃무늬 휘장 안에 한 사람이 누워서 비단 용포를 덮고 있었다. 연칭이 검을 들어 내리치자 머리가 베개 밖으로 떨어져 나왔다. 횃불을 들어 비춰보니 젊은 나이에 수염이 없는 얼굴이었다. 연칭이 말했다.

"이놈은 임금이 아니다!"

군사를 시켜 방 안을 샅샅이 뒤졌으나 종적을 찾을 수 없었다. 연칭이 직접 횃불을 들고 안쪽 문지방 아래를 비춰보니 비단 신발 한 짝이 놓여 있었다. 그제야 문 뒤에 사람이 숨어 있다는 걸 알게 되었다. 그것이 양공 제아가 아니면 누구이겠는가? 문을 열고 들여다보니 그 어리석은 임금이 발이 아파서 몸을 쪼그리고 앉아 있었다. 비단 신발 한 짝은 여전히 그의 발에 신겨져 있었다. 연칭이 본 비단 신발 한 짝은 바로 낮에 돼지가 물고 간 것이었다. 그것이 어떻게 문지방 아래 놓여 있는지 알 수 없었다. 분명히 원한을 품은 귀신이 한 짓일 것이니 어찌 두렵지 않으리오? 연칭은 임금 제아를 알아보고 병아리를 잡아채듯 한 손으로 문밖으로 끌고 나와 땅바닥에 내던지며 욕을 해댔다.

"무도하고 어리석은 놈아! 너는 해마다 군사를 동원하여 무력을 행사하며 백성에게 재앙을 남겼다. 이것은 불인不仁 죄에 해당된다. 또 아버지의 유언을 어기고 공손무지를 소원하게 대했다. 이것은 불효不孝 죄에 해당된다. 남매간에 대놓고 음행을 하며 거리낌이 없었다. 이것은 무례無禮 죄에 해당된다. 먼 변방에 보낸 군사를 생각지도 않고 참외가 익을 때가 돼도 교대병을 보내지 않았다. 이것은 불신不信 죄에 해당된다. 어짊仁, 효도孝, 예의禮, 신의信, 이 네 가지 덕을 모두 잃었으니 어찌 사람이라 할 수 있겠느냐? 나는 오늘 노 환공을 위해 복수하는 것이다."

그러고는 마침내 제 양공의 몸을 여러 토막으로 나누고 침대보로 싸서 맹양의 시체와 함께 대문 아래에 묻었다. 양공의 재위 시간을 계산해보면 겨우 5년에 불과하다. 사관이 이 일을 논평했다.

"제 양공은 대신을 멀리하고 소인배들과 친하게 지냈다. 석지분여, 맹양, 비 내시 등은 평소에 사사롭게 받은 은혜 때문에 혼란 속에서도 임금을 따르며 목숨을 기꺼이 바쳤지만 충신의 위대한 절개를 행했다고는 할 수 없다. 연칭과 관지보는 단지 변방 근무를 오래 교대해주지 않는다고 마침내 찬역 행위를 했으니, 이는 양공의 악행이 이미 가득 차서 하늘이 두 사람의 손을 빌렸을 따름이다. 팽생은 사형에 임하여 '죽어서 요괴가 되어 네 목숨을 취하겠다'고 고함을 쳤는데, 큰 돼지의 모습으로 나타난 것은 결코 우연이 아니다."

염옹이 시를 지어 내시 비와 석지분여 등의 죽음을 읊었다.

주상 위해 희생함이 모두가 충정이랴	捐生殉主是忠貞
비 내시와 석지분여 좋은 이름 못 남겼네	費石千秋無令名
어리석은 임금 따라 죽는 것도 사절이면	假使從昏稱死節
비렴과 숭호도 정려각을 받으리라9	飛廉崇虎亦堪旌

또 제 양공의 행적을 탄식한 시가 있다.

세찬 화염 타오르며 군주가 죽는 날에	方張惡焰君侯死
흉한 위세 그칠 무렵 큰 돼지가 날뛰었네	將熄兇威大豕狂
악행이 가득 차면 죽지 않는 자 없는 법	惡貫滿盈無不斃
선한 일을 권할 때는 상의할 것도 없느니라	勸人作善莫商量

연칭과 관지보는 군사를 다시 정비하여 멀리 제나라 도성으로 말을 달렸다. 공손무지는 미리 사병私兵을 모아두고 있다가 제 양공이 죽었다는 소식을 듣고 군사를 이끌고 나가 성문을 열고 연칭과 관지보 두 장수를 성안으로 맞아들였다. 두 장수가 짐짓 이렇게 말했다.

"일찍이 선군이신 희공僖公의 유명을 받았으니 이제 공손무지 공을 받들어 보위에 모시고자 한다."

이에 공손무지는 연비를 부인으로 삼았다. 또 연칭을 정경正卿으로 모셔

9_ 비렴飛廉은 은나라 마지막 임금 주왕紂王의 폭정을 도운 간신이고, 숭호崇虎는 숭후호崇侯虎다. 역시 은나라 주왕 때 간신. 당시 현인으로 민심을 얻고 있던 주나라 서백西伯(문왕文王)을 참소하여 유리羑里의 감옥에 갇히게 했다. 비렴은 주 무왕이 은 주왕을 정벌할 때 주살되었고, 숭후호는 그전에 주 문왕이 정벌하여 죽였다.

국구國舅라 부르고 관지보는 아경亞卿으로 삼았다. 여러 대부는 마지못해 벼슬을 받기는 했지만 마음으로는 불복했다. 오직 옹늠만이 재삼 머리를 조아리며 지난날 공손무지와 말다툼했던 죄를 사과했다. 그 태도가 매우 비굴했다. 공손무지가 그를 용서하고 여전히 대부로 삼았다. 고혜高傒와 국의중國懿仲은 병을 핑계로 조정에 나오지 않았으나 공손무지는 그들을 감히 내쫓을 수 없었다. 관지보는 공손무지에게 현인을 초빙하는 방을 내걸고 사람들의 신망을 얻으라고 권했다. 그리고 내친김에 자신의 친족의 아들인 관이오管夷吾(관중管仲)를 천거했고 공손무지도 사람을 보내 그를 불렀다. 관이오가 그 부름에 응할지 어떨지는 다음 회를 보시라.

제15회

왜 공자 규를 도왔던가

옹 대부는 계략으로 공손무지를 죽이고
노 장공은 건시에서 큰 싸움을 벌이다
雍大夫計殺無知, 魯莊公乾時大戰.

관이오管夷吾는 자가 중仲으로, 태어나면서부터 탁월한 용모에 정신까지 활달했다. 게다가 온갖 전적에 달통하여 고금의 사적을 두루 꿰뚫고 있었다. 가히 하늘과 땅을 아우르는 재주와 세상과 시대를 구제할 만한 대책을 지니고 있다고 할 만했다. 포숙아鮑叔牙와 함께 장사를 할 때 돈을 나누게 되면 관이오는 늘 두 배 이상 많이 가져갔다. 포숙아를 따르는 사람들이 불평을 하면 포숙아는 이렇게 말했다.

"관중이 이 구구한 돈을 탐한 것이 아니라 집안이 가난하여 자급자족 할 수 없기 때문에 내가 스스로 양보한 것이다."

또 일찍이 군사를 거느리고 출정했을 때도 전투가 벌어지면 문득 맨 뒤로 처졌고, 회군할 때는 언제나 선두에 섰다. 군사들이 그의 비겁함을 비웃을 때에도 포숙아는 이렇게 말했다.

"관중은 노모가 살아 계시기 때문에 자신의 몸을 아껴 봉양해야 한다. 그러니 그가 어찌 진짜 겁쟁이겠는가?"

또 관중은 자주 포숙아와 일을 의논하면서도 흔히 자신에게 유리하게 계책을 꾸몄다. 포숙아가 말했다.

"사람에게는 본디 때를 만날 적과 불우할 적이 있는데 관중이 만약 때를 만나면 틀림없이 백 가지 중 한 가지도 실수하지 않을 것이다."

관중이 그 말을 듣고 감탄했다.

"나를 낳아주신 분은 부모이지만, 나를 알아주는 사람은 포숙아로다!"

그리하여 마침내 생사를 함께하는 벗이 되었다.[1]

제 양공襄公이 된 제아諸兒가 즉위하여 장자를 낳으니 그 이름이 규糾이고 노나라 여인 소생이다. 차자는 이름이 소백小白으로 거莒나라 여인 소생이다. 모두가 서출이었지만 나이가 성년에 이르러 스승을 모시고 가르침을 받아야 했다. 관중이 포숙아에게 말했다.

"주상에게 두 아들이 있으니 훗날 후사를 이을 이는 규 아니면 소백일 것이다. 자네와 내가 각각 저들 형제 한 사람씩을 가르쳐 나중에 보위를 잇는 날에 서로가 서로를 추천하는 것이 어떻겠는가?"

포숙아도 그 말이 그럴듯하다고 생각했다. 이에 관중은 소홀召忽과 함께 공자 규의 사부가 되었고 포숙아는 공자 소백의 사부가 되었다. 제 양공이 문강을 작禚 땅에서 만나려 할 때 포숙아가 소백에게 말했다.

"주상께서 음행으로 소문이 나서 백성이 비웃고 있습니다. 오늘 그것을 그치게 할 수 있다면 지금까지의 행적은 가려질 수 있을 것입니다. 그러나

1_ 관포지교管鮑之交: 여기서 서로 마음을 알아주는 벗이란 의미의 고사성어 관포지교가 나온다.(『열자列子』 「역명力命」)

다시 왕래를 계속하면 제방이 터진 못물처럼 마침내 범람하여 걷잡을 수 없게 될 것입니다. 공자께서는 반드시 간언을 올리시옵소서!"

과연 소백이 들어가 양공에게 간언을 올렸다.

"노나라 군주의 죽음에 온갖 말이 나돌고 있습니다. 남녀 간의 의심스러운 일은 피하지 않을 수 없습니다."

양공이 화를 내며 말했다.

"어린 놈이 어찌 그리 말이 많으냐?"

그러고는 발길로 소백을 걷어찼다. 소백은 종종걸음으로 밖으로 물러나고 말았다. 포숙아가 말했다.

"제가 듣건대, '이상한 음행을 즐기는 사람은 반드시 이상한 재앙을 당한다'고 합니다. 제가 공자와 다른 나라로 가서 후일을 도모해야 할 것 같습니다."

소백이 물었다.

"어느 나라로 가면 좋겠소?"

포숙아가 대답했다.

"대국은 그 희로애락을 짐작할 수 없으니, 외가인 거나라로 가는 게 좋을 것 같습니다. 거나라는 소국인 데다 우리 제나라와도 가깝습니다. 나라가 작으므로 우리를 업신여기지 못할 것이고, 거리가 가까우므로 아침저녁이면 돌아올 수 있을 것입니다."

소백이 말했다.

"좋소!"

그러고는 함께 거나라로 도망갔다. 제 양공은 그 소문을 듣고도 돌아오라고 하지 않았다. 공손무지가 보위를 찬탈하고 나서 관중을 불렀다. 그러나 관중은 이렇게 말했다.

"이 사람들이 자기들 목에 칼이 들어오고 있는데도 사람을 피곤하게 하려는 것인가?"

그리하여 마침내 소홀과 상의하여 공자 규를 모시고 규의 외가인 노나라로 도망쳤다. 노 장공莊公은 그들을 생두生竇(山東省 鄆城 서남) 땅에 살게 하고 매달 일용품과 먹을 것을 제공했다.

노 장공 12년 봄 2월은 제나라 공손무지의 원년이었다.[2] 만조백관들이 원단元旦(정월 초하루) 하례를 하기 위해 조정에 모였다. 이들은 안하무인으로 사람들을 대하는 연칭과 관지보의 태도를 보고 누구나 할 것 없이 분한 마음을 품었다. 옹늠은 백관의 마음이 이들 두 사람에게 쏠리지 않는 것을 보고 거짓말을 했다.

"노나라에서 온 어떤 문객의 전언에 의하면 공자 규가 노나라 군사를 거느리고 우리 제나라를 정벌하러 온다 하오. 여러분은 아직 못 들으셨소?"

대부들이 모두 말했다.

"못 들었소."

그러자 옹늠은 더 이상 아무 말도 하지 않았다. 퇴조 후에 대부들은 약속을 정해 함께 만난 뒤 모두 옹늠의 집으로 가서 공자 규가 제나라를 정벌한다는 소식에 대해 물었다. 옹늠이 말했다.

"여러 대부께서는 이 일을 어떻게 하시겠소?"

동곽아東郭牙가 대답했다.

"선군은 무도했지만 그 아드님은 무슨 죄가 있겠소? 우리는 날마다 그분

2_ 이 진술은 착오로 보인다. 제나라 공손무지 원년은 주 장왕 12년이다.

이 오기를 기다리고 있소."

대부들 중에는 눈물을 흘리는 사람도 있었다. 옹늠이 말했다.

"제가 지금 무릎을 꿇고 사는 것이 어찌 인간다운 마음이 없어서겠소? 다만 마지못해 몸을 굽혀 뒷일을 도모하기 위함이오. 여러분께서 도움을 주시어 함께 임금을 시해한 역적을 제거하고 선군의 아드님을 보위에 모실 수만 있다면 이 어찌 의거가 아니겠소?"

동곽아가 그 계책을 물었다. 옹늠이 대답했다.

"고경중高敬仲(고혜高傒)은 대대로 벼슬을 해온 중신이오. 평소에 재주와 명망이 있어서 사람들이 모두 신복信服하오. 연칭과 관지보 두 역적도 그분의 격려를 들으면 천금보다 더 귀중하게 생각할 것이지만 다만 칭찬을 들을 수 없음을 한탄하고 있을 뿐이오. 만약 경중이 술상을 차려놓고 두 역적을 부른다면 놈들은 흔쾌히 달려갈 것이오. 또 나는 거짓으로 공자 규의 정벌 소식을 공손무지에게 직접 말하겠소. 그자는 어리석고 용기가 없소. 내게 가까이 오기를 기다렸다가 갑자기 칼로 찌르면 누가 그자를 구원할 수 있겠소? 그 후 불을 피워 신호를 보내면 여러분은 고경중 집 대문을 걸어 잠그고 두 역적을 주살하시오. 그러면 손바닥 뒤집기보다 더 쉽게 일을 처리할 수 있을 것이오."

동곽아가 말했다.

"고경중이 비록 그자들을 원수처럼 미워하지만 스스로의 가치를 떨어뜨리는 일에 억지로 참여하려고 하지 않을 것이오. 그러니 내가 온 힘을 다해 반드시 참여하도록 만들겠소."

그리하여 마침내 옹늠의 계략을 고혜高傒(자는 경중敬仲)에게 알렸다. 고혜도 자신의 참여를 허락했다. 그리고 바로 동곽아에게 명령을 내려 연칭과 관지보에게 자신의 뜻을 알리라 했고, 두 사람은 모두 날짜에 맞춰 고혜의 집으로 왔다. 고혜는 술잔을 잡고 말했다.

"선군께서 언행에 덕을 많이 잃어 노부는 날마다 나라가 망할까 걱정이었소. 이제 다행히 두 대부께서 새로운 주상을 세우시니, 노부도 이제 가묘家廟(집안 사당)를 지킬 수 있게 되었소. 지난번에는 노환이 심해져서 조회에 참여할 수 없었소. 이제 다행히 미천한 몸이 다소 차도가 있어 특별히 술 한 잔을 올려 두 분 은혜에 보답하고 아울러 내 자손들을 잘 부탁하려하오."

연칭과 관지보는 짐짓 겸양의 언사를 그치지 않았다. 고혜는 대문을 굳게 닫으라고 명령하며 말했다.

"오늘 술자리는 기쁨을 다 누리기 전에는 그만두지 않을 것이다."

그러나 다른 한편으로는 벌써 문지기에게 다음과 같은 경계를 내려두었다.

"절대로 외부와 연락을 주고받지 말고 궁궐에서 불길이 솟거든 바로 와서 알리거라!"

한편 옹늠은 비수를 품고 곧바로 궁궐로 가서 공손무지를 만나 아뢰었다.

"공자 규가 노나라 군사를 이끌고 조만간 들이닥칠 거라 하오니 일찌감치 적을 맞아 싸울 계책을 마련해야 합니다."

무지가 물었다.

"국구國舅는 어디에 계시오?"

옹늠이 말했다.

"국구께선 관 대부와 교외로 놀러 나가서 아직 돌아오지 않았습니다. 백관들이 모두 조정에 모여 오로지 주상께서 이 일을 논의해주시기를 기다리고 있습니다."

공손무지가 그 말을 믿고 조정으로 나왔다. 공손무지가 아직 자리에 앉지도 않았는데, 대부들이 한꺼번에 몰려와 그를 둘러쌌고 옹늠은 이때 뒤에서 칼로 무지를 찔렀다. 피가 자리를 온통 흥건하게 적셨고 공손무지는 금방 숨을 거두었다. 공손무지가 임금 노릇을 한 날짜를 계산해보면 겨우 한 달이 조금 넘었을 뿐이다. 슬프다! 연連 부인은 변고를 듣고 궁중에서 스스로 목을 맸다. 사관이 이를 시로 읊었다.

총애를 받지 못해 제 양공과 서먹했으나	祇因無寵間襄公
무지와도 해로 못 함을 그 누가 알았으랴	誰料無知寵不終
한 달 부인 노릇에 세 자 비단에 목맸으니	一月夫人三尺帛
적막하나 독수공방하며 수절함이 어땠을까	何如寂寞守空宮

때맞춰 옹늠은 사람을 시켜 궁전 밖에서 연기를 피워 올리게 했다. 연기가 하늘로 치솟아 올랐다. 고혜가 막 두 손님에게 또다시 음식을 대접하려는데 갑자기 문밖에서 보고하는 소리가 들렸다.

"궁궐에서 연기가 솟아오르고 있습니다."

고혜는 즉시 몸을 일으켜 안채로 들어가버렸다. 연칭과 관지보는 예기치 않게 무슨 일이 일어났는지를 몰라 그 까닭을 물어보려던 참이었다. 그때 곁채에 매복해 있던 장사들이 갑자기 뛰어들어 두 사람의 몸을 여러 토막으로 난도질했다. 함께 왔던 수행원들도 몸에 바늘 조각 하나 지니지 않아 한꺼번에 모두 목숨을 잃었다. 옹늠과 대부들이 계속 고혜의 집으로 모여들었다. 그들은 앞으로의 일처리를 함께 상의한 후 두 사람의 심장과 간을 파내 제 양공에게 제사를 올렸다. 또 한편으로 사람을 고분姑棼의 행궁으

雍大夫計誅無知

옹 대부가 공손무지를 죽이다.

로 보내 양공의 시신을 파서 다시 예에 맞춰 염을 하고 빈소에 모셨다. 그리고 다른 한편으로는 사람을 노나라로 보내 공자 규를 모셔와 보위에 올리기로 했다.

노 장공은 그 소식을 듣고 몹시 기뻐하며 바로 공자 규를 위해 군사를 일으키려 했다. 시백施伯이 간언을 올렸다.

"제나라와 노나라는 서로 강약이 다릅니다. 제나라에 임금이 없으면 우리 노나라에게는 이익입니다. 청컨대 군사를 움직이지 마시고 사태의 변화를 관망하시옵소서."

노 장공은 주저하며 결정을 하지 못했다. 이때 부인 문강은 제 양공이 시해됨에 따라 축구祝邱에서 노나라로 돌아와 있었다. 문강은 밤낮으로 아들 노 장공에게 군사를 일으켜 제나라로 가서 공손무지의 죄를 토벌하고 자기 오라비에 대한 복수를 해야 한다고 부추겼다. 그러던 차에 공손무지가 주살당했다는 소식이 들려오고, 또 제나라 사신이 공자 규를 보위에 올리기 위해 왔다고 하자 기쁨의 감정을 억누를 수 없었다. 문강은 공자 규를 돕기로 작정하고 노 장공을 재촉하여 군사행동에 나서도록 했다. 장공은 어머니의 명령에 시달리다가 결국 시백의 간언을 듣지 않았다. 그리하여 친히 병거 300승을 거느리고 조말曹沫을 대장으로, 그리고 진자秦子를 좌군장으로, 양자梁子를 우군장으로 삼아 공자 규를 호위하기 위해 제나라로 들어갔다. 관중管仲이 노 장공에게 말했다.

"제나라 공자 소백小白이 거나라에 있습니다. 거나라는 노나라보다 제나라에 가깝습니다. 만약 소백이 먼저 귀국하면 주객이 뒤집힐 것입니다! 청컨대 신에게 좋은 말을 빌려주시면 먼저 가서 소백을 처리하겠습니다."

노 장공이 말했다.

"병력이 얼마나 필요하오?"

관중이 대답했다.

"30승이면 족합니다!"

한편 공자 소백은 제나라에 난리가 일어나 임금이 없다는 소식을 듣고 포숙아와 대책을 의논했다. 그리고 거나라 군주에게 병거 100승을 내어 제나라로 호송해달라고 했다. 한편 저쪽의 관중은 군사를 이끌고 밤낮없이 말을 몰아 즉묵卽墨(山東省 卽墨) 땅에 도착했다. 그러나 거나라 군사가 이미 지나갔다는 소식을 듣고 그 뒤를 추격하기 시작했다. 그렇게 30여 리를 더 가서 병거를 멈추고 밥 짓는 거나라 군사와 만났다. 관중은 소백이 수레에 단정하게 앉아 있는 것을 보고 앞으로 나아가 허리를 구부리며 말했다.

"공자께서는 그간 무고하신지요? 지금 어디로 가십니까?"

소백이 말했다.

"아버지의 장례에 달려가는 길이오!"

관중이 말했다.

"장자인 규 공자께서 상주가 되실 것이니 소백 공자께서는 고생할 필요 없이 좀 늦추셔도 될 듯합니다."

포숙아가 말했다.

"자네는 물러나게. 각기 주인을 위하면 되지 여러 말이 필요 있는가?"

관중은 거나라 군사가 눈을 부릅뜨고 노려보며 싸울 태세를 갖추고 있는 것을 보고는 자신의 군사가 중과부적임을 알고 겁이 났다. 그래서 거짓으로 수긍하는 척하며 뒤로 물러났다. 그러다가 갑자기 활을 당겨 소백을 겨냥해 화살을 날렸다. 소백이 큰 비명을 지르며 입으로 선혈을 토하고 수레 위에 쓰러졌다. 포숙아가 황급히 구원하러 달려갔다. 주위 시종들이 모두 "큰일났다!"고 소리치며 일제히 곡을 하기 시작했다. 관중은 병거 30승을 거느리고 말채찍을 더욱 세차게 가하여 재빨리 그곳에서 도망쳤다. 관중은 길을 달리며 탄성을 질렀다.

"규 공자가 복이 있구나. 이제 임금이 되실 것이니!"

관중이 돌아와 노 장공에게 보고하자 장공은 술을 따라 공자 규에게 주며 경하의 인사를 했다. 이때부터 마음 놓고 연도의 읍장이 바치는 음식까지 먹으며 천천히 행진을 계속했다.

그러나 누가 알았으리오? 관중이 쏜 화살이 소백의 혁대 고리에 맞았을 줄이야. 소백은 관중의 활솜씨가 뛰어난 걸 알고 그가 다시 쏠까 두려워 짧은 순간 기지를 발휘해 혀끝을 깨물고 피를 토하며 쓰러진 척했다. 포숙아조차 속아 넘어갔을 정도였다. 포숙아가 말했다.

"관이오는 도망쳤지만 다시 올지도 모릅니다. 그러니 행진을 늦춰서는 안 됩니다."

이에 소백에게 변복을 하게 하고 눕는 수레에 태운 뒤 작은 지름길을 통해 질풍같이 달렸다. 임치臨淄 근처에 당도할 무렵 포숙아는 홀로 수레를 타고 먼저 도성으로 들어가 여러 대부를 일일이 찾아뵙고 공자 소백의 현명함을 크게 칭송했다. 대부들이 말했다.

"규 공자께서 도착하면 어떻게 처리해야 하오?"

포숙아가 말했다.

"우리 제나라는 두 임금이 연이어 시해되었소. 현명한 사람이 아니면 혼란을 수습할 수 없소. 게다가 규 공자를 맞이해야 하는데 소백 공자께서 먼저 당도하셨으니 이는 천명이오! 지금 노나라 군주는 규 공자를 우리 제나라 보위에 올리려고 하는데 앞으로 적지 않은 뇌물을 요구할 것이오. 지난날 송나라는 공자 돌突을 정나라 보위에 세운 뒤, 한도 끝도 없이 뇌물을 요구하여 여러 해 동안 병란이 그치지 않았소. 우리 제나라는 지금 또다시 재난을 겪고 있는데, 노나라의 요구를 감당할 수 있겠소?"

대부들이 말했다.

"그러면 노나라 군주의 요구를 어떻게 물리쳐야 하오?"

"우리가 벌써 임금을 세웠다고 하면 저들은 저절로 물러갈 것이오."

대부 습붕隰朋과 동곽아가 일제히 말했다.

"포숙아의 말이 옳소!"

이에 소백을 도성으로 맞아들여 즉위케 하니 이 사람이 바로 제 환공桓公이다. 염옹이 시를 지어 화살이 혁대 고리에 맞은 일을 읊었다.

노 장공은 기뻐하고 거나라 사람은 근심했지만　　　　魯公歡喜莒人愁

혁대 고리 맞힌 일을 누가 구구히 말하는가　　　　誰道區區中帶鉤

한순간의 임기응변 그 기지만 보더라도　　　　但看一時權變處

제후 통합할 지혜를 곧바로 알 수 있네　　　　便知有智合諸侯

포숙아가 말했다.

"노나라 군사가 아직 이르지 않았지만 미리 막아야 할 것이오."

이에 중손추仲孫湫를 보내 노 장공을 영접하게 하고 제나라에 이미 군주가 있음을 알리게 했다. 노 장공은 소백이 아직 죽지 않은 것을 알고 크게 분노하여 소리쳤다.

"보위는 장자가 이어야 하는 법이거늘 어린아이가 어찌 임금이 될 수 있단 말이냐? 과인이 빈손으로 삼군을 물릴 수는 없다."

중손추가 돌아와 사태를 보고했다. 제 환공이 말했다.

"노나라 군사가 물러나지 않으니 어찌하면 좋소?"

포숙아가 대답했다.

"우리 군사로 막으십시오!"

이에 왕자성보王子成父를 우군장으로 삼고 영월寧越을 그 부장으로 삼았으며, 동곽아를 좌군장으로 삼고 중손추를 그 부장으로 삼았다. 포숙아는 환공을 받들고 친히 중군장이 되었다. 또 옹늠을 선봉장으로 삼아 병거 500승을 거느리게 했다. 임무 분담이 정해지자 동곽아가 말했다.

"노나라 군주는 우리가 방비하고 있음을 알고 곧바로 달려들지는 않을 것이오. 건시乾時(山東省 桓臺 경내)에는 물과 풀이 있어 군사를 주둔시킬 수 있는 장소요. 만약 그곳에 군사를 매복시키고 기다리다가 저들의 허술한 틈을 보아 공격하면 반드시 승리할 수 있을 것이오!"

포숙아가 말했다.

"좋소!"

그리하여 영월과 중손추에게 각각 부대를 인솔하고 길을 나누어 매복하게 했다. 또 왕자성보와 동곽아는 다른 길로 노나라 군사의 후미를 기습하게 했고 옹늠은 앞에서 싸움을 걸며 적을 유인하게 했다.

노 장공이 공자 규와 건시에 당도했을 때 관중이 아뢰었다.

"소백이 이제 막 보위에 올라서 민심이 안정되지 않았을 것입니다. 이때를 틈타 조속히 공격하면 저들 내부에 반드시 변란이 일어날 것입니다."

노 장공이 말했다.

"관이오의 말대로라면 소백은 화살을 맞고 죽은 지 벌써 오래여야 할 게 아니냐?"

그러고는 마침내 건시에 진채를 세우라고 명령을 내렸다. 서로 20리 정도 떨어져서 장공은 앞에다 진을 쳤고, 공자 규는 그 뒤에다 진을 쳤다. 다음 날 아침 첩보가 있었다.

"제나라 군사가 이미 당도하여 선봉장 옹늠이 싸움을 걸어오고 있습니다."

노 장공이 말했다.

"먼저 제나라 군사를 격파하면 도성 안은 저절로 간담이 서늘해질 것이다!"

마침내 진자와 양자를 이끌고 병거를 몰아 앞으로 나아가 옹늠을 불러 친히 꾸짖었다.

"네놈이 처음 역적 죽일 음모를 꾸밀 때 내게 공자 규를 보위에 올리겠다고 하더니 지금은 또 마음이 바뀌었느냐? 대체 신의는 어디다 내버려둔 것이냐?"

그러고는 활을 당겨 옹늠을 쏘려 했다. 옹늠은 짐짓 부끄러운 척 머리를 감싸 쥐고 달아났다. 장공은 조말에게 추격 명령을 내렸다. 옹늠은 수레를 돌려 응전해왔으나 몇 합 겨루지도 않고 다시 달아나기 시작했다. 조말은 그를 놓치지 않으려고 평생의 용력을 다 발휘하여 화극畫戟을 쳐들고 뒤쫓아갔다. 그러나 포숙아가 이끄는 대군에 포위되고 말았다. 조말은 겹겹의 포위망에 갇혀 좌충우돌하다가 몸에 화살을 두 대나 맞고 죽을힘을 다해 가까스로 포위에서 벗어났다.

노나라 장수 진자와 양자는 조말이 함정에 빠질까 걱정하며 바로 적을 맞아 싸울 태세를 갖추고 있었다. 그때 문득 좌우에서 포성이 일제히 울리며 영월과 공손추가 이끄는 복병이 양쪽에서 몰려나왔다. 포숙아도 중군을 이끌고 마치 긴 담장을 펼친 것처럼 진격해왔다. 삼면에서 적을 맞은 노나라 군사는 감당할 수가 없어서 점점 도망치며 흩어졌다. 포숙아가 명령을 전했다.

"노나라 군주를 사로잡는 자에겐 만호萬戶의 고을을 상으로 주겠노라."

군사들에게 그 명령을 큰 소리로 전하게 했다. 노나라 장수 진자는 황급히 노나라 군주의 수놓은 황기黃旗를 뽑아 땅에 눕혔다. 그러나 양자는 다시 깃발을 들어 자신의 수레에 세웠다. 진자가 그 까닭을 묻자 양자가 대답했다.

"내가 제나라 군사를 속이려는 것이오."

노 장공은 사태가 긴박하게 돌아가자 병거에서 내려 병졸 복장으로 갈아입고 다른 수레를 타고 달아났다. 진자가 그 뒤를 바짝 뒤따르며 겹겹의 포위망을 뚫었다. 제나라 장수 영월은 멀리서 수놓은 깃발을 보고 길 아래 매복해 있다가 그것을 노나라 군주로 오인하고 군사를 지휘하여 겹겹이 에워쌌다. 그때 양자가 투구를 벗고 얼굴을 보이며 말했다.

"나는 노나라 장수다. 우리 주상께선 벌써 멀리까지 가셨을 것이다."

포숙아는 제나라 군사가 벌써 완전한 승리를 거두었음을 알고 징을 울려 군사를 불러들였다. 중손추는 노나라 군주의 수레를 바쳤고, 영월은 노나라 장수 양자를 바쳤다. 제 환공은 그를 군사들 앞에서 참하라고 명령했다. 제 환공은 왕자성보와 동곽아가 아직 소식이 없었기 때문에 영월과 중손추를 건시에 머물게 한 뒤, 대군을 거느리고 개선했다.

관중은 무기와 군수물자를 관리하기 위해 후방 진영에 있다가 전방 진영이 패배했다는 소식을 듣고 소홀召忽과 공자 규에게 진영을 지키게 한 뒤 모든 병거를 인솔하고 앞으로 맞아 싸우러 나갔다. 그러다가 마침 후퇴하

魯莊公乾時·大戰

노 장공이 건시에서 크게 싸우다.

는 노 장공을 만나 군사를 합쳤다. 조말도 남은 병거와 패잔병을 수습하여 도망쳐왔다. 군사를 점고해보니 열 명 중에 일곱 명은 사라지고 없었다. 관중이 말했다.

"우리 군사의 사기가 꺾여서 더 이상 머물 수가 없습니다."

그리하여 그날 밤으로 진채를 뽑아 물러났다.

행군한 지 이틀도 안 되어 갑자기 길을 막는 병거를 만났다. 바로 노나라 군사를 뒤따라온 왕자성보와 동곽아의 군사였다. 조말이 창을 높이 들며 크게 소리쳤다.

"주상께선 속히 떠나십시오. 저는 여기서 죽겠습니다!"

또 진자를 돌아보며 말했다.

"자네는 나를 도와주게!"

진자는 왕자성보를 맞아 치달려나갔고, 조말은 동곽아를 맞아 쇄도해나갔다. 관중은 노 장공을 보호했고, 소홀은 공자 규를 보호하며 길을 뚫었다. 붉은 옷을 입은 한 젊은 장수가 장공을 다급하게 추격해왔다. 장공은 화살 한 발을 그의 이마에 명중시켰다. 또 흰옷을 입은 장수가 추격해오자 장공은 또 그를 쏘아 죽였다. 제나라 군사가 조금 물러난 틈에 관중은 무기와 물자 그리고 갑옷과 말을 연도에 버리게 했다. 제나라 군사가 그것들을 약탈하는 틈에 가까스로 포위망을 벗어났다. 조말은 왼쪽 팔에 칼을 맞았으나 제나라 군사를 무수히 죽이고 포위망을 뚫었다. 진자는 진중에서 전사했다. 사관은 노 장공이 건시에서 패배한 건 자초한 일이라며 시를 지어 탄식했다.

공자 규는 근본이 원수의 자식인데　　　　　　　　　子糾本是仇人胤

하필이면 친위병으로 보위에 올리려 했나	何必勤兵往納之
깊은 원한 생각하면 불구대천 원수인데	若念深仇天不戴
공자 규를 돕느니 무지를 돕는 게 나았으리	助糾不若助無知

노 장공 등은 호랑이 아가리에서 벗어나자 마치 그물을 빠져나온 물고기처럼 황급히 달아났다. 습붕과 동곽아가 뒤를 추격하며 문수汶水(山東省 大汶河)까지 쫓아왔다. 그리고 내친김에 노나라 영역 안의 문양汶陽(山東省 肥城 汶陽鎭) 땅을 남김없이 침탈한 뒤 고을 수령까지 세우고 돌아갔다. 노나라는 더 이상 그것 때문에 다툴 수 없었으며, 제나라 대군은 대승을 거두고 귀환했다.

제 환공이 아침 일찍 조회에 나오자 백관이 축하 인사를 올렸다. 그러나 포숙아가 앞으로 나서며 아뢰었다.

"공자 규가 노나라에 있고 관이오와 소홀이 그를 돕고 있습니다. 이는 심장과 배에 여전히 고질병이 남아 있는 것이니 아직 축하받을 일이 아닙니다."

제 환공이 말했다.

"그렇다면 어찌하면 좋겠소?"

포숙아가 대답했다.

"건시의 일전으로 노나라 군신은 간담이 서늘해졌을 것입니다. 신은 이제 삼군을 통솔하고 노나라 경계를 압박하며 공자 규를 죽이라고 요청할 것입니다. 그러면 노나라에서는 사태가 두려워 틀림없이 우리 요구를 따를 것입니다."

환공이 말했다.

"과인은 온 백성에게도 그대의 명령을 따르라고 하겠소."

이에 포숙아는 수레와 병거를 가려 뽑아 대군을 거느리고 곧바로 문양으로 가서 새로운 경계를 깨끗이 정리했다. 그러고는 공손습붕公孫隰朋을 노 장공에게 보내 서찰을 전하게 했다.

외신外臣 포숙아는 어지신 노나라 군후 전하께 백배百拜를 올립니다. 집에는 두 주인이 없고 나라에는 두 군주가 없는 법입니다. 우리 주상께서 이미 종묘를 받들고 계신데, 공자 규가 보위를 탈취하려 하니 이는 나라에 두 임금이 없어야 한다는 의리에 어긋나는 행동입니다. 우리 주상께서는 형제의 정리로 차마 그를 죽일 수 없사오니 원컨대 귀국의 손을 빌릴까 합니다. 관이오와 소홀은 우리 주상의 원수이니 청컨대 우리가 직접 받아서 종묘 앞에서 참수하고자 합니다.

습붕이 떠나기에 앞서 포숙아가 당부했다.

"관중은 천하의 기재奇才이니 내가 주상께 말을 하여 그를 불러 쓸 생각이오. 반드시 죽지 않게 해야 하오."

습붕이 말했다.

"만약 노나라에서 그를 직접 죽이려 하면 어찌하오?"

포숙아가 말했다.

"관중이 주상의 혁대 고리를 쏜 일을 거론하면 노나라에서도 틀림없이 믿을 것이오."

습붕은 알았다고 응대하고는 노나라로 떠나갔다. 노 장공은 서찰을 받은 뒤 시백施伯을 불렀다. 어떤 계책을 내는지는 다음 회를 보시라.

제16회

날개가 접힌 고니

함거에 갇힌 죄수를 풀어 포숙아는 관중을 천거하고
장작에서 조귀는 제나라를 패퇴시키다
釋檻囚鮑叔薦仲, 戰長勺曹劌敗齊.

노 장공은 포숙아의 서찰을 받고 바로 시백을 불러서 의논했다.

"지난번 그대의 말을 듣지 않았다가 전쟁에서 패하고 말았소. 지금 규를 죽이는 것과 살리는 것 중 어느 것이 우리에게 유리하오?"

시백이 말했다.

"소백小白은 즉위 초임에도 용인술을 발휘하여 건시乾時에서 우리 군사를 패배시켰습니다. 이는 공자 규와 비교할 바가 아닙니다. 게다가 지금 제나라 군사가 국경을 압박해오고 있으므로 차라리 규를 죽여서 저들과 강화하는 것이 좋을 것입니다."

이때 공자 규와 관중 및 소흘은 생두生竇에 있었다. 노 장공은 공자 언偃에게 군사를 거느리고 그들을 습격하게 했다. 그리하여 공자 규를 죽이고 소흘과 관중을 잡아 노나라 도성으로 와서 함거檻車에 태우려고 했다. 소홀은 하늘을 우러러 대성통곡하며 말했다.

"자식된 자가 효도를 위해 죽고, 신하된 자가 충성을 위해 죽는 것은 본분이다. 나는 장차 규 공자를 지하에서 뵐 것이다. 어찌 쇠고랑 차는 모욕을 당하리오?"

그러고는 마침내 머리를 궁전 기둥에 부딪혀 죽었다. 그러나 관중은 이렇게 말했다.

"자고로 임금에겐 죽어서 충성을 바치는 신하도 있어야 하고 살아서 명예를 회복시켜주는 신하도 있어야 한다. 나는 살아서 제나라로 돌아가 규 공자의 원통함을 풀어드릴 것이다!"

그런 뒤 바로 묶인 몸으로 함거 속으로 들어갔다.

시백이 몰래 장공에게 말했다.

"신이 관이오의 태도를 살펴보건대 아마도 제나라 안에 도와주는 자가 있어서 틀림없이 죽지 않을 듯합니다. 저자는 천하의 기재인데 만약 죽이지 않으면 반드시 제나라에서 높이 등용되어 천하를 제패할 것입니다. 그러면 우리 노나라는 그때부터 저들의 명령을 받들기에 급급할 것입니다. 주상께서 제나라에 요청하여 차라리 관이오를 살리십시오. 관이오가 살면 반드시 우리 덕에 감사할 것이고, 우리 덕에 감사하면 반드시 우리를 위해 재능을 쓸 것인즉 그러면 제나라에 대해서는 염려할 것이 없습니다."

장공이 말했다.

"제나라 군주의 원수를 내가 살려두면 비록 공자 규를 죽였다 해도 저들이 노여움을 풀지는 않을 듯하오만!"

시백이 말했다.

"주상께서 관이오를 등용할 수 없다면 차라리 죽이시고 그 시체를 제나라에 주시옵소서!"

"좋소!"

공손습붕公孫隰朋은 노 장공이 관중을 죽이려 한다는 소식을 듣고 황급히 노나라 조정으로 달려가 노 장공을 뵙고 말했다.

"관이오는 우리 주상을 화살로 쏜 자라, 주상께서 뼈에 사무치는 원한을 품고 있습니다. 그래서 친히 목을 베어 그 울분을 풀려 합니다. 관이오의 시체만 보내시기보다는 차라리 죽이지 않고 보내시는 것이 더 나을 것입니다."

장공은 그 말을 믿고 결국 관중을 함거에 싣게 했고, 아울러 공자 규와 소홀의 목을 상자에 봉하여 습붕에게 주었다. 습붕은 감사 인사를 올리고 제나라로 출발했다.

관중은 함거에 앉아서도 이것이 포숙아의 계책이란 걸 알았다. 그러나 마음속으로 정말 두려웠다.

'시백은 지혜로운 선비다. 비록 지금은 나를 석방했지만 만약 마음을 바꿔 후회하고 다시 추격해온다면 내 목숨은 끝이다!'

그리고 마음속으로 한 가지 계책을 생각해내고는 「고니黃鵠」란 노래를 지어 수레꾼들에게 가르쳤다. 그 가사는 다음과 같다.

고니야 고니야	黃鵠黃鵠
날개는 접혔고	戢其翼
그 발은 매여 있어	繫其足
날지도 못하고 울지도 못하고 새장 속에 힘없이 엎드려 있네	不飛不鳴兮籠中伏
하늘은 높은데 어찌 몸을 구부리고	高天何蹐兮

대지는 두터운데 어찌 걸음 살살 걷나	厚地何踏
재난을 만나고 불운을 만나서	丁陽九兮逢百六
목을 빼고 길게 울부짖은 뒤	引頸長呼兮
이어서 슬프게 울어대누나	繼之以哭
고니야 고니야	黃鵠黃鵠
하늘이 준 날개로 날 수 있건만	天生汝翼兮能飛
하늘이 준 두 발로 뛸 수 있건만	天生汝足兮能逐
이 그물에 걸려 있어 그 누가 풀어주나	遭此網羅兮誰與贖
하루아침에 새장 찢고 뛰쳐나가서	一朝破樊而出兮
큰길 위로 날아갈지 땅바닥에 연연할지 나도 몰라라	吾不知其升衢而漸陸
아아, 저 주살 든 사냥꾼이	嗟彼弋人兮
곁에서 지켜보며 서성거리네	徒旁觀而躑躅

수레꾼은 이 가사를 익혀서 노래하며 치달리느라 즐거운 마음에 피곤함도 잊었다. 그리하여 수레와 말을 휘몰아 하루에 이틀 길을 주파하여 마침내 노나라 국경을 벗어났다.

과연 노 장공은 후회가 되어 공자 언을 시켜 추격하게 했으나 따라잡지 못하고 되돌아왔다. 관중은 하늘을 우러러 감탄했다.

"내가 오늘 다시 살아났도다!"

당부堂阜(山東省 蒙陰 서북)에 이르자 포숙아가 먼저 와 있었다. 관중을 보고 마치 귀한 보배를 얻은 것처럼 정성스럽게 맞이하여 관사 마당으로 데리고 들어갔다. 포숙아가 말했다.

"관중! 자네가 다행히 별 탈이 없었구먼!"

그러고는 즉시 함거를 부수고 그를 꺼내주었다. 관중이 말했다.

"주상의 명령도 받들지 못했으니 내 마음대로 함거에서 내릴 수 없네."

포숙아가 말했다.

"상관없네. 내가 여기 온 것은 자네를 천거하기 위함이네."

관중이 말했다.

"나는 소홀과 함께 규 공자를 섬겼지만 그분을 보위에 받들어 모시지도 못했고 환란 중에 죽지도 못했네. 그런데 또 얼굴을 돌리고 원수를 섬기란 말인가? 소홀이 이 사실을 안다면 장차 지하에서 나를 비웃을 것이네."

포숙아가 말했다.

"큰일을 이루고자 하는 사람은 작은 치욕에 개의치 않는 법이고, 큰 공을 이루고자 하는 사람은 작은 신의에 구애되지 않는 법이네. 자네는 천하를 다스릴 만한 재능을 가지고 있지만 아직 때를 만나지 못한 것이네. 우리 주상께서는 뜻도 크고 식견도 높아서 만약 자네의 보좌를 받아 제나라를 경영한다면 패업霸業은 말할 것도 없고, 그 공적은 천하를 덮을 것이며 그 명성은 제후 사이에서 혁혁하게 빛날 것이네. 이런 큰일과 필부의 하찮은 절개를 지키며 아무 쓸모없이 죽는 일 중에서 어느 것이 더 낫겠는가?"

관중은 아무 말도 하지 않았다. 이에 포숙아는 그의 포박을 풀어주고 잠시 당부의 객관에 머물게 했다.

포숙아는 마침내 임치臨淄로 돌아와서 제 환공을 뵙고 먼저 조문을 한 뒤 다시 축하를 했다. 환공이 물었다.

"어찌 조문을 하시오?"

포숙아가 말했다.

"규 공자는 전하의 형님이십니다. 나라를 위해 가족을 버린 것은 진실로

포숙아가 관중을 석방하다.

부득이한 일이었으나 신이 어찌 감히 조문하지 않을 수 있겠습니까?"

환공이 말했다.

"그렇다면 과인에게 축하를 한 건 무슨 연유요?"

포숙아가 말했다.

"관중은 천하의 뛰어난 인재로, 소홀 따위와 비교할 수 없기에 신이 이미 살려서 대려왔습니다. 주상께서 어진 재상을 얻게 되었는데 신이 감히 축하하지 않을 수 있겠습니까?"

환공이 말했다.

"관이오는 과인의 혁대 고리를 쏜 자이고, 그 화살을 아직도 내가 가지고 있소. 그 생각을 하면 과인은 늘 마음에 울분이 가득 차서 그 고기를 씹어 먹어도 싫지 않을 지경이오. 그런데 어떻게 등용할 수 있단 말이오?"

포숙아가 말했다.

"신하된 자는 각기 그 주인을 위하는 법입니다. 관중이 혁대 고리를 쐈을 때는 규 공자만 알았지 주상은 몰랐던 것입니다. 주상께서 그를 등용한다면 주상을 위해 천하를 겨냥할 것인데, 어찌 한 사람의 혁대 고리를 쏘는 것에 그치겠습니까?"

환공이 말했다.

"과인이 잠시 경의 말에 따르고자 하니 죽이지 말고 사면하오."

이에 포숙아는 관중을 맞아 자신의 집으로 데리고 가서 아침부터 저녁까지 고담준론을 나눴다.

환공은 자신의 즉위에 공을 세운 사람들에게 논공행상을 베풀고, 고혜高傒와 국의중國懿仲과 같이 대대로 높은 벼슬을 누려온 중신들에게도 모두 봉토를 더해주었다. 또한 포숙아를 상경으로 삼아 국정을 맡기고자 했다.

포숙아가 말했다.

"주상께서 신에게 은혜를 더하여 추위와 굶주림을 면하게 해주신 것은 주상의 넉넉한 베풂입니다. 그러나 나라를 다스리는 것은 신이 할 수 있는 일이 아닙니다. 대저 나라를 다스리는 것은 안으로 백성을 편안케 하고 밖으로 사방 오랑캐를 어루만져 주 왕실에 공훈을 더해주고 제후들에게 그 은택을 베푸는 것입니다. 그리하여 나라는 태산 같은 안정을 누리고, 임금은 무궁한 복락을 향유할 수 있게 됩니다. 그 공적은 금석에 새겨지고 그 명성은 천추만대에까지 전해질 것이니 이것은 천자나 제후의 재상이 맡아야 할 중임인데 신이 어찌 감당할 수 있겠나이까?"

이때 제 환공은 자기도 모르게 얼굴에 화색이 돌며 무릎걸음으로 앞으로 나와 말했다.

"경의 말씀처럼 지금도 그런 사람이 있다는 거요?"

포숙아가 말했다.

"주상께서 그런 사람을 구하지 않으신다면 그만이겠지만, 반드시 그런 사람을 구하려 하신다면 아마도 관이오가 그 사람일 것입니다. 신은 관이오보다 못한 점이 다섯 가지가 있습니다. 너그럽게 백성에게 은혜를 베푸는 것이 그만 못합니다. 나라를 다스림에 중심을 잡아야 하는데, 그 점이 그만 못합니다. 충성과 신의로 백성과 하나 되어야 하는데, 그 점이 그만 못합니다. 예의를 제정하여 사방에 시행하는 것이 그만 못합니다. 북을 잡고 군문軍門에 서서 백성을 임전무퇴로 싸우게 하는 것이 그만 못합니다."

환공이 말했다.

"경이 한번 데리고 오면 과인이 그가 배운 바를 시험해보겠소."

포숙아가 말했다.

"신이 듣건대 '지위가 비천한 사람은 고귀한 사람에게 가까이 다가갈 수 없고, 가난한 사람은 부유한 사람을 부릴 수 없으며, 관계가 먼 사람은 관계가 친밀한 사람 사이를 제어할 수 없다'고 합니다. 주상께서 관이오를 등용하고자 하신다면 재상의 지위를 내리고 그 복록을 후하게 해주며 부형을 대하는 예로 높이 받들지 않으면 불가합니다. 대저 재상이란 임금에 버금가는 지위인데, 앉아서 재상을 부르시면 이는 재상을 가벼이 대하시는 것입니다. 재상이 가벼워지면 임금 또한 가벼워집니다. 대저 비범한 사람은 반드시 비범한 예로 대우해야 합니다. 주상께서 길일을 받아 교외에 나가서 그를 맞아들이시면 사방 사람들이 주상께서 어진 선비를 존경·예우하시며 사사로운 원한조차 따지지 않는다는 소문을 듣고, 어느 누가 제나라에서 능력을 다 발휘하기를 소망하지 않겠습니까?"

환공이 말했다.

"과인이 경의 말을 듣겠소."

이에 태복太卜에게 길일을 받으라 명하고 장차 교외에 나가 관중을 영접하기로 했고 포숙아도 교외 객관에서 관중을 전송하기로 했다. 날짜가 되자 온몸을 세 번 씻고 옷에 세 번 향을 쐬었다. 의관과 도포 그리고 홀笏은 상대부에 비견할 만했다. 환공은 친히 교외로 나가 관중을 맞아서 그와 함께 수레를 타고 조정으로 돌아왔다. 그것을 구경하는 백성이 담장처럼 늘어섰고, 모두들 놀라워하지 않는 사람이 없었다. 사관이 이를 시로 읊었다.

군주가 재상 얻음 다투어 축하하나   爭賀君侯得相臣

함거 속 죄수임을 그 누가 알았으랴   誰知卽是檻車人

그리하여 이날부터 개인 원한 버렸으니　　　　　　只因此日捐私忿

천하 사람들 흔연히 패자라 부르네　　　　　　　四海欣然號霸君

관중은 입조하여 머리를 조아리고 사죄했다. 환공은 친히 손을 잡아 일으키고 그에게 자리를 내주었다. 관중이 말했다.

"신은 죽어 마땅한 포로인데 죽음을 용서받는 은혜를 입었습니다. 이것만 해도 실로 천행이라 할 수 있사온데 어찌 감히 과분한 예우를 받을 수 있겠습니까?"

환공이 말했다.

"과인이 선생에게 여쭤볼 말이 있소. 선생께서 좌정하신 연후에야 감히 여쭙도록 하겠소."

그러자 관중이 재배하고 앉았다. 환공이 물었다.

"우리 제나라는 천승지국千乘之國으로 선군 희공僖公께서 위력으로 제후를 복종시킨 뒤 작은 패자小霸로 일컬어졌소. 그런데 선군 양공襄公께서 정령政令을 문란하게 하다가 결국 큰 변란에 얽혀들었소. 과인은 제나라 사직의 주인이 되었으나 아직도 민심이 불안하고 국세國勢는 미약하오. 이제 국정을 쇄신하고 기강을 세우려 하는데 우선 어떤 방법을 써야 하오?"

"예禮, 의義, 염廉, 치恥는 나라의 네 가지 규율입니다. 이 네 가지 규율이 제대로 시행되지 않으면 나라는 멸망하게 됩니다. 오늘 주상께서 나라의 기강을 세우려 하신다면 반드시 이 네 가지 규율을 세우고 백성을 부리십시오. 그러면 나라의 기강이 바로 서고 국세가 널리 떨치게 될 것입니다."

"어떤 방법으로 백성을 부려야 하오?"

"백성을 부리려 한다면 반드시 먼저 백성을 사랑하시고 그 후에 그들의 살 곳을 안정시켜주셔야 합니다."

"백성을 사랑하는 방법에는 어떤 것이 있소?"

"주상께선 공족公族을 잘 다스리고, 족장은 가문을 잘 다스리면서 국가에 일이 있을 때 서로 힘을 합치고, 또 그 일에 대한 보수를 잘 지급하면 백성과 서로 친하게 될 수 있을 것입니다. 묵은 죄는 용서하고 낡은 사당은 수리해주고 후손이 없는 사람에게 양자를 들여주면 백성이 불어날 것입니다. 또 형벌을 감하고 세금을 줄이면 백성이 부유해질 것입니다. 또 경卿의 자리에는 어진 선비를 임명하여 나라에 가르침을 베풀면 백성이 예의를 알게 될 것입니다. 아울러 한 번 내린 명령을 바꾸지 않으면 백성이 정직하게 될 것입니다. 이것이 백성을 사랑하는 방법입니다."

"백성을 사랑하는 방법이 잘 시행되고 나서 백성을 안정되게 살게 해줘야 할 때는 어떤 방법을 써야 하오?"

"사士, 농農, 공工, 상商을 사민四民이라 합니다. 선비의 자식은 늘 선비가 되게 하고, 농부의 자식은 늘 농부가 되게 하며, 공상인의 자식은 늘 공상인이 되게 하여 그 일을 익히고 그 일을 편안하게 여기며 그 직업을 바꾸지 않게 하면 백성은 저절로 안정될 것입니다."

"백성은 이미 안정되었는데 갑옷과 무기가 부족하면 어찌하오?"

"갑옷과 무기를 넉넉하게 마련하려면 속형贖刑[1] 제도를 제정해야 합니다. 중죄인은 무소 갑옷 한 벌과 화극畫戟(창의 일종) 한 자루를 바치면 사면하고, 가벼운 죄인은 가죽 방패 하나와 화극 한 자루를 바치면 사면하며, 자잘한 죄인은 죄목별로 다른 쇠붙이를 바치면 사면하고, 죄가 의심스러운

1_ 속형贖刑: 재물로 형벌을 감형받는 제도. 시대마다 조금씩 차이가 있다. 여기서는 무기를 만들어 바침으로써 감형받는 제도를 이야기하고 있다.

자는 그대로 용서하십시오. 상호 소송의 논리가 대등한 자는 화살 12자루(일속一束)를 바치면 그 소송을 비긴 것으로 윤허하십시오. 쇠붙이가 모이면 좋은 것은 칼과 창을 만들어 개와 말에게 시험하고, 나쁜 것은 호미나 도끼를 만들어 땅에다 시험해보시옵소서."

"갑옷과 무기는 안정되었는데 재원財源이 부족하면 어찌하오?"

"산에서 채취한 철광석을 녹여 돈을 만들고 바닷물을 끓여 소금을 만들어 그 이익을 천하에 유통시키십시오. 그리하여 천하 만물을 쌀 때 사들여 때맞춰 무역하고, 기녀 300명을 두어 행상들을 위로하면 상인들이 자기 집으로 돌아오듯 운집할 것이며 온갖 물품도 함께 모여들 것입니다. 이에 따라 세금을 받아 군자금에 보태십시오. 이와 같이 하면 재원을 넉넉하게 마련할 수 있을 것입니다."

"재원은 넉넉한데 군사가 부족하여 군대의 위세를 떨칠 수 없을 때는 어찌하면 좋소?"

"군사는 정예병을 귀중하게 여기지 숫자만 많은 걸 귀중하게 여기지 않습니다. 또한 마음이 강한 걸 귀중하게 여기지 힘만 강한 걸 귀중하게 여기지 않습니다. 주상께서 만약 병졸의 기강을 바로잡고 갑옷과 무기를 정비하시면, 천하의 제후들도 모두 병졸의 기강을 바로잡고 갑옷과 무기를 정비할 것입니다. 신은 이렇게 경쟁만 해서 승리하는 예를 본 적이 없습니다. 주상께서 만약 군사를 강하게 하시려면 그 명목을 감추고 내실을 다지는 것보다 더 좋은 것이 없습니다. 청컨대 내정을 펼치시면서 거기에 군령을 몰래 끼워넣으십시오."

"내정은 어떻게 해야 하오?"

"내정을 잘 펼치는 방법은 나라를 21개 향鄕으로 나누어 다스리는 것입니다. 그중에서 공工·상商은 6개 향으로, 보통 사람들이 사는 향은 15개로 나누십시오. 공·상으로는 재원을 충족시키고, 보통 사람으로는 군사에 충당합니다."

"어떻게 하면 군사를 충분하게 보유할 수 있소?"

"다섯 집五家을 궤軌라 하고 궤에 장長을 두십시오. 또 10궤를 리里라 하고 리에는 유사有司를 두십시오. 또 4리를 연連이라 하고 연에도 장을 두십시오. 또 10연을 향鄕이라 하고 향에는 양인良人을 두십시오. 바로 이것으로 군대의 편제를 삼아 명령을 내리시면 됩니다. 다섯 집이 궤이므로 다섯 명이 오伍가 되고 궤장이 그것을 통솔합니다. 10궤가 리가 되니 50명이 소융小戎이 되고 리의 유사가 그것을 통솔합니다. 4리가 연이 되니 200명이 졸卒이 되고 연장이 그것을 통솔합니다. 10연이 향이니 2000명이 여旅가 되고 향의 양인이 그것을 통솔합니다. 5향에는 1사師를 세우니 1만 명이 1군軍이 되고 5향의 사가 그것을 통솔합니다. 15향에서 3만 명을 차출하여 3군으로 삼고, 주상께서 중군을 통솔하시고 고씨高氏와 국씨國氏의 두 자제에게 각각 1군씩 통솔하게 하십시오. 그리하여 사계절의 여가에 사냥을 하십시오. 봄에 사냥하는 것을 수蒐라 하며 새끼 배지 않은 짐승을 잡는 것입니다. 여름에 사냥하는 것을 묘苗라 하며 오곡에 피해를 주는 짐승을 제거하는 것입니다. 가을에 사냥하는 것을 선獮이라 하며 가을의 살기殺氣에 순응하여 짐승을 잡는 것입니다. 겨울에 사냥하는 것을 수狩라 하며 짐승을 포위하여 지키는 것으로 한 해의 성공을 알리는 것입니다. 이처럼 자연스럽게 백성이 군사 일을 익히게 해야 합니다. 이러한 까닭에 오伍는 리里에서 정돈하고 여旅는 교외에서 정돈하게 됩니다. 동네 안에서 가르침이 완성되면 마음대로 옮겨가지 못하게 해야 합니다. 같은 오에 속한 사람들은 함께 제사를 지내고 함께 복을 받으며 장례에도 서로 함께 도움을 주게 됩니다. 사람과 사람이 서로 짝을 이루고, 집안과 집안이 서로 한 덩어리가 되어 대대로 함께 살고 어려서부터 함께 놀게 됩니다. 이런 까닭으로 밤에 전투할 때도 목소리를 서로 알아들을 수 있어 대열이 어그러지지 않으며, 낮에 전투할 때도 얼굴을 서로 알아볼 수 있어 대오가 흩어지지 않습니다. 평소 삶을 함께해온 즐거움에 서로가 서로를 위해 기꺼이 죽을 수도 있습니다. 평소에는 즐거움을 함께하고 죽음에는 슬픔을 함께하고, 수비할 땐 힘을 합쳐 튼튼하게 지키고, 전투할 땐 힘을 합쳐 강력하게 싸우게 됩니다. 이러한 군사 3만 명만 있으면 천하를 마음대로 다닐 수 있을 것입니다."

"병세兵勢가 강하면 천하의 제후를 정벌할 수 있겠소?"

"안 됩니다. 주 왕실이 우리의 배경이 되어주지 않으면, 이웃 나라가 우리를 따르지 않습니다. 주상께서 천하의 제후를 제패하는 일에 종사하시고 싶다면 주 왕실을 높이고 이웃 나라와 친하게 지내는 것보다 더 좋은 계책이 없습니다."

"그건 또 어떻게 해야 하오?"

"우리의 강역을 자세히 살펴 우리가 침탈한 땅은 돌려준 뒤 다시 모피와 비단을 가지고 가서 화친을 도모하며 저들의 재물을 받지 않는다면 사방의 이웃 나라가 우리와 친하려 할 것입니다. 청컨대 유세객 80명에게 거마車馬와 의복 및 많은 재화와 폐백을 내려주고 사방 여러 나라를 주유하게 하여 천하의 현사賢士를 불러오게 하십시오. 또 사람들에게 모피, 비단, 감상품 등을 가지고 사방으로 팔러 다니게 하여 그곳 상하 사람들이 좋아하는 것을 자세히 살피게 하십시오. 그리하여 잘못된 자를 골라 공격하여 그 땅에 혜택을 주고, 또 음란에 빠진 자와 임금을 시해하고 보위를 찬탈한

자들을 골라 죽임으로써 주상의 위엄을 세울 수 있을 것입니다. 이와 같이 하면 천하의 제후들이 모두 서로 솔선하여 우리 제나라에 조공을 바칠 것입니다. 그런 뒤 제후들을 인솔하고 주 왕실을 섬기면서 제후들에게 조공을 바치는 직분을 다시 행하게 하면 주 왕실이 드높아질 것입니다. 그러면 방백方伯(제후의 패자覇者)이란 이름을 주상께서 사양하고자 해도 그렇게 할 수 없을 것입니다."

환공과 관이오는 사흘 밤낮 동안 계속 이야기를 나눴지만 구구절절 의기투합하여 전혀 피곤한 줄 몰랐다. 환공이 크게 기뻐하며 다시 사흘 동안 목욕재계하고 종묘에 고한 뒤 관이오를 재상에 임명하고자 했다. 그러나 관중은 사양하면서 받지 않았다. 환공이 말했다.

"과인이 선생의 계책을 받아들여 내 뜻을 이루고자 하오. 이 때문에 선생을 재상으로 임명코자 하는데 어찌하여 받지 않는 것이오?"

"신이 듣건대 큰 집을 짓는 일은 목재 하나로만 이루어질 수 없고, 큰 바다가 넉넉해지는 일은 물 한 줄기의 유입으로만 이루어지는 것이 아니라고 합니다. 주상께서 만약 반드시 큰 뜻을 성취하고자 하신다면 다섯 명의 인걸을 등용하셔야 합니다."

"다섯 인걸이란 어떤 분이오?"

"궁궐을 오르내리며 읍하고 양보하는 일과 나아가고 물러남에 그 예의를 익숙하게 행하는 일, 그리고 언어의 강약을 판단하는 일은 신이 습붕隰朋보다 못합니다. 청컨대 그를 대사행大司行으로 삼으십시오. 초지草地를 개간하고 황무지를 개척하여 많은 곡식을 수확하고 땅의 이로움을 다 발휘하게 하는 일은 신이 영월甯越보다 못합니다. 청컨대 그를 대사전大司田으로 삼으십시오. 드넓은 평원에서 말을 휘몰아 가면서도 수레바퀴가 서로 뒤엉키지 않게 하고, 병사들의 발자취도 뒤섞이지 않게 하여 북을 울려 삼군으로 하여금 기꺼이 목숨 걸고 싸우게 하는 일은 신이 왕자성보王子成父보다 못합니다. 청컨대 그를 대사마大司馬로 삼으십시오. 옥사를 판결함에 치우침이 없어서 무고한 사람을 죽이지 않고 죄 없는 사람에게 억울함이 없도록 하는 일은 신이 빈수무賓須無보다 못합니다. 청컨대 그를 대사리大司理로 삼으십시오. 임금의 안색을 범하며 간언을 올릴 때 반드시 충성을 다해 죽음도 피하지 않고 부귀에도 굽히지 않는 일은 신이 동곽아東郭牙보다 못합니다. 청컨대 그를 대간大諫으로 삼으십시오. 주상께서 만약 치국강병을 도모하고자 하신다면 이 다섯 인걸이 있어야 합니다. 그리하여 계속 패업을 이루고자 하신다면 신이 비록 재주는 없으나 주상의 명령에 겨우겨우 따르면서 보잘것없는 힘이나마 다 바치고자 합니다."

환공은 마침내 관이오를 재상으로 삼고 나라 안 시장 조세의 1년 치를 그에게 하사했다. 또 습붕 이하 다섯 사람도 모두 관중의 추천에 의거하여 일일이 관직을 제수하고 각각 자기가 맡은 일을 처리하게 했다. 그러고는 마침내 나라의 성문에 방문榜文을 내걸어 부국강병의 계책을 상주하는 자가 있으면 차례대로 모두 등용하고 그 계책을 시행하게 했다.

그 뒤, 환공이 또 관중에게 물었다.

"과인은 불행하게도 사냥을 좋아하고 여색을 좋아하오. 이것이 패업을 이루는 데 방해가 되지 않겠소?"

관중이 대답했다.

"방해가 되지 않습니다."

"그러면 무엇이 패업에 방해되는 일이오?"

관중이 대답했다.

"현인을 알아보지 못함이 패업에 방해가 되고, 알아보고도 등용하지 못함이 패업에 방해가 되며, 등용하고도 일을 맡기지 않음이 패업에 방해가 되고, 일을 맡기고도 거기에 다시 소인배를 참여시키는 것이 패업에 방해가 됩니다."

"좋소!"

이에 관이오에게 국사의 전권을 맡기고 그 호칭을 높여 중보仲父²라 했으며 그 예우를 고씨高氏 집안이나 국씨國氏 집안보다 높게 했다. 그러고는 이렇게 일렀다.

"나라에 큰 정사가 있으면 먼저 중보에게 고하고 나서 그다음에 과인에게 이야기하라. 모든 정책의 시행은 중보의 결정에 맡기노라."

또한 백성이 이오夷吾란 이름을 함부로 부르지 못하게 했으며 귀천을 불문하고 모두 관중管仲이라고 부르게 했다. 이것은 대체로 옛사람들이 사람의 자字를 부르며 존경의 마음을 표시하는 의미라고 할 수 있다.

한편 노 장공은 제나라가 관중을 재상으로 삼았다는 소식을 듣고 진노하여 소리쳤다.

"내가 시백의 말을 듣지 않은 것이 심히 후회가 되는구나. 저 어린놈에게 속다니!"

이에 병거를 징발하여 제나라를 정벌하고 건시乾時에서의 원한을 갚고자 했다. 환공이 그 소식을 듣고 관중에게 말했다.

"과인이 새로 보위에 오른 이때 다른 나라의 창칼에 자주 공격당하고

2_ 중보仲父: 부父는 남자에 대한 미칭美稱으로 쓰거나 고위 관직자를 높여 부를 때는 '보父'로 읽어야 한다. 여기서는 '仲父'가 관중管仲에 대한 존경어로 쓰이므로 '중보仲父'라고 읽었다.

싶지 않소. 그러니 먼저 노나라를 치는 것이 어떻겠소?"

"군대가 아직 안정되지 못하여 병력을 동원할 수 없습니다."

그러나 환공은 듣지 않고 마침내 포숙아를 장수로 삼아 곧바로 장작長勺(山東省 萊蕪 북쪽)을 침범했다.

장공이 시백에게 물었다.

"제나라 놈들이 우리를 아주 심하게 기만하고 있소. 어떻게 대항하면 되겠소?"

시백이 말했다.

"신이 제나라를 대적할 수 있는 한 사람을 추천하겠습니다."

"경이 추천하고자 하는 사람이 누구요?"

시백이 대답했다.

"신이 아는 사람이온데, 성은 조曹요 이름은 귀劌3라고 합니다. 동평東平(山東省 東平) 시골 땅에 은거해 살면서 아직 벼슬을 한 적은 없으나, 진정한 장상將相의 재목입니다."

장공은 시백에게 조귀를 불러오게 했다. 조귀가 시백의 말을 듣고 웃었다.

"고기를 드시는 분이 계책이 없어서 나물을 먹는 사람에게까지 온단 말이오?"

시백이 말했다.

"나물 드시는 분도 좋은 계책을 낼 수 있으면 장차 고기 드시는 분이 되지 않겠소?"

그리하여 마침내 함께 장공을 뵈었다. 장공이 물었다.

3_ 조귀曹劌: 사마정의 『사기색은』 「자객열전」의 조말曹沫 주석에 근거하여 조말과 동일인으로 본다.

"어떻게 제나라와 싸우면 되겠소?"

조귀가 말했다.

"전쟁이란 상황마다 전략을 바꾸며 마지막에 승리를 얻는 것이니 미리 말씀드릴 수 없습니다. 신에게 병거 한 대를 내주시어 적의 진영을 살펴보고 계책을 세우게 해주시옵소서."

노 장공은 그 말을 듣고 기뻐하며 그와 함께 수레를 타고 곧바로 장작 땅으로 달려갔다.

포숙아는 노 장공이 군사를 이끌고 온다는 소식을 듣고 진영을 엄정하게 단속하고 기다렸다. 장공도 장작에 도착하여 진을 치고 대치했다. 포숙아는 지난번 건시 싸움에서 이겼기 때문에 노나라를 얕보는 마음을 갖고 있었다. 그리하여 바로 북을 쳐 공격 명령을 내리고 적진을 먼저 무너뜨리는 자에게 후한 상을 내리겠다고 했다. 장공도 적진의 북소리가 진동하는 것을 듣고 역시 북을 울려 대적하려 했다. 그러자 조귀가 제지하며 말했다.

"바야흐로 제나라 군사의 기세가 날카로운 때이니, 우리는 조용히 기다려야 합니다."

그러고는 군중에 명령을 전했다.

"감히 시끄럽게 떠드는 자는 참하리라."

제나라 군사가 치달려와 노나라 진영을 깨뜨리려 했으나 노나라 진영에서 철옹성처럼 아무 움직임이 없어서 깨뜨릴 수가 없었다. 이에 할 수 없이 후퇴할 수밖에 없었다. 잠시 뒤 맞은편 적진에서 또 북소리가 울렸다. 그러나 노나라 진영에서는 아무 소리도 못 들은 것처럼 정적만 흐를 뿐이었다. 제나라 군대는 또다시 후퇴했다. 포숙아가 말했다.

"노나라가 싸우기를 겁내고 있다. 다시 북을 울리면 틀림없이 도망갈 것

장작에서 조귀가 제나라 군사를 물리치다.

이다."

조귀는 다시 적진의 북소리를 듣고 장공에게 말했다.

"제나라를 패퇴시킬 기회가 바로 이때입니다. 속히 북을 울리십시오!"

노나라로 말하자면 그것은 첫 번째 북소리였지만, 제나라로 말하자면 그것은 벌써 세 번째 북소리였다. 제나라 군사들은 노나라 군사가 두 번이나 움직이지 않는 것을 보고 저들이 싸울 의사가 없다고 생각하고는 모두 아무 신경도 쓰지 않고 있었다. 그러나 노나라의 북소리가 갑자기 일제히 울리며, 저들의 군사가 칼을 휘두르고 화살을 쏘며 질풍같이 달려나올 줄 누가 알았으리오? 노나라 군사의 공격에 제나라 군사는 추풍낙엽처럼 흩어지며 패주해 달아났다. 장공이 추격하려고 하자 조귀가 말했다.

"아직 안 됩니다. 신이 자세히 살펴보겠습니다."

그런 뒤 바로 병거를 내려 제나라 군사들이 진을 쳤던 곳 주위를 두루 살펴보고 다시 병거에 올라 먼 곳을 바라보았다. 한참 뒤에 이렇게 말했다.

"이제 추격해도 좋습니다."

노 장공은 병거를 몰고 진격하여 30여 리를 추격하다 돌아왔다. 노획한 물자와 무기가 헤아릴 수 없이 많았다. 뒷일이 어떻게 될지는 다음 회를 보시라.

절세 미녀를 빼앗다

송나라는 뇌물을 들여 장만을 죽이고
초나라 왕은 술 한 잔에 식규를 포로로 잡다
宋國納賂誅長萬, 楚王杯酒虜息嬀.

노 장공은 제나라 군사를 크게 쳐부순 뒤 조귀에게 물었다.

"경은 어떻게 북을 한 번만 울리고서도 세 번이나 울린 적을 물리칠 수 있었는지 말씀 좀 해주시오."

조귀가 말했다.

"대저 전투란 사기를 위주로 해야 합니다. 사기가 드높으면 승리하고 사기가 쇠약하면 패배합니다. 북을 치는 건 사기를 올리기 위한 방법입니다. 북을 한 번 울리면 사기가 바야흐로 올라가고 두 번 울리면 사기가 떨어지고, 세 번 울리면 사기가 고갈됩니다. 신은 북을 울리지 않고 삼군의 사기를 키웠습니다. 저들은 세 번 북을 쳐 사기가 이미 고갈되었고, 신은 북을 한 번 쳐 사기가 바야흐로 올라갔습니다.[1] 바야흐로 올라간 사기로 이미 고갈된 사기를 대적하여 어찌 이기지 못하겠습니까?"

노 장공이 말했다.

"제나라 군사가 이미 패퇴했는데 무엇을 살펴보느라 추격하지 않은 것이오? 또 다음에는 무엇을 보고 추격해도 된다고 한 것이오? 그 까닭을 말해줄 수 있겠소?"

조귀가 대답했다.

"제나라 사람들은 속임수를 잘 쓰므로 아마도 복병이 있을 것 같아 처음에는 저들의 패주를 믿을 수 없었습니다. 신은 저들 병거의 바퀴 자국이 종횡으로 어지러운 것을 보고 저들 군사의 마음이 혼란에 빠졌다는 것을 알았으며, 또 멀리 저들의 깃발이 정연하지 못하고 도주에 급급한 것을 보고는 추격을 명한 것입니다."

장공이 말했다.

"경은 진정 병법을 안다고 할 만하오."

그러고는 조귀를 대부에 임명하고, 현인을 추천한 시백에게도 후한 상을 내렸다. 염옹이 이 일을 시로 읊었다.

강한 제가 압박해와 온 조정이 근심할 때	強齊壓境擧朝憂
포의의 승전 지략을 그 누가 알았으랴	韋布誰知握勝籌
변방에서 승전보 없다 괴이하게 생각 말라	莫怪邊庭捷報杳
고기 먹은 자에겐 좋은 계책 드문 것을	繇來肉食少佳謀

1_ 피갈아영彼竭我盈: 저들은 고갈되었고, 우리는 가득 찼다는 뜻. 적군의 사기는 고갈되고 아군의 사기는 드높아졌음을 비유한다. 일고작기一鼓作氣: 북소리 한 번으로 사기를 진작시킨다는 뜻. 힘을 비축했다가 단숨에 기세 좋게 일을 성공시킴을 비유한다.(『좌전左傳』 장공 10년)

이때가 주 장왕 13년 봄이었다.

제나라 군사가 패퇴하여 돌아오자 환공이 화를 내며 말했다.

"출병하여 아무 공도 세우지 못하고 돌아왔으니, 어떻게 제후들을 복종시킬 수 있겠소?"

포숙아가 말했다.

"우리 제나라와 노나라는 모두 천승지국이라 세력이 막상막하이고, 주객의 형세에 따라 강약이 결정됩니다. 지난번 건시 싸움에서는 우리가 주인이어서 노나라에 승리한 것입니다. 그러나 이번 장작 싸움에서는 노나라가 주인이어서 우리가 패퇴한 것입니다. 신은 이제 주상의 명을 받들고 송나라로 가서 군사를 빌려와, 제와 송의 군사를 합하여 뜻을 이뤄볼까 합니다."

환공이 윤허했다. 이에 사신에게 예물을 가지고 송나라로 가서 군사를 출병시켜달라고 청했다. 송 민공閔公 첩捷은 제 양공 때부터 두 나라가 늘 대사를 함께해왔고, 또 이제 소백이 보위에 올랐다는 소식을 듣고는 막 친선관계를 맺으려던 참이었다. 그리하여 마침내 출병 시기를 약속했다. 즉 여름 6월 10일에 군사를 이끌고 낭성郎城(山東省 曲阜 근처)으로 가서 함께 회동하기로 했다.

약속 날짜가 되자 송나라에서는 남궁장만南宮長萬을 장수로 삼고 맹획孟獲을 부장으로 삼았으며, 제나라에서는 포숙아를 장수로 삼고 중손추仲孫湫를 부장으로 삼았다. 이들은 각각 대군을 이끌고 낭성으로 모여들었다. 제나라 군사는 동북쪽에 진을 쳤고, 송나라 군사는 동남쪽에 진을 쳤다. 노 장공이 말했다.

"포숙아는 분을 품은 채 달려와서 송나라의 도움까지 받고 있소. 또 남궁장만은 산을 무너뜨리고 솥을 들어올리는 힘을 갖고 있어서 우리 나라에는 적수가 없소. 양군이 나란히 진을 치고 서로 의지하고 있으니 어떻게 대항하면 되겠소?"

대부 공자公子 언偃이 앞으로 나서며 말했다.

"신에게 저들의 군대를 염탐하게 해주십시오."

허락을 받고 나갔다가 다시 돌아와 보고했다.

"포숙아는 주위를 경계하고 있어서 진용이 매우 질서정연하지만, 남궁 장만은 스스로 용기만을 믿고 적수가 없다고 생각하는지 대오가 어수선했습니다. 만약 우리 우문雩門[2]으로 몰래 나가 저들의 방비가 소홀한 곳을 기습하면 송나라를 패퇴시킬 수 있을 것입니다. 송나라가 패하면 제나라도 홀로 남아 있을 수 없을 것입니다."

장공이 말했다.

"그대는 장만의 적수가 아니다."

공자 언이 말했다.

"신이 시험해보겠습니다."

장공이 말했다.

"그러면 과인이 직접 뒤를 받치며 응전하겠다."

공자 언은 이에 호랑이 가죽 100여 장을 말 위에 씌우고 몽롱한 달빛 아래에 깃발을 눕힌 뒤 북소리도 울리지 않은 채 우문을 열고 밖으로 나갔다. 송나라 진영 가까이 다가가도 송나라 군사들은 전혀 알아채지 못했다. 공자 언은 군중에 횃불을 밝히라고 명령을 내리고 일시에 징과 북을 치며 곧추 부딪쳐나갔다. 화광이 충천하는 가운데 송나라 군사들은 멀리서 포

2_ 우문雩門: 노나라 남쪽 성문.

효하며 달려오는 맹호 떼를 보자 사람이고 말이고 모두 몸을 부들부들 떨었으며 사방으로 경황없이 갈팡질팡하며 앞다투어 달아나기 바빴다. 남궁장만은 비록 용기가 있었지만 수레꾼들이 먼저 흩어지자 어쩔 수 없이 직접 수레를 몰고 후퇴해야 했다. 노 장공의 후발대도 도착하자 병력을 합쳐 밤새도록 추격전을 벌였다. 승구乘邱(山東省 濟寧 兗州區 서북)까지 후퇴하다가 남궁장만이 맹획에게 말했다.

"오늘 반드시 결사전을 벌여야겠다. 그렇게 하지 않으면 저들의 손아귀에서 벗어나지 못하리라."

맹획도 그렇게 하자고 하며 앞으로 달려나가 마침 당도한 노나라 공자 언과 목숨을 건 싸움을 벌였다. 남궁장만도 긴 창을 높이 들고 장공의 대군 속으로 곧바로 부딪쳐 들어갔다. 그가 만나는 군사마다 창을 휘둘러 찔러 죽이자 노나라 군사는 그 용기에 겁을 먹고 감히 앞으로 나서는 자가 없었다. 장공이 우승右乘 전손생顓孫生에게 말했다.

"너는 평소에 용력이 있다고 소문이 났는데 이제 장만과 승부를 겨뤄보지 않겠느냐?"

전손생도 큰 창을 높이 들고 곧바로 장만을 찾아 무예를 겨루기 시작했다. 장공은 수레에 올라 싸움을 구경하다가 전손생이 남궁장만을 꺾지 못하는 것을 보고 좌우 군사를 돌아보며 말했다.

"내 금복고金僕姑를 가져오너라!"

금복고는 노나라 군대에서도 가장 강한 활이었다. 좌우의 군사가 화살을 받쳐 올렸다. 장공은 화살을 메겨 남궁장만을 겨누어 발사했다. 슈웅 하는 소리와 함께 화살은 남궁장만의 오른쪽 어깨에 명중하여 뼛속까지 깊이 박혔다. 그러나 장만은 손으로 힘껏 화살을 뽑아버렸다. 전손생은 장만의 손이 느려진 틈을 타서 다시 전력을 다해 창을 찔렀다. 그의 창이 장만의 왼쪽 허벅지를 관통했다. 장만은 수레 바닥에 쓰러져서 황급히 그곳을 벗어나려 했지만 전손생에 의해 수레에서 끌어내려져 두 손을 꽁꽁 포박당했으며, 이때 군사들이 앞으로 몰려가서 남궁장만을 사로잡았다. 맹획은 주장主將이 사로잡힌 것을 보고는 병거를 버린 채 도주했다. 장공은 대승을 거두고 징을 쳐서 군대를 거두어들였다. 전손생은 남궁장만을 끌고 와서 장공에게 바쳤다. 장만은 어깨와 넓적다리에 부상을 당했음에도 불구하고 꼿꼿하게 서서 전혀 고통스러운 기색이 없었다. 노 장공은 그 용기를 가상하게 여겨 융숭한 예로써 그를 후대했다. 포숙아는 송나라 군사가 패배한 것을 알고 전군을 물려 회군했다.

이해에 제 환공은 사신으로 습붕을 파견하여 주 왕실에 자신의 즉위를 알리게 하고 함께 청혼도 했다. 다음 해 주 왕실에서는 노 장공을 시켜 혼례를 주관하게 하고 왕희王姬를 제나라에 시집보냈다. 이에 서徐, 채蔡, 위衛에서도 각각 그 딸을 제나라에 잉첩으로 보냈다. 노나라는 그 혼례를 주관한 공이 있었기 때문에 다시 제나라와 우호를 회복했고 각각 두 번씩 패한 치욕을 잊고 형제의 맹약을 맺었다. 그해 가을 송나라에서 큰 홍수가 발생했다. 노 장공이 말했다.

"제나라와도 우호를 회복했는데 어찌 송나라만 미워하리오!"

이에 사신을 보내 송나라를 위로했다. 송나라는 재난을 도와준 노나라의 인정에 감격하여 사신을 보내 감사를 표했다. 이런 인연으로 남궁장만의 귀환을 요청했고 노 장공도 그를 석방하여 귀국시켰다. 이로부터 세 나라는 우호관계를 회복하여 지난날의 악감정을 모두 버렸다. 염옹이 이를 시로 읊었다.

건시와 장작에선 서로 자웅 다투더니	乾時長勺互雄雌
이제 또 승구에선 송국 군사 엎었도다	又見乘邱覆宋師
승패는 무상하여 결국 손해뿐이러니	勝負無常終有失
쌍방 우호로 위기 없음과 어떻게 같으리오	何如修好兩無危

남궁장만이 송나라로 돌아오자 송 민공이 그를 놀렸다.

"처음에 나는 그대를 존경했으나 이제 그대는 노나라 죄수이니, 나는 그대를 존경하지 않겠다."

장만은 몹시 부끄러워하며 물러갔다. 대부 구목仇牧이 민공에게 간언을 올렸다.

"군신 간에는 예의로 대해야지 놀려서는 안 됩니다. 놀리면 불경한 마음을 품게 되고, 불경한 마음을 품으면 함부로 대하게 되며, 함부로 대하면 무례하게 행동하게 되고 결국 패륜과 반역이 발생하게 됩니다. 주상께서는 경계하시옵소서."

송 민공이 말했다.

"과인과 장만은 서로 허물없는 사이니 마음 상하는 일은 없을 것이오."

한편 주 장왕 15년에 왕이 병들어 세상을 떠났다. 태자 호제胡齊가 즉위하니 이 사람이 바로 희왕僖王이다. 부고가 송나라에 도착했을 때 송 민공은 나인들과 몽택蒙澤(河南省 商邱 동북)에서 놀고 있었다. 그는 남궁장만을 시켜 창던지기 놀이를 하던 중이었다. 원래 장만은 아주 뛰어난 기예를 하나 가지고 있었다. 즉 창을 공중으로 까마득히 높이 던져 손으로 다시 받아내는데 백 번에 한 번도 실수가 없었다. 나인들이 그의 재주를 보고 싶어하자 송 민공이 장만을 불러 함께 놀게 했다. 장만이 어명을 받아 한 번

재주를 부리자 나인들이 모두 칭찬을 그치지 않았다. 민공은 조금 질투심이 생겨 내시에게 바둑판을 가져오게 하여 장만과 내기를 했다. 즉 진 사람은 금으로 만든 커다란 말斗에 술을 가득 채워 벌주로 마시는 내기였다. 바둑은 민공의 장기여서 장만이 연달아 다섯 판을 패했고 벌주도 다섯 말을 마셨다. 8~9할 정도나 취기가 오르자 장만은 마음으로 불복하며 다시 한 판 더 두기를 청했다. 그러자 민공이 놀렸다.

"죄수는 늘 패배하는 자인데 어찌 감히 또 과인과 내기를 하자는 것인가?"

장만은 부끄럽고 분한 마음에 아무 말도 할 수 없었다. 그때 갑자기 내시가 보고했다.

"주나라 천자의 사신이 당도했습니다."

민공이 그가 온 까닭을 묻자 주 장왕의 장례와 새 천자의 등극을 알리기 위해서 왔다고 했다. 민공이 말했다.

"주 왕실에 새로운 천자가 등극했다면 응당 사신을 보내 하례를 드려야 한다."

장만이 말했다.

"신은 아직 왕도王都의 번화함을 구경하지 못했습니다. 원컨대 사신이 되어 한번 가보고 싶습니다."

민공이 또 그를 비웃었다.

"송나라에 사람이 없다고 해도 어찌 죄수를 사신으로 보낼 수 있겠느냐?"

곁에 있던 나인들이 모두 웃었다. 장만의 얼굴이 붉어지며 수치심이 분노로 변했다. 아울러 취기가 오름에 따라 한순간 성질이 폭발하여 군신 간의 분별도 가릴 수 없게 되었다. 그리하여 민공에게 욕을 퍼부었다.

"무도하고 어리석은 임금아! 너는 죄수가 사람을 죽일 수도 있다는 사실을 아느냐?”

송 민공도 화를 내며 소리를 질렀다.

“이 도적놈이 어찌 감히 과인에게 무례한 짓거리를 하느냐?”

그러고는 장만의 창을 들어 그를 찌르려 했다. 장만도 창을 빼앗기지 않으려고 바로 바둑판을 들어 민공을 내리쳤다. 그런 뒤 거듭 주먹을 휘두르니, 오호라 슬프도다! 민공은 결국 장만의 주먹을 맞고 죽었다. 나인들이 놀라 흩어졌다. 장만은 그래도 분노가 가라앉지 않았던지 창을 들고 걸어 나가다가 대전 문 앞에서 대부 구목을 만났다. 구목이 물었다.

“주상께선 어디 계시오?”

“어리석은 임금이 무례하여 내가 이미 죽였다.”

구목이 웃으며 말했다.

“장군께선 취하셨군요?”

“나는 취하지 않았다. 내 말은 사실이다.”

그러고는 마침내 피로 얼룩진 손을 보여줬다. 구목이 깜짝 놀라 얼굴색을 바꾸며 크게 꾸짖었다.

“임금을 시해한 역적 놈아, 하늘이 너를 용서치 않으리라!”

그런 뒤 홀笏을 들어 장만을 쳤다. 그러나 어찌 호랑이 같은 장만의 힘을 당할 수 있겠는가? 장만은 창을 땅바닥에 팽개치고 맨손으로 구목에게 달려들었다. 왼손으로 홀을 팽개치고 오른손을 휘둘러 구목의 머리 한가운데를 가격했다. 머리가 가루처럼 부서지고 이빨이 부러졌다. 그리고 손으로 구목의 몸을 내던지니 문짝 안으로 세 치 깊이나 파고들어가 박혔다. 정말 가공할 만한 위력이었다. 구목이 죽자 남궁장만은 창을 찾아 들고 천천히 수레에 올라 안하무인으로 행동했다. 송 민공은 즉위 10년 만에 농담 한마디로 인해 결국 반역자의 악독한 손길 아래 목숨을 잃었다. 춘추시대는 세상이 혼란하여 임금을 시해하기를 닭 잡는 일로도 여기지 않았다. 한탄스럽고도 한탄스러운 일이다! 사관이 「구목찬仇牧贊」을 지었다.

세상은 타락하고 도는 무너져	世降道斁
윤리강상 비로 쓴 듯 사라졌도다	綱常掃地
조정에서도 참으로 가림이 없어	堂簾不隔
임금과 신하가 장난을 치네	君臣交戲
임금이 말로써 장난을 치니	君戲以言
신하는 창으로 장난을 받네	臣戲以戟
장하도다 바른 신하 구목이시여	壯哉仇牧
홀로 역적을 가격했구나	以笏擊賊
강력한 역적을 겁내지 않고	不畏強禦
충성을 다하며 피를 뿌렸네	忠肝瀝血
그 죽음 태산보다 무거울 테니	死重泰山
그 이름 일월과 함께 밝게 빛나리	名光日月

태재 화독은 변란 소식을 듣고는 칼을 들고 수레에 올라 군사를 거느리며 변란을 토벌하러 갔다. 행군 대열이 동궁 서쪽에 이르렀을 때 남궁장만을 만났다. 장만은 아무 말도 하지 않고, 한 창에 화독을 찔러 수레 아래로 떨어뜨렸다. 그리고 다시 한번 창으로 그를 찔러 죽였다. 마침내 민공의 사촌 동생인 공자 유游를 임금으로 삼고 대공戴公, 무공武公, 선공宣公, 목공穆公, 장공莊公 등 다섯 임금의 자손들을 모두 추방했다. 여러 공자는 소蕭

(安徽省 宿州 蕭縣) 땅으로 도망갔고 공자 어열御說도 박毫3 땅으로 도망갔다. 남궁장만이 말했다.

"어열은 배움이 많고 재능이 있는 데다 죽은 임금의 친동생이다. 지금 박 땅에 살고 있으니 틀림없이 변란을 일으킬 것이다. 만약 어열을 죽일 수만 있다면 다른 공자들은 걱정할 게 없다."

이에 그 아들 남궁우南宮牛와 맹획에게 군사를 이끌고 박 땅을 포위하게 했다. 그해 겨울 10월 소숙대심蕭叔大心이 대공, 무공, 선공, 목공, 장공 등 다섯 임금의 자손들을 이끌고 조曹나라 군사와 연합하여 박 땅을 구원하러 왔다. 공자 어열도 박 땅의 모든 사람을 불러일으켜 성문을 열고 원군을 맞아 호응했다. 안팎으로 협공이 이루어지자 남궁우는 대패하여 피살되었다. 송나라 군사도 모두 어열에게 항복했다. 맹획은 감히 송나라로 돌아가지 못하고 지름길로 달아나 위衛나라에 몸을 맡겼다. 대숙피戴叔皮가 어열에게 대책을 올렸다.

"항복한 송군의 깃발 신호를 이용하십시오. 그리고 남궁우 등이 박읍에서 승리하여 어열을 잡아 회군 중이라는 말을 거짓으로 퍼뜨리십시오."

이에 먼저 몇 사람을 시켜 연도에서 말을 퍼뜨리니 남궁장만이 그 말을 믿고 대비를 하지 않았다. 그 뒤 여러 공자가 군사를 이끌고 쳐들어가 쉽게 성문을 열어젖히고 한꺼번에 밀고 들어가며 소리 높여 외쳤다.

"역적 남궁장만 한 사람만 잡으러 왔다. 나머지 사람들은 놀라지 말라!"

남궁장만은 창졸지간에 아무런 대책이 없었다. 황급히 조정으로 달려가 새 임금 공자 유를 모시고 달아나려 했다. 그러나 조정에는 벌써 갑사甲士

3_ 박毫: 상나라의 초기 도읍지. 지금의 하남성河南省 상구商邱.

들이 가득 차 있었다. 그때 내시가 걸어 나와 말을 전했다.

"공자 유는 벌써 군사들에게 피살되었소."

남궁장만은 장탄식을 내뱉으며 생각했다. '여러 제후국 중에 오직 진陳나라만 우리 송나라와 원한이 없으니 진나라로 가야겠다.' 또 집에 여든이 넘은 노모가 계시다는 걸 생각하고 탄식하며 말했다.

"천륜은 버릴 수 없는 법이다."

바로 몸을 돌려 집으로 가서 노모를 부축하여 수레에 태웠다. 왼손으로는 창을 잡고 오른손으로는 수레를 밀며 앞으로 나아갔다. 문지기를 참하고 성을 나서서 바람처럼 치달렸다. 감히 앞을 가로막는 자는 아무도 없었다. 송나라에서 진나라까지는 거의 260리의 길이다. 남궁장만은 수레를 밀며 하루 만에 당도했다. 이와 같은 신력神力은 고금에 드문 경우라 할 수 있다.

한편 여러 공자는 공자 유를 죽이고 공자 어열을 받들어 보위에 올리니 이 사람이 바로 송 환공桓公이다. 대숙피를 대부에 임명하고 다섯 친족 중에서 현자를 뽑아 공족 대부로 삼았다. 소숙대심은 여전히 소蕭 땅을 지키러 돌아갔다. 그러고는 위나라에 사신을 보내 맹획을 잡아 보내달라고 요청했고, 다시 진나라에도 사신을 보내 남궁장만을 잡아 보내달라고 요청했다. 공자 목이目夷는 이때 다섯 살이었다. 송 환공을 곁에서 모시고 있다가 웃으며 말했다.

"남궁장만을 잡아 보내지 않을 것입니다."

송 환공이 물었다.

"우리 동자는 그것을 어떻게 아느냐?"

목이가 말했다.

"용기 있고 힘센 이를 사람들은 존경합니다. 그래서 우리 송나라에서 버린 이를 진나라에서 보호하고 있습니다. 빈손으로 가서 우리에게 무슨 도움이 되겠습니까?"

송 환공이 크게 깨닫고는 바로 사신에게 금은보화를 후하게 싣고 가서 진나라에 뇌물을 주도록 명령을 내렸다.

이에 앞서 송나라 사신이 위나라에 도착하자 위 혜공惠公이 신하들에게 물었다.

"맹획을 돌려달라고 하는데, 돌려주는 것과 돌려주지 않는 것 중에서 어느 것이 우리에게 이득이오?"

신하들이 모두 대답했다.

"사람이 위급한 일을 당하여 우리에게 몸을 맡겼는데, 어떻게 버릴 수 있겠습니까?"

대부 공손이公孫耳가 간언을 올렸다.

"천하의 악惡은 한 가지입니다. 송나라의 악이 오히려 우리 위나라의 악이 될 수도 있습니다. 악인 하나를 머물게 하여 우리 위나라에 무슨 도움이 되겠습니까? 하물며 위나라와 송나라는 옛날부터 우호관계를 유지해왔습니다. 맹획을 보내지 않으면 송나라가 반드시 분노할 것입니다. 한 사람의 악인을 비호하다가 한 나라의 우호를 잃는 것은 좋은 계책이 아닙니다."

위 혜공이 말했다.

"좋은 의견이로다."

그리하여 바로 맹획을 포박하여 송나라에 넘겨주었다.

송나라 사신은 진나라에 도착하여 진 선공宣公에게 또다시 금은보화를 바쳤다. 선공은 그 뇌물이 탐나서 남궁장만을 압송하는 일을 윤허했다. 또

한 남궁장만의 용력이 절륜하여 제압하기 어렵다는 사실을 고려하여 반드시 좋은 계책으로 그를 사로잡고자 했다. 이에 공자 결結을 시켜 장만에게 말했다.

"우리 주상께서는 그대를 얻은 것이 성 10개를 얻은 것과 같다고 했소. 지금 송나라 사람들이 백 번을 요청하더라도 그들의 말에 따르지 않을 것이오. 우리 주상께서는 그대가 의심할까 걱정이 되어 나를 시켜 속마음을 보여주라고 했소. 만약 우리 진나라가 협소하여 다시 다른 큰 나라로 가신다 해도 원컨대 조용히 몇 달만 기다리시오. 내가 그대를 위해 수레를 준비해드리겠소."

남궁장만이 울며 말했다.

"군후께서 장만을 포용해주신다면 이 장만이 무엇을 더 바라겠소."

공자 결은 가지고 간 술로 함께 즐기며 의형제까지 맺었다. 다음 날 장만은 직접 공자 결의 집으로 가서 감사 인사를 했다. 공자 결은 다시 그를 붙잡고 주연이 반쯤 무르익었을 때 비첩婢妾들을 모두 불러 술을 권하게 했다. 장만은 즐겁게 마시다가 만취하여 그 자리에서 쓰러졌다. 공자 결은 역사力士를 시켜 무소 가죽 자루와 쇠 힘줄로 그를 꽁꽁 묶게 했다. 아울러 그 노모까지도 함께 함거에 실어 밤새도록 송나라로 돌려보냈다. 중도에 장만이 술이 깨어 몸을 뒤치며 발을 버둥거려보았지만 가죽은 질기고 포박은 단단하여 끝내 벗어날 수 없었다. 송나라 도성에 당도할 때쯤 무소 가죽이 모두 찢어지고 손발이 밖으로 드러났다. 압송하는 군사들이 그를 몽둥이로 두들겨 패서 정강이뼈가 모두 부러졌다. 송 환공은 그를 맹획과 함께 저잣거리로 끌고 나가 조리돌림을 시키고 사람들에게 살점을 갈기갈기 발라내게 했다. 또한 요리사에게 육젓을 담그게 하여 신하들에게 두루 하

宋國納賂誅長萬

송나라가 뇌물을 써서 남궁장만을 죽이다.

사하며 말했다.

"신하된 자로서 임금을 섬길 수 없는 자는 이 육젓을 보라!"

여든 노모도 함께 주살했다. 염옹이 시를 지어 탄식했다.

위풍당당 용력 절륜 그 모습 애석토다	可惜趦趦力絶倫
모자관계 효만 알고 군신관계 충은 몰랐네	但知母子昧君臣
종당엔 함께 죽어 후회해도 소용없지만	到頭騈戮難追悔
장래의 반역자에겐 좋은 가르침 남겼도다	好諭將來造逆人

송 환공은 소숙대심이 박 땅을 구할 때 큰 공을 세웠으므로 그가 다스리는 소읍을 부용국으로 높여주고 대심을 소군蕭君이라 부르게 했다. 또 환난에 죽은 화독을 생각하여 그 아들을 등용함으로써 사마로 삼았다. 이로부터 화씨는 대대로 송나라의 대부가 되었다.

한편 제 환공은 장작에서 큰 좌절을 겪은 뒤 군사를 움직인 것을 깊이 후회했다. 이에 관중에게 나라를 맡기고 날마다 비빈들과 음주를 즐겼다. 국사를 보고하는 사람이 있으면 환공이 이렇게 말했다.

"어찌 중보께 보고하지 않느냐?"

이때 환공이 총애하는 동자童子로 수초豎貂라는 아이가 있었다. 내전에서 주상을 가까이 모시려고 궁궐 밖에서 왕래하는 것이 불편하다며 스스로 거세한 뒤 궁궐로 들어왔다. 환공은 그를 가엾게 여기고는 더욱 총애하고 신임하며 곁에서 떠나지 못하게 했다. 또 제나라 옹읍雍邑에 이름이 무巫라는 사람이 있었는데 사람들이 옹무雍巫라 불렀고 자는 역아易牙라고 했다. 사람이 임기응변에 능했고 활을 잘 쏘며 수레도 잘 몰았다. 아울러 요리에도 뛰어난 솜씨가 있었다. 어느 날 위희衛姬가 병이 나자 역아는 오미五味[4]를 잘 맞추어 음식을 올렸는데 위희가 먹고 병이 나았다. 그리하여 위희도 그를 아끼고 가까이했다. 역아는 또 맛있는 음식으로 수초를 꾀어 자신을 환공에게 천거해달라고 했다. 환공이 역아를 불러서 물었다.

"너는 음식을 잘 만드느냐?"

역아가 대답했다.

"그렇습니다."

환공이 우스갯소리를 했다.

"과인은 새, 짐승, 벌레, 물고기 요리는 몇 번씩이나 맛봤는데, 사람 고기의 맛이 어떤지는 알지 못한다."

역아가 물러났다가 점심 요리로 찐 고기 한 접시를 바쳤다. 부드럽기가 젖먹이 양 같고 달콤한 맛이 입에 가득했다. 환공이 그 고기를 다 먹고 역아에게 물었다.

"이것이 무슨 고기이기에 이렇게 맛있느냐?"

역아가 무릎을 꿇고 대답했다.

"사람 고기입니다."

환공이 깜짝 놀라 물었다.

"사람 고기가 어디서 났느냐?"

역아가 대답했다.

"신의 맏아들은 세 살이었습니다. 신이 듣건대 '임금에게 충성하는 자는

4_ 오미五味: 신맛酸, 단맛甜, 쓴맛苦, 매운맛辣, 짠맛咸.

집안을 돌보지 않는다'고 합니다. 주상께서 사람 고기를 아직 맛보지 못했다 하시기에 신이 일부러 자식놈을 죽여 주상의 입맛에 맞춰 드렸습니다."

환공이 말했다.

"물러가라!"

환공은 역아가 자기 몸처럼 임금을 아낀다고 생각하고 자신도 역아를 총애하고 신임했다. 위희도 그 가운데서 역아를 입이 마르도록 칭찬했다. 이로부터 수초와 역아는 궁궐 안팎의 일을 처리할 때 몰래 관중을 시기하게 되었다. 이때 수초와 역아는 함께 말을 맞춰 환공에게 아뢰었다.

"듣건대 '임금은 명령을 내리고, 신하는 명령을 받든다'고 합니다. 지금 주상께선 첫째도 중보요, 둘째도 중보라 하시니 제나라엔 아마도 임금이 없는 듯합니다."

환공이 웃으며 말했다.

"과인에게 중보는 내 몸의 팔다리와 같다. 팔다리가 있어야 그 몸이 완전해지듯 중보가 있어야 내가 임금이 될 수 있다. 너희 소인배들이 무엇을 알겠느냐?"

이에 두 사람은 감히 더 이상 말하지 못했다. 관중이 정치를 맡은 지 3년 만에 제나라가 크게 다스려졌다. 염선髥仙이 이를 시로 읊었다.

의심나면 쓰지 말고 쓴 뒤엔 의심 말라	疑人勿用用無疑
중보는 당년에 홀로 제를 다스렸네	仲父當年獨制齊
이는 모두 환공이 신임했기 때문이니	都似桓公能信任
수초, 역아의 온갖 험담 무슨 쓸모 있었을까	貂巫百口亦何爲

이때 남방의 초나라가 바야흐로 강성해져서 등鄧나라를 멸망시키고, 권權나라에겐 승리했으며, 또 수隨나라를 복속시키고, 운鄖나라를 패퇴시켰으며, 교絞나라와는 동맹을 맺고, 식息나라에게는 그 백성을 불러 노역을 시켰다. 대저 한수漢水 동쪽 작은 나라는 초나라에 신하를 칭하고 조공을 바치지 않는 나라가 없었다. 다만 채蔡나라만 제나라와의 혼인관계 및 중원 제후들과의 동맹을 믿고 초나라에 굴복하지 않았다. 초 문왕文王 웅자熊貲 때에 이르러 왕(천자天子)을 칭한 지 2세의 세월이 흐르자 투기鬪祈, 굴중屈重, 투백비鬪伯比, 위장薳章, 투염鬪廉, 육권鬻拳 등의 보좌를 받아 한양漢陽(湖北省 武漢 漢陽區) 땅을 호시탐탐 노리면서 점차 중원을 침탈할 마음을 품게 되었다.

한편 채 애후哀侯 헌무獻舞는 식후息侯(식나라 군주)와 마찬가지로 진陳나라 여인을 부인으로 맞았다. 채후는 진 선공宣公의 장녀를 아내로 맞았고 식후는 그 차녀를 아내로 맞았다. 식 부인 규씨嬀氏는 절세의 미인이었는데 어느 해 진나라 친정으로 가는 길에 채나라를 거쳐가게 되었다. 채나라 애후가 말했다.

"우리 처제가 이곳을 지난다는데 내가 어찌 한번 만나보지 않을 수 있겠는가?"

이에 사람을 시켜 궁중으로 모셔와 융숭하게 대접했다. 그러나 지나친 농담으로 규씨를 희롱하며 전혀 손님에 대한 공경의 마음을 보이지 않았다. 식규는 화를 내며 자리를 떴다. 진나라에서 식나라로 돌아갈 때는 결국 채나라를 거쳐가지 않았다. 식후는 채후가 자기 아내에게 무례하게 굴었다는 소문을 듣고는 보복할 마음을 품었다. 이에 사신을 초나라로 보내 조공을 바치면서 초 문왕에게 몰래 고했다.

"채나라가 중원을 믿고 조공을 바치지 않고 있습니다. 만약 초나라 군사가 우리 식나라를 공격하면 우리는 채나라에 구원을 요청할 것입니다. 채나라 군주는 용기가 있지만 처신이 가벼운 자여서 틀림없이 몸소 우리를 구원하러 올 것입니다. 그때 우리와 초나라가 병력을 합쳐 저들을 공격하면 채 애후 헌무를 사로잡을 수 있을 것입니다. 헌무를 포로로 잡을 수 있다면 채나라가 조공을 바치지 않는다고 걱정할 필요가 없을 것입니다."

초 문왕은 크게 기뻐하며 군사를 일으켜 식나라를 쳤다. 식후가 채나라에 구원을 요청하자 채나라 애후는 과연 대군을 일으켜 몸소 식나라를 구하러 달려왔다. 그러나 아직 진지를 세우지도 못했는데 초나라의 복병이 일제히 뛰쳐나오며 기습했다. 이에 채나라 애후는 초나라 군사를 감당할 수 없어서 식나라 도성으로 도주했다. 이때 식후는 문을 굳게 닫고 이들을 받아들이지 않았으며 결국 채나라 군사는 대패하여 도망쳤다. 초나라 군사는 그 뒤를 따라 추격전을 펼치며 곧바로 신야莘野에까지 이르렀고 그곳에서 애후를 사로잡아 귀국했다. 식후는 초나라 군사에게 풍성한 음식과 술을 내려 위로한 뒤 초 문왕을 국경까지 배웅하고 돌아왔다. 채 애후는 비로소 식후의 계략에 말려든 것을 알고 뼛속까지 깊은 원한을 품었다.

초 문왕은 귀국하여 채 애후를 죽인 뒤 그 고기를 삶아 종묘에 제사를 올리려 했다. 그러자 육권이 간언을 올렸다.

"상감께선 바야흐로 중원에서 일을 성취하려고 하시온데 만약 헌무를 죽이면 중원의 제후들이 모두 두려워할 것입니다. 차라리 헌무를 살려 보내 화친을 도모하는 것이 좋을 것입니다."

육권은 재삼 애써 간했지만 문왕은 전혀 들으려 하지 않았다. 그러자 육권은 분노를 터뜨리며 왼손으로 문왕의 소매를 잡고 오른손으로는 칼을 뽑아 문왕을 겨누며 말했다.

"신은 상감과 함께 죽을지언정 차마 상감께서 제후들의 신망을 잃는 모습을 보지 못하겠습니다."

문왕은 두려움에 떨며 연이어 소리를 질렀다.

"과인이 경의 말을 따르겠소."

마침내 애후를 풀어줬다. 육권이 말했다.

"상감께서 다행히 신의 말을 들어주셨으니 이는 초나라의 복입니다. 그러나 신이 임금을 겁박한 죄는 만 번 죽어 마땅합니다. 청컨대 도끼로 신을 참해주시옵소서."

문왕이 말했다.

"경의 충성스러운 마음은 해를 꿰뚫었소. 과인은 경을 벌하지 않겠소."

육권이 말했다.

"상감께선 신을 용서하셨지만 신이 어찌 스스로를 용서할 수 있겠나이까?"

그러고는 바로 칼을 들어 자신의 발을 자른 뒤 크게 소리쳤다.

"신하로서 임금에게 무례하게 구는 자는 나의 이 꼴을 보고 교훈으로 삼아라!"

문왕은 육권의 잘린 발을 왕실 창고에 잘 보관하도록 명을 내리고는 말했다.

"과인이 충성스런 간언을 기피한 사실을 기억하겠노라."

곧 의원을 불러 육권의 상처를 치료하게 했다. 상처가 나은 뒤에 육권은 걸을 수 없었으나 문왕은 그를 대혼大閻5 직에 임명하여 성문을 지키는 업

5_ 대혼大閻: 초나라 관직. 원래는 궁궐 문을 지키는 수문장. 도성 안의 행정 업무까지 총괄했다.

무를 관장하게 하고 그를 높여 태백太伯이라고 불렀다.

마침내 채후를 귀국시키기 위해 크게 잔치를 베풀고 전별의 자리를 마련했다. 잔치 자리에는 음악을 연주하고 춤추는 아름다운 여인이 가득했는데 그중에서 쟁箏을 연주하는 여인의 용모가 수려했다. 문왕이 그 여자를 가리키며 채후에게 말했다.

"이 여자는 용모와 기예가 모두 뛰어나니 한 잔 받을 만할 것이오."

그러고는 바로 큰 잔에 술을 따라 채후에게 바치게 했다. 채후는 단숨에 술잔을 비우고 다시 한 잔을 가득 따라 직접 초 문왕의 만수무강을 축원했다. 문왕이 웃으며 말했다.

"군후께서 평생 보아온 여자 중에 절세 미녀가 있소?"

채후는 식후가 초나라를 끌어들여 채나라를 패배시킨 원한을 상기하고는 이렇게 말했다.

"천하의 여인 중에 식나라 군주의 부인 식규만 한 미인은 없을 것입니다. 진정 천상의 선녀라 할 만합니다."

초 문왕이 말했다.

"그 미색이 어떠하오?"

채후가 말했다.

"눈은 가을 물 같고, 얼굴은 복사꽃 같으며, 길고 짧음이 조화롭고, 행동거지는 생기가 있으니 저는 그런 여인을 두 번 다시 보지 못했습니다."

초 문왕이 말했다.

"과인이 식 부인을 한번 볼 수 있다면 죽어도 여한이 없겠소."

채후가 말했다.

"군후의 위엄이라면 강국인 제나라나 송나라 여인도 어렵지 않게 들일 수 있을 텐데, 하물며 군후의 처마 밑에 있는 일개 부인이야 말해 무엇하겠습니까?"

문왕은 매우 즐거워하며 그날 마음껏 술을 마시고 자리를 파했다. 채후는 마침내 작별 인사를 하고 본국으로 돌아갔다.

문왕은 채후의 말을 떠올리고는 식규를 얻기 위해 순방을 명목으로 식 나라로 갔다. 식후는 길가에까지 마중 나가 공경의 예를 지극하게 했으며, 친히 관사館숨를 치우고 조정에서 큰 잔치를 열었다. 식후는 술잔을 잡고 앞으로 나가 문왕을 위해 축수했다. 문왕은 술잔을 잡은 채 미소를 지으며 말했다.

"지난번 과인이 군부인을 위해 군사를 일으켜 작은 수고를 했소. 이제 과인이 여기까지 왔는데 군부인께서 어찌 과인을 위해 술 한 잔 올리는 걸 아까워하시오?"

식후는 초왕의 위세가 두려워 감히 거역하지 못하고 연신 예예 응답을 하며 즉시 궁중으로 말을 전하게 했다. 잠시 후 먼저 패옥 소리가 들리더니 부인 규씨가 화려한 예복을 차려입고 잔치 자리에 도착했다. 따로 담요를 편 다음 재배하고 감사 인사를 올렸다. 초 문왕도 답례 인사를 그치지 않았다. 규씨는 백옥 술잔에 술을 가득 부어 올렸다. 하얀 손과 옥빛이 서로 비추며 반짝이자 문왕이 넋을 놓고 바라보았다. 과연 천상에서만 볼 수 있고 인간 세상에서는 보기 드문 미인이었다. 문왕이 자기 손으로 직접 술잔을 받으려 하자 규씨는 당황하지도 바쁘지도 않게 그 술잔을 나인에게 건네서 문왕에게 전해주게 했다. 문왕이 단숨에 술잔을 비우자 규씨는 다시 재배하고 작별 인사를 올린 뒤 궁중으로 돌아갔다. 문왕은 식규를 생각하니 잔치 자리의 즐거움이 도리어 미진한 듯했다. 연회를 끝내고 관사로 돌아와서도 온밤 내내 잠을 이룰 수 없었다.

　다음 날 초 문왕도 답례를 명목으로 관사에서 잔치를 베풀었다. 그리고 몰래 군사를 매복시켰다. 식후가 연회 자리에 도착하고 술기운이 반쯤 오르자 초 문왕이 취한 척하며 식후에게 말했다.

　"과인이 지난번 군부인을 위해 큰일을 했고 이제 삼군이 이곳에 왔는데 군부인이 과인을 위해 우리 군사를 한번 위로해줄 수 없단 말이오?"

　식후가 사양하며 말했다.

　"우리 나라는 협소하여 따라온 군사를 넉넉하게 대접할 수 없습니다. 부족한 제가 대신 위로할 수 있도록 아량을 베풀어주시옵소서."

　초 문왕이 잔칫상을 주먹으로 치며 말했다.

　"촌놈이 의리를 배반하고 감히 교묘한 언사로 내게 항거하겠다는 말이냐? 여봐라! 어찌 저놈을 묶어서 무릎 꿇리지 않는 게냐?"

　식후가 무언가 하소연을 하려 할 때 숨어 있던 복병이 갑자기 들이닥쳤다. 위장蔿章과 투단鬪丹 두 장수도 연회 자리로 나아가 식후를 꽁꽁 묶었다. 초 문왕은 직접 군사를 이끌고 식나라 궁궐로 들어가 식규를 찾았다. 식규는 변란 소식을 듣고는 탄식했다.

　"호랑이를 집으로 끌어들인 것은 모두 내가 자초한 일이다."

　마침내 후원으로 달려가 우물에 뛰어들어 자결하려 했다. 그때 투단이 창끝으로 앞을 가로막으며 옷소매를 끌어 잡았다.

　"부인께선 식후의 목숨을 살려야 하지 않습니까? 어찌하여 부부가 함께 죽으려 하오이까?"

　식규는 아무 말도 할 수 없었다. 투단이 식규를 이끌고 문왕에게 데려가자 문왕은 좋은 말로 식규를 위로했다. 아울러 식후를 죽이지 않을 것과

초 문왕이 식 부인을 빼앗다.

식나라 제사를 끊지 않겠다고 맹세했다. 그러고는 마침내 군중에서 식규를 자기 부인으로 삼아 뒤 수레에 싣고 초나라로 돌아갔다. 그 얼굴이 도화桃花 같았기 때문에 도화부인이라고도 불렀다. 한구漢口 성 밖에 도화동桃花洞이 있고 그 곁에 도화부인의 사당이 있다. 바로 식규를 모신 곳이다. 훗날 당나라 시인 두목杜牧이 이를 시로 읊었다.6

세요궁 안 복사꽃이 이슬 맞아 새로운데7   細腰宮裏露桃新

묵묵히 침묵하며 몇 봄이나 보냈던가8   脈脈無言幾度春

식나라가 망한 일이 무슨 일 때문이었나   畢竟息亡緣底事

금곡9에서 투신한 이 진정으로 가여워라   可憐金谷墜樓人

초 문왕은 식후를 여수汝水(河南省 북쪽 汝河) 땅에 안치하고 겨우 십가十家의 봉토를 주어 식나라 제사를 받들게 했다. 식후는 결국 울분 끝에 죽었다. 초나라의 무도함이 이 지경에까지 이르렀다. 뒷일이 어떻게 되는지는 다음 회를 보시라.

6_ 이 시의 제목은 「제도화부인묘題桃花夫人廟」다.

7_ 세요궁細腰宮: 장화대章華臺 또는 장화궁章華宮이라고도 한다. 초 영왕靈王 때 건축된 초나라 이궁離宮이다. 영왕이 허리가 가는 미인을 좋아해, 이곳의 비빈들이 밥을 굶으며 허리를 가늘게 했기 때문에 이 궁전을 세요궁이라 불렀다. 실제로 초 문왕과 식규의 이야기는 영왕이 세요궁을 건축하기 전의 일이지만, 후대 당나라 시인 두목이 시대를 착각하고 이 시를 쓴 것으로 보인다.

8_ 식규息嬀는 초 문왕에게 잡혀온 후 자신의 서글픈 신세를 한탄하며 거의 말을 하지 않고 평생을 보냈다.

9_ 금곡金谷: 진晉나라 거부 석숭石崇의 별장이 있던 곳. 당시 석숭의 총기寵妓였던 녹주綠珠는 권세가 손수孫秀에게 가기를 거부하고 금곡별장 누대에서 떨어져 죽었다고 한다.

제18회

제 환공의 화려한 등극

조말은 손에 칼을 잡고 제 환공을 위협하며
환공은 불을 밝히고 영척에게 벼슬을 내리다
曹沫手劍劫齊侯, 桓公擧火爵寧戚.

주나라 이왕釐王[1] 원년 봄 정월 제 환공이 조회를 열었다. 신하들의 신년 하례가 끝난 뒤 환공이 관중에게 물었다.

"과인은 중보의 가르침을 받자와 국정을 새롭게 펼치고 있소. 이제 나라 안의 군사가 정예화되었고 군량도 풍족하며 백성도 모두 예의를 알게 되었으니 제후국들과 동맹을 맺고 방백方伯을 정하는 것이 어떠하오?"

관중이 대답했다.

"지금 제후들 중에는 우리 제나라보다 강한 자가 매우 많습니다. 남쪽의 형荊과 초楚, 서쪽의 진秦과 진晉이 그러합니다. 이들은 모두 스스로 영웅임

1_ 이왕釐王: 희왕僖王이라고도 쓴다. 춘추전국시대 각국의 이공釐公도 희공僖公으로 통용된다. 사마천의 『사기』에는 '희僖'를 모두 '이釐'로 표기했다. 그리하여 일설에는 사마천이 자신의 조부 이름인 '사마희司馬喜' 또는 '사마희司馬僖'를 피휘한 것이라고도 한다.

을 과시하고 있으나 주나라 왕실을 높이 받들 줄 모르기 때문에 아직 패업을 이루지 못하고 있습니다. 주나라가 비록 쇠약해졌지만 그래도 천하 모든 나라의 주인입니다. 동쪽으로 도읍을 옮긴 이래, 제후들은 주 왕실에 입조도 하지 않고 자기 지방의 특산물도 조공품으로 바치지 않고 있습니다. 이 때문에 정백鄭伯은 주 환왕의 어깨를 화살로 쏘았고, 다섯 나라는 주 장왕의 명령을 거부하여 마침내 여러 나라의 신하들이 임금이나 아비도 몰라보게 했습니다. 또 초나라 웅통熊通은 왕호王號를 참칭했고 송과 정에서는 자신의 임금을 시해하는 일이 발생했습니다. 그 습속이 오래되었는데도 감히 정벌하는 나라가 없습니다. 이제 주 장왕께서 붕어하시고 새로운 천자가 즉위했습니다. 그리고 송나라에서는 남궁장만의 난리가 일어났으며 그 난리에 가담한 역적들은 비록 주살했지만 송나라 군위君位는 아직 미정입니다. 주상께서는 사신을 주나라 조정으로 보내 천자의 칙지를 요청한 뒤 제후들을 크게 모아 송나라 군주를 정하도록 하십시오. 송나라 군주가 정해진 연후에야 천자의 칙지를 받들고 제후들에게 명령을 내려 안으로는 주 왕실을 높이고 밖으로는 사방 오랑캐를 물리칠 수 있을 것입니다. 열국列國 중에서 쇠약한 나라는 도와주고 강하고 포악한 나라는 제압하십시오. 혼란을 일으키며 명령에 따르지 않는 자가 있다면 제후들을 이끌고 가서 토벌하십시오. 그러면 해내의 제후들은 모두 우리 나라가 사심이 없음을 알고 반드시 서로 손을 잡고 제나라에 조공을 바칠 것입니다. 그렇게 되면 병거를 움직이지 않고도 패업을 이룰 수 있습니다."

환공이 매우 기뻐했다. 그리하여 사신을 낙양으로 보내 주 이왕의 즉위를 축하하고, 천자의 명령을 받들어 제후들과 함께 모여 송나라 군주를 정하겠다고 요청했다. 이왕이 말했다.

"백구伯舅2께서 우리 주 왕실을 잊지 않고 있으니 짐은 참 다행스럽게 생각하오. 사수泗水3 근방의 제후들을 오직 백구께서 좌지우지할 수 있게 되었으니 짐이 어찌 기쁘지 않겠소?"

사신이 돌아가 제 환공에게 보고했다. 환공은 드디어 천자의 명령을 송, 노, 진陳, 채, 위, 정, 주邾 등 여러 나라에 알리고 3월 초하룻날 북행北杏(山東省 東阿 북쪽) 땅에서 함께 회맹하자고 약속을 정했다. 환공이 관중에게 물었다.

"이번 회맹에 갈 때 병거를 얼마나 동원해야 하오?"

관중이 말했다.

"주상께서 천자의 명령을 받들고 제후들 앞에 임하는데 병거가 무슨 소용이 있겠습니까?"

환공이 말했다.

"좋소!"

이에 군사들을 시켜 먼저 3층짜리 단壇을 쌓게 했다. 높이는 3장丈으로 하고 왼쪽에는 종을 달며 오른쪽에는 북을 세웠다. 또 먼저 단 위에다 천자의 허위虛位(빈자리)를 마련하고, 그 곁에는 반점反坫4도 설치했으며 주위에 옥기玉器와 비단도 더욱 가지런하게 진열했다. 또 높고 널찍하면서도 격식에 맞는 객관을 여러 곳에 준비했다.

2_ 백구伯舅: 주나라 왕실에서 성姓이 다른 제후를 부르던 호칭.

3_ 사수泗水: 노나라 곡부曲阜 근처를 흐르는 물 이름. 산동山東 지방을 대표하는 강이므로 주나라 동쪽 지방을 두루 일컫는다.

4_ 반점反坫: 흙으로 만든 작은 단壇. 춘추전국시대에 제후들이 회합할 때 서로 건배한 잔을 엎어두던 곳.

날짜가 다가오자 송 환공桓公 어열御說이 가장 먼저 도착하여 제 환공과 만나 자신의 군위를 정하는 일에 감사를 표했다. 다음 날 진 선공宣公 저구杵臼와 주자邾子5 극극 두 군주가 이어서 도착했다. 채 애후 헌무도 초나라에 붙잡힌 원한이 있기 때문에 이 회맹에 참여했다. 네 나라 군주가 환공이 병거를 갖고 오지 않았음을 알고 서로 돌아보며 이야기했다.

"제나라 군후께서 진심으로 사람을 대한다더니, 그 한결같은 마음이 이런 경지에까지 이르렀군요."

그러고는 각각 인솔해온 병거를 20리 밖으로 물렸다.

때는 벌써 2월이 끝나가고 있었다. 환공이 관중에게 말했다.

"제후들이 아직 다 모이지 않았으니 날짜를 바꾸어 기다리는 것이 어떻겠소?"

관중이 말했다.

"속담에 이르기를 '세 사람만 모여도 무리를 이룬다三人成衆'고 했습니다. 지금까지 네 나라가 당도했으므로 그 숫자가 많지 않다고 할 수 없습니다. 만약 날짜를 바꾸면 신의가 없게 됩니다. 다시 기다려도 제후들이 오지 않으면 천자의 명령을 욕되게 하는 것입니다. 처음 제후들과 회합을 가지면서 신의가 없다고 소문이 나고 또 천자의 명령을 욕되게 한다면 어떻게 패업을 도모할 수 있겠습니까?"

환공이 말했다.

"회맹을 해야 하오? 아니면 단순한 회합을 해야 하오?"

관중이 말했다.

5_ 주邾나라는 공公, 후侯, 백伯, 자子, 남南 다섯 단계 작위 중에서 네 번째인 자작子爵의 나라이므로 주자邾子로 호칭했다.

"제후들의 마음이 아직 하나로 모이지 않았으므로 함께 만나기를 기다렸다가 각자 흩어지지만 않으면 바로 회맹을 할 수 있을 것입니다."

환공이 말했다.

"좋소."

3월 초하루 동틀 무렵 다섯 나라 제후가 모두 단 아래에 모였다. 상견례가 끝나자 환공이 손을 모아 예를 표하며 제후들에게 알렸다.

"왕정王政이 쇠퇴한 지 오래되어 반란이 계속되고 있소. 과인은 천자의 명령을 받들어 여러 군주와 힘을 합쳐 쇠퇴한 왕정을 바로잡으려 하오. 오늘 우리가 해야 할 일은 한 사람을 맹주로 추대하여 모든 권한을 그에게 위임하는 것이오. 그렇게 되면 앞으로 천자의 명령을 천하에 시행할 수 있을 것이오."

제후들은 의견이 분분했다. 제나라를 추대하자니 송나라의 작위는 공작이고 제나라는 후작에 불과하기 때문에 작위의 높낮이가 맞지 않는다고 했다. 또 송나라를 추대하자니 지금 송나라 군주가 새로 즉위하면서 바야흐로 제나라의 힘에 의지해 보위를 안정시키려는 상황인데 감히 스스로를 높일 수 있겠느냐고 했다. 일이 진퇴양난의 곤궁에 빠진 가운데 진 선공 저구가 자리에서 일어나 말했다.

"천자께서 제후를 규합하라는 명령을 제나라 군후께 맡겼소. 누가 감히 그 임무를 대신할 수 있겠소? 의당 제나라 군후를 이 회합의 맹주로 추대해야 할 것이오."

다른 제후들도 모두 말했다.

"제나라 군후가 아니면 이 임무를 감당하기 어려울 것이오. 진후의 말씀이 옳소."

제 환공은 재삼 사양하다가 단상에 올랐다. 제나라가 맹주가 되고, 그다음 송나라, 진나라, 채나라, 주나라 순서로 자리를 배열했다. 자리 배열이 끝나자 종을 울리고 북을 쳐서 먼저 천자의 빈자리를 향해 절을 하고 그 후에 제후끼리도 서로 절을 하며 형제의 정을 나눴다. 중손추가 맹약을 적은 죽간 상자를 받들고 와서 그것을 꺼내 무릎을 꿇고 앉아 읽었다.

모년 모월 모일 제 소백, 송 어열, 진 저구, 채 헌무, 주 극은 천자의 명령을 받들고 북행에 모여 함께 주 왕실을 돕고 약한 나라와 쓰러지려는 나라를 구제하고자 하노라. 맹약을 어기는 나라는 여러 나라가 함께 정벌하리라.

제후들은 양손을 앞으로 모으고 허리를 숙여 명령을 받았다. 『논어』에서는 제 환공이 아홉 번이나 제후를 규합한 사실을 칭송했다. 이번이 그 첫 번째 회맹이다. 염옹髥翁이 이 사실을 시로 읊었다.

멋진 의관 갖추고서 다섯 군주 모여드니	濟濟冠裳集五君
임치6의 큰 사업이 환하게 새롭도다	臨淄事業赫然新
이 국면을 선도한 이 그 누가 알겠는가	局中先著誰能識
첫 번째로 추대된 이 제 환공뿐이었네	只爲推尊第一人

제후들이 제 환공에게 술잔을 드리는 예가 끝나자 관중이 계단으로 올라가 아뢰었다.

6_ 임치臨淄: 제나라의 도성.

"노, 위, 정, 조나라가 고의로 천자의 명령을 회피하고 회맹에 오지 않았으니 불가불 토벌하지 않을 수 없습니다."

제 환공이 손을 들고 네 나라 군주를 향해 말했다.

"우리 나라는 병거가 부족하니 원컨대 여러 군주께서 함께해주시길 바라오."

진, 채, 주나라 세 군주는 일제히 호응하며 말했다.

"보잘것없는 군사를 거느리고 있지만 감히 따르지 않을 수 있겠습니까?"

그러나 송 환공만 아무 말이 없었다.

이날 밤 송 환공은 관사로 돌아와서 대부 대숙피戴叔皮에게 말했다.

"제나라 군주가 자존망대에 빠져 작위의 차례까지 무시하고 회맹을 주도하며 각국의 군사까지 움직이려 하는구려. 앞으로 우리 나라도 그 명령에 쫓아다니느라 피곤하게 생겼소."

숙피가 말했다.

"제후 중에서 이번 모임에 온 사람과 오지 않은 사람이 반반이고, 제나라의 세력도 아직 결집되지 않았습니다. 이번에 만약 노나라와 정나라를 정벌하면 제나라의 패업이 완성될 것입니다. 제나라가 패업을 이루는 건 송나라에게 복이 아닙니다. 이번에 참여한 네 나라 중에서 우리 송나라만 큰 나라입니다. 우리가 군사를 보내지 않으면 세 나라도 흩어질 것입니다. 게다가 우리가 이번 회합에 온 건 천자의 명령을 받들어 주상의 군위를 정하기 위한 것입니다. 이미 회합에 참여했으니 또 무엇을 기다리겠습니까? 먼저 돌아가는 것이 좋겠습니다."

송 환공이 그 말에 따라 마침내 그날 새벽 수레에 올라 그곳을 떠났다.

제 환공은 송 환공이 회맹에 등을 돌리고 돌아갔다는 말을 듣고는 진노하여 중손추를 시켜 추격하고자 했다. 관중이 말했다.

"추격하는 건 옳지 않습니다. 천자의 군사를 청하여 토벌해야 명분이 설 것입니다. 그러나 이것보다 더 급한 일이 있습니다."

환공이 말했다.

"이보다 더 급한 일이 무엇이오?"

관중이 말했다.

"송나라는 멀고 노나라는 가깝습니다. 또 노나라는 주 왕실과 종친(희씨姬氏)으로 동맹관계입니다. 먼저 노나라를 굴복시키지 않고 어떻게 송나라를 굴복시킬 수 있겠습니까?"

환공이 말했다.

"노나라를 정벌하려면 어떤 길을 따라야 하오?"

관중이 말했다.

"제수濟水7의 동북쪽에 수遂나라가 있는데, 노나라의 부용국(속국)입니다. 나라는 작고 국력은 약해 겨우 네 성씨姓氏만 살고 있을 뿐입니다. 만약 대군을 이끌고 압박하면 아침나절에 금방 함락시킬 수 있을 것입니다. 저들을 함락시키면 노나라는 틀림없이 겁에 질릴 것입니다. 그런 뒤 사신을 보내 회맹에 참여하지 않은 죄를 질책하시고, 다시 또 사람을 보내 노 부인 문강文姜에게 서찰을 전하십시오. 노 부인 문강은 자기 아들을 외가인 우리 제나라와 친하게 하려고 극력 종용할 것이고, 노나라 군주도 안으로 어머니의 명령에 압박을 받고 밖으로 우리 군사의 위세에 눌려 틀림없이 회

7_ 제수濟水: 지금의 황하 물길이 흐르는 곳이 고대의 제수다. 고대의 황하는 지금 황하 물길보다 북쪽으로 흘렀다. 중국 고대에는 황하河, 장강江, 회하淮, 제수濟를 사독四瀆이라 불렀다.

맹을 요청할 것입니다. 저들이 요청해오기를 기다렸다가 회맹을 윤허하십시오. 노나라와 화친한 뒤 송나라로 군사를 이동하여 천자의 신하로 싸움에 임하시면 파죽지세가 될 것입니다."

환공이 이를 허락했다.

이에 친히 군사를 이끌고 수나라로 가서 북소리 한 번으로 도성을 함락시키고 제수濟水 가에 군사를 주둔시켰다. 노 장공은 과연 겁을 먹고 대소 신료를 모두 모아 계책을 물었다. 공자 경보慶父가 말했다.

"제나라 군대는 두 번이나 우리 나라에 온 적이 있지만 무슨 이익을 얻은 적이 없습니다. 신이 출병하여 맞아 싸우기를 원합니다."

그 자리에 있던 어떤 사람이 일어서서 말했다.

"불가하오. 불가합니다."

노 장공이 바라보니 바로 시백施伯이었다. 장공이 말했다.

"그대의 계책은 어떠하오?"

시백이 말했다.

"신이 일찍이 말씀드렸듯이 관중은 천하의 기재奇才입니다. 그가 지금 제나라 정치를 맡아 군사를 부림에 절제가 있으니 이것이 불가한 첫째 이유입니다. 북행의 회합은 주 왕실을 높인다는 명분으로 열렸는데 이제 그 명령 위반을 질책한다고 합니다. 따라서 이치상 잘못이 우리에게 있게 되었으니 이것이 불가한 둘째 이유입니다. 공자 규를 죽일 때 주상께서 공을 세우셨고, 왕희가 제 환공에게 출가할 때도 주상께서 수고를 하셨습니다. 이와 같은 지난날의 공로를 모두 내버리고 장차 원수를 맺고자 하시니 이것이 불가한 셋째 이유입니다. 따라서 지금 우리 계책은 화친을 도모하며 회맹을 요청하는 것이 가장 좋습니다. 그러면 제나라는 싸우지 않고도 물러

갈 것입니다."

조귀가 말했다.

"신의 뜻도 이와 같습니다."

이처럼 논의가 분분한 가운데 밖에서 보고가 올라왔다.

"제나라 군주의 서찰이 당도했습니다."

노 장공이 서찰을 읽어보니 대의는 다음과 같았다.

과인은 노나라 군후와 함께 주나라 왕실을 섬기고 있으니 그 정이 형제와
같고 또 우리는 대대로 혼인을 맺어온 사이오. 북행의 회합에 군후께서 참
여하지 않으시어 과인은 감히 그 까닭을 알고 싶소. 만약 다른 마음을 먹으
셨다면 오직 천자의 명령만이 있을 뿐이오.

제 환공은 이와는 별도로 문강에게도 서찰을 보냈다. 문강이 아들 장
공을 불러 타일렀다.

"제나라와 노나라는 대대로 외삼촌과 생질 사이였소. 우리가 저들에게 싫
은 짓을 해서 우리가 우호를 청해야 하는데도 저들이 친선을 원하지 않소?"

장공은 예예 하며 시백을 시켜 답장을 쓰게 했다. 대략 다음과 같은 내
용이었다.

과인은 견마犬馬처럼 미천한 몸에 병이 있어 천자의 명령에 달려갈 수가 없
었소. 이제 군후께서 대의로 질책하시니 과인에게 죄가 있음을 알겠소. 그
러나 우리 땅 성곽 아래에서 회맹을 한다는 건 과인에게 실로 부끄러운 일
이오. 만약 군후의 경계 안으로 군사를 물려주신다면 어찌 과인이 감히 옥

백玉帛을 받들고 따르지 않을 수 있겠소.

제 환공은 답장을 받고 크게 기뻐하며 가柯(山東省 東阿 서남) 땅까지 군사를 물리란 명령을 내렸다.

노 장공은 제 환공을 만나러 가기로 하고 물었다.

"경들 중에서 누가 나를 따라가겠소?"

장군 조말이 함께 가기를 청했다. 장공이 말했다.

"그대는 제나라에 세 번이나 패배했는데, 제나라 사람들의 웃음거리가 되지 않겠소?"

조말이 말했다.

"세 번이나 패배했기 때문에 이번에 가서 하루아침에 원한을 씻고자 합니다."

장공이 말했다.

"어떻게 원한을 씻는다는 것이오?"

조말이 말했다.

"주상께서 주상의 역할을 하시면, 신도 신의 역할을 하겠습니다."

장공이 말했다.

"과인이 국경을 넘어가서 회맹을 청하는 건 두 번 패배한 것과 같소. 그런데도 만약 원한을 씻을 수 있다면 과인은 경의 말을 듣겠소"

마침내 조말과 동행하기로 했다. 가 땅에 도착하자 환공은 흙으로 단을 쌓아놓고 기다리고 있었다. 장공이 먼저 사람을 보내 사죄하고 회맹을 청하자 환공도 사람을 보내 회맹 날짜를 알려왔다.

날짜가 되자 환공은 단 아래에 씩씩한 군사를 도열시키고 청靑, 홍紅, 흑

黑, 백白 깃발을 동, 남, 북, 서 사방에 세우고는 각각 대열을 나누어 장수들에게 통솔하게 한 뒤 중손추가 전체를 총괄하게 했다. 7층으로 나뉜 계단에는 층마다 모두 장사를 세워 황색 깃발을 들고 지키게 했다. 단상에는 '방백方伯'이라고 수놓은 커다란 황색 깃발 하나를 세우고, 그 곁에 큰북을 배치하여 왕자성보가 관장하게 했다. 단상 중앙에는 향로를 놓은 탁자를 설치하고 붉은 접시, 옥 사발, 희생犧牲을 담을 그릇, 회맹용 삽혈 용기를 배열한 뒤 습붕이 관장하게 했다. 또 단상 양쪽에 설치한 반점反坫에는 금 술동이와 옥 술잔을 준비해두고 내시 수초가 관장하게 했다. 단상 서쪽에는 돌기둥石柱 두 개를 세우고 검은 소와 흰말을 매어두고 백정에게 도살을 준비시키며 궁궐 요리사 역아가 관장하게 했다. 그리고 동곽아에게는 안내를 맡겨 계단 아래에 서서 손님을 영접하게 했고, 관중은 국상國相의 지위로 그 기상을 매우 엄숙하게 갖췄다.

제 환공이 영을 전했다.

"노나라 군후께서 당도하셨으면 군후 한 사람과 신하 한 사람만 단상으로 오르게 하고 나머지 사람은 단하에 머물러 쉬게 하라."

조말이 갑옷을 입고 손에는 날카로운 칼을 잡은 채 노 장공의 뒤를 바짝 따랐다. 장공은 한 걸음 옮길 때마다 몸을 떨었으나 조말은 전혀 두려워하는 기색 없이 차례대로 계단을 밟으며 올라가고 있었다. 그때 동곽아가 앞으로 나서며 말했다.

"오늘은 두 군후께서 우호를 맺는 자리라 두 국상國相께서도 예절을 도와야 하거늘 어찌 흉기를 쓰시려 하오?"

조말이 눈을 부릅뜨고 노려보았다. 두 눈꼬리가 사납게 찢어져 올라가자 동곽아는 자기도 모르게 몇 걸음 뒤로 물러날 수밖에 없었다. 노 장공과 조말은 계단을 거쳐 단상으로 올라갔다. 두 군주가 상견례를 하며 우호를 맺고자 하는 뜻을 이야기했다. 북소리가 세 번 울리자 향로가 놓인 의례상을 마주하고 다시 서로 예를 올렸다. 습붕이 옥 사발에 피를 담아 무릎을 꿇고 앉아 삽혈을 청했다. 그때 갑자기 조말이 오른손으로 칼을 잡고 왼손으로는 제 환공의 소매를 끌어 잡으며 얼굴에 분노의 표정을 드러냈다. 관중이 황급히 자기 몸으로 제 환공을 막으며 물었다.

"대부께서 이 무슨 짓이오?"

조말이 소리쳤다.

"우리 노나라는 이웃 나라의 연이은 공격을 받아 나라가 장차 망할 지경이오. 군후께서는 약한 나라와 쓰러져가는 나라를 구제한다는 명목으로 회맹을 하시면서 어찌하여 유독 우리 나라만은 염두에도 두지 않으시오?"

관중이 말했다.

"그러면 대부께선 무엇을 원하시오?"

조말이 말했다.

"제나라는 강한 힘만 믿고 약자를 기만하며 지난번 우리 문양汶陽 땅을 약탈해가지 않았소? 오늘 돌려주셔야 우리 주상께서 삽혈의 회맹에 참여할 것이오."

관중이 환공을 돌아보며 말했다.

"주상, 윤허하십시오."

환공이 말했다.

"대부께선 이 손을 놓으시오. 과인이 윤허하리다."

그제야 조말은 칼을 던지고 습붕 대신 피를 담은 옥 사발을 받들어 노장공에게 올렸다. 두 군주가 모두 삽혈을 마치자 조말이 말했다.

조말이 칼로 제 환공을 위협하다.

"관중은 제나라의 정사를 주관하니 신은 관중과 삽혈하기를 원합니다."

환공이 말했다.

"왜 하필 중보와 하시려 하오? 과인이 그대와 맹세를 하겠소."

그러고는 바로 하늘을 향해 해를 가리키며 말했다.

"문양 땅을 노나라에 돌려주지 않는다면, 저 밝은 태양이여, 나를 벌하소서."

조말이 삽혈을 한 후 재배를 올리며 감사를 표했고 이후 쌍방 간에 매우 즐겁게 술잔을 주고받았다.

회맹이 끝나자 왕자성보 등 신하들이 모두 울분을 머금고 불평을 터뜨리며 장공을 겁박하여 조말에게 받은 치욕을 갚아야 한다고 환공에게 요청했다. 환공이 말했다.

"과인이 이미 조말에게 허락한 일이다. 필부의 약속도 어겨서는 안 되거늘 하물며 군주임에랴?"

이에 신하들이 논란을 그쳤다. 다음 날 환공은 다시 공관에 술자리를 마련하고 장공과 즐겁게 술을 마시고는 헤어졌다. 그런 뒤 바로 남쪽 변방의 읍재에게 명하여 원래 빼앗았던 문양 땅을 남김없이 노나라에 돌려주게 했다. 옛사람이 이 일을 논한 것이 있다.

> 회맹을 하려고 상대를 공격했지만 제 환공은 상대를 업신여기지 않았다. 조말은 복수를 했지만 환공은 원망하지 않았다要盟可犯, 而桓公不欺, 曹子可仇, 而桓公不怨.[8]

8_ 이 논평은 『공양전公羊傳』 장공 13년에 나온다.

이것이 바로 제후를 굴복시키고 천하를 제패한 까닭이다. 이 일을 읊은 시가 있다.

높고 높은 패자 기상이 동쪽 노를 삼켰는데　　　魏魏霸氣吞東魯

한 자루 칼에 어찌 능히 무력을 사용하랴　　　尺劍如何能用武

신의를 베풀어서 군웅들을 굴복시키려　　　要將信義服群雄

문양의 한 조각 땅을 아끼지 않았도다　　　不吝汶陽一片土

또 조말이 제 환공을 협박하여 후세 협객의 시조가 되었다고 읊은 시가 있다.

삼엄한 창과 갑옷 밀물처럼 둘러싼 곳　　　森森戈甲擁如潮

칼을 잡고 단에 오른 그 의기가 씩씩하다　　　仗劍登壇意氣豪

세 번 패한 그 수치를 하루 만에 씻었으니　　　三敗羞顔一日洗

천추만대 협객들이 조말을 엄지에 꼽네　　　千秋俠客首稱曹

다른 제후들도 가 땅의 회맹 소식을 듣고는 모두 제 환공의 신의에 탄복했다. 그리하여 위衛, 조曹 두 나라가 모두 사신을 보내 사죄하고 회맹을 요청했다. 환공은 송나라를 정벌한 후에 만날 약속을 정하자고 통보했다. 그리고 다시 주 왕실에 사신을 보내 송나라 군주가 천자의 명을 받들지도 않았고 회맹에도 참여하지 않았기 때문에 이제 천자의 군대를 청하여 함께 죄를 물으러 가겠다고 했다. 주 이왕은 대부 선멸單蔑에게 군사를 주어 제나라와 힘을 합쳐 송나라를 정벌하라고 했다. 이 소식이 진陳나라와 조나라에 전해지자 이 두 나라도 군사를 이끌고 정벌에 참여하여 선봉을 맡겠다고 했다. 환공은 관중에게 일군一軍을 인솔하게 하고 전방에서 진나라 및 조나라 군대와 합진하라고 했다. 그리고 자신은 습붕, 왕자성보, 동곽아 등을 거느리고 대군을 통솔하여 상구商邱(河南省 商邱)에서 함께 모이기로 했다. 이때가 주 이왕 2년 봄이다.

한편 관중에게는 애첩인 정婧이란 여인이 있었다. 그녀는 종리鍾離(安徽省 鳳陽 臨淮關) 사람으로 옛 서적에 능통하고 지혜가 있었다. 환공은 여색을 좋아해 출행할 때마다 반드시 궁궐 희빈姬嬪들을 대동했고, 관중도 정을 데리고 다녔다. 하루는 관중이 거느린 군대가 남문으로 나가 30여 리를 행진하여 노산猱山(山東省 淄博 臨淄區 남쪽)에 당도했다. 그곳에서 한 시골 농부를 만났다. 그는 짧은 잠방이에 홑저고리를 걸치고 낡은 삿갓을 쓴 채 맨발로 산발치에서 소를 먹이고 있었다. 그 사람이 쇠뿔을 두드리며 노래를 부르자 관중은 수레 위에서 그 비범한 모습을 보고는 사람을 보내 술과 음식을 대접했다. 시골 농부는 그것을 다 먹고 말했다.

"상국相國 중보를 만나고 싶소."

심부름꾼이 말했다.

"상국께서 타신 수레가 벌써 지나갔소."

시골 농부가 말했다.

"아무개가 상국께 전해드릴 말이 한 가지 있소. 그것은 '넓고도 넓도다 백수여浩浩乎白水!'란 말이오."

심부름꾼이 관중의 수레를 따라잡아 그 말을 전했다. 관중이 망연해하며 그 말의 뜻을 이해하지 못하고 애첩 정에게 물었다. 정이 대답했다.

"소첩이 옛날에 「백수白水」 시가 있다는 걸 들었습니다.

넓고 넓은 백수에는	浩浩白水
물고기 유유히 노네	儵儵之魚
군후께서 날 부르시니	君來召我
내 장차 어디서 살리	我將安居[9]

그 시골 농부가 아마 벼슬을 구하는 듯합니다."

관중은 수레를 멈추게 하고 다시 사람을 보내 농부를 불렀다. 농부가 소를 근처 시골집에 맡긴 뒤 심부름꾼을 따라와서 관중을 만났다. 그는 길게 읍[10]만 하고 절은 하지 않았다. 관중이 성명을 묻자 대답했다.

"저는 위衛나라 농부로 성은 영寧이고 이름은 척戚이오. 상국께서 현인을 좋아하고 선비를 예우하신다기에 험한 길을 마다하지 않고 여기까지 왔소. 스스로 만나 뵐 길이 없어 시골 농부가 되어 소를 먹이고 있었소."

관중이 그가 배운 바를 물어보자 마치 청산유수처럼 막힘없이 응대했다. 관중이 감탄하며 말했다.

"호걸께서 진흙탕에서 곤욕을 당하고 계신데, 건져서 끌어주는 사람이 없으니 어떻게 혼자서 현명함을 드러낼 수 있겠소? 우리 주상의 대군이 뒤따라오고 있으니 며칠 사이에 이곳을 지날 것이오. 내가 서찰을 한 통 써주겠소. 선생께선 이걸 지니고 있다가 우리 주상을 알현하시오. 그러면 틀

9_ 이 노래는 작자 미상의 중국 고대 가요로, 『열녀전列女傳』 『고시기古詩記』 등에 실려 있다. 흔히 「백수시白水詩」로 알려져 있으며, 판본마다 글자가 조금씩 다르다.

10_ 읍揖: 두 손을 가슴 앞에 모으고 허리를 조금 굽히는 인사.

림없이 중용하실 것이오."

관중이 서찰을 써서 봉한 뒤 영척에게 주고 서로 작별했다. 영척은 여전히 노산 발치에서 소를 먹였다.

환공의 대군이 사흘 뒤에 당도했다. 영척은 이전 모습 그대로 짧은 잠방이에 홑저고리를 걸치고 낡은 삿갓을 쓴 채 맨발로 길가에 서서 전혀 두려워하거나 피하는 기색이 없었다. 환공이 탄 수레가 가까이 다가오자 영척은 쇠뿔을 두드리며 노래를 불렀다.

남산은 찬란하고 백석은 빛나는데	南山燦, 白石爛
그 가운데 잉어 크기 한 자 반 되도다	中有鯉魚長尺半
살아서 요순 임금 선양 때를 못 만나서	生不逢堯與舜禪
잠방이에 홑저고리 정강이가 드러났네	短褐單衣才至骭
저녁부터 소 먹이다 한밤중이 되었으니	從昏飯牛至夜半
긴긴 밤은 느릿느릿 어느 때나 날 밝을까	長夜漫漫何時旦[11]

환공이 그 노래를 듣고 기이하게 생각하며 좌우 시종에게 명하여 그를 수레 앞으로 데려오게 했다. 그 성명과 거처를 묻자 영척이 사실대로 대답했다.

"성은 영이고 이름은 척입니다."

제 환공이 말했다.

"일개 소 먹이는 자가 어찌 시정時政을 헐뜯는 것이냐?"

11_ 영척이 제 환공을 만날 때 불렀다는 「반우가飯牛歌」. 『사기』 「노중련추양열전魯仲連鄒陽列傳」에 실려 있다.

영척이 말했다.

"신은 소인배이온데 어찌 감히 시정을 헐뜯을 수 있겠습니까?"

환공이 말했다.

"지금 천자께서 위에 계시고 과인도 제후들을 이끌고 그 아래에서 복종하고 있다. 백성도 즐겁게 생업에 종사하고 초목도 봄을 맞아 싱싱하게 자라나고 있다. 요순시대라 하더라도 이보다 더 나을 수는 없을 것이다. 그런데 너는 '요순을 만나지 못했다느니' '긴긴 밤이 밝아오지 않는다느니' 하고 있다. 이게 시정을 헐뜯는 게 아니고 무엇이냐?"

영척이 말했다.

"신은 비록 촌부로 선왕의 정치를 직접 보지는 못했지만 일찍이 요순시대에 대해 들어본 적은 있습니다. 열흘에 한 번씩 바람이 불고 닷새에 한 번씩 비가 내려 백성은 밭을 갈아 밥을 먹고 우물을 파서 물을 마시면서도 이른바 '자기도 깨닫지 못하는 사이에 임금의 법도를 따르게 되었다'는 경지가 그것입니다. 그러나 지금은 사회의 기강이 해이해졌고 올바른 교화가 행해지지 않는 세상인데 '요순시대'보다 낫다고 말씀하시니 소인은 진실로 이해할 수가 없습니다. 또 듣건대 요순시대에는 백관이 올바르게 정사를 펴자 제후들이 복종했고, 사흉四凶[12]을 제거하자 천하가 안정되어, 말을 하지 않아도 모든 사람이 믿고, 분노하지 않아도 임금의 위엄이 섰다고 합니다. 지금 영명하시다는 군후께서는 한 번 회맹을 주도할 때 송나라가 배신했고, 두 번째 회맹을 주도할 때는 노나라 조말의 협박을 받았습니다. 군사

12_ 사흉四凶: 요임금 때 폭행을 일삼던 네 명의 도적. 『상서尙書』에는 공공共工, 환두驩兜, 곤鯀, 삼묘三苗로 기록되어 있고, 『좌전』에는 혼돈混沌, 도철饕餮, 궁기窮奇, 도올檮杌로 기록되어 있다. 나중에 순임금에 의해 중원에서 쫓겨났다.

행동이 그치지 않아 백성은 피곤하고 재물은 피폐해지는데도 '백성은 즐겁게 생업에 종사하며 초목은 봄을 맞아 싱싱하게 자라나고 있다'고 하시니 소인은 또 그 말씀을 이해할 수 없습니다. 소인이 또 듣건대 요임금께서 아들 단주丹朱를 버리고 순임금에게 천하를 선양하자, 순임금은 또 남하南河 땅으로 몸을 피했는데, 백성이 그곳으로 쫓아가 받들어 모셔서 어쩔 수 없이 보위에 올랐다고 합니다. 그런데 지금 주상께서는 형을 죽인 뒤 나라를 얻었고 천자의 권위를 빌려 제후를 호령하고 있으니, 소인은 또 요순의 선양이 오늘날 어떻게 되었는지 알지 못하겠습니다."

환공이 진노하여 소리쳤다.

"저 보잘것없는 놈이 말을 함부로 하는구나!"

고함을 지르며 목을 베라고 명령을 내렸다.

좌우의 시종들이 영척을 포박하여 끌고 나가 사형을 집행하려 했지만 영척은 안색을 조금도 바꾸지 않았고 아무런 두려운 빛을 보이지 않았다. 그는 하늘을 우러러 탄식했다.

"하나라 걸왕은 관용방關龍逄[13]을 죽였고, 은나라 주왕은 비간比干[14]을 죽였으며, 오늘 영척이 또 그 대열에 참여하니 이제 세 현인이 되리로다!"

습붕이 아뢰었다.

"이 사람은 권세를 보고도 빌붙지 않고 위엄을 보고도 두려워하지 않으니 보통 사람이 아닙니다. 주상께서는 아량을 베푸십시오!"

13_ 관용방關龍逄: 하나라 말기의 충신. 걸왕의 폭정을 직간하다가 살해당했다. '逄'은 '逢'으로도 쓰므로 '방'으로 읽어야 한다.

14_ 비간比干: 은나라 말기의 충신. 주왕의 숙부로 소사少師 직을 역임했다. 주왕의 황음무도함을 사흘 동안 간하다가 결국 살해되었다. 주왕은 성인의 심장에는 일곱 개의 구멍이 있는데 내가 그것을 확인하겠다고 하며 '비간의 심장을 갈라서 죽였다比干挖心'고 한다.

환공은 생각을 돌려 노기를 가라앉히고는 마침내 영척의 포박을 풀어주라고 명했다. 그러고는 영척에게 말했다.

"과인이 잠시 선생을 시험해본 것이오. 선생은 진실로 훌륭한 선비요."

이때 비로소 영척은 품 안을 더듬어 관중이 써준 서찰을 꺼내 환공에게 올렸다. 환공이 서찰의 봉함을 열어 읽었다. 그 내용은 대략 다음과 같았다.

신은 명령을 받들고 군사를 출발시켜 그 행진이 노산에 이르렀을 때 위나라 사람 영척을 만났습니다. 이 사람은 보통 소 먹이는 사람의 부류가 아니라 당세의 유용한 인재이니 주상께서는 마땅히 붙잡아두고 이 사람의 보좌를 받아야 합니다. 만약 이 사람을 내버려 이웃 나라에서 등용한다면 우리 제나라가 그때 가서 후회해도 미칠 수가 없을 것입니다.

환공이 말했다.

"선생은 중보의 서찰을 가지고 있으면서도 어찌하여 끝까지 과인에게 보여주지 않았소?"

영척이 말했다.

"신이 듣건대 '어진 임금은 인재를 가려 보좌로 삼고, 어진 신하는 임금을 가려 보필한다'고 합니다. 주상께서 만약 직간을 싫어하고 아첨을 좋아하며 그 분노를 신에게 덮어씌웠다면, 신은 차라리 죽을지언정 상국의 서찰을 내놓지 않았을 것입니다."

환공이 매우 기뻐하며 영척을 뒤 수레에 태우라고 명령을 내렸다.

이날 밤 진채를 세우고 군사들이 휴식할 때 환공은 불을 밝히라 명하고는 황급히 의관을 찾았다. 내시 수초가 아뢰었다.

제 환공이 영척에게 벼슬을 주다.

"주상께서 의관을 찾으시는 건 영척에게 벼슬을 내리기 위함입니까?"

환공이 말했다.

"그렇다."

내시 수초가 말했다.

"위나라는 제나라에서 멀지 않습니다. 어찌 사람을 보내 그 내막을 알아보지 않습니까? 이 사람이 과연 현명한지 알아보고 벼슬을 내려도 늦지 않을 것입니다."

환공이 말했다.

"이 사람은 활달한 인재여서 작은 예절에 구애되지 않는다. 어쩌면 위나라에 있을 때 작은 잘못이 있었을지도 모른다. 그 잘못을 찾아낸 뒤 벼슬을 주면 벼슬이 빛나지 않는다. 그렇다고 그를 버린다면 더욱 애석하지 않겠느냐?"

그러고는 바로 촛불을 켜고 영척을 대부에 임명하여 관중과 함께 국정에 참여하게 했다. 영척은 화사한 의관으로 갈아입고 은혜에 감사하는 예를 올리고는 밖으로 나갔다. 염옹이 이를 시로 읊었다.

잠뱅이에 홑저고리 소 먹이는 가난뱅이	短褐單衣牧豎窮
요순 임금 못 만나고 제 환공을 만났도다	不逢堯舜遇桓公
스스로 쇠뿔 치며 노래하다 그쳤으니	自從叩角歌聲歇
문왕 꿈에 조짐 보인 강태공 될 필요 없네	無復飛熊入夢中[15]

제 환공의 군사가 송나라 경계에 이르자 진陳 선공 저구와 조 장공莊公 석고射始[16]가 먼저 와 있었고 뒤를 이어 주 왕실 선자單子의 군사도 바로 당

도했다. 상견례를 끝내고 송나라를 공격할 계책을 상의했다. 영척이 앞으로 나서며 말했다.

"주상께서 천자의 명령을 받들고 제후를 규합할 때, 권위로 이기기보다는 덕으로 이기는 것이 훨씬 더 좋습니다. 신의 어리석은 의견으로는 군사를 진격시킬 필요까지는 없을 듯합니다. 신이 비록 재주는 없으나 송공宋公에게 가서 세 치의 혀를 움직여 화의를 청해보겠습니다."

제 환공은 크게 기뻐하며 국경에 진을 치라 영을 내리고 영척을 송나라로 들여보내라고 했다. 영척은 작은 수레를 타고 시종 몇 명과 함께 곧바로 송나라 도성 수양睢陽으로 들어가 송 환공桓公을 만났다. 송 환공이 대숙피戴叔皮에게 물었다.

"영척은 어떤 사람이오?"

대숙피가 말했다.

"신이 듣기로 그자는 소 먹이는 촌부였으나 제나라 군주가 벼슬자리에 새로 발탁한 자라 합니다. 그러므로 필시 언변이 뛰어난 자일 것이며, 이번에 오는 것도 우리에게 유세하기 위한 것인 듯합니다."

송 환공이 말했다.

"어떻게 대우해야 하오?"

숙피가 말했다.

15_ 비웅飛熊: 강태공은 성이 강씨姜氏이고 이름은 상尙, 자는 자아子牙, 호는 비웅飛熊이다. 서백西伯 문왕의 꿈에 호랑이 한 마리가 양쪽 겨드랑이에 날개가 돋아 대궐 아래로 날아왔다고 한다. 주공이 그 꿈을 풀이하여 '호랑이는 날개가 돋으면 비웅飛熊'이니 반드시 현인을 얻는다고 했다. 나중에 과연 위수渭水 가에서 낚시를 하고 있는 현인 강상姜尙을 만났다. 이에 '비웅'은 흔히 숨어 있던 은자가 어진 임금을 만나는 것을 비유한다.(『무왕벌주평화武王伐紂平話』)

16_ 석고射姑: 조 장공의 이름은 석고夕姑라고도 쓰므로, '射'의 여러 발음 중 '석'으로 읽어야 한다.

"주상께서 그자를 불러들이시어 무례하게 대하며 그 동정을 살피십시오. 만약 그자의 말이 한 가지라도 부당하면 신이 관대官帶를 끌어당겨 신호를 하겠습니다. 그런 뒤 바로 무사를 시켜 잡아 가두면 제후齊侯의 계략을 막을 수 있을 것입니다."

송 환공은 머리를 끄덕이며 호위 무사에게 대기하란 분부를 내렸다. 영척은 품이 넓은 옷에 큰 띠를 매고 도도한 자세로 걸어 들어와 송 환공을 향해 길게 읍했다. 송 환공은 꼿꼿하게 앉아 답례도 하지 않았다. 영척이 송공의 얼굴을 쳐다보며 길게 탄식했다.

"위태롭도다! 송나라여!"

송 환공이 깜짝 놀라며 물었다.

"과인의 작위는 공작으로 제후의 맨 윗자리를 차지하고 있는데 어떻게 위태로움이 생길 수 있는가?"

영척이 말했다.

"명공明公[17]께선 스스로 주공周公과 비교해보았을 때 누가 더 현명하시옵니까?"

송 환공이 말했다.

"주공은 성인이신데, 과인이 어찌 그분과 비교할 수 있으리오?"

영척이 말했다.

"주공께선 주나라 전성시대를 사셨습니다. 천하는 태평하고 사방 오랑캐는 모두 복속되었는데도 토포악발吐哺握髮[18]을 행하시며 천하의 어진 선

17_ 명공明公: 제후나 고관을 높여 부르는 호칭.

18_ 토포악발吐哺握髮: 주나라 주공이 손님이 찾아오자 밥을 먹다가도 입에 씹고 있던 밥을 뱉어내고 뛰어나가 맞았으며, 머리를 감다가도 물이 흐르는 머리칼을 움켜쥐고 달려나가 마중했다는 고사. 현인을 등용하기 위해 헌신하는 모습을 비유한다.(『사기』 「노주공세가魯周公世家」)

비를 받아들이셨습니다. 명공께선 망국의 후예[19]로, 군웅들이 힘을 겨루는 이 시기에, 2세 동안 군주 시해 역모가 일어난 송나라의 보위를 계승하셨습니다. 그러므로 주공을 본받아 선비들에게 몸을 낮추어도 선비들이 오지 않을까 근심해야 하는데, 망령되이 자존망대에 빠져 어진 이를 소홀히 대하고 손님을 무례하게 맞으니 비록 충성스러운 말이 있다 하더라도 어찌 명공 앞에까지 올 수 있겠습니까? 앞으로 나라가 위태로워지는 일 말고 더 무엇을 기다리겠습니까?"

송 환공이 깜짝 놀라 자리에서 일어나며 말했다.

"과인이 보위를 이은 지 얼마 되지 않아 아직 군자의 가르침을 듣지 못했소. 선생께선 너무 질책하지 마시오."

대숙피가 그 곁에 서 있다가 자신의 임금이 영척에게 설득당하는 것을 보자 약속대로 연이어 자신의 관대를 당겨 올렸다. 그러나 송 환공은 그것을 돌아보지도 않고 영척에게 말했다.

"선생께서 여기까지 오셨으니 과인에게 무슨 가르침을 내려주시겠소?"

영척이 말했다.

"천자께서 권위를 잃자 제후들은 뿔뿔이 흩어졌고 군신 간에는 아무 등급도 없어져서 날마다 찬탈과 시해 소식이 들려오고 있습니다. 제나라 군후께선 천하의 혼란을 참지 못하고 삼가 천자의 명령을 받들어 지난여름 회맹을 주관하셨습니다. 그리고 그때 명공의 이름도 회맹에 나열하고 명공의 보위까지 확정해주셨습니다. 만약 또 배반하면 보위를 확정하지 않은 것과 같게 될 것입니다. 지금 천자께서는 불같이 진노하시어 특별히 천자

19_ 망국의 후예亡國之餘: 춘추전국시대에 송나라는 주나라에 의해 멸망한 은나라의 후예를 봉한 나라이므로 영척이 망국의 후예라고 한 것이다.

의 신하를 보내 제후들을 통솔하고 송나라를 토벌하게 했습니다. 명공께서는 전에 이미 천자의 명령을 배반한 데다, 지금 또 천자의 군대에 대항한다면 서로 무기를 맞대는 걸 기다릴 필요도 없이 신은 이미 승부의 소재를 점칠 수 있겠습니다."

송 환공이 말했다.

"그렇다면 선생의 의견은 어떠하오?"

영척이 말했다.

"신의 어리석은 소견으로는 한 다발의 예물을 아끼지 마시고 제나라 군주와 회맹하는 것이 좋을 듯합니다. 위로는 주나라 신하의 예를 잃지 않고 아래로는 맹주의 환심을 산다면 군대를 움직이지 않고도 송나라가 태산보다 더 안정된 상황을 맞이할 수 있을 것입니다."

송 환공이 말했다.

"과인이 한때의 실수로 회맹이 마감될 때까지 자리를 지키지 못하여 오늘 제나라가 우리를 군사로써 압박하고 있는데, 어찌 우리의 예물을 받으려 하겠소?"

영척이 말했다.

"제나라 군후께선 관후 인자하시고 도량이 넓으셔서 다른 사람의 잘못을 기억하지 않으시고 지난날의 악행도 염두에 두지 않으십니다. 예를 들면 노나라가 지난번 회맹에 오지 않았는데도 가 땅에서 다시 한번 회맹을 하여 마침내 빼앗았던 땅까지 전부 돌려주었습니다. 명공께서는 처음 회맹에 자리를 함께한 분인데 어찌 예물을 받지 않겠습니까?"

송 환공이 말했다.

"장차 무슨 예물을 보내야 하오?"

영척이 말했다.

"제나라 군후께선 예로써 이웃 나라와 화목하게 지내려 하시며 예물을 후하게 보내시고 적게 받으십니다. 그런즉 말린 포 한 다발이면 예물로 족할 것입니다. 어찌 공실 창고의 보물까지 기울일 필요가 있겠습니까?"

송 환공은 몹시 기뻐하며 사신을 시켜 영척을 따라가 제나라 군중에서 우호를 청하게 했다. 대숙피는 얼굴 가득 부끄러운 기색을 하며 송 환공 앞에서 물러났다.

그리하여 송나라 사신은 제 환공을 뵙고 사죄와 회맹에 관한 일을 아뢰었다. 아울러 백옥 열 쌍과 황금 1000일을 바쳤다. 제 환공이 말했다.

"천자의 명령이 있어야 하오. 과인이 어찌 감히 마음대로 처리할 수 있겠소. 반드시 왕신王臣(주 왕실에서 파견된 신하)에게 천자께 상주해달라고 폐를 끼쳐야 하겠소."

제 환공은 송나라가 바친 금옥을 왕신 선자單子에게 전하며 화의를 요청하는 송 환공의 뜻을 알렸다. 선자가 말했다.

"만약 제나라 군후께서 송공을 너그러이 용서하신다면 이제 제 손에 그 증거 예물이 있습니다. 천자께 다시 아뢰라 하시니 어찌 감히 명령대로 하지 않겠습니까?"

이에 제 환공은 송공에게 직접 주 왕실에 입조하여 우호를 새롭게 다진 뒤 다시 회맹 날짜를 정하자고 했다. 선자는 제 환공과 작별하고 주나라로 돌아갔다. 제나라와 진陳, 조曹 두 군주도 각기 본국으로 돌아갔다. 뒷일이 어떻게 되는지를 알려면 다음 회를 보시라.

관중의 시대가 열리다

부하를 사로잡아 정 여공은 본국으로 돌아가고
왕자 퇴를 죽이고 주 혜왕은 반정에 성공하다
擒傳瑕厲公復國, 殺子頹惠王反正.

제 환공이 귀국하자 관중이 아뢰었다.

"주 왕실이 동쪽으로 옮겨온 이래 정나라보다 강한 나라는 없었습니다. 정나라는 동괵東虢을 멸망시킨 뒤 그곳에 도읍을 정했습니다. 앞에는 숭산嵩山(河南省 登封 嵩山)이 솟아 있고 뒤에는 황하가 흐르며, 오른쪽에는 낙수洛水가 감아 돌고 왼쪽에는 제수濟水가 깊으며, 호뢰虎牢[1] 땅의 험준함 또한 천하에 명성이 자자합니다. 이런 연유로 옛날 정 장공은 이런 형세를 믿고 송나라를 정벌하고 허許나라를 병합했으며 천자의 군대에 대항했고 오늘날 또 초나라와 한 패거리가 되어 있습니다. 초나라는 왕호를 칭하는 참람된 나라로 땅은 크고 군대는 강하여 한수 북쪽 여러 나라를 병탄하고 주

1_ 호뢰虎牢: 춘추시대 정나라 땅으로 지금의 하남성河南省 형양滎陽 사수진汜水鎭. 형세가 험준하여 군사상 요충지로 꼽힌다.

왕실과 대적하고 있습니다. 주상께서 만약 주 왕실을 호위하고 제후들의 패자가 되려면 초나라를 물리치지 않고서는 불가한 일입니다. 또 초나라를 물리치려면 반드시 먼저 정나라를 손에 넣어야 합니다."

환공이 말했다.

"나도 정나라가 중원의 중추란 걸 알고 오랫동안 접수하고 싶었으나 좋은 계책이 없어서 늘 한이었소."

영척이 앞으로 나서며 말했다.

"정나라 공자 돌突이 즉위한 지 2년이 되었을 때 채족祭足이 그를 쫓아내고 소공昭公 홀忽을 세웠습니다. 그 뒤 고거미高渠彌가 또 홀을 죽이고 공자 미亹를 세웠으며 우리 선군께서 공자 미를 죽이자 채족이 또 공자 의儀를 보위에 세웠습니다. 채족은 신하로서 임금을 축출했고 공자 의는 동생으로서 형의 보위를 찬탈했으니 본분을 어기고 패륜을 자행한 자입니다. 마땅히 성토해야 합니다. 지금 공자 돌은 역櫟 땅에서 날마다 정나라를 습격할 일을 도모하고 있습니다. 게다가 채족도 이미 죽어서 정나라에는 인물이 없습니다. 주상께서 장수 하나를 역 땅으로 보내 공자 돌을 도와 정나라로 입국시키면 공자 돌은 주상의 덕을 생각하고 북쪽을 향해 우리 제나라에 조공을 바칠 것입니다."

환공도 그것이 옳다고 생각하고는 마침내 빈수무賓須無에게 명령을 내려 병거 200승을 이끌고 역성櫟城 20리 밖에 진을 치게 했다. 그곳에서 빈수무가 사람을 보내 제 환공의 뜻을 전했다.

정 여공厲公 돌은 앞서 채족이 죽었다는 소식을 듣고 비밀리에 심복을 정나라로 보내 소식을 탐지하고 있었다. 그러다가 문득 제 환공이 군사를 보내 자신을 귀국시키려 한다는 소문을 듣고 몹시 기뻤다. 그리하여 성을 나와 멀리까지 가서 제나라 군사를 맞이하고 큰 연회를 베풀었다. 정 여공과 빈수무가 이야기를 나누는 사이에 정나라로 보냈던 심복이 돌아와 보고했다.

"채족은 이미 죽었고 지금은 숙첨叔詹이 상대부가 되었습니다."

빈수무가 말했다.

"숙첨은 어떤 사람이오?"

정백 돌이 대답했다.

"나라를 다스리는 데는 훌륭한 인재이지만, 장수의 재목은 아니오."

그 심복이 또 아뢰었다.

"정나라 도성에 한 가지 기이한 일이 있었습니다. 남문 안에 길이는 여덟 자에 푸른 머리에 노랑 꼬리를 한 뱀이 나타났고, 남문 밖에는 또 길이가 열 자나 되고 붉은 머리에 녹색 꼬리를 한 뱀이 나타났습니다. 이 두 마리 뱀은 성문 입구에서 사흘 밤낮을 싸웠지만 승부를 내지 못했습니다. 구경꾼들이 시장통처럼 모였지만 아무도 감히 가까이 다가갈 수 없었습니다. 그 뒤 17일 만에 바깥쪽 뱀이 안쪽 뱀을 물어 죽이고 마침내 성으로 들어가 종묘에 이르러 홀연 모습을 감췄습니다."

빈수무가 몸을 조금 앞으로 숙이며 정백 돌에게 축하의 말을 전했다.

"이제 보위가 정해졌소."

정백 돌이 말했다.

"그걸 어떻게 아시오?"

빈수무가 대답했다.

"정나라 밖의 뱀은 바로 군후요. 길이가 열 자가 넘었으니 군후께서 연장자가 되는 것이오. 안쪽 뱀은 공자 의儀이니 길이가 여덟 자밖에 안 되어 아우가 되는 것이오. 17일 만에 안쪽 뱀이 중상을 입었고, 바깥쪽 뱀이 입성한 것은 군후께서 망명을 나온 것이 갑신년甲申年 여름이었고 지금이 바로 신축년辛丑年 여름이므로 꼭 17년이 된다는 뜻이오. 또 안쪽 뱀이 중상을 입고 죽은 것은 공자 의가 보위를 잃을 징조이며, 바깥쪽 뱀이 종묘에 들어간 것은 군후께서 종사를 주관할 징조라 할 수 있소. 우리 제나라 주상께서 바야흐로 천하에 대의를 펴시며 군후를 정나라 보위에 올리려 하는 이때에 뱀도 때에 맞춰 싸움을 했으니 이건 아마도 하늘의 뜻인 것 같소."

정백 돌이 말했다.

"진실로 장군의 말씀과 같다면 죽을 때까지 그 은덕을 저버리지 않을 것이오."

빈수무는 이에 정백 돌과 계책을 정하고 밤에 대릉大陵을 기습했다.

정나라에선 부하傅瑕가 군사를 이끌고 출전했다. 쌍방 간에 교전이 벌어지자 빈수무는 예기치 않게 적의 배후를 돌아 나가 먼저 대릉을 함락시키고 성 위에 제나라 깃발을 꽂았다. 부하는 자신의 군사가 역부족임을 알고는 수레에서 내려 투항할 수밖에 없었다. 정백 돌은 17년 동안이나 자신에게 항거해온 부하에게 원한을 품고 이빨을 갈며 좌우 군사들에게 소리쳤다.

"어서 목을 베고 보고를 올려라."

부하가 큰 소리로 울부짖었다.

"주상께선 정나라로 들어가고 싶지 않으시옵니까? 어찌하여 저를 죽이려 하십니까?"

정백 돌이 그를 다시 불러 세우고 연유를 물었다. 부하가 대답했다.

"주상께서 만약 이 한목숨을 살려주신다면 신은 공자 의의 목을 베어

보답하겠습니다."

정백 돌이 말했다.

"네게 공자 의를 죽일 무슨 좋은 계책이라도 있느냐? 단지 감언이설로 과인을 속이고 몸을 빼내 정나라로 돌아가려는 것이 아니냐?"

부하가 말했다.

"지금 정나라 정치는 모두 숙첨이 장악하고 있습니다. 신은 숙첨과 아주 친한 사이입니다. 주상께서 저를 용서해주신다면 제가 정나라로 잠입, 숙첨과 모의하여 공자 의의 목을 반드시 주상의 자리 아래에 가져다 바치겠습니다."

정백 돌이 크게 꾸짖었다.

"간사한 늙은 도적놈이 어찌 감히 나를 속이려드느냐? 내가 지금 너를 석방하여 성안으로 들어가게 하면 너는 장차 숙첨과 군사를 일으켜 나에게 대항할 것이 아니냐?"

빈수무가 말했다.

"부하의 처자식이 지금 대릉에 있으니, 역성에 구금하고 인질로 삼을 수 있습니다."

부하도 머리를 조아리며 애걸했다.

"만약 신이 신의를 지키지 않는다면 신의 처자식을 죽이십시오."

그러고는 하늘의 태양을 가리키며 맹세했다. 마침내 정백 돌이 그를 풀어줬다.

부하는 정나라 도성에 이르러 한밤중에 숙첨을 찾아갔다. 숙첨이 부하를 보고 깜짝 놀라며 물었다.

"자네는 대릉을 지키고 있어야 하는데 어째서 이곳으로 왔는가?"

부하가 말했다.

"제나라 군주가 정나라 보위를 바로잡기 위해, 대장군 빈수무에게 대군을 인솔하게 하여 공자 돌을 도와 귀국시키려 하고 있네. 대릉이 이미 함락되어 나도 밤새도록 도망쳐 이곳까지 오게 된 걸세. 제나라 군사가 조만간 들이닥칠 테니 사태가 아주 위급하게 되었네. 자네가 공자 의의 목을 베어와 성문을 열고 저들을 맞아들이면 부귀영화를 보전할 수도 있고 백성을 도탄에서 구할 수도 있을 것이네. 재앙이 바뀌어 복이 되는 법이니 지금이 바로 그때일세. 그러지 않으면 후회해도 소용이 없을 것일세."

숙첨은 그 말을 듣고 묵묵히 앉아 있다가 한참 후에야 입을 열었다.

"내가 지난날 원래 옛 주상을 모셔와서 보위에 올리자는 의견을 냈으나 채족에 의해 제지당했네. 이제 채족이 죽고 없으니 하늘이 옛 주상을 도우시는 것이네. 하늘의 뜻을 거역하면 반드시 죄를 받는 법일세. 다만 장차 계책을 어떻게 마련해야 하겠는가?"

부하가 말했다.

"역성으로 서찰을 보내 옛 주상에게 조속히 진격하라 하고, 자네는 성을 나가 거짓으로 대적하는 척하면 공자 의는 틀림없이 성 위에 올라 싸움을 관망할 것이니, 내가 그때 빈틈을 타 공자 의를 해치우겠네. 그때 자네가 옛 주상을 이끌고 성으로 들어오면 대사는 끝날 것이네."

숙첨은 그 계책에 따라 비밀리에 사람을 시켜 정백 돌에게 서찰을 보냈다. 부하는 그런 뒤 궁궐로 들어가 공자 의를 만나 제나라 군사가 공자 돌을 돕고 있고 벌써 대릉이 함락당한 사실을 알렸다. 공자 의가 깜짝 놀라며 말했다.

"과인이 후한 뇌물을 초나라에 보내 구원을 요청하겠소. 초나라 군사가 당도하기를 기다렸다가 안팎에서 협공하면 제나라 군사를 물리칠 수 있을 것이오."

숙첨은 고의로 그 일을 미루며 이틀이 지나도록 사신을 보내지 않았다. 그때 첩보가 올라왔다.

"역성의 군사가 벌써 성 아래까지 당도했습니다."

숙첨이 말했다.

"신이 군사를 이끌고 출전하겠사오니 주상께선 부하와 함께 성 위로 올라가 굳게 사수하십시오."

공자 의가 진실로 그 말을 믿었다.

한편 정백 돌은 군사를 이끌고 먼저 도착하여 숙첨과 대략 몇 합을 겨루는 척했다. 그때 빈수무가 제나라 대군을 이끌고 진격해오자 숙첨은 수레를 돌려 달아났다. 부하는 성 위에서 크게 소리를 질렀다.

"정나라 군사가 패했다."

공자 의는 평소에 용기가 없어서 바로 성 아래로 도망치려 했다. 그 순간 부하가 뒤에서 공자 의를 찔렀고 그는 성 위에서 죽었다. 숙첨이 성문을 열게 하고 정백 돌, 빈수무와 함께 성안으로 들어갔다. 부하는 먼저 궁궐을 치우러 들어가다가 공자 의의 두 아들을 만나 그들을 모두 죽였다. 그리고 옛 임금 공자 돌을 복위시키자 백성은 평소 여공厲公(공자 돌)에게 마음이 쏠려 있었던지라 땅이 흔들릴 정도로 환호성을 질렀다. 정 여공은 빈수무에게 후한 예물을 주고 겨울 10월 직접 제나라 조정에 가서 회맹을 요청하겠다고 약속했다. 빈수무는 작별 인사를 하고 귀국했다.

정 여공이 복위한 지 수일 만에 민심이 크게 안정되자 이에 부하에게 말했다.

擒博瑕公嬪國

정 여공이 부하를 죽이고 귀국하다.

"너는 대릉을 지키며 17년 동안 있는 힘을 다해 내게 항거했으니 지난 임금에게는 가히 충신이라고 할 만하다. 그런데 이제 또 삶을 탐하고 죽음을 두려워하며 다시 과인을 위해 옛 임금을 시해했다. 진실로 네 마음은 헤아릴 수가 없다. 과인이 공자 의를 위해 복수해야 할 것 같구나."

그러고는 역사에게 명을 내려 부하를 끌고 나가 저잣거리에서 목을 베라고 했다. 그 처자식은 죽이지 않고 사면했다. 염옹이 이를 시로 읊으며 탄식했다.

정백 돌은 간웅으로 세상에 짝이 없어	鄭突奸雄世所無
다른 사람 힘을 빌려 거사 이루고 또 죽였네	借人成事又行誅
부하가 짧은 삶을 아끼지 않았다면	傳瑕不愛須臾活
충신이란 명성을 만고에 날렸으리	嬴得忠名萬古呼

원번原繁은 전에 공자 의의 즉위에 찬동했기 때문에 정 여공 돌에게 죄를 얻을까 두려워 병과 늙음을 핑계로 조정에 나오지 않았다. 정 여공이 사람을 보내 질책하자 스스로 목을 매어 죽었다. 정 여공은 또 임금을 쫓아낸 죄를 물어 공자 알闕을 죽였다. 또 강서強鉏가 숙첨의 집에 피신해오자 숙첨은 그를 살려달라고 요청했고 이에 죽이지 않는 대신 그의 발을 잘랐다. 공보정숙公父定叔은 위나라로 도망갔다. 3년 뒤 정 여공은 그를 불러 복직시키며 말했다.

"공숙共叔의 후사를 끊을 수는 없는 일이다."

채족은 이미 죽었기 때문에 다시 거론하지 않았다. 숙첨은 여전히 정경 직을 유지했고 도숙堵叔과 사숙師叔은 모두 대부가 되었다. 정나라 사람들은 이 세 사람을 '삼량三良'(세 사람의 어진 관리)이라고 불렀다.

그리하여 제 환공은 정백 돌이 이미 복위된 것을 알았고, 또 위, 조 두 나라는 지난겨울에 회맹을 청해왔기 때문에 제후들을 크게 규합하여 희생을 잡고 다시 맹약을 정하고 싶었다. 관중이 말했다.

"주상께서 패업을 새로 일으키려 하신다면 반드시 간편하게 일을 처리해야 합니다."

제 환공이 말했다.

"간편한 것이 어떤 것이오?"

관중이 말했다.

"진陳, 채蔡, 주邾 세 나라는 북행에서 회맹한 이후 제나라를 섬기는 마음이 변치 않았습니다. 조백曹伯은 비록 북행에는 오지 않았지만 송나라를 정벌하는 일에 힘을 함께했습니다. 이 네 나라는 다시 번거롭게 회맹에 오게 할 필요가 없습니다. 그러나 송나라와 위나라는 일찍이 회맹에 참여한 적이 없으므로 이번에 마땅히 한 번 만나야 합니다. 이후 여러 나라의 마음이 하나 되기를 기다렸다가 다시 맹약을 거론하는 것이 좋을 듯합니다."

말을 아직 다 마치지도 않았는데 홀연 보고가 전해졌다.

"송나라가 예물을 갖고 입조한 사실을 알리기 위해 주나라 천자께서 선멸單蔑(單子)을 우리 제나라로 파견했는데, 선멸이 벌써 위나라에 당도했다 합니다."

관중이 말했다.

"송나라와는 이제 회맹이 이루어질 수 있을 것입니다. 위나라가 행로 가운데에 위치하고 있으니 주상께서는 친히 위나라 땅으로 가서 천자의 사신을 만나고 또 제후들과 친분을 나누십시오."

환공은 이에 송, 위, 정 세 나라와 견郡(山東省 郵城 북쪽) 땅에서 회합을 갖기로 약속했다. 선자, 제 환공까지 모두 다섯 제후가 모여 삽혈은 하지 않고 서로 읍으로 예를 표하며 헤어졌다. 제후들도 크게 기뻐했다. 이후 제 환공은 민심이 기껍게 복종하는 것을 알고 송, 노, 진, 정, 허 등 여러 나라와 유幽(江蘇省 徐州 동남) 땅에서 만나 삽혈로 회맹했고 이때 처음 맹주의 칭호를 정했다. 그것이 주 이왕 3년 겨울이었다.

한편 초 문왕 웅자熊貲는 식규息嬀를 부인으로 맞이한 뒤 더할 나위 없이 총애했고 3년 동안 두 아들까지 낳았다. 첫째 아들은 웅간熊囏이고, 둘째 아들은 웅운熊惲이었다. 식규는 초나라 궁궐에서 3년을 살았지만 좀처럼 초왕과 말을 하지 않았다. 초왕이 이상하게 생각하여 어느 날 말을 하지 않는 까닭을 물었다. 식규는 눈물을 흘리며 대답하지 않았다. 초왕이 그 연유를 말해달라고 간청했다. 식규가 대답했다.

"저는 한 여자로 두 남편을 섬겼으니, 절개를 지키며 죽지는 못했을망정 무슨 면목으로 사람들을 향해 말할 수 있단 말입니까?"

말을 마치자 또 끊임없이 눈물을 흘렸다. 호증 선생이 이를 시로 읊었다.

식나라 망한 후 초 왕실로 들어와서	息亡身入楚王家
고개 돌려 봄바람 속 꽃송이를 바라보네	回看春風一面花
옛 시절 그리워서 말없이 눈물 흘리니	感舊不言常掩淚
아름다운 얼굴에도 원한이 겹쳤으리	只應翻恨有容華[2]

2_ 이 시는 당대 시인 호증이 지은 영사시詠史詩 중 「식성息城」이다.

초왕이 말했다.

"이건 모두 채나라 헌무 때문이오. 과인이 부인을 위해 원수를 갚아줄 테니 부인은 시름을 거두시오."

이에 군사를 일으켜 채나라 정벌에 나섰다. 도성 외곽까지 쳐들어가자 채후 헌무는 상의를 벌거벗은 채3 꿇어앉아 죄를 자복했다. 그러고는 궁궐 창고에 있던 보옥을 모두 꺼내 초 문왕에게 주었다. 그제야 초나라 군사가 물러갔다. 마침 정백 돌도 사신을 보내 초 문왕에게 자신의 복위를 알렸다. 초 문왕이 말했다.

"돌은 복위한 지 2년이나 되었건만 이제야 과인에게 그 사실을 알리니 이건 과인을 아주 우습게 본 것이다."

다시 군사를 일으켜 정나라를 치자 정나라가 사죄하고 화의를 청했다. 초왕이 화의를 허락했다.

주 이왕 4년 정백 돌은 초나라가 두려워 감히 제나라에 조공을 바치지 못했다. 제 환공이 사신을 보내 정나라를 꾸짖자 정백은 상경 숙첨을 제나라로 파견하여 환공에게 사정을 얘기했다.

"우리 나라는 초나라 군사에게 곤경을 당하여 아침부터 저녁까지 성을 지키느라 쉴 틈이 없어서 올해 조공을 바치지 못했습니다. 군후께서 초나라에 위엄을 보여주신다면 우리 주상께서 어찌 감히 아침저녁으로 제나라 조정에 입조하지 않을 수 있겠습니까?"

제 환공은 숙첨의 불손함에 기분이 나빠 그를 군부에 가두었다. 숙첨은

3_ 육단(肉袒): 중국 고대에 패배한 장군이나 임금이 치르던 항복 의식. 상의를 벗고 상반신을 드러낸 채 손을 뒤로 묶고 회초리를 등에 짊어진다. 그 뒤에 관곽(棺槨)을 함께 떠메고 가기도 했다.

감시가 소홀한 틈을 타 정나라로 도망쳤다. 이때부터 정나라는 제나라를 배신하고 초나라를 섬겼다. 이 이야기는 여기서 잠시 그친다.

주 이왕이 재위 5년 만에 붕어하고 그 아들 낭闐이 즉위하니 이 사람이 바로 혜왕惠王이다. 주 혜왕 2년 초 문왕 웅자는 음란 포악한 짓을 일삼으며 정치는 돌보지 않고 군사행동에만 힘을 기울였다. 앞서 초 문왕은 파巴나라 군주와 함께 신申나라를 치는 과정에서 파나라 군사를 곤경에 빠뜨린 적이 있다. 파나라 군주는 분노하여 초나라 군사를 기습했고, 결국 승리를 거두었다. 초나라 진영을 지키던 장수 염오閻敖는 수챗구멍으로 빠져나와 헤엄을 쳐 도주했다. 초왕은 염오를 죽였고 염씨 일가는 초왕을 원망했다. 그리하여 이때 염씨 일가는 파나라 사람들과 초나라를 치기로 하고 안에서 호응하기로 약속했다. 파나라 군사가 초나라를 공격하자 초 문왕은 친히 그들을 맞아 진津(湖北省 枝江) 땅에서 큰 싸움을 벌였다. 그러나 안에서 적을 도와주는 염씨 일가 수백 명을 막을 수 없었다. 그들은 초나라 군사로 위장하고 초나라 진영에 섞여 들어가 마침내 초왕이 있는 곳까지 찾아냈다. 초나라 군사는 큰 혼란에 빠졌고 파나라 군사는 그 틈을 타 공격했다. 마침내 초나라 군대는 대패했고 초왕은 뺨에 화살을 맞고 달아났다. 파나라 군주는 감히 추격하지는 못하고 군사를 거두어 귀국했다. 이때 염씨 일가도 그를 따라가서 마침내 파나라 사람이 되었다.

초 문왕은 도성으로 돌아와 한밤중에 성문을 두드렸다. 육권鬻拳이 성문 안에서 물었다.

"주상께선 승리하셨습니까?"

초왕이 대답했다.

"패배했소."

육권이 말했다.

"선왕 때부터 우리 초나라 군사는 싸워서 이기지 않은 적이 없었습니다. 파나라는 소국인데, 상감께서 직접 군사를 거느리고 가서도 졌다면 사람들의 웃음거리가 되지 않겠습니까? 지금 황黃나라가 초나라에 조공을 바치지 않고 있습니다. 만약 황나라를 쳐서 승리한다면 스스로 웃음거리를 면할 수 있을 것입니다."

그러고는 끝까지 성문을 닫고 초 문왕을 받아들이지 않았다. 초 문왕은 분연히 군사들에게 말했다.

"이번 정벌에서도 이기지 못한다면 과인은 다시 돌아오지 않겠다."

이에 군사를 이동시켜 황나라를 쳤다. 초왕이 친히 북을 치자 사졸들은 죽음을 무릅쓰고 싸웠으며, 마침내 적릉踖陵(河南省 潢川 남쪽)에서 황나라 군사를 패퇴시켰다. 이날 밤 초 문왕은 병영에서 잠을 자다가 죽은 식나라 군주가 나타나는 꿈을 꾸었다. 식후는 노기등등하게 앞을 가로막으며 물었다.

"과인이 무슨 죄가 있어 죽어야 했는가? 또 우리 강토를 점령하고 내 아내까지 욕보인 사실을 나는 이미 상제上帝에게 알리고 네놈의 죄를 청했다."

그러고는 손으로 초 문왕의 뺨을 갈겼다. 문왕은 비명을 지르며 깨어났다. 화살에 맞은 뺨이 다시 터져 피가 끊임없이 흘렀다. 급히 회군하라는 명령을 내리고 추湫(湖北省 鍾祥 경내) 땅에 이르러 한밤중에 목숨을 거두었다.

육권은 초 문왕의 시신을 맞아들이고 장례를 치렀다. 장자 웅간熊囏이 보위를 계승했다. 육권이 말했다.

"나는 두 번이나 상감의 명령을 거슬렀다. 상감께선 나를 죽이지 않았지만 내가 어찌 감히 더 살 수 있겠는가? 나는 지하에서 상감을 뵐 것이다."

그러고는 집안사람들에게 일렀다.

"내가 죽거든 반드시 성문 옆에 묻으라. 자손들에게 내가 나라의 성문을 굳게 지켰다는 사실을 알게 하리라."

마침내 스스로 칼로 목을 찔러 죽었다. 웅간이 그를 가엾게 여겨 그 자손들에게 대대로 대혼大閽(문지기 우두머리 벼슬)을 지내게 했다. 선유先儒 좌구명左丘明은 육권을 칭송하여 임금을 사랑한 충신이라고 했다. 사관이 시를 지어 이를 반박했다.

간언으로 어찌 감히 출병을 권했는가 　　　諫主如何敢用兵

임금에게도 폐문하니 이 또한 경악할 일 　　　閉門不納亦堪驚

만약에 이런 일을 충성이라 칭한다면 　　　若將此事稱忠愛

난신적자도 분분히 이 명분을 빌리리라 　　　亂賊紛紛盡借名

정 여공은 초 문왕이 죽었다는 소식을 듣고 크게 기뻐하며 말했다.

"내게 이제 근심거리가 사라졌다."

숙첨이 앞으로 나서며 말했다.

"신이 듣건대 '군주가 남에게 의지하면 위태롭고, 남의 신하 노릇을 하면 치욕을 당한다'고 합니다. 지금 우리가 제나라와 초나라 사이에 서는 것은 치욕을 당하지 않으면 위태롭게 될 것이니 멀리까지 내다보는 계책이 아닙니다. 선군이신 환공, 무공 및 장공께서는 3대 동안 주 왕실의 경사 직을 역임하셨습니다. 이러한 까닭에 열국 앞에서 면류관을 쓰고 제후를 정복했습니다. 지금 새로운 천자께서 왕통을 계승하시자, 소문을 듣건대 괵虢과 진晉 두 나라에서는 천자를 알현했고 천자는 그들을 위해 큰 잔치를 베풀어 그들의 죄를 용서해주고 또 보옥 다섯 쌍과 말 세 필을 하사했다고 합니다. 주상께서도 주 왕실에 조공을 바치는 것이 가장 좋을 듯합니다. 만약 천자의 총애를 입어 선군들의 경사 직을 다시 맡을 수만 있다면 아무리 대국이라도 두려워할 것이 없습니다."

정 여공이 말했다.

"좋소."

이에 대부 사숙師叔을 주 왕실에 보내 천자의 알현을 청했다.

사숙이 돌아와 보고했다.

"주 왕실이 큰 혼란에 빠졌습니다."

정 여공이 물었다.

"무슨 난리가 일어났단 말이오?"

사숙이 전하는 말은 이러했다.

옛날 주 장왕의 애첩 중에 요희姚姬라는 여자가 있었는데 흔히 왕요王姚라고 불렀다. 그녀가 왕자 퇴頹를 낳자 장왕은 그를 애지중지하며 대부 위국蒍國을 그의 사부로 삼았다. 왕자 퇴는 소를 좋아하여 소 수백 마리를 들여와 직접 먹이를 주어 길렀다. 사료는 오곡을 사용하고 비단 옷에 수를 놓아 소에게 입히고는 '문수文獸'라고 불렀다. 집 밖으로 출입할 때도 노복들에게 소를 타고 다니게 하고 주위를 짓밟으며 거리낌이 없었다. 또 몰래 위국, 변백邊伯, 자금子禽, 축궤祝跪, 첨보詹父 등 다섯 대부와 패거리를 만들어 아주 긴밀하게 왕래했다. 이왕釐王이 재위할 때에도 퇴의 행동은 금할 수가 없었다. 이제 새로운 왕이 즉위하자 왕자 퇴는 자신이 항렬상 아저씨뻘이라는 사실을 믿고 그 교만과 전횡이 더욱 심해졌다. 새 왕은 그를 미워하며 일당을 억압하기 위해 자금, 축궤, 첨보의 땅을 빼앗았다. 또 새 왕은 왕궁 옆에 왕실 동산을 만들려고 했다. 위국의 밭과 변백의 집이 모두 왕궁 가까이에 있었다. 왕은 그것을 모두 빼앗아 왕실 동산을 넓혔다. 또 왕은 왕실 요리사 석속石速의 정성이 부족하다고 화를 내며 그의 녹봉을 깎았다. 이에 석속도 왕에게 원한을 품었다. 이 때문에 다섯 대부와 석속이 난을 일으켜 왕자 퇴를 임금으로 모시고 왕을 공격했다. 주공周公 기보忌父와 소백召伯 요廖 등이 사력을 다해 대항한 덕분에 이들 패거리는 승리를 얻지 못하고 소蘇(河南省 濟原 경내) 땅으로 달아났다. 앞서 주 무왕 때 소분생蘇忿生이 주 왕실의 사구司寇가 되어 혁혁한 공을 세우고 소공이라고 불리면서 남양南陽(河南省 黃河 북쪽 지역) 땅을 봉토로 받았다. 분생이 죽고 나자 그 자손들은 오랑캐에게 제압되어 주 왕실을 배반하고 오랑캐를 섬기면서 주나라에 봉토를 반환하지 않았다. 이에 주 환왕 8년 주 왕실은 소씨의 봉토를 정나라 선군인 장공에게 주며 주 왕실에서 가까운 정나라 땅과 바꾸었는데, 이 때문에 소씨와 주 왕실은 그 틈이 더욱 벌어졌다. 위후衛侯 삭朔은 주 왕실이 검모黔牟를 위나라 군주로 세우자 또한 일찍부터 원한을 품었다. 소씨는 왕자 퇴를 받들다가 위나라로 달아나서 위후와 함께 군사를 이끌고 주나라 왕성을 공격했다. 주공 기보는 그 전투에서 패배한 뒤 소백 요와 함께 천자를 모시고 언鄢(河南省 鄢陵 서북) 땅으로 도망쳤다. 다섯 대부 등은 왕자 퇴를 천자로 즉위케 했지만 민심이 불복하고 있었다.

사숙은 이와 같은 주 왕실의 상황을 자세히 설명한 뒤 이렇게 말했다.

"주상께서 만약 군사를 일으켜 천자를 복위시키면 만세토록 전해질 공적이 될 것입니다."

정 여공이 말했다.

"좋소. 저들이 지금 기세등등하더라도 왕자 퇴는 유약하여 위나라와 연나라의 많은 군사에만 의지하고 있을 뿐이고 다섯 대부는 무능력한 위인들이오. 과인이 다시 사람을 보내 올바른 이치로 저들을 타이르겠소. 만약 자신들이 야기한 재난을 뉘우치고 정도를 회복한다면 장차 창칼을 움직일 필요가 없을 것이니 이 어찌 아름다운 일이 아니겠소?"

그러고는 한편으로 사람을 언 땅으로 보내 천자를 맞아오게 하여 잠시 역읍에 머물게 했다. 왜냐하면 역은 지난날 정 여공이 17년 동안 거주한 곳이라 궁실이 잘 정비되어 있었기 때문이다. 다른 한편으로는 반란을 도모한 왕자 퇴에게 서찰을 띄웠다. 그 내용은 이렇다.

돌突이 듣건대 신하로서 임금을 범하는 것을 불충이라 하고, 동생으로서 형을 범하는 것을 불순이라 하오. 불충과 불순을 저지르면 하늘의 재앙이 미치게 되오. 왕자께서는 간신들의 계책을 잘못 들으시고 자신의 임금을 추방했소. 만약 재난이 지속되는 걸 참회하고 천자를 받들어 모셔와 스스로 몸을 묶고 죄를 인정한다면 지금의 부귀를 잃지 않을 것이오. 그러지 않으면 변방 한구석으로 물러나 오랑캐들과 섞여 살아야 천하 사람들의 험담을 잠재울 수 있을 것이오. 왕자께서는 조속히 실천하시길 바라오.

왕자 퇴는 서찰을 받고 머뭇거리며 결정을 내리지 못하고 있었다. 다섯 대부가 말했다.

"호랑이 등에 탄 사람은 내릴 수 없습니다. 어찌 만승천자의 높은 지위에 올랐다가 다시 신하의 낮은 지위로 내려가려 하십니까? 이것은 정백이 사람을 기만하는 말이니 들어서는 안 됩니다."

왕자 퇴는 결국 정나라 사신을 쫓아냈다. 정 여공은 역읍에서 천자를 알현한 뒤 마침내 천자를 모시고 주나라 도읍 낙양을 기습해서 대대로 전해 내려오는 국보를 손에 넣고 역읍으로 돌아왔다. 이때가 주 혜왕 3년이었다.

이해 겨울 정 여공은 서곽공西虢公에게 사람을 보내 회동 약속을 한 뒤 함께 의병을 일으켜 천자를 복위시키자고 했다. 곽공도 그 제의를 받아들였다. 주 혜왕 4년 봄에 정나라와 곽나라 두 군주는 미弭 땅에서 군사를 합쳤다. 같은 해 여름 4월 함께 주나라 왕성을 공격했다. 정 여공은 친히 군사를 거느리고 남문을 공격했고 곽공은 북문을 공격했다. 위국이 황급히 궁궐 문을 두드리며 왕자 퇴를 만나고자 했다. 왕자 퇴는 마침 소에게 여물 주는 일이 아직 끝나지 않아서 바로 만날 수가 없었다. 위국이 말했다.

"사태가 급합니다."

이에 기다리다 못해 거짓으로 왕자 퇴의 명령을 전하며 변백, 자금, 축궤, 첨보에게 성가퀴로 올라가 성곽을 방어하라고 했다. 주나라 백성은 왕자 퇴에게 순종하지 않다가 진짜 천자가 왔다는 소식을 듣고 우레와 같은 환호성을 보내며 다투어 성문을 열고 천자를 영접했다. 위국은 국서를 초안하여 위나라에 사신을 보내 구원을 요청할 참이었다. 그러나 국서를 아직 다 쓰지도 못했는데, 문득 징 소리와 북소리가 들리며 다급한 보고가 올라왔다.

"옛 천자가 벌써 입성하여 조정에 앉아 있습니다."

위국은 칼로 스스로 목을 찔러 죽었다. 축궤와 자금은 난군 속에서 죽었다. 변백과 첨보는 주나라 백성에게 포박되어 조정에 바쳐졌다. 왕자 퇴는 서문으로 도망치며 석속을 시켜 비단 옷을 입힌 소를 앞세워 몰고 나가게 했다. 그러나 소가 살이 너무 쪄서 걸음이 매우 느렸기 때문에 모두 뒤

왕자 퇴를 죽이고 혜왕이 복위하다.

따라온 군사에게 사로잡히고 말았다. 변백과 첨보는 함께 참수되었다. 염옹이 시를 지어 왕자 퇴의 어리석음을 탄식했다.

총애 믿고 횡행하고도 탐욕이 끝이 없어 　　　　　挾寵橫行意未休

사사로운 교분 틈에 간계가 생겨났네 　　　　　私交乘釁起奸謀

일 년 동안 임금 노릇에 무엇을 이뤘던가 　　　　一年南面成何事

애오라지 관문을 나가 소 먹임이 나았으리 　　　　只合關門去飼牛

또 제 환공이 이미 맹주를 칭한 이상, 대의를 내세워 천자를 복위시켰어야지 그것을 정나라와 괵나라에 양보하지 말았어야 함을 읊은 시가 있다.

천자가 피난 감은 구묘[4]의 수치인데 　　　　　天子蒙塵九廟羞

분분히 정과 괵이 충성을 다 바쳤네 　　　　　紛紛鄭虢效忠謀

어찌하여 관중은 아무 대책 세우지 않아 　　　　如何仲父無遺策

당시의 제일 공을 다른 이에게 양보했나 　　　　却讓當時第一籌

주 혜왕은 복위된 뒤 정나라에 호뢰 동쪽 땅 및 왕후의 큰 거울과 혁대를 상으로 하사했다. 서괵공에게는 주천酒泉 고을 및 술잔과 몇 가지 기물을 상으로 하사했다. 두 군주는 은전에 감사의 예를 드리고 자기 나라로 돌아갔다. 정 여공은 돌아오는 길에 병이 들어 귀국하자마자 세상을 떠났

4_ 구묘九廟: 천자의 종묘를 가리킨다. 주나라 때는 칠묘七廟였으나 왕망王莽 이후 구묘 제도로 바뀌었고 흔히 왕실을 비유한다. 구묘는 왕실의 창업자를 포함한 그 위 조상 다섯 분과 현재 임금의 부친, 조부, 증조부, 고조부 네 분의 위패를 합친 숫자다.

다. 신하들이 세자 첩踕을 받들어 보위에 올리니 이 사람이 바로 정 문공文
公이다.

주 혜왕 5년 진陳 선공宣公은 공자 어구御寇의 모반을 의심하고 그를 죽였
다. 공자 완完은 자가 경중敬仲으로 진 여공의 아들이다. 그는 공자 어구와
친했기 때문에 주살될까 두려워 제나라로 도망갔고, 환공은 그를 공정工正5
직에 임명했다. 어느 날 환공은 경중의 집으로 가서 아주 즐겁게 술을 마셨
다. 날이 어두워지자 촛불을 밝히고 마음껏 놀고 싶어했다. 그러나 경중이
사양하며 말했다.

"신은 전하를 낮에만 모실 준비를 해서 밤에는 모실 수 없습니다. 감히
촛불을 켜고 술자리를 계속할 수는 없습니다."

환공이 말했다.

"경중은 참으로 예의 바르구나!"

그렇게 찬탄하고 자리를 떴다. 환공은 경중이 어질다고 여기고 전田 땅
을 봉토로 주었다. 이 사람이 바로 전씨田氏의 시조다. 이해에 노 장공은 자
신의 혼인을 추진하기 위해 제나라 대부 고혜高傒를 방防 땅에서 만났다.

한편 노 부인 문강은 제 양공이 참변을 당해 죽은 뒤 밤낮으로 슬퍼하
며 그를 생각하다가 결국 해수咳嗽 병에 걸렸다. 내시가 거나라 의원을 데
리고 와 진맥하게 했다. 문강은 오랫동안 남자 맛을 보지 못해 욕정이 동
하여 스스로도 억제하기 어려웠다. 마침내 거나라 의원을 궁중에 머물게
하고 음식을 대접한 뒤 그와 사통했다. 문강은 병을 치료한다는 핑계를 대

5_ 공정工正: 각종 장인匠人과 건축 업무를 관장하고 감독하던 관직.

고 두 번이나 거나라로 가서 그 의원 집에 묵었다. 의원은 다시 다른 사람을 천거하여 자신의 구실을 대신하게 했다. 문강은 늙어서도 음심이 더욱 강해졌지만 끝내 양공의 정력에 따를 만한 사람이 없어서 늘 한스럽게 여겼다. 주 혜왕 4년 가을 7월 문강은 병이 더 악화되어 결국 노나라 침소에서 숨을 거뒀다. 임종이 다가오자 문강은 아들 장공에게 일렀다.

"전에 주상과 약혼한 제 양공의 딸이 장성하여 열여덟이 되었다 하오. 조속히 가서 맞아와 육궁六宮의 자리를 바로잡도록 하오. 탈상을 하고 혼인해야 한다는 제약에 절대 구애될 필요가 없소. 만약 그랬다간 내가 구천에서도 마음을 놓지 못할 것이오."

또 말했다.

"제나라가 지금 방백이 되고자 하니 주상은 삼가 제나라를 섬기며 대대로 이어져온 우호를 깨뜨리지 마오."

말을 마치고는 바로 세상을 떠났다. 장공은 장례를 일반 예법과 같이 하면서도 모친의 유언에 따라 그해에 바로 혼인을 성사시키려 했다. 대부 조귀가 말했다.

"국상으로 빈소를 모시고 있으므로 아직 서둘러서는 안 됩니다. 3년상이 끝난 뒤에 혼인을 치르시옵소서."

노 장공이 말했다.

"모후께서 내게 명령하신 바요. 상중에 혼인하는 건 너무 서두르는 감이 있지만 탈상 후에 하는 건 너무 늦은 감이 있소. 그 중간쯤으로 잡아보면 될 것 같소만."

마침내 소상小祥(사후 1년)을 마친 뒤 노 장공은 제나라 대부 고혜와 선약을 하고 제나라에 함께 가서 납폐納幣6의 예를 행했다. 제 환공도 노나라 국상이 아직 끝나지 않았다며 혼인 날짜를 연기하자고 했다. 혜왕 7년에 노 장공의 혼인에 관한 논의가 정해져서 그해 가을에 성혼成婚하기로 했다.

이때 노 장공은 재위 24년째였고 나이는 벌써 37세였다. 그는 제나라 여인을 기쁘게 하고자 모든 절차와 예물을 아주 사치스럽게 했다. 또 부친 노 환공이 제나라에서 죽었는데 지금 다시 제나라 여인을 아내로 맞이한다고 생각하자 마음이 불안했다. 그래서 노 환공의 사당을 다시 짓고 기둥에 붉은 칠을 하고 서까래마다 아름다운 조각을 해서 망자의 영혼을 위로하고자 했다. 대부 어손御孫이 절실하게 간언을 올렸지만 듣지 않았다. 이해 여름 노 장공은 신부를 맞아오기 위해 제나라로 갔다. 가을 8월이 되어 신부 강씨姜氏가 노나라로 와서 장공의 정실부인이 되었다. 이 사람이 바로 애강哀姜이다. 조정 대부와 종실 부인들은 작은 제후국 군주를 뵙는 예법에 따라 모두 폐백을 올렸다. 어손이 몰래 탄식했다.

"남자가 드리는 예물로 큰 것은 옥백玉帛이고 작은 것은 날짐승인데, 이는 모두 행사를 빛내기 위한 것이다. 여자는 개암, 밤, 대추, 마른 육포를 예물로 드릴 수 있을 뿐이니, 이는 행사의 경건함을 알리기 위한 것이다. 그런데 지금 남녀가 모두 같은 폐백을 쓰며 아무 구별이 없구나. 남녀의 구별은 나라의 큰 예절인데 부인이 그것을 어지럽히고 있다. 아마도 끝이 좋지 못할 것이다."

강씨가 노나라로 시집온 뒤 제나라와 노나라의 우호는 더욱더 튼튼해졌다. 제 환공이 다시 노 장공과 군사를 합하여 서徐와 융戎을 쳤고, 서와 융

6_ 납폐納幣: 옛날에 혼인할 때 신랑이 신부에게 예물을 보내는 절차.

은 모두 제나라에 신하로 복종했다. 정 문공은 제나라 세력이 갈수록 커지는 것을 보고 자기 나라가 침략당할까 두려워 마침내 사신을 보내 회맹을 청했다. 뒷일이 어떻게 될지는 다음 회를 보시라.

제20회

여색으로 패망한 진 헌공

진 헌공은 점괘를 무시한 채 여희를 부인으로 세우고
초 성왕은 난리를 평정한 후 자문을 재상으로 삼다
晉獻公違卜立驪姬, 楚成王平亂相子文.

　제 환공은 귀국한 뒤 큰 잔치를 베풀어 신하들을 위로했다. 술이 반쯤
취할 무렵 포숙아가 잔을 들고 환공 앞에 가서 술을 가득 따라주며 만수
무강을 축원했다. 환공이 말했다.

　"오늘의 술자리가 참으로 즐겁도다!"

　포숙아가 말했다.

　"신이 듣건대 '밝은 군주와 어진 신하는 즐거운 날에도 옛날 어려웠던
시절을 잊지 않는다'고 합니다. 신은 원컨대, 주상께서는 거나라로 망명했
던 때를 잊지 마시고, 관중은 함거의 죄수로 갇혀 있던 때를 잊지 마시며,
영척은 수레 아래에서 소 먹이던 때를 잊지 마시기를 바랍니다."

　그때 갑자기 환공이 자리에서 일어나 재배하며 말했다.

　"과인과 여러 대부께서 모두 옛날을 잊지 않을 수 있으니 이것은 제나라

사직의 무궁한 복이오!"

이날 모든 사람이 마음껏 즐기고 헤어졌다.

어느 날 갑자기 보고가 올라왔다.

"주나라 천자께서 소백召伯 요廖를 사신으로 보내왔습니다."

환공은 그를 객관으로 맞아들였다. 소백 요는 주 혜왕의 명령을 전했다. 그 내용은 제 환공을 방백으로 임명하고 아울러 태공太公의 직위를 내려 다른 제후를 마음대로 정벌해도 좋다는 것이었다. 이어서 이렇게 왕명을 전했다.

"위나라 군주 삭朔이 왕자 퇴頹의 즉위를 지원하며 역적을 돕고 순리를 어겼도다. 짐은 10년 동안 울분을 품고 있었지만 지금까지도 천자로서 토벌하지 못했노라. 백구伯舅께서는 번거롭더라도 짐을 위해 위나라를 토벌해주길 바라노라."

주 혜왕 11년 제 환공은 친히 병거 부대를 거느리고 위나라 정벌에 나섰다. 당시 위 혜공 삭은 벌써 세상을 떠났고 그 아들 적赤이 보위를 이은 지 3년째였다. 이 사람이 바로 위 의공懿公이다. 위 의공은 제 환공이 공격해온 이유도 묻지 않고 군사를 거느리고 나가 전투를 벌였지만, 크게 패배한 뒤 되돌아갔다. 이에 환공이 곧바로 성 아래로 나아가서 천자의 명령을 선포하며 그 죄상을 하나하나 열거했다. 의공이 말했다.

"그러면 모두 선군의 잘못이지 과인과는 무관하다."

이에 그 맏아들 개방開方에게 황금과 비단 다섯 수레를 제나라 군대에 바치게 하고 강화와 사죄를 청했다. 환공이 말했다.

"선왕의 제도에 의하면 죄는 자손에게까지 미치지 않는다고 한다. 만약 천자의 명령을 따른다면 과인이 위나라에 어찌 많은 것을 요구할 수 있겠느냐?"

위 공자 개방은 제나라의 국력이 강성함을 보고 제나라에서 벼슬하기를 원했다. 환공이 말했다.

"그대는 위나라 군후의 맏아들이오. 후계의 차례를 논해보면 응당 세자가 되어야 할 것이오. 어찌 남면南面하여 지존이 되는 지위를 버리고 북면北面하여 과인의 신하가 되려고 하오?"

개방이 대답했다.

"명공明公께서는 천하의 어진 제후이시옵니다. 만약 말채찍을 잡고 좌우에서 모실 수 있다면 이로써 이미 크나큰 영광이온데, 그것이 어찌 군주가 되는 것보다 못하겠나이까?"

개방은 또 위나라 군후의 여동생이 매우 아름답다고 했다. 위나라 선군혜공은 지난번에 자신의 딸을 제 환공의 잉첩으로 보낸 적이 있는데 바로 그 여동생이라고 했다. 환공이 사신을 보내 폐백을 바치고 그녀를 첩으로 달라고 했다. 위 의공은 감히 거절할 수 없어서 위희衛姬를 제나라로 보냈고 환공도 기꺼이 받아들였다. 그리하여 그 언니를 장위희長衛姬라 하고 동생을 소위희少衛姬로 구별하여 불렀다. 두 자매가 모두 제 환공의 총애를 받았다. 염옹이 이를 시로 읊었다.

위후가 지은 죄는 태산처럼 무거운데	衛侯罪案重如山
천자 명령에 어찌하여 뇌물 받고 돌아왔나	奉命如何取賂還
천자 받들고 대의 편다 함부로 지껄이더니	漫說尊王申大義
때가 되자 공명과 이익 마음속에 가득했네	到來功利在心間

이야기가 두 갈래로 나뉜다. 진晉나라는 희성姬姓의 나라로 임금의 봉작은 후작侯爵이었다. 주 성왕이 오동잎을 잘라 홀珪을 만들어¹ 동생 숙우叔虞를 당唐에 봉했다. 그 뒤 9세가 전해져 목후穆侯에 이르렀다. 목후는 아들 둘을 낳았다. 맏이는 이름이 구仇였고 둘째는 이름이 성사成師였다. 목후가 세상을 떠나고 장자인 구가 보위에 올랐다. 이 사람이 바로 문후文侯다. 문후가 세상을 떠나자 그 아들 소후昭侯가 즉위했다. 그는 숙부인 환숙桓叔 성사의 강성함이 두려워 곡옥曲沃² 땅을 갈라 숙부에게 주고 그를 곡옥백曲沃伯이라 불렀다. 또한 진晉나라의 이름을 바꾸어 익翼(山西省 翼城)이라고 하고, 이 두 곳을 함께 일러 이진二晉(익과 곡옥)이라고 했다. 진 소후昭侯 즉위 7년에 대부 반보潘父는 소후를 시해하고 곡옥백 환숙을 보위에 올렸다. 그러나 익나라 사람들은 이에 불복하여 반보를 죽인 뒤 소후의 동생 평平을 즉위케 했다. 이 사람이 바로 효후孝侯다. 효후 8년에 환숙이 세상을 떠나고 그 아들 선鱓이 뒤를 이으니 이 사람이 곡옥장백曲沃莊伯이다. 효후 15년에 곡옥장백이 익을 공격했다. 효후가 이를 맞아 싸웠으나 대패하고 장백에게 살해되었다. 익나라 사람들이 효후의 동생 극郤을 보위에 올리니 이 사람이 악후鄂侯다. 악후는 보위에 오른 지 2년 만에 군사를 거느리고 곡옥을 공격했으나 패배하고 수隨나라(湖北省 隨州)로 달아났다. 그 아들 광光

1_ 전엽위규剪葉爲珪: 동엽봉제桐葉封弟라고도 한다. 주공의 도움으로 어린 나이에 즉위한 주 성왕이 동생 숙우와 놀다가 오동잎을 잘라 홀珪 모양으로 만들어 동생에게 주면서 "내가 너를 당唐 땅에 봉한다"라고 했다. 주공이 그 이야기를 듣고 성왕에게 묻자 성왕은 놀이를 하다가 장난으로 그런 거라고 대답했다. 그러나 주공은 성왕에게 "임금은 장난으로도 거짓말을 해서는 안 됩니다天子無戱言"라고 하면서 나중에 숙우를 실제로 당 땅에 봉하게 했다.(『여씨춘추』「중언편重言篇」)

2_ 곡옥曲沃: 산서성 문희聞喜 동북. 현재 곡옥曲沃은 원래 곡옥에서 북쪽으로 30킬로미터 정도 올라간 위치에 자리 잡고 있다.

이 보위를 이으니 이 사람이 애후哀侯다. 애후 2년에 곡옥장백이 세상을 떠나자 그 아들 칭대稱代[3]가 대를 이었다. 이 사람이 곡옥무공曲沃武公이다. 애후 9년 곡옥무공은 장수 한만韓萬과 양굉梁宏을 거느리고 익을 쳤다. 애후는 이들을 맞아 싸우다가 피살되었다. 주 환왕은 경사 직에 있던 괵공虢公 임보林父에게 명하여 애후의 동생 민緡을 익나라 보위에 세우게 했다. 이 사람이 소자후小子侯다. 소자후 4년에 곡옥무공은 다시 그를 유인해 죽이고 마침내 두 나라를 병합한 뒤 강絳[4] 땅에 도읍을 정하고 옛날 국호를 다시 써서 진晉이라고 했다. 그리고 진나라 공실 창고의 보물을 모두 주 왕실로 실어가서 이왕釐王에게 바쳤다. 이왕은 그 뇌물이 탐나서 마침내 칭대에게 명하여 일군一軍을 거느리고 진후晉侯가 되게 했다. 칭대가 재위 39년 만에 죽자 그 아들 궤제佹諸[5]가 보위에 올랐다. 이 사람이 진 헌공獻公이다.

진 헌공은 곡옥환숙과 곡옥장백의 공자 일족을 시기하며 그들이 반란을 일으킬까 우려했다. 대부 사위士蔿가 계책을 올려 그 일당을 흩어지게 한 뒤 이어서 이들을 유인하여 모두 죽였다. 헌공은 그의 공을 가상히 여기고 대사공大司空에 임명했다. 또한 강읍絳邑에 큰 성을 쌓게 하고 그 규모를 지극히 장엄하며 화려하게 하여 큰 나라의 도성과 비견되게 했다. 이에

3_ 칭대稱代: 이 『동주열국지』에는 곡옥무공曲沃武公의 이름을 칭대稱代로 적고 있다. 바로 뒤 두 군데도 모두 칭대로 표기한다. 중국 런민문학출판사에서 1978년에 출판한 번체자 판본에도 칭대 두 글자 모두에 옆줄이 그어져 있어서 사람 이름임을 나타내고 있다. 그러나 『사기』 「진세가晉世家」 해당 구절을 보면 "아들 칭稱이 장백莊伯을 이어서 보위에 올랐다子稱代莊伯立"고 되어 있다. 아마도 바로 이 구절의 칭대稱代를 인명으로 잘못 인식한 것으로 보인다.

4_ 강絳: 춘추시대 진晉나라의 초기 도읍지. 산서성 익성翼城 경내이며, 현재 강현絳縣은 원래 익성에서 40킬로미터 정도 남쪽에 자리 잡고 있다.

5_ 궤제佹諸: 『사기』 「진세가」에는 佹가 詭로 되어 있다.

앞서 진 헌공은 세자 시절 가희賈姬를 정실부인으로 맞았지만 세월이 오래

되어도 자식이 없었다. 그래서 또 견융犬戎 군주의 조카딸 호희狐姬를 맞아

아들 중이重耳를 낳았다. 또한 소융小戎 윤씨允氏의 딸을 맞아 아들 이오夷吾

를 낳았다. 곡옥무공은 만년에 제나라에서 첩을 구했고 제 환공은 맏딸을

무공에게 보내니 이 사람이 바로 제강齊姜이다. 당시에 곡옥무공은 이미

늙어서 여자를 다룰 수가 없었다. 제강은 젊고 아름다워 아들 헌공과 좋아

지내다 간통하여 아들 하나를 낳았다. 그 아이를 몰래 신씨申氏 집에 맡겨

양육했다. 그리하여 그 이름을 신생申生이라 했다. 진 헌공이 즉위한 해에

가희가 이미 세상을 떠나 마침내 제강을 정실부인으로 세웠다. 그때 중이

는 이미 21세였다. 이오의 나이도 신생보다 많았으나 신생은 정실부인의

아들이었으므로 적자 서자의 구별만 따졌지, 나이의 많고 적음은 따지지

않았다. 이에 신생을 세자로 세운 뒤 대부 두원관杜原款을 태부로 삼고 대

부 이극里克을 소부少傅로 삼아 함께 세자를 보좌하면서 가르치게 했다. 제

강은 또 딸 하나를 낳고 죽었다. 진 헌공은 다시 가희의 여동생 가군賈君을

아내로 맞았으나 역시 자식이 없었다. 이 때문에 제강이 낳은 딸을 가군에

게 맡겨 기르게 했다.

  진 헌공은 즉위 15년에 군사를 일으켜 여융驪戎을 쳤다. 여융은 강화를

청하며 두 딸을 헌공에게 바쳤다. 맏이는 여희驪姬이고 둘째는 소희少姬다.

여희는 아름다운 모습이 식규와 비견할 만했고 그 요염함은 달기妲己와 같

았다. 또 그 지모가 천 갈래나 되어 온갖 속임수까지 쓸 줄 알았다. 그러나

헌공 앞에서는 자못 충성과 신의를 갖춘 것처럼 행동하며 아양을 떨어 사

랑을 받았다. 또한 자주 정사에 참견하면서 열에 아홉은 헌공의 의중을 맞

췄기 때문에 헌공은 여희를 몹시 총애했다. 물 한 잔을 마시고, 밥 한 끼를

먹을 때도 늘 여희와 함께했다. 해를 넘겨 여희는 아들 하나를 낳았다. 그 이름은 해제奚齊다. 또 한 해를 넘겨 소희가 아들을 낳았다. 그 이름은 탁자卓子다. 헌공은 여희에게 미혹되어 있는 데다 그 아들까지 좋아하여 마침내 제강에게 베푼 은혜를 잊어버리고 여희를 정실부인으로 세우려고 태복太卜 곽언郭偃에게 거북점을 치게 했다. 곽언이 그 조짐을 풀어 올렸다. 그 점괘 풀이는 다음과 같았다.

전심專心은 변심變心이니	專之渝
공의 아름다움을 빼앗도다	攘公之羭
한 향초와 한 악초가 섞이니	一薰一蕕
십 년이 지나 악취가 진동하겠다	十年尚有臭

헌공이 말했다.

"무슨 말이냐?"

곽언이 대답했다.

"투渝는 변變이니, 변한다는 뜻입니다. 의지를 오로지 집중해도 마음에 변화가 생기고 어지럽다는 뜻이니 이런 까닭에 '전심은 변심이다'라고 한 것입니다. 양攘은 탈奪이니 빼앗는다는 뜻이고, 유羭는 미美이니 아름답다는 뜻입니다. 마음에 변화가 생긴즉 아름다움과 추함도 거꾸로 되어 '공의 아름다움을 빼앗는다'고 했습니다. 풀이 향기로운 것을 훈薰이라 하고, 풀이 악취가 나는 것을 유蕕라고 합니다. 향기는 악취를 이기지 못하므로 더러운 기운이 오래 지속되며 사라지지 않습니다. 이런 까닭에 '십 년이 지나 악취가 진동하겠다'고 한 것입니다."

헌공은 전심으로 여희를 편애하고 있었기 때문에 그 점괘를 믿지 않고 다시 사소史蘇에게 대나무 산가지로 점을 치게 했다. 그 결과 「관괘觀卦」의 육이六二6를 얻었다. 그 효사爻辭는 다음과 같다.

엿보는 것이니 여자가 바르면 이로우리라   闚觀利女貞7

헌공이 말했다.

"안에서 밖을 바라보는 것이 여자의 올바름이라고 했으니 어느 것이 이보다 더 길하겠느냐?"

태복 곽언이 말했다.

"개벽 이래로 먼저 형상이 있고 그 뒤에 숫자가 있었습니다. 거북점은 형상이고, 대나무 점은 숫자입니다. 대나무 점을 따르는 것보다 거북점을 따르는 것이 더 좋습니다."

사소가 말했다.

"예법에는 두 명의 정실이 있을 수 없습니다. 제후는 정실부인을 두 번 맞을 수 없으므로 소위 '보기만 한다觀'고 한 것입니다. 계속해서 여희를 부인으로 칭하고자 하니 이것이 어찌 바른 일이겠습니까? 바른 일이 아니라면 이것이 어찌 이롭겠습니까? 『주역周易』의 뜻으로 말씀드려도 길함이 없습니다."

6_ 관괘觀卦(䷓): 상괘가 손괘巽卦(☴)이고 하괘가 곤괘坤卦(☷)다. 육이六二는 밑에서 두 번째 효爻가 음효라는 뜻이다.

7_ 그 상象을 풀이하여 "엿보는 것이 여자의 올바름이라 해도 군자에게는 추한 것이다闚觀女貞, 亦可醜也"라고 했다.

헌공이 말했다.

"만약 거북점과 대나무점이 그렇게 정해졌다 하더라도 그것은 모두 귀신의 장난일 뿐이다."

그러고는 결국 사소와 태복 곽언의 말을 듣지 않았다. 길일을 택하여 종묘에 고한 뒤 여희를 부인으로 세우고 소희를 차비次妃로 책봉했다. 사소가 대부 이극에게 몰래 말을 했다.

"진나라가 장차 망하게 생겼는데 어찌하면 좋소?"

이극이 깜짝 놀라며 물었다.

"진나라를 망하게 하는 자가 누구요?"

사소가 말했다.

"아마도 여융일 것이오."

이극은 그 말을 이해하지 못했다. 다시 사소가 말했다.

"옛날 하나라 걸왕이 유시有施를 치자 유시 사람이 말희妹喜를 바쳤소. 걸왕은 말희를 총애하다 결국 하나라를 망쳤소. 은나라 주왕은 유소有蘇를 정벌했고, 유소씨는 달기를 바쳤소. 주왕은 달기를 총애하다 결국 은나라를 망쳤소. 또 주나라 유왕이 유포有褒를 치자 유포 사람이 포사를 바쳤소. 유왕은 포사를 총애하다 서주를 망쳤소. 이제 우리 진나라가 여융을 치고 그 딸을 얻어 주상께서 매우 총애하시니 나라가 망하지 않을 수 있겠소?"

마침 태복 곽언도 그곳에 왔다. 이극이 사소의 말을 알려주자 곽언이 말했다.

"진나라는 난리에 그칠 뿐이고 아직 망하지는 않을 것이오. 옛날 당숙唐叔이 진나라에 봉해질 때 다음과 같은 점괘를 얻었다고 하오. '진실로 중원의 여러 나라를 바로잡아 왕국을 다시 건설하리라尹正諸夏, 再造王國.' 진

晉獻公遠卜立驪姬

진 헌공이 여희를 정실로 세우다.

나라가 공적을 바야흐로 크게 떨치려는 때에 어찌 망국의 우환이 있을 수 있겠소?"

이극이 말했다.

"만약 난리가 일어난다면 그것은 언제가 되겠소?"

곽언이 말했다.

"선과 악의 보응은 10년을 넘지 않는다고 하오. 10이란 숫자의 가득 참이오."

이극이 그 말을 죽간에다 기록했다.

그리하여 진 헌공은 여희를 총애한 나머지 그 아들 해제奚齊도 후사로 삼으려 했다. 어느 날 헌공은 자신의 마음을 여희에게 이야기했다. 여희는 마음속으로 욕심이 동했지만, 신생이 이미 세자로 정해져 있었기 때문에 아무 이유 없이 세자를 바꾸다가 신하들이 불복하고 간언을 올려 저지할까 두려웠다. 게다가 중이와 이오는 신생과 서로 우애 있게 지내고 있었다. 이 세 공자가 좌우에 함께 있을 때 세자를 바꾸자는 말을 했다가 일을 제대로 처리하지 못하면 도리어 저들에게 방비 태세만 갖추어줄 것이었다. 이 어찌 일을 그르치는 처사가 아니겠는가? 궁리 끝에 여희는 꿇어앉아 대답했다.

"진나라에 이미 세자를 세웠다는 소식은 모든 제후가 다 들었을 것입니다. 또한 지금 세자는 어진 데다 허물이 없습니다. 주상께서 신첩 모자 때문에 세자를 폐하고자 한다면 신첩은 차라리 자결하고 말겠습니다."

헌공은 여희의 말이 진심이라 여기고 결국 그 일을 미뤄둔 채 언급하지 않았다.

헌공에게는 총애하는 대부 두 사람이 있었다. 양오梁五와 동관오東關五가 그들이었다. 두 사람은 모두 헌공에게 그들이 바깥에서 보고 들은 일을 보고하여 총애를 얻고 권력을 휘둘렀다. 진나라 사람들은 이 두 사람을 합하여 이오二五라고 불렀다. 또 이름이 시施라는 배우8가 있었는데 나이가 어린 데다 용모가 아름다웠으며, 아주 영리하면서 꾀도 많고 말주변도 뛰어났다. 진 헌공이 그를 매우 총애하자 마음대로 궁궐을 출입하며 행동을 조심할 줄 몰랐다. 마침내 여희도 우시優施와 사통하게 되어 그 정을 더욱 친밀하게 나누며 마음속 비밀까지 털어놓게 되었다. 그리하여 세 공자를 이간시키고 서서히 세자의 자리를 빼앗을 모의를 하게 되었다. 우시가 그 계략을 꾸며서 말했다.

"반드시 강토를 지킨다는 명분으로 세 공자를 먼 지방으로 보낸 연후에야 중앙에 앉아 일을 도모할 수 있을 것입니다. 그러나 이 일은 반드시 바깥의 신하가 먼저 입을 열어야 합니다. 지금 충성스러운 사람을 찾아보건대, '이오' 두 사람이 일을 잘 처리할 듯합니다. 부인께서는 성심껏 황금과 비단을 써서 두 사람과 친교를 맺으시고 저들에게 함께 진언을 올려달라고 부탁하십시오. 그렇게 되면 주상께서도 따르지 않을 수 없을 것입니다."

이에 여희는 우시를 시켜 황금과 비단을 '이오'에게 나눠주라고 했다. 우시가 먼저 양오를 찾아가서 말했다.

"군부인께서 대부와 친밀하게 지내시고자 저를 시켜 작은 선물을 전해 드리라 했습니다."

양오가 깜짝 놀라며 말했다.

"군부인께서 내게 어찌 이러실 필요가 있겠나? 틀림없이 부탁이 있을 것

8_ 편의상 우시優施로 지칭한다.

이다. 자네가 말하지 않으면 나도 이 선물을 받지 않겠다."

우시는 여희의 고충을 모두 이야기했다. 양오가 말했다.

"반드시 동관오의 도움을 받아야 가능한 일이네."

우시가 말했다.

"군부인께서 대부에게 보낸 것처럼 별도로 선물을 준비했습니다."

이에 두 사람은 함께 동관오의 집을 방문했다. 세 사람은 한곳에 모여 앞으로 일을 상의하고 계책을 정했다.

다음 날 양오가 진 헌공에게 아뢰었다.

"곡옥은 우리가 처음 봉토를 받은 곳으로 선군들의 종묘가 있는 곳입니다. 또 포蒲(山西省 隰縣 서북)와 굴屈(山西省 石樓 동북) 땅은 융적과 가까운 변경의 요지입니다. 이 세 고을은 그곳을 관장하는 주인이 없어서는 안 됩니다. 종묘가 있는 고을에 주인이 없으면 백성이 두려운 마음을 갖지 않으며, 변경에 주인이 없으면 융적들이 호시탐탐 침략을 노리게 됩니다. 만약 세자에게 곡옥의 주인이 되게 하고, 중이와 이오에게 각각 포와 굴 땅의 주인이 되게 하며, 주상께서 중앙에 앉아 국사를 제어하시면 나라가 반석처럼 안정될 것입니다."

진 헌공이 말했다.

"세자를 밖으로 내보내는 것이 가능한 일이오?"

동관오가 말했다.

"세자는 주상전하의 다음가는 지위를 가진 분이고 곡옥은 도성의 다음 가는 고을입니다. 세자가 아니면 누가 그곳에 거주할 수 있겠습니까?"

헌공이 말했다.

"곡옥은 그렇다 쳐도 포 땅과 굴 땅은 황야인데 어떻게 지킬 수 있겠소?"

동관오가 말했다.

"성이 없으면 황야이지만, 성을 쌓으면 고을이 됩니다."

곁에 있던 두 사람도 일제히 찬탄하며 말했다.

"하루아침에 두 고을을 얻어 안으로는 황폐한 땅을 지킬 수 있게 되고, 밖으로는 강토를 넓게 개척할 수 있게 되니, 우리 진나라는 이로부터 더욱 강대해질 것입니다."

헌공은 그 말을 믿고 세자 신생을 곡옥으로 보내 그 종읍宗邑을 다스리게 하며 태부 두원관을 함께 따라가게 했다. 중이는 포 땅으로, 이오는 굴 땅으로 보내 변경을 지키게 했다. 호모狐毛는 중이를 따라 포 땅으로 갔고, 여이생呂飴甥은 이오를 따라 굴 땅으로 갔다. 또 조숙趙夙을 시켜 세자를 위해 곡옥에 옛 성보다 더 높고 넓은 성을 축조하게 하고 그것을 신성新城이라 부르게 했다. 그리고 사위士蔿를 시켜 포 땅과 굴 땅의 축성을 감독하게했다. 사위는 섶나무를 모으고 흙을 덮어 건성으로 일을 끝냈다. 어떤 사람이 말했다.

"성곽이 튼튼하지 못할까 걱정됩니다."

사위가 웃으며 말했다.

"몇 년 뒤에는 이곳이 원수의 땅이 될 터인데 무엇 때문에 튼튼하게 쌓는단 말인가?"

그러고는 시를 한 수 지었다.

귀한 여우 갖옷이 너풀거리네	狐裘尨茸
한 나라에 공자가 세 분이시니	一國三公9
나는 또 누구를 따라야 하나	吾誰適從10

위 원문에서 여우 갖옷狐裘은 고귀한 사람이 입는 옷이다. 방용尨茸은 옷 따위가 해어져 어지럽게 너풀거리는 모양이다. 고귀한 사람이 많음을 읊어서 적서와 장유의 분별이 없어진 것을 비유했다. 적자의 지위를 빼앗으려는 여희의 음모를 사위가 미리 알았기 때문에 이렇게 읊은 것이다. 이제 신생과 두 공자가 모두 멀리 곡옥과 변방에 거주하게 되자 해제와 탁자만 진 헌공의 곁에 있게 되었다. 여희는 더욱 아첨하며 총애를 얻어 헌공의 마음을 녹였다. 염옹이 이를 시로 읊었다.

여색은 원래부터 참화의 뿌리인데	女色從來是禍根
여희를 총애한 진 헌공이 멍청했네	驪姬寵愛獻公昏
부질없이 먼 변방에 허술한 성 쌓았지만	空勞奮築疆場遠
뜻밖에도 궁궐 안에 병란의 싹 숨어 있었네	不道干戈伏禁門

이때 진晉 헌공은 군대를 새로 이군二軍으로 편성하고 스스로 상군上軍을 지휘했으며, 세자 신생에게는 하군下軍을 거느리게 했다. 그리고 대부 조숙과 필만畢萬을 인솔하여 적狄, 곽霍, 위魏 세 나라를 공격하여 멸망시켰다. 이후 적狄 땅은 조숙에게, 위魏 땅은 필만에게 하사하여 봉토로 삼게 했다. 이 싸움에서 세자는 공훈을 더욱 높이 세웠고, 이에 여희는 세자를 더 심하게 시기하며 갈수록 음험하고 악독한 계략을 꾸미게 되었다. 이 이야기는 잠시 한쪽에 미뤄두고자 한다.

9_ 일국삼공一國三公: 한 나라에 공자公子가 세 사람이라는 뜻. 명령이나 체계가 통일되지 않아서 누구를 따라야 할지 모르겠음을 비유한다.(『좌전』 희공 5년)
10_ 이 시는 『좌전』 5년에 실려 있다.

한편 초나라 웅간과 웅운 형제는 모두 문 부인文夫人(식 부인息夫人)의 소생이었다. 하지만 웅운의 재주와 지능이 그 형보다 나아서 문 부인에게 사랑을 받았고 백성도 우러러 복종했다. 웅간은 보위를 잇고 나서도 동생을 미워하며 기회를 엿보아 그를 죽여 후환을 없애려 했다. 그러나 주변에는 웅운을 위해 애쓰는 사람이 많아서 차일피일 결정을 미룰 수밖에 없었다. 웅간은 정사를 태만히 하면서 오로지 사냥만 좋아했다. 이 때문에 보위에 오른 지 3년이 되었건만 아무런 실적이 없었다. 웅운은 형과의 사이가 벌어지자 몰래 자객을 길렀고, 형이 사냥 나간 틈을 타 그 형을 기습해서 죽였다. 그러고는 형이 병으로 죽었다고 문 부인에게 알렸다. 부인은 의심이 들었으나 그 일을 남김없이 밝히기가 싫어서 결국 대부들을 시켜 웅운을 옹립하게 했다. 이 사람이 초 성왕成王이다. 웅간은 일찍이 치국에 전념하지 않았기 때문에 임금으로 대접하지 않아 시호를 추증하지 않았으며 단지 '도오堵敖'란 호로 부르게 했다. 또한 왕의 의례로 장례를 치러주지도 않았다. 성왕은 자신의 숙부인 공자 선善에게 영윤 벼슬을 맡겼다. 이 사람이 바로 자원子元이다. 자원은 자신의 형 문왕이 죽고 나서부터 보위를 찬탈할 마음을 먹었을 뿐만 아니라 천하절색인 형수 식규를 사모하여 늘 사통하고 싶어하는 욕망을 품고 있었다. 게다가 웅간과 웅운 두 왕자의 나이가 모두 어렸으므로 스스로 항렬이 높다고 으스대며 모든 일에 안하무인으로 행동했다. 다만 정직무사하고 지혜가 출중한 투백비鬪伯比만은 두려워하면서 감히 함부로 처신하지 못했다. 그러다가 주 혜왕 11년에 이르러 투백비가 병으로 죽었다. 이제 자원은 아무 거리낌도 없이 마침내 왕궁 곁에 관사를 크게 짓고 매일 춤과 음악으로 문 부인의 마음을 유혹하려고 했다. 문 부인이 음악 소리를 듣고 내시에게 물었다.

"궁궐 밖 음악 소리가 어디서 들려오는 것이냐?"

내시가 대답했다.

"영윤께서 새로 지은 집에서 나는 소리입니다."

문 부인이 말했다.

"선군께서는 백성에게 방패를 들고 춤을 추며 무예를 익히게 하여 제후를 정복했고, 이 때문에 조정에 조공이 끊이지 않았다. 지금은 초나라 군사가 중원에 가보지 못한 지 10년이나 되었다. 영윤께서 부끄러움을 씻을 생각은 하지 않고 미망인 곁에서 춤이나 즐기고 있으니 이상한 일이 아니냐?"

내시가 그 말을 자원에게 전했다. 자원이 말했다.

"한갓 여인도 아직 중원을 잊지 않고 있는데, 내가 오히려 잊고 있었다. 내가 이제 정나라를 정벌하지 않으면 대장부가 아니다."

마침내 병거 600승을 출동시켜 스스로 중군이 되고, 투어강鬪御疆, 투오鬪梧에게는 대패大斾 깃발을 세우고 전위 부대가 되게 했으며, 왕손유王孫游, 왕손가王孫嘉에게는 후위 부대를 맡겼다. 이들은 기세도 등등하게 정나라로 쇄도해 들어갔다.

정 문공文公은 초나라 대군이 몰려온다는 소식을 듣고 긴급히 문무백관을 불러 대책으로 상의했다. 도숙堵叔이 말했다.

"초나라 군사는 많고도 강성하므로 대적해서는 안 되고 차라리 강화를 요청하는 것이 좋을 듯합니다."

그러나 사숙師叔은 이렇게 말했다.

"우리가 새로 제나라와 동맹을 맺었으므로 제나라가 반드시 우리를 구원하러 올 것입니다. 성벽을 튼튼히 하고 기다리는 것이 좋겠습니다."

정나라 세자 화華는 혈기왕성한 젊은 나이여서 성을 등지고 일전을 벌여야 한다고 주장했다. 숙첨이 말했다.

"세 분의 말씀 가운데 신은 사숙의 의견을 취하고자 합니다. 신의 어리석은 소견으로는 초나라 군사가 오래지 않아 스스로 물러날 것입니다."

정 문공이 말했다.

"영윤 자원이 몸소 군사를 거느리고 왔는데, 어찌 쉽게 물러나겠소?"

숙첨이 말했다.

"초나라가 다른 나라를 병력으로 위협하면서 아직까지 병거 600승을 동원한 적은 없었습니다. 자원은 반드시 이기겠다는 조급한 마음으로 식부인에게 아첨하려는 것일 뿐입니다. 대저 승리에 조급한 자는 반드시 패배를 두려워합니다. 초나라 군사가 공격해오더라도 신에게 저들을 물리칠 계책이 있습니다."

이렇게 의견이 분분한 가운데 첩보가 올라왔다.

"초나라 군사가 길질관桔秩關[11]을 부수고 들어와 이미 외곽을 함락시키고 순문純門[12]으로 돌입하여 금방 큰 저잣거리까지 당도할 듯합니다."

도숙이 말했다.

"초군의 공격이 급박하여 강화를 요청할 수도 없으니 동구桐邱(河南省 鄢陵 남쪽)로 잠시 몸을 피하시옵소서."

숙첨이 말했다.

"두려워할 것 없습니다."

그러고는 갑사를 성안에 매복시킨 뒤 성문을 활짝 열어두고 시장통 백

11_ 길질관桔秩關: 신정新鄭 성곽 남쪽 관문.

12_ 순문純門: 신정 길질관과 남문 사이에 설치한 세 관문 중 첫 번째 성문.

성도 평소처럼 아무 두려운 기색 없이 왕래하게 했다.

투어강 등이 이끄는 초나라 전위 부대는 정나라에 도착해 성안의 이 같은 상황을 목도했다. 성 위에도 아무런 움직임이 없었다. 투어강은 미심쩍은 마음으로 투오에게 말했다.

"정나라 사람들이 이처럼 한가하니 필시 속임수로 우리를 성안으로 유인하려는 것이다. 가볍게 진격하지 말고 영윤이 오실 때까지 기다렸다가 다시 상의하기로 하자."

그러고는 마침내 성에서 5리나 떨어진 곳에 진을 쳤다. 잠시 뒤 자원이 대군을 이끌고 도착하자 투어강 등은 성안의 상황을 아뢰었다. 자원은 친히 높은 언덕에 올라 정나라 성안을 관찰했다. 그런데 갑자기 깃발이 정연하게 나부끼고 갑사들이 빽빽하게 도열해 있는 것이 보였다. 자원은 잠시 바라보다가 감탄했다.

"정나라에는 삼량三良이 있다더니 그 계략을 추측하기가 어렵도다. 만에 하나 내가 실수라도 하는 날엔 무슨 면목으로 문 부인을 볼 수 있겠는가? 저들의 허실을 더 자세하게 탐지한 뒤에 성을 공격해야겠다."

다음 날 후위 부대 왕손유가 사람을 보내 보고했다.

"세작이 탐지한 바에 의하면 제 환공이 송, 노 제후와 함께 친히 대군을 이끌고 정나라를 구원하러 달려오고 있다 합니다. 투 장군 등 여러 장수에게 감히 전진하지 말고 특별히 군령을 기다려 적을 맞아 싸울 준비를 하게 해주십시오."

자원이 깜짝 놀라 여러 장수에게 일렀다.

"제후들이 만약 퇴로를 끊으면 우리는 배와 등에서 모두 적을 맞게 되어 틀림없이 큰 타격을 입을 것이다. 이번에 우리가 정나라를 공격하여 성안 저잣거리까지 진격했으므로 완전한 승리라고 할 수 있다."

이에 몰래 명령을 전해, 사람은 나뭇가지를 물고 말은 방울을 뗀 뒤 그 날 밤 바로 진채를 거두어 되돌아갔다. 그러면서도 정나라 군사가 추격할까 두려워 군막을 걷지 말고 대패大旆 깃발도 세워둔 채로 정나라 군사를 속이라고 명령을 내렸다. 초나라 대군은 소리 없이 정나라 경계를 벗어난 뒤 비로소 개선가를 부르며 돌아갔다. 먼저 문 부인에게 보고했다.

"영윤께서 완전한 승리를 거두고 회군하셨습니다."

문 부인이 보고받기를 사양하며 말했다.

"영윤께서 적을 섬멸하고 공적을 세우셨다면 의당 먼저 백성에게 알리고 상벌을 밝게 시행한 뒤 바로 종묘에 고하여 선왕의 영혼을 위로해야 하거늘 어찌 이 미망인에게 먼저 보고하시오?"

자원은 몹시 부끄러웠다. 초왕 웅운은 자원이 싸우지도 않고 돌아왔다는 소식을 듣고 이때부터 그를 불쾌하게 생각했다.

한편 정나라 숙첨은 군사를 감독하며 성을 돌아보느라 밤새도록 한숨도 자지 못했다. 새벽이 되어 멀리 초나라 군막을 바라보다가 손가락으로 그곳을 가리키며 말했다.

"저건 빈 진영이로구나. 초나라 군사들이 모두 도망갔다."

군사들이 그 말을 믿지 못하고 물었다.

"어떻게 아셨는지요?"

숙첨이 대답했다.

"군막은 바로 대장이 기거하는 곳으로 징을 쳐서 경보를 발하느라 군사들 고함 소리가 진동하는 곳이다. 지금 새 떼가 군막 위에 앉아 지저귀는 것을 보고 저것이 텅 빈 군막임을 알았다. 내 짐작으로는 제후들의 구원병이 곧 당도할 것이라는 사실을 초나라 군사들이 먼저 알고 도망친 것 같구나."

얼마 뒤 세작이 또 보고했다.

"제후들의 구원병이 당도하여 거의 정나라 경계로 들어설 무렵 초나라 군사가 이미 돌아갔다는 소식을 듣고 각각 흩어져 본국으로 회군했다 합니다."

군사들은 모두 숙첨의 지혜에 탄복했다. 정나라는 제 환공에게 사신을 보내 구원해준 공로에 감사를 올렸다. 이때부터 정나라는 제나라에 감복하여 감히 두마음을 품지 않았다.

초나라 자원은 직접 정나라 정벌에 나섰다가 아무 공도 세우지 못하여 늘 마음이 불안했다. 그럴수록 왕위를 찬탈하고 싶은 마음이 더 급해졌고 먼저 문 부인과 통정한 뒤 거사를 도모하려 했다. 마침 문 부인의 몸이 조금 불편한 기미를 보이자, 자원은 문병한다는 핑계로 궁궐로 들어왔다. 그러고는 마침내 궁궐 안에 자신의 침대를 갖춰놓고 사흘 동안이나 궁궐 밖으로 나가지 않았다. 또 자기 집 사병 수백 명을 궁궐 밖에다 에둘러 세웠다. 대부 투염鬪廉이 그 소식을 듣고 궁궐 문으로 뛰어들어와 곧장 자원의 침실로 달려갔다. 그는 자원이 바야흐로 거울을 보며 귀밑머리를 다듬는 걸 보고 소리쳤다.

"여기가 어찌 신하가 머리를 빗는 장소란 말이오? 영윤께선 속히 퇴궐하시오!"

자원이 말했다.

"이곳은 우리 집 궁궐인데 사사射師[13]가 웬 간섭이냐?"

투염이 말했다.

13_ 사사射師: 활쏘기를 관장하는 관리. 두예의 『춘추경전집해』 장공 30년에서 '射'의 발음을 '석食亦切' 또는 '사食夜切'라고 했다.

"임금의 고귀한 신분은 형제라도 함부로 통할 수 없는 법, 영윤께선 비록 선왕의 아우이긴 하지만 또한 신하된 몸이오. 신하는 대궐을 지나갈 때 말에서 내려야 하며, 종묘를 지날 때는 빠른 걸음으로 통과해야 하오. 이런 장소에선 땅에 침을 뱉어도 불경죄를 범하거늘 하물며 침소가 다 무엇이오? 또한 과부가 되신 부인의 거처도 여기서 심히 가까운데 남녀가 유별해야 함을 영윤께선 듣지 못한 것이오?"

자원이 크게 화를 내며 소리쳤다.

"초나라의 정치가 내 손안에 있거늘 너는 어찌 그리 말이 많으냐?"

그러고는 좌우 시종에게 명하여 손에 쇠고랑을 채우고 궁궐 행랑 아래에 감금한 뒤 궁궐 밖으로 나가지 못하게 했다. 문 부인은 급히 내시를 시켜 투백비의 아들 투누오도鬪穀於菟14에게 궁궐 상황을 알리고는 속히 궁궐로 들어와서 혼란을 바로잡으라고 했다. 투누오도는 비밀리에 그 사실을 초 성왕에게 알리고 투오, 투어강 및 그 아들 투반鬪班과 함께 모일 약속을 했다. 그리하여 한밤중에 갑사를 이끌고 왕궁을 포위한 다음 자원의 집안 사병을 마구 죽였다. 그들은 모두 깜짝 놀라 달아났다. 자원은 궁녀를 안고 잠에 취해 있다가 꿈결에 놀라 깨어 칼을 들고 달려나갔다. 그때 마침

14_ 투누오도鬪穀於菟: 『춘추경전집해』 장공 30년에 '鬪穀於菟'의 발음을 다음과 같이 달고 있다. "'穀'는 발음이 '누奴走切'다. 초나라 사람은 젖을 '누穀'라고 한다. 『한서』에는 '穀'라고 되어 있는데, 발음은 같다. '於'는 발음이 '오烏'다. '菟'는 발음이 '도徒'다穀奴走切. 楚人謂乳曰穀. 漢書作穀, 音同. 於, 音烏, 菟, 音徒." 『한서』「서전敍傳」 제70에는 '鬪穀於菟'의 이름 유래를 설명하는 대목에 "초나라 사람은 젖을 '누穀'라 하고, 호랑이를 '오도於菟'라고 한다. 그래서 이름을 '누오도穀於菟'라고 했다楚人謂乳'穀', 謂虎'於菟', 故名'穀於菟'"라는 기록이 보인다. 따라서 '穀'는 형태가 비슷한 '穀'의 가차자임을 알 수 있고, '鬪穀於菟'의 발음도 '투곡오토'나 '투곡오도'가 아니라 '투누오도'임이 분명하다. 실제로 '투누오도'는 호랑이의 젖을 먹고 자란 아이로 알려져 있다. 바로 뒤이은 본문에도 나온다.

투반도 칼을 들고 달려 들어오고 있었다. 자원이 소리쳤다.

"반란을 일으킨 것이 바로 어린 네놈이냐?"

투반이 말했다.

"나는 반란을 일으키지 않았다. 다만 궁궐에서 반란을 일으킨 놈을 특별히 주살하러 왔을 뿐이다."

두 사람은 궁궐 안에서 칼을 들고 싸움을 벌였다. 몇 합 겨루지도 않았는데 투어강과 투오가 당도했다. 자원은 이길 수 없다고 생각해 문을 벗어나 도망가다가 투반의 칼에 목이 날아갔다. 투누오도는 투염을 찾아가 쇠고랑을 풀어준 뒤 함께 문 부인의 침실 밖으로 가서 머리를 숙여 문안 인사를 하고 물러나왔다. 다음 날 아침 초 성왕 웅운이 어전으로 나오자 만조백관이 모두 성왕을 알현하고 안부 인사를 여쭈었다. 인사가 끝나자 성왕은 자원의 집안사람들을 모두 죽인 뒤 그 죄상을 남김없이 써서 큰길가에 방을 붙이라고 명령했다. 자원이 문 부인을 유혹하려 했던 일을 염옹이 논하며 시로 읊었다.

여색 밝혀 간덩이가 제 몸보다 더 커져서	堪嗟色膽大於身
높은 왕후 친한 형수 아무것도 안 따졌네	不論尊兮不論親
미치고 경솔한 욕정 이상하게 생각 말라	莫怪狂且輕動念
초나라 부인이 바로 천하절색 식 부인이니	楚夫人是息夫人

투누오도의 조부는 투약오鬭若敖인데 운鄖나라 군주의 딸을 아내로 맞아 투백비鬭伯比를 낳았다. 투약오가 죽었을 때 투백비는 아직 어려서 어머니를 따라 운나라에 가서 운나라 궁궐을 출입했다. 운나라 군부인도 투백비

를 친아들처럼 사랑했다. 운 부인에게는 딸이 있었고, 그녀는 투백비에게 외사촌 동생이었다. 어려서부터 궁궐 안에서 함께 놀았고 커서도 아무도 금하는 사람이 없어서 마침내 몰래 남녀관계를 맺었다. 그러다가 운녀鄖女가 임신을 했는데 운 부인에게 발각되었다. 그제야 운 부인은 투백비의 입궁을 엄금하고 자신의 딸이 아프다는 핑계를 대며 궁궐 깊숙한 방에 가두었다. 해산 날짜가 되어 아들을 낳았다. 운 부인은 몰래 내시를 시켜 그 아이를 옷으로 싸고 궁궐 밖으로 나가 몽택夢澤(지금의 洞庭湖 일대) 깊이 버리게 했다. 운나라 군주를 속이고 자기 딸의 오명이 새나가지 않게 하기 위한 조치였다. 투백비는 부끄러운 나머지 모친과 함께 초나라로 돌아갔다. 그 무렵 운나라 군주가 마침 몽택에서 사냥을 하다가 소택지 중간에 맹호가 쭈그리고 앉아 있는 것을 보았다. 좌우 군사를 시켜 화살을 쏘게 했으나 화살은 모두 호랑이 곁에 떨어지고 한 발도 맞지 않았다. 호랑이도 전혀 움직임이 없었다. 운나라 군주가 의심이 들어, 사람을 택지 가까이에 보내 살펴보게 했다. 그 사람이 돌아와 보고했다.

"호랑이가 한 어린아이를 품에 안고 젖을 먹이고 있는데 사람을 봐도 피하질 않습니다."

운나라 군주가 말했다.

"신령한 동물이로다. 놀라게 하지 말라!"

사냥이 끝나고 돌아와서 부인에게 말했다.

"오늘 마침 몽택에 갔다가 이상한 일을 목격했소."

부인이 물었다.

"무슨 일입니까?"

운나라 군주는 호랑이가 어린아이에게 젖을 먹인 일을 자세하게 이야기했다. 부인이 말했다.

"상감께선 모르시겠지만 그 아이는 신첩이 버린 아이입니다."

운나라 군주는 깜짝 놀라며 물었다.

"부인께서 어디서 그 아이를 얻어 버렸단 말이오?"

부인이 말했다.

"상감께선 너무 허물치 마세요. 그 아이는 사실 우리 딸과 투백비의 아들입니다. 신첩이 딸의 이름이 더러워질까 두려워 내시를 시켜 몽택에 버리게 했습니다. 신첩이 듣건대 옛날 강원姜嫄은 거인의 발자국을 밟고 아이를 낳아 얼음 위에 버렸는데 새들이 날아와 날개로 덮어줬다고 합니다. 그래서 강원은 그 아이를 신령스럽게 생각하고 데려와 길렀고 성인이 되자 그 이름을 기棄라고 했는데 뒤에 관직이 후직后稷에 이르렀으며 마침내 주周나라 시조가 되었다고 합니다. 우리 딸이 낳은 아이도 호랑이가 젖을 먹이는 기적을 보였으니 틀림없이 아주 고귀한 인물이 될 것입니다."

운나라 군주가 그 말에 따라 아이를 데려와 딸에게 기르게 했다. 다음해에 운나라 군주는 자신의 딸을 초나라로 보내 투백비와 혼인하게 했다. 초나라 사람들의 방언에 의하면 젖은 '누穀'라 하고, 호랑이는 '오도於菟'라고 한다. 그러므로 호랑이가 젖을 먹였다는 뜻을 취하여 그 아이의 이름을 누오도穀於菟라고 하고, 자는 자문子文이라고 했다.[15] 지금도 운몽雲夢(湖北省 安陸 남쪽)에는 오도향於菟鄕이 있는데, 그곳이 바로 자문이 태어난 곳이다.

투누오도는 성장하면서 치국안민의 재능을 보였고 문무를 겸전한 방략까지 갖추었다. 아버지 투백비가 초나라 대부였으므로 투백비가 죽자 투누

15_ 이 대목의 자세한 해설과 근거는 앞의 '투누오도鬪穀於菟' 각주 참조.

오도가 대부 직을 계승했다.

마침 자원이 죽고 영윤 직이 비자 초왕은 투염을 등용하려고 했다. 그러나 투염은 사양하며 말했다.

"지금 초나라와 대적할 수 있는 나라는 제나라입니다. 제나라에서는 관중과 영척을 등용하여 부국강병을 이뤘습니다. 신의 재주는 분명히 관중과 영척에 미치지 못합니다. 상감께서 초나라의 정치를 개선하여 기강을 바로잡고 중원과 대항하려 하신다면 투누오도를 등용하지 않고서는 불가한 일입니다."

만조백관도 일제히 투누오도 천거에 보증을 서며 아뢰었다.

"반드시 이 사람을 등용해야 그 업무를 감당할 수 있을 것입니다."

초 성왕도 그 의견에 따라 마침내 투누오도를 영윤에 임명했다. 성왕이 말했다.

"제나라에서는 관중을 등용하여 중보仲父라 부르게 했다고 하니, 지금 우리도 누오도를 초나라에서 높이기 위해 그 자를 부르고자 한다."

그리하여 자문子文이라 부르게 하고 이름을 부르지 못하게 했다. 주 혜왕 13년 자문은 영윤이 된 뒤 이렇게 제창했다.

"국가의 참화는 모두 임금이 약하고 신하가 강한 데서 오는 것이오. 만조백관은 소유하고 있는 땅의 절반을 국가에 반납하시오."

자문이 투씨 일가 중에서 가장 먼저 그 정책을 시행하니 다른 사람들도 감히 따르지 않을 수 없었다. 또 영성郢城(湖北省 荊州 동북)은 남쪽 끝 상담湘潭에서 북쪽 한수漢水 사이에 웅거하고 있는 형승形勝의 땅이었으므로 단양丹陽(湖北省 秭歸)에서 그곳으로 도읍을 옮겨 영도郢都라 부르게 했다. 군사를 정비하여 무예를 훈련시키며, 어진 이를 등용하고 유능한 사람을 임명했

楚成王
平亂相
子文

초 성왕이 혼란을 평정하고 자문을 재상으로 삼다.

다. 귀족 굴완屈完이 현명하다는 말을 듣고 대부에 천거했으며, 자기 친족인 투장鬪章이 재능 있고 지혜롭다 하여 여러 투씨鬪氏 장수들과 함께 군대를 다스리게 했고, 자신의 아들 투반은 신공申公에 봉했다. 그리하여 초나라가 크게 다스려졌다.

제 환공은 초 성왕이 현명한 사람을 임명하여 나라를 잘 다스린다는 소문을 듣고 저들이 중원 경쟁에서 우위를 점할까봐 걱정이 되어 제후들의 군사를 동원해 초나라를 정벌할 심산이었다. 관중에게 그 방법을 묻자 관중이 대답했다.

"초나라는 남해에서 왕을 칭하고 있습니다. 땅이 넓은 데다 군사도 강하여 주나라 천자도 제어할 수가 없습니다. 지금 또 자문을 등용하여 정사를 맡겨 사방이 안정되어 있기 때문에 군사 위협으로는 뜻을 이룰 수 없습니다. 더욱이 주군께서는 지금 새로 제후들의 신임을 얻고 있는지라, 망해가는 나라를 존속시키고 멸망한 나라를 다시 일으켜 세우는 덕망으로 민심에 깊이 들어가지 않으면 아마 제후들이 우리 나라를 위해 군사를 일으키지 않을 것입니다. 지금은 위엄과 덕망을 더욱 넓혀야 합니다. 그 뒤 다시 좋은 기회를 보아 군사를 움직이는 것이 만전의 대책일 것입니다."

환공이 말했다.

"우리 선군께서는 9세 동안 내려온 원수를 갚기 위해 기나라를 멸하고 그 땅을 점유했소. 그런데 장鄣나라는 그 부용국임에도 불구하고 지금까지 복종하지 않고 있소. 과인은 이제 장나라를 병합하고자 하는데 어떻게 하면 좋소?"

관중이 대답했다.

"장나라가 비록 작은 나라이지만 그 선조는 강태공姜太公의 지손으로 우리 제나라와 동성同姓입니다. 동성의 나라를 멸망시키는 것은 대의가 아닙니다. 주상께서 왕자성보에게 명령하시어 군사를 거느리고 기성紀城을 순시하면서 장나라를 치고자 하는 모습만 보이게 하소서. 그러면 장나라는 우리가 두려워 항복해올 것입니다. 이것이 친척을 멸망시켰다는 오명도 듣지 않고 저들의 땅을 얻을 수 있는 방법입니다."

환공이 그 계책을 사용하자 장나라 군주가 과연 두려움에 떨며 항복해 왔다. 환공이 말했다.

"중보의 계책은 백 가지 중 한 가지도 맞지 않는 것이 없구나."

이에 군신들이 국사를 상의하고 있는 중에 문득 조정의 근신近臣 하나가 보고를 올렸다.

"연나라가 산융山戎의 군사에 침략을 받아 구원을 요청하는 사신을 보내왔습니다."

관중이 말했다.

"주상께서 초나라를 정벌하시고 싶다면 반드시 산융을 먼저 평정해야 합니다. 산융의 우환을 없앤 뒤에야 남방에 전념할 수 있을 것입니다."

환공이 마침내 산융을 어떻게 복종시키는지는 다음 회를 보시라.

북벌의 시대

관이오는 지혜로써 유아를 알아보고
제 환공은 군사를 동원하여 고죽국을 평정하다
管夷吾智辨兪兒, 齊桓公兵定孤竹.

산융山戎은 북융北戎의 일족으로 영지令支에 나라를 세우고 이지離支라 부르기도 했다. 그 서쪽에는 연나라, 동남쪽에는 제나라와 노나라가 있었다. 영지는 세 나라와 경계를 접하고 있으면서도 험한 지형과 강한 군사에 의지한 채, 중원에 신하로 복종도 하지 않고 조공도 바치지 않았을 뿐만 아니라 자주 중원을 침범했다. 이보다 앞서 일찍이 제나라 경계를 침범했다가 정나라 공자 홀에게 패퇴한 적도 있다. 이때에 이르러 제 환공이 패업을 도모한단 소식을 듣고 마침내 융병 1만 기騎를 통솔하여 연나라를 침략했다. 이는 연나라와 제나라의 통로를 끊기 위함이었다. 연 장공莊公은 적을 당해내지 못하고 샛길로 사람을 보내 제나라에 위급한 소식을 알렸다. 제 환공이 관중에게 대책을 묻자 관중이 대답했다.

"지금 우리의 근심거리는 남쪽의 초, 북쪽의 융, 서쪽의 적으로 모두 중원 여러 나라의 우환이기도 하니 이것은 맹주이신 전하의 책임이기도 합니다. 그러므로 융적이 연나라에 근심을 제공하지 않아도 우리가 응징을 생각해야 할 형편인데, 지금 연나라가 침략을 받고 구원을 요청해온 상황에서야 무얼 망설이십니까?"

제 환공은 바로 군사를 인솔해 연나라 구원에 나섰다. 제나라 군사가 제수濟水를 건널 무렵 노 장공이 영접을 나왔다. 환공이 산융을 정벌하는 일을 이야기하자 장공이 말했다.

"군후께서 이리 떼를 도륙하여 북방을 안정시키면 우리 나라도 그 은혜를 받을 것인데, 어찌 연나라 사람들에 그치겠소? 이에 과인 역시 보잘것없는 군사라도 이끌고 종군하고자 하오."

제 환공이 말했다.

"북방은 멀고 험한 땅이오. 과인은 감히 군후의 거동에 폐를 끼치고 싶지 않소. 만약 이번에 마침내 공을 세운다면 군후의 신령함에 힘입은 것으로 알겠소. 혹시 뜻대로 되지 않으면, 그때 군후께 군사를 빌려도 늦지 않을 것이오."

노 장공이 말했다.

"삼가 군후의 말씀을 따르겠소."

환공은 장공과 작별하고 서북 방향을 향해 진군했다.

영지의 봉작은 자작子爵으로 그 군주의 이름은 밀로密盧였다. 그가 연나라 변경을 유린한 지 2개월이 되자 잡혀간 남녀의 숫자가 이루 헤아릴 수 없을 정도로 많았다. 그러다가 제나라 대군이 공격해온다는 소식을 듣고 바로 포위를 풀고 돌아갔다. 제 환공의 군사가 계문관薊門關(北京 薊門橋 근처)에 도착하자 연 장공이 마중을 나와서 멀리까지 구원병을 이끌고 온 제 환공의 노고에 감사의 예를 올렸다. 관중이 말했다.

"산융이 뜻을 이루고 돌아갔기 때문에 아직 기세가 꺾인 것은 아닙니다. 우리 군사가 물러가면 오랑캐 군사들이 틀림없이 다시 올 것입니다. 이번 기회에 저들을 정벌하여 북방의 근심을 없애는 게 좋을 것입니다."

환공이 말했다.

"좋소."

연 장공은 본국의 군사를 이끌고 전위 부대가 되기를 청했다. 환공이 말했다.

"연나라 군사는 전투를 치르느라 피곤할 터인데, 어찌 차마 다시 선봉을 맡으라 할 수 있겠소? 군후께서 잠시 후군을 맡으셔도 과인의 성세聲勢에 또다시 도움이 될 것이오."

연 장공이 말했다.

"여기에서 동쪽으로 80리 떨어진 곳에 무종無終이란 나라가 있소. 비록 융족의 일파이지만 산융에 빌붙지 않고 있으니 가히 불러서 길잡이로 삼을 만하오."

환공이 공손습붕公孫隰朋에게 황금과 비단을 많이 가져가서 그들을 불러오게 했다. 무종의 군주는 대장 호아반虎兒班을 보내 기병 2000을 거느리고 전투를 돕게 했다. 환공은 다시 후한 상을 내리고 그들을 전위 부대로 삼았다. 약 200리를 행군한 뒤 환공은 산길이 아주 험하고 좁아지는 곳을 보고 연백燕伯에게 그곳이 어디인지 물었다. 연 장공이 대답했다.

"저곳은 지명이 규자葵茲인데, 북방 오랑캐가 출입하는 요충지이지요."

환공은 관중과 상의한 뒤 무기 운반 수레와 군량미를 반으로 나눠 이곳 규자에 모아두기로 했다. 또한 병졸들을 시켜 나무를 잘라오고 흙을 쌓아서 관문을 만들게 하며, 포숙아로 하여금 그곳에 남아 지키게 하면서 무기와 군량미 운반을 맡도록 했다. 사흘 동안 군사를 쉬게 한 뒤 몸이 아픈 군사는 남겨두고 정예병만 뽑아 이틀에 갈 길을 하루 만에 주파하는 속도로 계속 전진했다.

한편 영지의 군주 밀로는 제나라 군사가 공격해온다는 소식을 듣고 그 장수 속매速買를 불러 전투 계획을 의논했다. 속매가 말했다.

"저들의 군사는 멀리까지 오느라 피곤할 터이니 아직 진채를 차리기 전에 갑자기 들이치면 완전한 승리를 얻을 수 있을 것입니다."

밀로는 그에게 기병 3000을 주었다. 속매는 군사들에게 사방으로 흩어져 산골짜기 안에 매복하라고 명령을 내렸다. 제나라 군사가 당도하기를 기다려 공격할 심산이었다. 호아반의 전위 부대가 먼저 당도하자 속매는 기병 100여 기를 이끌고 달려나왔다. 호아반은 용맹을 떨치며 자루가 긴 철과추鐵瓜錘[1]를 손에 들고 속매의 머리를 향해 내리쳤다. 속매도 고함을 질렀다.

"너무 늦구나!"

그도 대간도大桿刀[2]를 내지르며 응전했다. 대략 몇 합을 겨루고 나서 속매는 거짓으로 패한 척하며 호아반을 숲 속으로 유인했다. 그때 갑자기 한 줄기 휘파람 소리가 울리자 산골짜기에 매복한 군사들이 모두 호응하면서 호아반의 군사를 양분했다. 호아반은 죽을힘을 다해 싸웠지만 말이 부상을 당해 속수무책으로 사로잡힐 위기에 처했다. 때마침 제 환공의 대군이

1_ 철과추鐵瓜錘: 모양이 오이처럼 생긴 철퇴.
2_ 대간도大桿刀: 자루가 긴 대도大刀.

당도했다. 왕자성보가 신비한 위력을 발휘하며 속매의 군사를 휘저어 호아반을 구출하자 속매는 크게 패하여 달아났다. 선봉대를 이끌다가 또다시 군사를 잃고 제 환공 앞에 서자 호아반은 얼굴에 부끄러운 기색이 역력했다. 환공이 말했다.

"이기고 지는 것은 전쟁에서 늘 있는 일이오. 장군은 너무 개의치 마오."

그러고는 명마를 하사하니 호아반은 감격에 겨워 어쩔 줄 몰랐다. 대군은 다시 동쪽으로 30리를 진격하여 복룡산伏龍山에 당도했다. 제 환공과 연장공은 산 위에 진을 치고 왕자성보와 빈수무는 각각 산 아래에 진을 쳤다. 또 모두 큰 수레를 연결하여 성처럼 둘러치고 경비를 삼엄하게 했다.

다음 날 영지의 군주 밀로는 친히 속매를 대동한 채 기병 1만여 기를 인솔하고 앞으로 달려나와 싸움을 걸었다. 연이어 여러 차례 부딪혀왔으나 사방에 둘러친 수레성에 막혀 진입할 수 없었다. 그런 상황이 오후까지 이어졌다. 관중은 오랑캐 군사가 점점 더 줄어들고 모두 말에서 내려 땅에 누워 온갖 욕설을 퍼붓는 광경을 산꼭대기에서 바라보고 있다가 호아반의 등을 어루만지며 말했다.

"장군께서 오늘에야 치욕을 씻을 수 있겠소."

호아반은 응낙한 후 본국 인마人馬를 거느리고 수레성이 열린 곳으로 나는 듯이 달려나갔다. 습붕이 말했다.

"아마도 융병의 계략인 듯하오."

관중이 말했다.

"나도 이미 짐작하고 있소."

그러고는 바로 왕자성보에게 한 부대를 이끌고 왼쪽으로 진격하게 하고 빈수무에게도 한 부대를 이끌고 오른쪽으로 진격하게 했다. 두 방향에서 호응하여 오로지 복병을 죽이기 위한 작전이었다. 원래 산융은 매복 작전에 익숙했다. 그들은 제나라 군대가 튼튼하게 벽을 둘러치고 움직이지 않는 것을 보고는 골짜기 안에 복병을 숨긴 채 고의로 말에서 내려 욕설을 퍼부으며 제군을 유인했다. 호아반의 말 머리가 닿는 곳마다 융병들이 모두 말을 버리고 달아났다. 호아반이 다시 적을 추격하려는 순간 본진에서 회군의 징 소리가 들려와서 즉시 말고삐를 당겨 돌아왔다. 밀로는 호아반이 추격하지 않는 걸 보고 한 줄기 휘파람으로 골짜기 안의 군사를 불러내 온 힘을 다해 공격하라고 명령을 내렸다. 그러나 왕자성보와 빈수무의 양쪽 군대가 당도하여 융병을 추풍낙엽처럼 휩쓸었다. 융병은 또 대패하여 돌아갔고 수많은 마필馬匹을 잃었다. 속매가 계책을 올렸다.

"제나라 군사가 진격하려면 반드시 황대산黃臺山 골짜기를 거쳐야 합니다. 그곳에 나무와 돌을 쌓아 길을 끊고 그 바깥에는 함정을 많이 파서 무장한 군사로 하여금 지키게 하십시오. 그러면 군사가 백만이나 된다 하더라도 그곳을 날아서 넘을 수는 없을 것입니다. 또 복룡산 20여 리에는 전혀 샘이 없어 반드시 유수濡水(河北省 동북 灤河)의 강물을 길어와야 합니다. 만약 유수의 물길을 막아 끊으면 저들의 군중에 마실 물이 부족해서 틀림없이 혼란이 발생할 것이고 혼란이 발생하면 바로 진영이 궤멸될 것입니다. 그 틈을 타서 공격하면 반드시 승리할 수 있을 것입니다. 또한 한편으로 사람을 고죽국孤竹國에 보내 구원을 요청하시고 군사를 빌려 싸움에 도움을 받으면 실로 만전지책萬全之策이 될 것입니다."

밀로가 크게 기뻐하며 계책대로 시행하게 했다.

관중은 융병이 퇴각한 뒤 연이어 사흘 동안 아무런 동정이 없는 것을 보고 의심이 들어 세작을 보내 상황을 탐지하게 했다. 세작이 돌아와 보고했다.

"황대산 대로가 이미 끊겼습니다."

이에 관중이 호아반을 불렀다.

"다른 지름길은 없소?"

호아반이 답했다.

"여기서 황대산까지는 불과 15리로 거기서 바로 저들 나라로 갈 수 있소. 만약 다른 길을 찾아야 한다면 서남쪽으로 크게 돌아 지마령芝麻嶺을 거쳐 청산구靑山口로 나가야 하오. 거기서 다시 동쪽으로 몇 리를 돌아가면 바로 영지의 소굴이오. 그러나 산이 높고 길이 험해서 수레나 말은 이동하기에 불편할 것이오."

이렇게 논의하고 있는데 아장牙將3 연지連摯가 아뢰었다.

"오랑캐 두목 놈이 물길을 끊어서 군중에 물이 부족합니다. 어떻게 하면 좋겠습니까?"

호아반이 말했다.

"지마령으로 가는 한 줄기 길은 모두가 산길이어서 여러 날이 걸려야 당도할 수 있소. 만약 물을 휴대할 수 없다면 앞으로 나가기가 어려울 것이오."

제 환공이 명령을 내려 군사들에게 산을 파고 물을 찾게 했다. 아울러 먼저 물을 얻는 자에겐 후한 상을 내리겠다고 했다. 공손습붕이 앞으로 나서며 말했다.

"신이 듣기로 개미굴이 있는 곳에 물이 있다고 합니다. 개밋둑이 있는 곳을 파보시옵소서."

군사들이 각자 여기저기 찾아보았지만 개미굴을 찾을 수 없자 다시 돌

3_ 아장牙將: 중국 고대에 군사 5000명을 거느리는 부대에 정아장正牙將과 편아장偏牙將을 두었다.

아와 그대로 보고했다. 습붕이 말했다.

"개미는 겨울에 따뜻한 곳을 찾아서 산의 남쪽 양지바른 곳에 살고, 여름이면 시원한 곳을 찾아서 산의 북쪽 음지 쪽에 산다. 지금은 겨울이므로 반드시 산의 남쪽을 파야지 함부로 여기저기 파서는 안 될 것이다."

군사들이 그 말대로 하자 과연 산허리에서 샘물을 발견할 수 있었다. 물맛이 맑고 차가웠다. 환공이 말했다.

"습붕은 성인이라 할 만하다."

그리하여 그 샘물을 성천聖泉이라 했고, 복룡산의 이름을 바꾸어 용천산龍泉山이라고 했다. 군중에서 드디어 물을 얻자 모두 환호성을 지르며 서로 경축했다. 밀로는 제나라 군사들에게 물이 부족하지 않다는 소문을 듣고 깜짝 놀라며 말했다.

"중원에 어찌 하늘의 도움이 있단 말인가?"

속매가 말했다.

"제나라 군사들에게 물이 있다 하더라도 먼 길을 행진해왔으므로 군량미가 틀림없이 부족할 것입니다. 우리가 싸우지 않고 튼튼하게 지키기만 하면 저들의 양식이 고갈되어 저절로 물러가게 될 것입니다."

밀로가 그 말에 따랐다.

관중은 빈수무에게 규자葵玆로 가서 군량미를 가져온다는 거짓 핑계를 대고 호아반을 길잡이 삼아 한 부대를 이끌고 지마령으로 출발하게 했다. 모두 6일을 기한으로 잡았다. 그러나 아장 연지에게는 날마다 황대산으로 가서 싸움을 걸게 시켰다. 그것은 밀로의 군사를 그곳에 붙들어두고 의심을 당하지 않기 위한 조처였다. 이렇게 6일을 지났지만 융병들은 전혀 싸움에 응해오지 않았다. 관중이 말했다.

"날짜를 계산해보면 빈 장군이 서쪽 길을 통해 도착했을 것이오. 저들이 싸움에 응하지 않는다고 하여 우리도 앉아서 기다릴 수만은 없소."

이에 병졸을 시켜 각각 큰 주머니에 흙을 가득 채워 그것을 지게 했다. 그리고 먼저 빈 수레 200승을 몰고 가서 앞쪽을 정탐하게 하고 수레가 함정에 빠지면 바로 흙주머니로 구덩이를 메우게 했다. 대군이 곧바로 산골짜기 입구에 도착해서는 함성을 지르며 일제히 나무와 돌을 치우고 계속 전진했다. 밀로는 스스로 걱정할 게 없다고 생각하고 날마다 속매와 함께 음주를 일삼았다. 그러다가 갑자기 제나라 군사가 몰려오고 있다는 소식을 듣고서야 서둘러 말을 타고 적을 맞아 싸우러 달려나갔다. 아직 교전이 벌어지지도 않았는데 군사들이 보고를 올렸다.

"서쪽에서도 적군이 쇄도해오고 있습니다."

속매는 샛길조차 적의 수중에 떨어진 것을 알고는 싸울 마음이 사라져서 밀로를 보호하며 동남쪽을 향해 도망쳤다. 빈수무는 몇 리를 추격하다가 산길이 험준한 곳을 만났다. 오랑캐들이 그곳으로 나는 듯이 말을 몰고 들어갔기 때문에 미처 따라잡지 못하고 돌아오고 말았다. 저들의 말과 무기, 쇠가죽과 양가죽 장막 따위가 무수히 버려져 있었다. 이는 모두 제나라 차지가 됐다. 다시 찾아온 연나라 남녀 포로의 숫자도 헤아릴 수 없이 많았다. 영지국 사람들은 아직 이 같은 군대의 위력을 본 적이 없었기 때문에 주먹밥과 물병을 들고 나와 말 머리 앞에서 항복했다. 제 환공은 하나하나 위로하며 항복한 오랑캐를 한 사람도 죽이지 말라고 분부했다. 융인戎人들은 크게 기뻐했다. 환공은 항복한 융인을 불러 물었다.

"네 군주가 도망치면 보통 어느 나라로 가느냐?"

융인이 대답했다.

"우리 나라는 고죽국과 이웃으로 평소 친밀한 관계를 유지해왔습니다. 근래에도 사람을 보내 군사를 보내달라고 요청했으나 아직 당도하지 않았습니다. 이번에 틀림없이 고죽국으로 갔을 것입니다."

환공은 고죽국의 강약과 그곳으로 가는 길의 원근을 물었다. 융인이 대답했다.

"고죽국은 동남쪽 대국으로 상나라 때부터 성곽이 있었습니다. 여기에서 100여 리를 가면 비이卑耳란 시내에 닿게 되고, 그 시내를 건너면 바로 고죽국 경내입니다. 그러나 산길이 험해 행진하기가 어렵습니다."

환공이 말했다.

"고죽국이 산융과 한 패거리가 되어 포악한 짓을 하고 있다. 이제 저들이 아주 가까운 곳에 있으니 전진하여 토벌하는 것이 마땅하리라."

이때 마침 포숙아가 아장 고흑高黑을 시켜 건량乾糧 50수레를 보내왔다. 환공은 고흑을 머물게 하고 군사들 앞에서 시급한 군무를 돕도록 했다. 또한 항복한 융인 중에서 정예병 1000명을 뽑아 호아반 수하에 배속시키고 이전에 결손된 군사의 숫자를 보충하게 했다. 사흘을 휴식한 뒤 다시 행군을 시작했다.

한편 밀로 등은 고죽국에 이르러 그곳 군주 답리가쏨里呵를 만나 땅에 엎드려 통곡하며 울부짖었다.

"제나라 군사가 강대함만 믿고 우리 나라를 침탈했소. 군사를 빌려 복수하고자 하오."

답리가가 말했다.

"나도 군사를 동원하여 도와주러 갈 생각이었는데 몸이 좀 불편하여 며칠 늦어지게 됐소. 그런데 뜻밖에도 이렇게 큰 곤경을 당했단 말이오? 이곳 비이계卑耳溪는 물이 깊어서 저들이 건널 수 없을 것이오. 우리가 이곳 뗏목을 모두 나루 안으로 거두어 묶어놓으면 제나라 군사들이 날개가 있다 해도 건널 수 없을 것이오. 저들이 철군하기를 기다렸다가 나와 그대가 군사를 거느리고 들이치면 강토를 회복할 수 있을 것이오. 이 어찌 타당하고 편리한 계책이 아니겠소?"

그때 고죽국 대장 황화黃花 원수가 옆에서 말했다.

"저들이 뗏목을 만들어 건너올까 두려우니 군사들에게 물가를 지키게 하고 밤낮으로 순찰하게 하면서 만일의 사태를 대비해야 합니다."

답리가가 말했다.

"저들이 뗏목을 만든다면 우리가 어찌 그것을 모르겠는가?"

그리하여 결국 황화의 말을 듣지 않았다.

제 환공의 대군은 행군을 시작한 지 10리도 못 갔는데 험한 산속으로 길이 이어지고 있었다. 그곳에는 기암괴석이 삐죽삐죽 높이 솟아 있었고, 초목이 무성하게 우거져 있었으며, 대나무 숲이 빽빽하게 길을 막고 있었다. 이를 증명해주는 시가 있다.

굽이굽이 첩첩 산이 하늘까지 닿아 있고	盤盤曲曲接靑雲
기암괴석 삐죽삐죽 길조차 알 수 없네	怪石嵯岈路不分
오랑캐에 몸을 맡겨 말에서 내렸으나	任是胡兒須下馬
석굴 속에 범 있을까 그 또한 걱정일세	還愁石窟有山君

관중은 유황과 염초같이 불이 잘 붙는 물질을 가져와 초목 사이에 뿌리게 하고 불을 질렀다. 뿌지직뿌지직 투둑투둑 모든 것을 태우는 소리가 온

천지를 뒤덮었다. 초목은 뿌리조차 남지 않았고 여우와 토끼도 자취를 감추었다. 불꽃이 하늘을 찌르며 5일 밤낮 동안 꺼지지 않았다. 불이 꺼진 뒤 산을 깎아 길을 내 병거가 다니기 편리하게 했다. 여러 장수가 투덜거렸다.

"산이 높고 험해서 병거가 다니기는 힘들 것 같소이다."

관중이 말했다.

"오랑캐들은 말을 잘 타기 때문에 오직 병거로만 제압할 수 있소."

이에 「상산가上山歌」와 「하산가下山歌」를 지어 군사들에게 부르게 했다. 「상산가」는 이렇다.

산은 까마득하도다! 길은 굽이굽이 이어지고	山嵬嵬兮路盤盤
초목은 반짝이는데, 험한 바위 목책처럼 가로막네	木濯濯兮頑石如欄
구름은 흐릿하도다! 날은 이제 추워지고	雲薄薄兮日生寒
나는 수레를 몰아, 가파른 곳으로 오르도다	我驅車兮上巉岏
풍백風伯[4]이 말을 몰고, 유아兪兒[5]가 깃발 잡고	風伯爲馭兮兪兒操竿
새처럼 날아가도다! 날개가 돋아난 듯	如飛鳥兮生羽翰
저 산꼭대기를 넘는 것도, 어렵지 않구나	跋彼山巓兮不爲難

「하산가」는 다음과 같다.

산을 오르기는 어렵지만, 내려가기는 쉽구나	上山難兮下山易

4_ 풍백風伯: 바람을 관장하는 신.

5_ 유아兪兒: 산길을 관장하는 신. 이 대목 뒤에 제 환공이 유아를 만나는 장면이 나온다.

바퀴는 옥반지처럼 잘 구르고, 말발굽은 떨어지는 것 같다 　　輪如環兮蹄如墜

수레 소리 덜컹덜컹, 사람은 헐떡헐떡 　　聲轔轔兮人吐氣

몇 바퀴를 구비 도니, 순식간에 평지일세 　　歷幾盤兮頃刻而平地

오랑캐 천막 짓부수고, 봉화 불을 끄나니 　　擣彼戎盧兮消烽燧

고죽국에서 공훈 세워, 억만 세까지 전해주세 　　勒勳孤竹兮億萬世

인부들이 노래를 부르고 너와 내가 화답하며 나는 듯이 수레를 몰았다. 환공과 관중, 습붕 등은 비이계 옆 산꼭대기에 올라 군사들이 산을 오르내리는 모습을 구경했다. 환공이 감탄했다.

"과인은 오늘에야 노래로 사람의 힘을 모을 수 있다는 것을 알게 됐소."

"신이 지난날 함거에 갇혔을 때도 노나라 사람들이 추격할까봐 노래를 지어 수레꾼들에게 가르치고 즐겁게 치달리며 피로를 잊게 했습니다. 그리하여 마침내 이틀 거리를 하루에 주파할 수 있었습니다."

"그 까닭이 무엇이오?"

"대저 사람은 육체가 힘들면 정신도 피곤해지고, 정신이 즐거우면 육체의 피로도 잊게 됩니다."

"중보께서 인정에까지 통달하여 이런 경지에까지 이르셨군요!"

그리하여 수레꾼들을 격려하고 독촉하여 일제히 출발했다.

행군이 몇 군데 산꼭대기를 넘은 뒤 또 한 곳의 산고개로 올라섰다. 앞서가던 큰 수레와 작은 수레들이 모두 좁은 협곡에 막혀 앞으로 나아가지 못하고 있었다. 군사들이 아뢰었다.

"양쪽에 암벽이 높이 치솟아 있고 중간으로 한 줄기 길이 있는데 단지 말 한 필만 지나갈 정도이고 수레는 지나갈 수 없습니다."

제 환공은 근심스런 얼굴빛으로 관중에게 말했다.

"이곳에 만약 복병이 매복해 있다면 나는 틀림없이 패배할 것이오!"

이렇게 주저하고 있는 사이에 갑자기 산골짝에서 기이한 동물 한 마리가 걸어 올라왔다. 눈을 크게 뜨고 바라보니 사람 같기도 하고 짐승 같기도 했다. 크기는 한 자 남짓이었으며 붉은 옷에 검은 관을 쓰고 맨발로 환공을 향해 두세 번 손을 앞으로 모으고는 읍을 했다. 그것은 마치 이곳까지 오신 것을 환영한다는 모습 같았다. 그 뒤 오른손으로 옷을 걷어올리고는 암벽 중간을 향해 빠르게 달려가버렸다. 환공이 깜짝 놀라 관중에게 물었다.

"경은 방금 전 그 동물을 보지 못했소?"

관중이 대답했다.

"신은 보지 못했습니다."

환공이 그 모양을 자세히 이야기하자 관중이 말했다.

"그건 바로 신이 지은 노래 가사에 나오는 '유아'란 것입니다."

환공이 말했다.

"유아란 게 무엇이오?"

관중이 말했다.

"신이 듣건대 북방에서는 등산登山의 신을 '유아'라 한다 합니다. 패업을 이룰 군주가 당도하면 나타난다 합니다. 주상께서 지금 목도하신 것이 아마도 그 유아인 듯합니다. 두 손을 앞에 모으고 읍을 하며 환영하는 모습을 보인 것은 주상께서 정벌하러 가실 수 있다는 뜻입니다. 또 옷을 걷어올린 것은 앞에 강물이 있음을 보여준 것이며, 오른손을 사용한 것은 강물의 오른쪽이 깊으므로 주상께선 왼쪽으로 가라는 의미입니다."

관중이 유아를 알아보다.

염옹이 시를 지어 관중이 '유아'를 알아본 일을 논했다.

『춘추』라는 서적은 자주 보아 알고 있지만	春秋典籍數而知
관중은 무슨 근거로 유아를 알았을까	仲父何從識兪兒
기이한 일 전해줄 이인異人이 어찌 있으랴	豈有異人傳異事
장화의 『박물지』6도 결국은 의심스럽네	張華博物總堪疑

관중이 또 말했다.

"앞에 강물이 가로막고 있지만 다행히 암벽은 우리가 고수할 수 있으니 산 위에 군사를 주둔시키고 척후를 보내 물길을 잘 살펴본 뒤 진격하십시오."

물길을 살펴보러 갔던 척후병이 시간이 한참 지나 돌아왔다.

"산을 내려가 5리도 못 되는 지점에 비이계가 있습니다. 강물이 넓고 깊어 겨울에도 마르지 않는다 합니다. 원래 뗏목으로 건넜는데, 오늘은 오랑캐 군주가 모두 거두어 가버렸습니다. 오른쪽으로 가면 물이 더욱 깊어서 한 길이 넘지만 왼쪽으로 3리쯤 가면 수면은 비록 넓지만 깊이가 얕은 곳이 있는데 그곳으로 건너면 깊이가 사람 무릎 정도밖에 되지 않습니다."

환공이 손을 쓰다듬으며 말했다.

"유아가 가르쳐준 조짐이 증명되는구나!"

연 장공이 말했다.

"비이계에 걸어서 건널 수 있는 얕은 곳은 없다고 들었는데, 이는 아마도 하늘이 군후의 성공을 돕는 듯하오."

6_『박물지博物志』: 서진西晉 장화張華가 편찬한 일종의 백과전서. 모두 20권이다. 산천 지리, 각종 금수禽獸, 특이한 인물, 기이한 초목과 곤충, 괴상한 신선 등과 관련된 내용을 모았다.

환공이 말했다.

"여기서 고죽국까지는 얼마나 남았소?"

연 장공이 대답했다.

"비이계를 건너 동쪽으로 가면 가장 먼저 단자산團子山, 그다음으로 마편산馬鞭山, 또 그다음으로 쌍자산雙子山이 있소. 이 세 산은 연이어 있으며 각각의 거리가 약 30리요. 여기에 상나라 고죽군의 세 무덤이 있소. 이 세 산을 지나 다시 25리를 가면 바로 무체성無棣城에 닿는데 그곳이 바로 고죽국의 도성이오."

호아반이 본대를 이끌고 먼저 강물을 건너겠다고 요청했다. 관중이 말했다.

"한 곳으로만 행군하다 만에 하나라도 적을 만나면 오도 가도 못할 것이니 길을 둘로 나누어 행군해야 할 것이오."

이에 군사들을 시켜 대나무를 베어 등나무 넝쿨로 묶어서 뗏목을 만들게 했다. 순식간에 뗏목 수백 척이 만들어졌다. 남겨놓은 수레로 뗏목을 싣고 군사들이 그것을 끌었다. 산고개를 내려가서 군마를 두 부대로 나누었다. 왕자성보와 고흑이 한 부대를 이끌고 오른쪽에서 뗏목을 타고 강을 건너며 정군正軍이 되고, 공자 개방開方과 수초豎貂는 제 환공을 따라 직접 그 뒤를 받치며 호응했다. 또한 빈수무와 호아반이 한 부대를 이끌고 왼쪽에서 물을 건너며 기습 부대가 되고, 관중과 연지가 연 장공을 따라 그 뒤를 받치며 호응했다. 이들은 모두 단자산團子山 아래에 함께 모였다.

한편 무체성에서 답리가는 제나라 군대의 현황을 알 수 없어 군졸을 강가로 보내 상황을 탐지하게 했다. 군졸은 강물 가득 뗏목이 떠 있고, 병마들이 분분히 강을 건너오는 것을 보고 황급히 무체성으로 보고를 올렸다. 답리가는 깜짝 놀라 황화 원수에게 군사 5000을 거느리고 항거하게 했다. 밀로가 말했다.

"나는 이곳에서 아무 공도 세우지 못했소. 원컨대 속매를 데리고 선봉에 서고자 하오."

황화 원수가 말했다.

"여러 번 패배한 사람과는 일을 함께하기가 어렵소."

그러고는 말에 뛰어올라 바로 그곳을 떠났다. 답리가가 밀로에게 말했다.

"우리 서북쪽에 있는 단자산은 중원에서 동쪽으로 오는 요충지요. 수고스럽더라도 어지신 군후와 신하 분들께서 그곳을 지키며 우리와 호응해주시오. 우리도 바로 따라가겠소."

밀로는 입으로 승낙은 했지만 황화 원수가 그를 업신여겼기 때문에 마음이 아주 불쾌했다.

황화 원수는 비이계 입구에 당도하기도 전에 고흑이 거느린 선봉대와 만나 쌍방 간에 죽고 죽이는 접전을 벌였다. 고흑이 황화와 싸워 이길 수 없어 달아나려는 순간 왕자성보가 달려왔다. 황화는 고흑은 버려둔 채 왕자성보와 결사전을 벌였다. 그러나 50여 합을 크게 싸웠지만 승부가 나지 않았다. 그 뒤에 환공의 대군이 도착했다. 공자 개방은 오른쪽, 수초는 왼쪽에서 한꺼번에 대군을 휘몰아 공격해왔다. 황화 원수는 당황하여 군사를 버리고 달아났다. 그가 거느리고 온 5000의 인마가 제나라 군사에게 태반이 살육되었고 나머지는 모두 항복했다. 황화는 단기필마로 도주하여 단자산 근처에 당도했다. 그곳에는 병마가 숲을 이루고 있었다. 그들은 모두 제나라, 연나라, 무종국無終國의 깃발을 꽂고 있었다. 빈수무가 벌써 강물을 건너 먼저 단자산을 점령하고 있었다. 황화는 감히 산을 넘을 수 없어 말을 버리고 나무꾼으로 위장한 뒤 좁은 샛길로 산을 넘어 달아났다. 제 환공은 대승을 거두고 군대를 단자산으로 진격시킨 뒤, 왼쪽 부대와 한 곳에서 진채를 세우고 다시 진군을 논의하게 했다.

한편 밀로가 군사를 이끌고 마편산에 도착하자 전초 부대에서 보고를 전해왔다.

"단자산은 이미 제나라 군사에게 점령되었습니다."

결국 밀로는 마편산에 주둔할 수밖에 없었다. 이때 황화 원수가 마편산으로 도주하여 자기편 군마를 알아보고 그 진영으로 들어갔다. 그곳이 공교롭게도 밀로의 부대였다. 밀로가 말했다.

"원수께선 여러 번 승리한 명장이신데, 어찌하여 혈혈단신으로 이곳에 오셨소이까?"

황화는 부끄러워 어쩔 줄 몰랐다. 술과 음식을 요청했으나 볶은 보리 한 되만을 받았고, 또 타고 갈 말을 구했으나 편자도 박지 않은 말을 받았을 뿐이었다. 황화는 깊은 원한을 품고 무체성으로 돌아왔다. 그는 답리가를 뵙고 복수할 군사를 청했다. 답리가가 말했다.

"내가 장군의 말을 듣지 않았다가 오늘 이 지경에 이르렀소."

황화가 말했다.

"제 환공이 미워하는 것은 영지일 뿐입니다. 오늘 우리가 견지해야 할 계책은 오직 밀로와 그 신하들의 머리를 베어 환공에게 바치고 저들과 강화하는 길뿐입니다. 그러면 저들은 싸우지 않고도 물러갈 것입니다."

답리가가 말했다.

"밀로가 곤경에 처하여 우리에게 귀의해왔는데 어찌 차마 저들을 팔아 넘길 수 있겠소?"

재상 올률고兀律古가 앞으로 나서며 말했다.

"신에게 한 가지 계책이 있사온데 패배를 되돌려 공세를 취할 수 있을 것입니다."

"무슨 계책이오?"

"우리 나라의 북쪽에 한해旱海라는 곳이 있는데 미곡迷谷이라고도 합니다. 그곳은 모래와 돌멩이만 덮여 있는 사막으로, 아득히 바라봐도 물과 풀이 전혀 없습니다. 옛날부터 백성이 죽은 사람을 그곳에 내다 버려서 백골들만 서로 마주보며 대낮에도 늘 귀신이 나타나는 곳입니다. 또 수시로 찬바람이 일어나 그 찬바람이 스치는 곳에는 사람과 말이 모두 생존하지 못하고, 사람이 그 바람을 쐬면 모발이 모두 빠지며 죽는다 합니다. 또 모래바람이 불기 시작하면 지척도 분간할 수 없습니다. 그리고 미곡 속으로 잘못 들어가면 골짝 길이 이리저리 구부러져 분별하기가 어렵고 그곳에 갇혀 조급해하다가 골짝을 빠져나올 수 없게 되며 결국 독사와 맹수의 우환까지 겹친다 합니다. 진실로 한 사람이 거짓 항복하여 저들을 그곳으로 유인하기만 하면 우리가 직접 죽일 필요도 없이 열에 여덟아홉은 그곳에서 죽게 될 것입니다. 우리는 군사를 정돈하고 앉아 저들이 죽기만을 기다리면 될 터이니 이 어찌 묘책이 아니겠습니까?"

"제나라 군사들을 어떻게 그곳으로 가게 할 수 있겠소?"

"주상께선 궁궐 권속들과 함께 잠시 양산陽山에 숨으시고 성안 백성을 모두 골짜기로 피난시킨 뒤 성을 완전히 비우십시오. 그런 뒤 사람을 보내 거짓 항복하게 하고 제 환공에게 이렇게 보고하십시오. '우리 주상께서 사

막으로 군사를 빌리러 갔다.' 그러면 저들이 반드시 추격하며 우리 계책에
빠져들 것입니다."

황화 원수가 흔쾌히 자신이 가겠다고 자원했다. 그래서 다시 1000명의
기병을 주어 계획대로 진행하게 했다.

황화 원수는 가는 길에 생각했다.

'밀로의 목을 베지 않으면 환공이 어떻게 나를 믿어줄 것인가? 만약 일
이 성공하면 주상께서도 내게 죄를 묻지 않으리라.'

그리하여 마침내 마편산으로 밀로를 만나러 갔다.

밀로는 제나라 군사와의 대치가 계속되는 상황에서 황화의 구원병이 도
착하자 몹시 기뻐서 환영을 나왔다. 그러나 황화는 예기치 않게 곧바로 밀
로의 머리를 베었다. 속매가 진노하여 칼을 뽑아 들고 말 위에 올라 황화
와 싸움을 벌였다. 양쪽 군사들도 각각 자신의 주인을 도와 서로 격투를
벌이며 살상을 계속했다. 속매는 마침내 승산이 없다고 생각하고는 혼자
말을 달려 호아반의 진영으로 투항했다. 하지만 호아반은 속매의 투항을
믿지 못해 그를 포박하여 참수해버렸다. 가련하게도 영지국 임금과 신하는
중원을 침략한 것이 원인이 되어 하루아침에 모두 비명횡사하고 말았다.
이 어찌 슬픈 일이 아니랴? 사관이 이에 관한 시를 읊었다.

산으론 황대산이 물로는 유수가 있고	山有黃臺水有濡
그 주위 백리가 영지라는 나라였네	周圍百里令支居
연나라에서 빼앗은 노획물 지금은 어디 있나	燕山鹵獲今何在
나라 망하고 목숨 잃어 탄식만 우러나네	國滅身亡可歎吁

황화 원수는 밀로의 군사들까지 병합하고 바로 제나라 진영으로 달려가서 밀로의 수급을 바치며 자세히 말했다.

"고죽국 군주가 나라를 기울게 한 뒤 사막으로 도망가서 외국의 군대를 빌려 복수를 도모하고 있습니다. 신이 투항하라고 권유했으나 듣지 않았습니다. 지금 제가 직접 밀로의 목을 베어 막하에 투항했사오니 원컨대 병졸로라도 받아주시옵소서. 제 본진의 병마를 거느리고 길 안내를 맡아 고죽국 군주를 추격하는 데 미력이나마 다 바치겠습니다."

제 환공은 밀로의 수급을 보고 믿지 못할 까닭이 없다고 생각하고는 황화를 선도 부대로 삼아 대군을 이끌고 출발했다. 곧바로 무체성에 당도하니 과연 성이 텅텅 비어 있었다. 그리하여 황화의 말이 틀림없다고 더욱 굳게 믿었다. 그리고 답리가가 정말 멀리까지 도망갈까봐 걱정되어 연 장공의 한 부대만 성을 지키라고 남겨둔 뒤 나머지는 모두 밤새도록 추격 행진을 벌였다. 황화가 먼저 가서 길을 알아보겠다고 청하자 환공은 고흑을 동행하게 하고 자신이 거느린 대군은 계속 그 뒤를 따르게 했다. 사막에 도착하자 환공은 군사들에게 속히 진군하라며 재촉했다. 오래 행군을 하는 동안 황화의 소식을 알 수 없게 되었다. 날이 어두워지자 희뿌옇게 황사 바람이 불고 어두컴컴하게 안개가 겹겹이 끼었으며 서글픈 바람이 어지럽게 불었다. 한기가 엄습해오자[7] 모골이 송연해졌고, 광풍이 땅을 휩쓸자 사람과 말이 모두 놀랐다. 군사와 말들 중에서 상당수가 이 으스스한 기운에 놀라 쓰러졌다.

이때 환공과 관중은 말 머리를 나란히 하고 앞으로 나아가고 있었다. 관

7_ 한기핍인寒氣逼人: 뼛속까지 파고드는 한기가 사람을 핍박한다는 뜻. 매우 추운 날씨를 비유한다.

중이 환공에게 말했다.

"신은 오래전부터 북방의 한해瀚海가 매우 해로운 땅이란 소문을 들었습니다. 아마도 이곳이 바로 그곳인 듯하니 더 이상 전진해서는 안 됩니다."

환공은 급히 행군을 멈추라는 명령을 내렸다. 그렇지만 전위부대와 후위부대가 이미 대열을 이탈하고 말았다. 불씨를 가져왔지만 바람을 맞아 바로 꺼져버렸고, 다시 피우려 해도 불이 붙지 않았다. 관중은 환공을 보호하며 말 머리를 돌려 급히 그곳을 빠져나가려 했다. 그리고 수행 군사들에게 각각 징과 북을 치게 했다. 그것은 첫째 사막의 음기를 막기 위한 조치였고, 둘째 각 부대가 그 소리를 듣고 한곳으로 모이게 하기 위한 조치였다. 하늘은 캄캄하고 땅은 험해 동서남북을 도저히 분간할 수 없었다. 얼마나 갔는지 모르지만 다행히 바람이 그치고 안개가 걷히면서 하늘에 반달이 떠올랐다. 여러 장수가 징과 북소리를 듣고 뒤를 쫓아와 모두 한곳에 모여 진을 쳤다. 날이 밝아올 무렵 여러 장수를 점호하니 오직 습붕隰朋 한 사람만 보이지 않았다. 습붕의 군사 열 사람 중 일고여덟 명은 종적이 없는 것으로 보아 무수한 인원이 상한 듯했다. 그래도 한겨울 추위 때문에 땅속에서 잠자는 독사가 나오지 않았고 군사들의 징과 북소리에 놀라 맹수들이 숨어서 나타나지 않은 점은 불행 중 다행이라고 할 만했다. 관중은 산골짜기가 험악하여 사람이 다니는 길이 전혀 없음을 알고는 황급히 밖으로 빠져나갈 길을 찾게 했다. 그러나 동쪽으로 진격하고 서쪽으로 부딪혀도 길은 구불구불 얽혀서 출로가 전혀 없었다. 환공의 마음은 벌써부터 조급해지고 있었다. 관중이 앞으로 나서며 말했다.

"신이 듣건대 늙은 말이 길을 안다 합니다. 무종과 산융은 경계를 맞대고 있으므로 그들의 말은 대부분 사막 북쪽에서 왔을 것입니다. 호아반에게 늙은 말을 몇 마리 골라달라고 하여 그 말이 가는 곳으로 따라가면 길을 찾을 수 있을 것입니다."

환공이 그 말에 따라 늙은 말 몇 마리를 선택하여 대열 앞에 풀어놓고 굽이굽이 산길을 따라 나와 마침내 골짜기 입구로 탈출했다.[8] 염옹이 이 일을 시로 읊었다.

개미가 물을 알듯 늙은 말도 길을 아니	蟻能知水馬知途
짐승도 위기를 도와줄 줄 아는구나	異類能將危困扶
가소롭다 천박한 자 자기 생각만 활용하니	堪笑淺夫多自用
그 누가 고집 버리고 충언을 들을 수 있나	誰能舍己聽忠謨

한편 황화 원수는 제나라 장수 고흑을 이끌고 앞서 가며 곧바로 양산陽山 길로 내달렸다. 고흑은 뒤따라오는 대군이 보이지 않자 황화에게 잠시 멈추었다가 함께 출발하자고 했다. 그러나 황화는 길을 재촉할 뿐이었다. 고흑은 황화의 행동이 의심스러워서 말고삐를 잡고 앞으로 나아가지 않다가 결국 황화에게 포박되어 고죽국 군주 답리가 앞으로 끌려갔다. 황화는 밀로를 죽인 일은 숨기고 단지 이렇게 말했다.

"밀로는 마편산에서 패배한 뒤 피살되었습니다. 신은 거짓으로 항복하고 제 환공의 대군을 유인하여 한해에 빠뜨렸습니다. 또 제나라 장수 고흑을 사로잡아 이곳에 대령했사오니 처분을 따르겠습니다."

8_ 노마지지老馬之智: 늙은 말의 지혜라는 의미. 하찮은 동물에게도 배울 만한 지혜가 있음을 비유한다. 경험이 많은 사람에게서 지혜를 얻을 수 있음을 일깨워주며 노마식도老馬識途라고도 한다.(『한비자韓非子』「세림說林 상」)

답리가가 고흑에게 말했다.

"네가 만약 우리에게 투항한다면 내가 너를 중용할 것이다."

고흑은 눈을 부라리며 욕설을 퍼부었다.

"나는 대대로 제나라의 은혜를 입었다. 어찌 개돼지 같은 네놈들의 신하
가 될 수 있겠느냐?"

또 황화에게도 욕을 해댔다.

"네놈이 나를 유인하여 이 지경에 빠뜨렸다만 내 한 몸은 죽어도 여한이
없다. 우리 주상전하의 군사가 당도하면 네놈들 군신은 모두 망국의 주검이
될 것이다. 그 일이 조만간에 닥칠 것이니 후회해도 소용없을 것이다."

황화가 진노하여 칼을 뽑아 고흑의 목을 베었다. 고흑은 진정한 충신이
었다. 답리가는 군사를 재정비하여 무체성을 탈환하러 되돌아왔다. 연 장
공은 병력도 소수이고 성도 텅 비어서 성을 고수할 수 없음을 알았다. 그
래서 사람을 시켜 사방에 불을 놓은 뒤 혼란한 틈을 타 성을 탈출하여 단
자산으로 돌아와 진을 쳤다.

제 환공의 대군은 미곡을 빠져나온 뒤 10리도 채 못 가서 우연히 일군
의 군마를 만났다. 사람을 보내 탐지해보니 바로 공손습붕의 군대였다. 이
에 군사를 합쳐 곧바로 무체성으로 치달려갔다. 행군 도중 연도의 백성이
남녀노소 서로 부축하며 분분히 어디론가 가는 것이 보였다. 관중이 사람
을 시켜 사정을 물어보았다. 그들은 이렇게 대답했다.

"고죽국의 주군께서 연나라 군사를 몰아내고 도성으로 되돌아오셨소.
우리는 지난번에 산골짜기로 피난 갔다가 이제 우리 동네로 돌아가는 길
이오."

관중이 말했다.

"내게 저들을 깨뜨릴 계책이 있다."

이에 호아반에게 심복 군사 몇 명을 뽑아 성안 백성으로 위장시키고는 성안으로 섞여 들어가게 한 뒤 한밤중에 불을 지르고 안에서 호응하게 했다. 계획에 따라 호아반을 떠나보냈으며 관중은 수초에게 남문을 공격하게 하고 연지에게는 서문을 공격하게 하며, 공자 개방에게는 동문을 공략하라 명했다. 다만 북문만은 남겨두어 저들이 도주로로 삼게 했다. 또한 왕자성보와 습붕에게는 군사를 두 부대로 나누어 북문 밖에 매복해 있다가 답리가가 성 밖으로 나오면 앞을 가로막고 사로잡거나 주살하게 했다. 관중과 환공은 성에서 10리 정도 떨어진 곳에 진채를 세웠다.

이때 답리가는 성안의 화재를 진압한 뒤 백성을 불러들여 다시 생업에 종사하게 했다. 또 다른 한편으로 황화에게 병마를 정돈시켜 앞으로의 싸움에 대비하게 했다. 그날 밤 황혼 무렵 갑자기 사방에서 포성이 울렸다. 그런 뒤 바로 보고가 올라왔다.

"제나라 군사가 벌써 도착하여 성문을 포위했습니다."

황화는 예기치 않은 사태에 깜짝 놀라 군사와 백성을 인솔하고 성 위로 올라가 성을 고수하고자 했다. 한밤중이 되자 성안 네댓 곳에서 불길이 치솟았다. 황화는 사람을 시켜 방화한 자를 찾게 했다. 그러자 호아반은 성안에서 방화한 10여 명의 군사를 거느리고는 바로 남문으로 달려가 성문을 열고 수초의 군마가 성안으로 들어오게 했다. 황화는 일이 좋지 않게 돌아가는 것을 알고 답리가를 부축해 말을 타고 도주로를 찾아 나섰다. 북쪽에 제나라 군사가 없음을 알고 북문을 열고 달아났다. 그러나 2리도 채 못 갔을 때, 횃불이 어지럽게 흔들리며 북소리가 진동했다. 왕자성보와 습붕의 두 갈래 군마가 쇄도해왔고 개방, 수초, 호아반도 성을 점령한 뒤 각각 자신의 군사를 거느리고 추격해왔다. 황화 원수는 오랫동안 죽을힘을 다해 싸웠으나 기진맥진하여 피살되고 말았다. 답리가는 왕자성보에게 사로잡혔고 올률고는 난전 속에서 죽었다. 날이 밝자 군사들이 제 환공의 입성을 영접했다. 환공은 적의 무리를 도운 답리가의 많은 죄를 열거한 뒤 친히 그의 목을 베어 북문에 매달아 오랑캐들에게 경고를 보내고 백성을 위로했다. 융인들은 고흑이 굴복하지 않고 피살된 일을 보고했다. 환공은 안타까운 탄식을 내뱉으며 즉시 그 충절을 기록하게 했으며 귀국한 뒤 다시 포상을 논의하게 했다.

연 장공은 제 환공이 싸움에 이겨 입성했단 소식을 듣고 단자산에서 군사를 휘몰아 무체성으로 달려갔다. 축하 인사가 끝나자 환공이 말했다.

"과인이 연나라 군후의 위급함을 구하러 천 리를 마다하지 않고 달려와서 다행히 성공을 거두게 됐소. 영지국과 고죽국을 하루아침에 멸망시키고 새로 500리의 땅을 개척했소. 그러나 과인은 다른 나라의 영토를 넘어서 이 땅을 소유할 수가 없소. 그래서 연나라 군후의 봉토에 보태고자 하오."

연 장공이 말했다.

"과인은 제나라 군후의 신령한 힘을 빌려 종묘사직을 보호한 것만으로도 충분하오. 어찌 감히 땅까지 넓히기를 바라겠소? 오직 제나라 군후만이 그 땅을 경영할 수 있을 것이오."

환공이 말했다.

"북쪽 변방은 땅이 궁벽지고 멀어서 만약 또다시 오랑캐의 나라를 세워주면 틀림없이 반역할 것이오. 군후께선 사양하지 마시오. 동쪽 길도 이미 열렸으니 선조 소공召公의 유업에 힘쓰시며 주 왕실에 조공을 바치고 길이 길이 북쪽 울타리가 되어주시면 과인도 그 은혜에 참여할 수 있을 것이오."

제 환공이 고죽국을 평정하다.

장공이 이에 감히 사양할 수 없었다. 환공은 무체성에서 삼군에 큰 상을 내렸다. 무종국은 이번 전쟁을 도와준 공로가 있으므로 소천산小泉山 아래의 땅을 하사했다. 호아반은 감사 인사를 하고 먼저 귀국했다.

환공은 닷새간 군사를 쉬게 하고는 출발했다. 다시 비이계를 건너 석벽 아래에서 병거를 재취합하여 정돈한 뒤 천천히 행군했다. 환공은 영지국 연도에 황량한 연기가 피어오르고 불타버린 잿더미가 가득 널려 있는 것을 보고 자신도 모르게 참담한 심정이 되어 장공에게 말했다.

"산융의 군주가 무도하여 그 재앙이 초목에까지 미쳤구려. 정말 경계하지 않을 수 없는 일이오."

포숙아가 규자관葵兹關에서 마중을 왔다. 환공이 말했다.

"부족하지 않게 군량미를 조달한 것이 모두 포 대부의 공이오!"

또 연 장공에게 분부하여 규자관을 지키는 수비 병력을 두게 하고는 마침내 제나라 군사를 철수시켰다. 장공은 환공을 국경 너머까지 배웅했다. 그러나 섭섭한 마음에 차마 헤어지지 못하다가 부지불식간에 제나라 경계로 들어갔다. 그곳은 연나라 경계에서 제나라 경계로 50리나 더 들어간 곳이었다. 환공이 말했다.

"자고로 제후가 다른 제후를 배웅할 때는 나라의 경계를 넘어서지 않는 법이오. 과인은 연나라 군후께 무례를 범할 수 없소."

이에 환공은 장공이 배웅 나온 곳까지 연나라에 할양하며 사과의 뜻을 전했다. 장공은 극구 사양하며 받지 않으려 했지만 결국은 환공의 강권에 그 땅까지 받아서 귀환했다. 그리고 그 땅에 성을 쌓고 연류燕留라는 지명을 붙였다. 즉 환공의 은덕이 연나라에 남아 있다는 뜻이다. 연나라는 이때부터 서북 지역에 500리의 땅을 얻고 동쪽에 50여 리의 땅을 얻어 비로소 북방의 대국이 되었다. 제후들은 제 환공이 연나라를 구원해주고도 그 땅을 탐내지 않았기 때문에, 제나라의 위력을 두려워하지 않는 나라가 없었으며 제나라의 은덕에 감격하지 않는 나라가 없었다. 사관이 이를 시로 읊었다.

천 리 길에 군사 일으켜 오랑캐를 다스린 건　　　　千里提兵治犬羊

조공을 주 왕실에 바치게 하기 위함이었네　　　　要將職貢達周王

무력을 쓰는 걸 좋지 않다 말하지 말게나　　　　休言黷武非良策

존왕양이는 모름지기 천하광정임을 알아야 하리　　尊攘須知定一匡

제 환공이 노나라 제수로 귀환하자 노 장공이 강변까지 마중 나와 노고를 위로하고 잔치를 베풀어 승리를 축하했다. 환공은 노 장공이 평소의 친분에 이렇게 두터운 정까지 보여주자 두 오랑캐 땅에서 노획한 물자의 절반을 특별히 나누어 그에게 선물했다. 노 장공은 관중의 봉토 소곡小穀 땅이 노나라 경계에 있는 것을 알고는 바로 장정을 징발하여 관중 대신 그곳에 성을 쌓아주었다. 관중의 마음을 기쁘게 하기 위한 조치였다. 이때가 노 장공 32년, 주 혜왕 15년이었다. 이해 가을 8월 노 장공이 세상을 떠난 뒤 노나라는 큰 혼란에 빠졌다. 노나라의 일이 어떻게 되는지는 다음 회를 보시라.

삼환三桓의 등장

공자 우는 두 번이나 노나라 군주를 정하고
제나라 황자는 홀로 위이의 정체를 알아내다
公子友兩定魯君, 齊皇子獨對委蛇.

　　공자 경보慶父는 자가 중仲으로[1] 노 장공의 서형庶兄이었다. 또 경보에게
는 이름이 아牙이고 자가 숙叔인 동복동생이 있었다. 그리고 노 장공에게
는 공자 우友라는 동복동생이 있었다. 공자 우는 날 때부터 손바닥에 우友
자 모양의 손금이 있어서 이름도 우라고 지었다. 자가 계季여서 계우라고도
불렀다. 비록 형제 세 사람이 모두 대부가 되었지만 첫째는 적서의 차별 때
문에, 둘째는 계우가 가장 현명했기 때문에 장공은 유독 계우만 신임했다.
장공은 즉위 3년에 낭대郎臺(山東省 曲阜 근교)로 놀러 간 적이 있다. 누대 위
에서 당씨黨氏의 딸 맹임孟任이 용모가 매우 아름다운 것을 보고 내시를 시

1_ 실제로는 자가 맹孟, 시호가 공중共仲이다. 또는 원래 자가 중仲인데 나중에 경보慶父가 반역
죄로 자결한 후, 그 후손들이 그의 자를 따서 중손씨仲孫氏로 일컫다가, 경보의 반역죄를 숨기기
위해 맹손씨孟孫氏라고 했다는 학설도 있다.

켜 불러오게 했지만 맹임은 따르지 않았다. 노 장공이 말했다.

"만약 나를 따른다면 너를 정실부인으로 세우겠다."

맹임은 함께 맹세를 하자고 청했고, 장공이 허락했다. 맹임은 마침내 팔뚝을 베어 그 피로 신에게 맹세했다. 그러고는 장공과 낭대에서 동침한 뒤 함께 수레를 타고 궁궐로 돌아왔다. 1년여가 지나 맹임은 아들을 낳았고 그 이름을 반般이라 했다. 장공은 맹임을 정실부인으로 세우고자 모친 문강에게 청했으나 문강은 이를 허락하지 않고 자신의 아들이 반드시 자기 친정인 제나라와 인연을 맺기를 바랐다. 그리하여 마침내 장공을 갓 태어난 제 양공의 딸과 정혼시켰다. 다만 아이가 어렸기 때문에 스무 살이 될 때까지 기다렸다가 정식으로 맞아오기로 했다. 이 때문에 맹임은 비록 정실부인은 아니었지만 20여 년 동안 궁궐의 안주인으로서의 권세를 누렸다. 제 양공의 어린 딸 강씨姜氏(애강哀姜)가 자라 노나라의 군부인이 되었을 때 맹임은 이미 병으로 쓰러져 일어날 수 없었고 얼마 뒤 세상을 떠났다. 노 장공은 첩의 예에 따라 장례를 치를 수밖에 없었다.

애강은 세월이 오래되어도 자식을 낳지 못했다. 그래서 그 여동생 숙강叔姜이 잉첩으로 와서 아들을 낳았다. 그의 이름은 계啓였다. 장공은 이보다 앞서 풍씨風氏를 첩으로 들였다. 그녀는 수구자須句子의 딸이었고 신申이라는 아들을 낳았다. 풍씨는 신을 계우에게 부탁하고는 장공의 후사로 세우려 했다. 그러나 계우는 "공자 반이 장자입니다"라고 했다. 이에 풍씨는 자신의 시도를 그만두었다. 애강은 비록 정실부인이었지만 노 장공의 아버지를 죽인 원수의 딸이었다. 그래서 장공은 겉으로는 그녀에게 예절을 차리는 듯 행동했지만 속으로는 깊이 총애하지 않았다. 공자 경보는 인물이 훤칠하고 풍채도 좋았다. 애강은 경보가 마음에 들어 몰래 내시를 보내 마음을 주고받은 끝에 마침내 서로 사통하는 사이가 되었다. 감정이 더욱 친밀해지면서 숙아叔牙와도 한 패거리가 되어 훗날 함께 경보를 보위에 올리고 숙아가 재상을 맡기로 약속했다. 염옹이 이를 시로 읊었다.

정·위의 음풍은 평범한 수준일 뿐	淫風鄭衛只尋常
제나라 음풍에는 당할 수가 없었다네	更有齊風不可當
가소롭다 노나라여 우호만 맺는다더니	堪笑魯邦偏締好
문강을 뒤이어 애강도 음란했네	文姜之後有哀姜

노 장공 31년 겨울 내내 비가 내리지 않아 기우제를 거행하고자 했다. 기우제 하루 전날 대부 양씨梁氏 댁 마당에서 풍악이 베풀어졌다. 양씨에게는 딸이 있었고 용모가 심히 아름다워 공자 반이 그녀를 좋아했다. 그래서 남몰래 왕래하며 나중에 부인으로 맞겠다는 서약까지 했다. 이날 양씨의 딸은 사다리를 놓고 담장에 올라가 풍악을 구경했다. 이때 어인圉人[2] 낙犖이 담장 밖에서 양씨 여인의 아름다운 용모를 훔쳐보다가 담장 아래로 다가와 일부러 노래를 지어 부르며 유혹의 손길을 던졌다. 그 가사는 이러했다.

복사꽃이 아리땁고 곱기도 하니	桃之夭夭兮
겨울 견뎌 더욱더 향기롭구나	凌冬而益芳
마음속에 그대 모습 맺혀 있어도	中心如結兮

2_ 어인圉人: 중국 주나라 때 말을 사육하고 방목하는 일을 관장하던 벼슬아치.

담장을 뛰어넘어 갈 수가 없네 不能踰牆

원컨대 우리 함께 비익조 되어 願同翼羽兮

원앙처럼 금슬 좋게 살고 싶어라 化爲鴛鴦

공자 반도 양씨 댁에서 풍악을 구경하다가 담장에서 들려오는 노랫소리를 듣고 밖으로 나왔다. 그는 어인이 양씨 여인을 희롱하는 것을 보고 진노하여 좌우 시종을 시켜 잡아들이게 했다. 그런 뒤 채찍으로 300대를 때려 피가 흥건하게 땅을 적셨다. 어인 낙은 거듭거듭 애원하고서야 석방될 수 있었다. 공자 반은 그 사실을 노 장공에게 알렸다. 장공이 말했다.

"낙이 무례한 짓을 했다면 바로 죽였어야지 채찍질로 그쳐서는 안 되느니라. 낙의 용맹함과 민첩함은 천하에 짝할 이가 없다. 이제 그에게 채찍질을 했으니 틀림없이 네게 원한을 품었을 것이다."

원래 어인 낙은 용력이 뛰어난 천하장사였다. 일찍이 직문稷門의 성루에 올라갔다가 몸을 날려 땅으로 내려왔고, 발이 땅에 닿는 순간 다시 하늘로 몸을 솟구쳐 성문 지붕의 모서리를 잡고 흔들어대서 성루 전체가 진동한 적이 있었다. 장공이 낙을 죽이라고 권한 것도 그의 용력을 두려워했기 때문이다. 공자 반이 말했다.

"저따위 필부에게 무슨 염려할 것이 있겠습니까?"

과연 낙은 반에게 원한을 품고 마침내 경보의 문하에 몸을 의탁했다.

다음 해 가을 장공은 자신의 병이 위독해지자 경보를 의심하고 일부러 숙아를 먼저 불러 자신의 사후 대책을 물었다. 숙아는 과연 경보의 재주를 극찬했다.

"경보가 노나라의 주인이 되면 우리 종묘사직에 든든한 의지처가 생기는 것입니다. 게다가 아버지가 죽으면 아들이 보위를 잇고, 형이 죽으면 현명한 동생이 보위를 잇는 것이 우리 노나라의 법도입니다."

노 장공은 아무 대답도 하지 않았다. 숙아를 내보낸 후 노 장공은 또 계우를 불러서 물었다. 계우가 대답했다.

"주상께선 일찍이 맹임에게 정실부인으로 삼겠다는 맹세를 하고서도 결국 낮은 품계에 머물게 했습니다. 그런데 이제 또 그 아들까지 내치려 하십니까?"

장공이 말했다.

"숙아는 과인에게 경보를 후사로 삼아야 한다고 권했다. 그리하면 어떻겠느냐?"

계우가 말했다.

"경보는 잔인하고 인정이 없어서 임금의 그릇이 아닙니다. 숙아는 자신의 형을 세우려는 사욕에 빠져 있으므로 그의 말을 들어서는 안 됩니다. 신은 죽음으로 공자 반을 받들겠습니다."

장공은 고개를 끄덕이며 다른 말을 할 수 없었다. 계우는 궁궐을 나와 급히 내시에게 장공의 말을 전하고 숙아를 대부 겸계鍼季의 집에서 기다리며 어명을 받으라고 했다. 숙아는 과연 겸씨의 집으로 갔다. 계우는 독이 든 술 한 병을 보내 겸계에게 숙아를 독살하라고 했다. 또한 따로 서찰 한 통을 숙아에게 보냈다. 그 내용은 이렇다.

주상의 명령이시다. 공자에게 사약을 내리노라. 공자가 이 술을 먹고 죽으면 자손들은 대대로 지위를 잃지 않을 것이다. 그러지 않으면 가족을 모두 몰살시킬 것이다.

숙아가 복종하지 않자 겸씨는 그의 귀를 잡고 독주를 들이부었다. 잠시 후 숙아는 신체의 아홉 구멍으로 피를 쏟으며 죽었다. 숙아를 독주로 죽인 일을 사관이 시로 읊었다.

주공은 관숙을 죽여 주 왕실을 안정시켰고	周公誅管安周室
계우는 숙아를 죽여 노나라를 편안케 했네	季友牙酖靖魯邦
나라 위해 친족 죽임은 진정한 대의인데	爲國滅親眞大義
육조시대엔 무슨 일로 골육상잔했던가	六朝底事忍相戕

이날 저녁 노 장공이 세상을 떠났다. 계우는 공자 반을 받들어 상주로 삼고 내년에 개원할 것을 백성에게 널리 알렸다. 각국에서 조문 사신을 파견한 것은 말할 필요도 없겠다.

겨울 10월이 되어 공자 반은 외가 당씨黨氏의 은혜를 생각하고, 또 외조부 당신黨臣의 병사 소식을 듣고는 그 장례에 왕림했다. 경보가 비밀리에 어인 낙을 불러서 일렀다.

"너는 채찍으로 등허리를 얻어맞은 원한을 잊지 않았겠지? 교룡이 물을 떠나면 필부라도 제압할 수 있다. 너는 어찌 당씨에게 보복할 생각을 하지 않느냐? 내가 너를 위해 이 일을 주도해주겠다."

낙이 말했다.

"만약 공자께서 도와주신다면 어찌 감히 명령을 따르지 않겠습니까?"

이에 날카로운 칼을 가슴에 품고 밤을 틈타 당 대부의 집으로 갔다. 때는 이미 삼경이라 담장을 넘어 집 안으로 들어가 대청 밖에 숨었다. 날이 밝을 무렵 어린 내시가 문을 열고 물을 길러 나왔다. 그 틈을 타 어인 낙은 침실로 돌입했다. 공자 반은 침대에서 일어나 신발을 신고 있다가 깜짝 놀라 물었다.

"네놈이 여기는 어찌 들어왔느냐?"

낙이 말했다.

"작년에 채찍질당한 원한을 갚으러 왔다."

공자 반은 급히 침대 밑에 놓인 칼을 빼서 내리쳤다. 낙의 이마가 깨져 골수가 터져 나왔다. 하지만 낙은 다시 날아오는 칼을 왼손으로 막으며 오른손으로 자신의 칼을 잡고 공자 반을 찔렀다. 반은 옆구리 깊숙이 칼을 맞고 즉사했다. 내시가 놀라 당씨에게 보고하자 집안사람들이 무기를 잡고 낙을 공격했다. 낙은 골수가 터져 나와 싸울 수 없어서 여러 사람에게 난도질당해 몸이 산산조각 났다. 계우는 공자 반이 변고를 당했다는 소식을 듣고 경보의 소행임을 짐작했다. 그래서 자신에게 화가 미칠까 두려워 나라를 탈출하여 진陳나라로 달아났다. 경보는 짐짓 자신은 모르는 일로 가장했다. 그러고는 모든 죄를 낙에게 뒤집어씌우고 그 집안사람들을 깡그리 죽인 뒤 백성에게 사건을 해명했다. 부인 애강은 마침내 경보를 보위에 세우고자 했다. 경보가 말했다.

"두 공자가 아직 살아 있소. 저들을 모조리 죽이기 전에는 보위에 오를 수 없소."

애강이 말했다.

"그러면 먼저 신申을 보위에 세우리까?"

경보가 말했다.

"신은 이미 장성하여 다루기 어려우니 계啓를 세우는 것이 더 낫겠소."

이에 경보는 공자 반의 장례 절차를 시작한 뒤 부고를 전한다는 명목으로 직접 제나라로 가서 공자 반의 변고를 알렸다. 그러고는 수초에게 뇌물을 주고 공자 계를 보위에 세웠다. 그때 계의 나이가 여덟 살이었는데, 이 사람이 노 민공閔公이다.

민공은 숙강叔姜의 아들이고 숙강은 노나라 군부인 애강哀姜의 여동생이므로 노 민공은 제 환공의 생질이 된다. 민공은 안으로는 애강이 두려웠으며 밖으로는 경보가 두려웠다. 그리하여 외가의 강력한 힘을 빌리려고 사람을 시켜 제 환공과 낙고落姑 땅에서 만나기로 약속했다. 민공은 환공의 옷자락을 붙잡고 경보가 앞서 일으킨 내란을 몰래 알려주며 끊임없이 눈물을 흘렸다. 환공이 말했다.

"지금 노나라 대부 중에서 가장 현명한 사람이 누구요?"

민공이 말했다.

"계우가 가장 현명한데 지금 진陳나라로 피신해 있습니다."

환공이 말했다.

"어찌하여 불러서 복직시키지 않는 것이오?"

"경보에게 의심을 살까 두렵습니다."

"과인의 뜻이라고 하면 누가 감히 어길 수 있겠소?"

이에 사람을 시켜 제 환공의 명령을 전해 진나라에서 계우를 불러오게 했다. 민공은 낭郞 땅까지 가서 계우가 도착하기를 기다렸다가 함께 수레를 타고 노나라로 돌아와 계우를 재상으로 삼았다. 환공의 명령이라고 하자 따르지 않는 사람이 없었다. 이때가 주 혜왕 16년, 노 민공 원년이었다.

이해 겨울 제 환공은 노나라 군신의 지위가 불안정함을 염려하여 대부 중손추를 시켜 노 민공에게 안부를 여쭙고 경보의 동정을 살피게 했다. 민공은 중손추를 보고 눈물을 흘리며 말을 잇지 못했다. 중손추는 그 뒤 또 공자 신을 만나 노나라 국사를 이야기해보니 아주 조리 있게 말을 잘했다. 중손추는 "이 사람이 나라를 다스릴 만한 그릇이다" 하고는 계우에게 잘 보살피게 하고 또 일찌감치 경보를 제거할 것을 권했다. 계우는 한 손바닥을 펴 보였다. 중손추는 그것이 '한 손바닥으로는 소리를 낼 수 없다孤掌難鳴'는 뜻임을 알고 말했다.

"제가 우리 주상께 알리겠소. 노나라에 급한 일이 생기면 좌시하지 않을 것이오."

경보는 후한 예물을 들고 중손추를 만나러 왔다. 중손추가 말했다.

"만약 공자께서 노나라 사직에 충성을 바치신다면 우리 주상께서도 그 예물을 받으실 것이오. 어찌 저 혼자만 예물을 받을 수 있겠소?"

그러면서 굳게 사양하고 받지 않았다. 경보는 두려움에 떨며 물러났다. 중손추는 민공에게 하직 인사를 하고 귀국하여 환공에게 아뢰었다.

"경보를 제거하지 않고는 노나라의 혼란이 그치지 않을 것입니다."

환공이 말했다.

"과인이 군사를 보내 제거하면 어떻겠소?"

중손추가 말했다.

"경보의 흉악함이 아직 드러나지 않았으니, 토벌할 명분이 없습니다. 신이 경보의 마음을 살펴보건대, 다른 사람 아래에서 안분지족할 자가 아닙니다. 틀림없이 다시 변란을 일으킬 것이니 그것을 빌미로 주살하시옵소서. 이것이 패왕의 처사입니다."

환공이 말했다.

"좋도다."

노 민공 2년이 되자 경보는 보위를 찬탈하려는 마음이 더 급해졌으나 민공이 환공의 생질이고 또 계우가 충심으로 보좌하고 있어 감히 경거망동할 수 없었다. 어느 날 문득 문지기가 보고했다.

"대부 복의卜齮가 찾아왔습니다."

경보는 그를 서재로 맞아들였다. 복의가 노기등등하게 화를 내는 것을 보고 경보가 방문한 까닭을 물었다. 복의가 하소연했다.

"제게 태부 신불해慎不害의 농지와 가까운 곳에 땅이 있습니다. 그런데 그걸 신불해에게 강탈당했습니다. 주상께 말씀드렸으나 주상은 자신의 사부 편만 들면서 오히려 내게 그 땅을 양보하라고 했습니다. 나는 그렇게 할수가 없어서 특별히 공자께 와서 그 사실을 알리고 주상께 한 말씀 올려달라고 부탁하려는 것입니다."

경보는 주위 사람을 물리치고 복의에게 말했다.

"주상은 나이도 어리고 무지하오. 내가 비록 말을 해도 듣지 않을 것이오. 만약 앞으로 큰일이 발생하면 내가 복 대부를 위해 신불해를 죽여주겠소. 어떻소?"

복의가 말했다.

"계우가 있지 않습니까? 그자에게서 벗어나지 못할까 두렵습니다."

경보가 말했다.

"주상은 아직 어린 마음이라 밤이 되면 무위문武闈門으로 나가 저잣거리에서 논다 하오. 복 대부께서 무위문 밖에 사람을 매복시켰다가 주상이 문을 나설 때 찔러 죽이시오. 그러고는 도적의 소행이라고 하면 누가 그 내막을 알 수 있겠소? 나는 국모의 명으로 보위를 잇고 계우를 내쫓아버릴 것이니, 이 일은 손바닥 뒤집기나 마찬가지요."

복의는 그렇게 하기로 하고 몰래 용사를 모집했다. 마침내 추아秋亞를 선발하여 날카로운 비수를 줘 무위문 밖에 매복하게 했다. 과연 노 민공이 밤에 그 문으로 나오자 추아가 갑자기 달려가 민공을 칼로 찔러 죽였다. 좌우의 내시가 깜짝 놀라 소리를 지르며 추아에게 달려들어 그를 포박했다. 이때 복의가 자기 집 사병을 이끌고 와서 추아를 탈취해갔다. 또 경보는 신불해를 그의 집에서 죽였다. 계우는 변란 소식을 듣고 한밤중에 공자 신의 집으로 달려가 그를 깨워 일으켜 경보의 반란 소식을 알렸다. 두 사람은 함께 주邾나라로 피란을 갔다. 염옹이 이 일을 시로 읊었다.

공자 반도 시해되고 노 민공도 암살됐네	子般遭弑閔公戕
당시에 칼을 쓰라 그 누가 주장했나	操刃當時誰主張
노나라의 혼란은 궁궐에서 시작됐으니	魯亂盡由宮閫起
아내를 하필이면 제나라에서 맞아왔나	娶妻何必定齊姜

노나라 백성은 평소 계우에게 복종했다. 그런데 민공이 피살되고 재상 계우가 망명했단 소식들 듣고는 온 나라가 광분 상태에 빠져들어 모두 복의를 원망하고 경보를 증오했다. 그날 나라 안 시장도 모두 철시했다. 한꺼번에 몰려든 천 명의 군중은 먼저 복의의 집을 포위하여 그 집안사람들을 도륙하고 경보의 집도 공격했다. 모여든 사람이 더욱 많아지자 경보는 민심이 불리한 것을 알고 나라 밖으로 도망치려 했다. 그는 언뜻 환공이 일찍이 거莒나라를 근거지로 군주의 지위를 회복했으며, 제나라와 거나라가 서로 은혜를 주고받았다는 생각이 들어, 거나라로 가서 자신의 입장을 제나라에 해명할 마음을 먹었다. 게다가 문강도 원래 거나라 의사의 진맥을 받으며 정을 통했다 하지 않았던가? 지금 제나라 국모 애강은 문강의 질녀

이니 이러한 인연에 힘입어 만사를 도모하는 것이 옳은 일일 듯했다. 그리하여 마침내 경보는 평민의 옷으로 갈아입고 상인으로 가장하여 뇌물을 수레에 가득 싣고 거나라로 도망갔다. 부인 애강은 경보가 거나라로 도망쳤다는 소식을 듣고는 신변이 불안하여 역시 거나라로 도피하려고 했다. 좌우의 시종들이 말했다.

"부인께선 경보 때문에 백성에게 죄를 얻었는데, 이제 또 같은 나라에서 경보와 함께 만나면 누가 부인을 용서할 수 있겠습니까? 계우가 주邾나라에 있고 민심이 함께하고 있습니다. 부인께선 차라리 주나라로 가시어 계우에게 도움을 청하심이 좋을 듯합니다."

그리하여 애강은 주나라로 도망가서 계우를 만나고자 했다. 계우는 애강의 요청을 거절했다.

계우는 경보의 도피 소식을 들었고 또 애강도 지금 국외로 나와 있기 때문에 마침내 공자 신을 데리고 노나라로 귀국했다. 또 한편으로 사람을 제나라에 보내 노나라의 변란 사실을 알렸다. 환공이 중손추에게 말했다.

"지금 노나라에 군주가 없으니 우리가 노나라를 취하면 어떻겠소?"

중손추가 말했다.

"노나라는 예의를 지키는 나라입니다. 비록 지금 시해 사건이 일어났으나 그건 한때의 변란입니다. 민심이 아직도 주공周公을 잊지 못하고 있으니 노나라를 취할 수는 없습니다. 하물며 공자 신은 국가의 대사를 분명히 알고 있고 계우는 변란을 잠재울 능력을 갖고 있으니 반드시 백성을 안정시킬 수 있을 것입니다. 그러므로 차라리 일의 추이를 지켜보심이 좋을 듯합니다."

환공이 말했다.

"옳은 말이오."

그리하여 상경 고혜高傒에게 남양南陽 갑사 3000명을 거느리고 노나라로 가서 대기하도록 명했다. 또한 고혜에게 노나라의 기미를 보아가며 움직이라고 분부했다.

"공자 신이 과연 노나라 사직의 주인이 될 만하면 그가 보위에 오르는 걸 도와주고 우호를 맺으시오. 그렇지 않으면 그 땅을 병탄해도 좋소."

고혜는 명령을 받들고 노나라로 갔다. 마침 공자 신과 계우도 당도했다. 고혜는 신의 단정한 모습과 조리 있는 말을 듣고 그를 매우 존경하게 되었고, 마침내 계우와 계책을 마련하여 신을 옹립하여 보위에 올렸다. 이 사람이 노 희공僖公이다. 그리고 자신이 데리고 온 갑사를 시켜 노나라 사람들을 도와 녹문鹿門에 성을 쌓고 주邾나라와 거나라의 변란에 대비하게 했다. 또 계우는 공자 해사奚斯에게 고혜를 따라 제나라로 가서 환공에게 노나라를 안정시켜준 공로에 감사의 예를 올리게 했다. 또 다른 한편으로는 거나라에 사신을 보내 경보를 죽여달라고 요청하고 그 대가로 또다시 뇌물을 주겠다고 했다.

한편 경보는 거나라로 도망갈 때 노나라의 보물을 많이 실어가서 의원을 통해 거나라 군주에게 바쳤다. 거나라 군주는 그것을 받았지만 이번에는 노나라가 주겠다는 뇌물도 탐이 났다. 그래서 사람을 시켜 경보에게 말했다.

"거나라는 땅도 좁은데, 공자께서 병화의 발단이 될까 두렵소. 청컨대 다른 나라로 가주셨으면 좋겠소."

경보는 머뭇거리며 떠나려 하지 않았지만 거나라 군주는 명령을 내려 그를 쫓아냈다. 경보는 일찍이 제나라 수초에게 뇌물을 주어 친하게 지낸 사실을 생각하고는 주郑나라에서 제나라로 가려고 했다. 그러나 제나라 변방을 지키는 관리가 평소 경보의 악행을 알고 제나라 경내로 들여놓지 않았다. 경보는 어쩔 수 없이 문수汶水 가에 머물게 되었다. 이때 공교롭게도 노나라 공자 해사가 제나라에 감사를 드리는 일을 마치고 문수에 이르러 경보와 만났다. 해사는 경보를 데리고 귀국하려 했다. 그러자 경보가 말했다.

"계우는 틀림없이 나를 용서하지 않을 것이네. 자네가 나 대신 말을 잘 좀 전해주게. 선군의 한 핏줄임을 생각하고 목숨만이라도 살려주면 영원히 보통 백성이 되어 죽을 때까지 그 은혜를 잊지 않겠다고 전해주게."

해사는 노나라로 돌아와 임무를 완수했음을 아뢰고 다시 경보의 말을 전했다. 노 희공은 경보를 용서하려고 했다. 그러나 계우가 말했다.

"임금을 시해한 자를 주살하지 않고 어떻게 뒷일을 경계할 수 있겠습니까?"

그러고는 몰래 해사에게 말했다.

"경보가 만약 스스로 목숨을 끊으면 후사를 세워서 그 제사가 대대로 끊이지 않게 해줄 것이다."

해사가 명령을 받고 다시 문수 가로 가서 경보에게 말을 전하고자 했으나 직접 만나서 얘기하기가 어려웠다. 그래서 대문 밖에서 목 놓아 울었다. 경보가 그 울음소리를 듣고 해사임을 알고는 탄식하며 말했다.

"해사가 집으로 들어오지도 않고 저렇게 슬피 우는 것을 보니 내가 죄를 용서받지 못한 것이다."

이에 허리띠를 풀어 스스로 나무에 목을 매고 죽었다.

그제야 해사는 집으로 들어가 경보의 시신을 거두어 돌아와 노 희공에게 보고했다. 희공은 탄식을 그치지 못했다. 그때 갑자기 보고가 올라왔다.

"거나라 군주가 자신의 아우 영나贏拿를 시켜 군사를 거느리고 노나라 국경을 압박하고 있습니다. 저들은 경보가 이미 죽었다는 소문을 듣고 감사의 예물을 달라고 합니다."

계우가 말했다.

"거나라에서 경보를 잡아 보내지 않았거늘 어찌 공이 있다 하겠습니까?"

이에 스스로 군사를 거느리고 적을 맞아 싸우겠다고 했다. 노 희공은 자신이 차고 있던 보검을 풀어서 계우에게 주며 말했다.

"이 칼은 이름이 '맹로孟勞'요. 길이는 한 자도 안 되지만 칼날이 예리하기가 비할 데 없소. 숙부께선 이 칼을 잘 간직하시오."

계우는 그것을 받아 허리춤에 차고 감사의 인사를 드린 뒤 출발했다. 역郿 땅에 도착하자 거나라 공자 영나가 진을 치고 기다리고 있었다. 계우가 말했다.

"우리 노나라는 새 군후께서 보위에 올라 국사가 아직 안정되지 못했다. 이때 만약 전쟁에 승리하지 못하면 민심이 흔들릴 것이다. 거나라는 탐욕에만 젖어 있고 아무 계책도 없으니 내가 좋은 계책을 마련하여 승리를 얻으리라."

이에 진영 앞으로 나가서 영나에게 대면을 요청하고 말했다.

"우리 두 사람은 서로 사이가 좋지 못하더라도 병졸들이 무슨 죄가 있겠소? 소문에는 공자께서 힘이 세어 씨름을 잘한다고 하니 내가 지금 무기를 버리고 공자와 맨손으로 자웅을 겨뤄보고 싶소. 어떻소?"

영나가 말했다.

"그것 참 좋은 말이오."

두 사람은 군사를 물리고 전장에 마주 섰다. 서로 밀고 당기며 각자 빈틈을 보이지 않았다. 그러기를 50여 번이나 계속했다. 그때 나이 여덟 살이던 계우의 아들이 아버지를 따라 전장에 왔다. 계우는 그 아들을 매우 사랑하여 늘 행군 중에 함께 데리고 다녔다. 그 꼬마가 옆에서 씨름을 구경하다가 아버지가 쉽게 이기지 못하는 것을 보고 연이어 소리쳤다.

"'맹로'는 어디 있어요?"

계우는 문득 그 말의 뜻을 깨닫고 일부러 빈틈을 보이며 영나가 한발 공격해 들어오기를 기다렸다. 그러면서 계우는 슬쩍 몸을 비틀며 허리춤에서 '맹로'를 뽑아 휘둘렀다. 미간에서 이마까지 두개골이 반으로 갈라졌지만 칼날에는 전혀 혈흔이 묻지 않았다. 정말 보검이었다. 거나라 군사는 주장이 쓰러지는 것을 보고 싸우지도 않고 각자 줄행랑을 놓았다. 계우는 완전한 승리를 거두고 개선가를 부르며 조정으로 돌아왔다.

노 희공은 친히 교외에까지 나가 계우를 영접하고 벼슬을 상상上相으로 올렸으며 비읍費邑(山東省 費縣 북쪽)을 봉토로 내렸다. 그러자 계우가 아뢰었다.

"신과 경보 그리고 숙아는 모두 형제입니다. 신은 사직을 지켜야 했기 때문에 숙아를 짐주酖酒로 독살하고 경보를 목매어 죽게 했습니다. 이처럼 대의멸친3한 것은 진실로 부득이한 일이었습니다. 이제 두 사람은 모두 후사가 끊겼는데, 신만 외람되게도 높은 벼슬에 올라 큰 고을까지 봉토로 받았으니 신이 나중에 지하에서 무슨 면목으로 부친을 뵐 수 있겠습니까?"

노 희공이 말했다.

3_ 대의멸친大義滅親: 대의를 위해 혈친도 죽이다. 공공의 이익을 위해 가족 간의 친분도 희생함을 비유한다.(『좌전』은공隱公 4년)

"두 사람은 역모를 꾀했기 때문에 봉토를 받지 못한 것도 다 법도가 아니겠소?"

계우가 말했다.

"두 사람은 반역의 마음만 품었지 반역의 행동을 한 것은 아닙니다. 또한 그들은 몸이 찢어지는 형벌을 받고 주살된 것이 아닙니다. 이제 마땅히 후사를 세워서 혈친을 사랑하는 정을 밝히셔야 합니다."

희공이 그 말에 따랐다. 이에 공손오公孫敖를 경보의 후사로 삼게 하니 이 집안이 바로 맹손씨孟孫氏다. 경보는 자字가 중仲이어서 후손들이 자를 성씨로 삼아 원래 중손仲孫이라 했지만 경보의 악행을 피하려고 중을 맹孟이라 고쳤다. 맹손씨는 성郕(山東省 寧陽 근처) 땅을 봉토로 받았다. 또 공손자公孫玆를 숙아의 후사로 삼게 하니 이 집안이 바로 숙손씨叔孫氏이고, 후郈(山東省 曲阜 북서) 땅을 봉토로 받았다. 계우는 비費 땅을 봉토로 받고 거기에 문양汶陽의 땅을 더했으니 이 집안이 바로 계손씨季孫氏다. 그리하여 계손씨, 맹손씨, 숙손씨 집안이 솥발처럼 정립하여 노나라 정치를 좌지우지하니 사람들은 이 세 집안을 '삼환三桓'이라 불렀다. 이날 노나라 남문이 아무 까닭도 없이 저절로 무너졌다. 식자들은 높은 것이 갑자기 무너졌으므로 훗날 반드시 나라가 쇠락하는 참화가 일어날 것이라고 생각했다. 사관이 이를 시로 읊었다.

손금 징조 기이하여 공훈 포상 받았으나 　手文徵異已褒功

맹손 숙손 어찌하여 함께 봉토 받게 했나 　孟叔如何亦幷封

난세에는 천심도 역적을 돕는 건지 　亂世天心偏助逆

삼가의 후예는 노 환공의 자손일세 　三家宗裔是桓公

공자 계우가 두 번이나 노나라 보위를 정하다.

제 환공은 애강이 주(邾)에 있는 것을 알고 관중에게 말했다.

"노나라 환공과 민공은 모두 좋은 종말을 맞지 못했소. 그건 모두 우리 강씨(姜氏) 때문이었소. 만약 우리가 성토하지 않으면 노나라 사람들이 우리를 경계하고 혼인관계가 끊어질 것이오."

관중이 말했다.

"여자가 출가하여 남편을 따르다가 시집에서 죄를 얻으면 친정에서는 성토할 수 없습니다. 주상께서 성토하고자 하신다면 그 일을 은밀하게 추진하십시오."

"좋소."

이에 수초를 주(邾)나라로 보내 애강을 노나라로 귀국하게 했다. 애강은 이(夷) 땅에 이르러 객사에 묵게 됐다. 수초가 애강에게 말했다.

"부인께서 두 임금의 시해에 관계된 것을 제나라와 노나라 사람들 중 모르는 이가 없습니다. 부인께서 귀국하신다면 무슨 면목으로 종묘의 신위를 대할 수 있겠습니까? 스스로 목숨을 끊으시어 허물을 덮는 편이 더 나을 것입니다."

애강은 그 말을 들은 후 문을 닫고 통곡했다. 한밤중이 되자 아무 소리도 들리지 않았다. 수초가 문을 열고 들어가 보니 이미 스스로 목을 매 죽은 뒤였다. 수초는 그 사실을 이 땅의 읍재에게 알렸다. 그는 빈소를 마련하고 급히 노 희공에게 상황을 보고했다. 희공은 애강의 관을 맞아 귀국하여 예에 맞게 장례를 치렀다. 희공이 말했다.

"모자의 정은 끊을 수 없도다."

이에 애(哀)라는 시호를 내렸고, 이 때문에 애강이라 불린다. 8년 뒤 희공은 노 장공의 배필에 위패가 없음을 안타깝게 여겨 종묘에 애강의 신위를 봉안했다. 그러나 이는 지나친 처사였다.

한편 제 환공은 연나라를 구원하고 노나라를 안정시킨 뒤 그 위엄과 명성이 사방으로 더욱 크게 떨쳐져 많은 제후가 기쁘게 복종했다. 환공은 관중을 더욱더 신임했고 이제 오로지 음주와 사냥에만 몰두할 뿐이었다. 하루는 큰 소택지 언덕에서 사냥을 했다. 수초에게 수레를 몰게 하여 마구 치달리고 기마병들도 마음껏 질주하며 활솜씨를 겨루고 즐겁게 사냥에 빠져들었다. 그때 갑자기 환공이 눈동자를 고정시켜 한곳을 바라보며 한참 동안 말이 없었다. 그리고 얼굴에는 두려운 기색이 어려 있었다. 수초가 물었다.

"주상전하! 무엇을 보셨습니까?"

환공이 말했다.

"과인은 방금 귀신을 보았다. 그 모양이 심히 기괴하여 무서운 생각이 들었다. 한참 뒤에 갑자기 사라졌는데, 아마도 불길한 조짐인 듯하구나."

"귀신은 음물陰物이온데 어찌 감히 백주에 나타날 수 있겠습니까?"

"선군께서 고분姑棼에서 사냥할 때 큰 돼지를 보았다. 그때도 대낮이었다. 너는 어서 가서 중보를 불러오너라."

수초가 말했다.

"중보께서는 성인이 아닌데 어찌 귀신의 일까지 다 아실 수 있겠나이까?"

"중보께서는 '유아兪兒'까지도 알아보셨다. 어찌 성인이 아니라고 하느냐?"

"그때는 주상전하께서 먼저 유아의 모습을 말씀하셨고, 중보는 그 말에 따라 주상전하의 마음에 맞는 말을 하며 또 그 말을 아름답게 꾸며서 주상전하의 행군을 권한 것입니다. 이제 주상께서는 귀신을 보았단 말씀만 하시고 그 모습은 설명하지 마시옵소서. 만약 중보의 말이 주상전하께서

본 것과 합치되면 중보는 진실로 성인임에 틀림없을 것입니다."

"좋다!"

이에 수레를 몰고 돌아왔다. 환공은 공포심이 생겨 그날 밤 결국 학질 비슷한 병으로 심하게 앓아누웠다.

다음 날 관중과 대부들이 문병을 왔다. 환공은 관중을 불러 귀신 이야기를 했다.

"과인은 그 흉악한 모습이 두려워 말을 할 수가 없소. 중보께서 귀신의 모양을 말 좀 해주시구려!"

관중은 대답을 못 하고 이렇게 말했다.

"신이 두루 알아보겠습니다."

수초가 그 곁에서 웃으며 말했다.

"신은 중보께서 대답을 못 할 걸 알고 있었습니다."

환공의 병세는 더욱 위중해졌다. 관중은 걱정이 되어 성문에 방문을 크게 내걸었다.

"만약 주상께서 본 귀신의 모습을 말할 수 있는 사람에게는 내 봉토의 3분의 1을 주겠다."

그러자 어떤 사람이 삿갓을 쓰고 누더기 옷을 입은 채 관중을 만나고자 했다. 관중이 허리를 숙여 읍하며 들어오게 했다. 그 사람이 말했다.

"주상께서 편찮으시오?"

"그렇소!"

"주상께서 귀신을 보고 병이 나신 것이오?"

"그렇소."

"주상께서 큰 소택지 가운데서 귀신을 본 것이오?"

"선생께서는 귀신의 모습을 말씀하실 수 있겠소? 그러면 나는 선생과 부귀를 함께할 것이오."

"주상을 만나 뵙고 말씀드리겠소."

관중은 침실에서 환공을 만나 뵈었다. 환공은 요를 겹쳐 쌓아놓고 앉아 있었다. 두 여자가 환공의 등을 안마하고 있었고 또 다른 두 여자는 발을 주무르고 있었다. 수초는 탕약을 받들어 올린 뒤 곁에 서서 환공이 마시기를 기다리고 있었다. 관중이 말했다.

"주상전하의 병에 대해 말할 수 있는 사람이 있습니다. 신과 함께 왔으니 주상께서 직접 불러보시옵소서."

환공이 그 사람을 불렀다. 그러나 환공은 삿갓을 쓰고 누더기 옷을 입은 그 사람의 모양을 보고는 불쾌한 모습을 드러냈다. 그러고는 곧바로 물었다.

"중보께서 귀신을 잘 아는 사람이 있다더니, 바로 너냐?"

그 사람이 대답했다.

"전하께서 스스로를 해친 것이지 귀신이 어찌 전하를 해칠 수 있겠습니까?"

환공이 말했다.

"그러면 귀신은 실제로 있느냐?"

대답했다.

"있습니다. 물에는 '망상罔象'[4]이 있고, 언덕에는 '신宰'[5]이 있고, 산에는

4_ 망상罔象: 망상魍象으로도 쓴다. 중국 전설에 나오는 물의 귀신. 모습은 어린아이 같고 검붉은 색깔이다. 손톱은 붉고, 귀는 크며 긴 팔을 갖고 있다.

5_ 신宰: 중국 전설에서 언덕에 사는 동물 이름.(『장자莊子』「달생편達生篇」) 모습은 개와 같은데 뿔이 있고 온몸에 오색찬란한 무늬가 있다.

'기夔'6가 있고, 들에는 '방황仿徨'7이 있으며, 소택지에는 '위이委蛇'8가 있습니다."

환공이 말했다.

"그러면 '위이'의 모습을 말해보아라."

"대저 '위이'란 것은 그 크기가 수레의 바퀴통만 하고 길이는 수레의 끌채만 하며 보라색 옷을 입고 붉은 관을 썼습니다. 그것은 수레바퀴 소리를 싫어하는데, 그 소리를 들으면 머리를 감싸 쥐고 일어선다고 합니다. 또 그것은 쉽게 볼 수 없지만 본 사람은 틀림없이 천하를 제패한다 합니다."

환공은 기쁘게 웃으며 자기도 모르는 사이에 벌떡 일어서서 말했다.

"그것이 바로 과인이 본 귀신이다."

그리하여 순식간에 정신이 상쾌해지며 병이 어디로 갔는지조차 모르게 되었다. 환공이 말했다.

"선생은 성함이 어떻게 되시오?"

"신의 이름은 황자皇子이고 제나라 서쪽 변방에 사는 농부입니다."

"선생께선 이곳에 남아 과인을 위해 벼슬을 하시오."

그리하여 마침내 대부의 작위를 내렸다. 황자가 굳게 사양하며 말했다.

"주상께선 주 왕실을 높이고 사방 오랑캐를 물리쳐 중국을 편안케 하고 백성을 어루만져주시고 있습니다. 신에게 늘 치세의 백성이 되게 하여 농

6_ 기夔: 중국 전설에 나오는 발이 하나 달린 동물.

7_ 방황仿徨: 중국 전설에서 들판에 사는 짐승 이름.(『장자』「달생편」) 모습은 뱀과 같고 머리가 둘이며 오색찬란한 무늬가 있다.

8_ 위이委蛇: 중국 전설에서 소택지에 사는 짐승 이름.(『장자』「달생편」) 모습은 본문에 묘사된 것과 같다.

황자가 위이를 알아보다.

사일에 힘쓰게 해주시는 건 괜찮지만 벼슬살이를 하고 싶진 않습니다."

환공이 말했다.

"품행이 고고한 선비로다."

그에게 곡식과 비단을 내리고 유사를 시켜 집으로 되돌려 보냈다. 또한 관중에게도 후한 상을 내렸다. 수초가 말했다.

"중보께선 그 귀신의 모양을 말하지 못했고 황자만 상세하게 얘기했는데, 어찌 중보께 상을 내리시옵니까?"

환공이 말했다.

"과인이 듣건대 '자기 자신의 능력만 믿으면 일처리가 어두워지고, 여러 사람의 능력을 믿으면 일처리가 밝아진다'고 했다. 중보가 없었다면 과인은 황자의 말을 들을 수도 없었을 것이다."

이에 수초가 승복했다.

이때가 주 혜왕 17년이었다. 북쪽 오랑캐 적狄이 형邢나라를 침략한 뒤, 군사를 옮겨 위衛나라를 쳤다. 위 의공은 사신을 제나라로 보내 위급한 상황을 알렸다. 제 환공이 말했다.

"산융을 정벌하며 얻은 상처가 아직 다 아물지 않았소. 내년 봄이 되길 기다려 제후들과 힘을 합한 다음에야 구원해줄 수 있소."

그해 겨울 위나라 대부 영속甯速이 제나라로 와서 말했다.

"적인들이 이미 우리 위나라를 격파하고 주상(의공)까지 시해했습니다. 이제 공자 훼燬를 새 주상으로 옹립하고자 합니다."

환공은 깜짝 놀라며 말했다.

"일찍 위나라를 구원하지 않았으니 과인의 죄를 용서받을 수 없게 됐소."

적인들이 어떻게 위나라를 격파했는지는 다음 회를 보시라.

주요 왕실 계보도

◉ 일러두기 ◉

1. 이 계보도는 『동주열국지』의 내용을 중심으로 그린 것이다.

2. 한 사람이 여러 이름으로 불린 경우 『동주열국지』에 기재된 것을 우선시했다.

3. 처음 즉위한 후 쫓겨났다가 다시 복위한 제후는 처음 즉위한 순서대로 계보도의 차례를 정했다.

4. 계보도를 한 장에 모두 그릴 수 없는 경우, 두 장 이상으로 나누어 그렸다. 한 나라의 계보도가 두 장 이상인 경우, 각권 등장인물이 포함된 계보도만 실었다.

서주西周 계보도

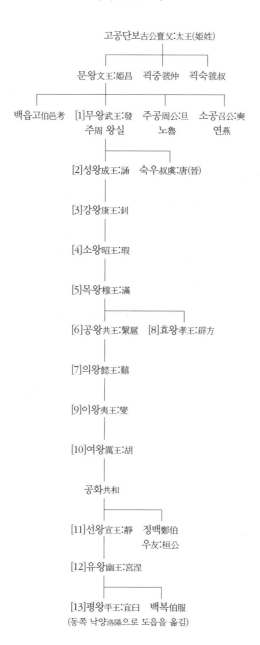

고공단보古公亶父:太王(姬姓)

문왕文王:姬昌 괵중虢仲 괵숙虢叔

백읍고伯邑考 [1]무왕武王:發 주공周公:旦 소공召公:奭
　　　　　　　주周 왕실 　노魯 　연燕

[2]성왕成王:誦 숙우叔虞:唐(晉)

[3]강왕康王:釗

[4]소왕昭王:瑕

[5]목왕穆王:滿

[6]공왕共王:繄扈 [8]효왕孝王:辟方

[7]의왕懿王:囏

[9]이왕夷王:燮

[10]여왕厲王:胡

공화共和

[11]선왕宣王:靜 정백鄭伯
　　　　　　　　우友:桓公

[12]유왕幽王:宮湦

[13]평왕平王:宜臼 백복伯服
(동쪽 낙양洛陽으로 도읍을 옮김)

동주東周 계보도(1)

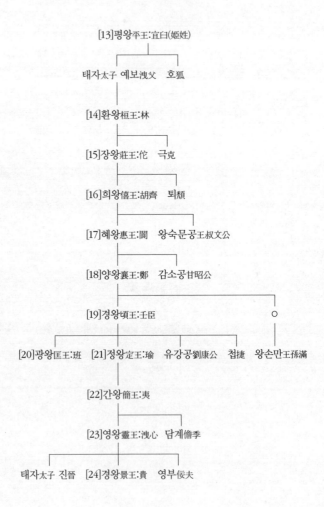

[13]평왕平王:宜臼(姬姓)

태자太子 예보洩父　호狐

[14]환왕桓王:林

[15]장왕莊王:佗　극克

[16]희왕僖王:胡齊　퇴頹

[17]혜왕惠王:閬　왕숙문공王叔文公

[18]양왕襄王:鄭　감소공甘昭公

[19]경왕頃王:壬臣　　　　　　　○

[20]광왕匡王:班　[21]정왕定王:瑜　유강공劉康公　첩捷　왕손만王孫滿

[22]간왕簡王:夷

[23]영왕靈王:洩心　담계儋季

태자太子 진晉　[24]경왕景王:貴　영부佞夫

정鄭 계보도

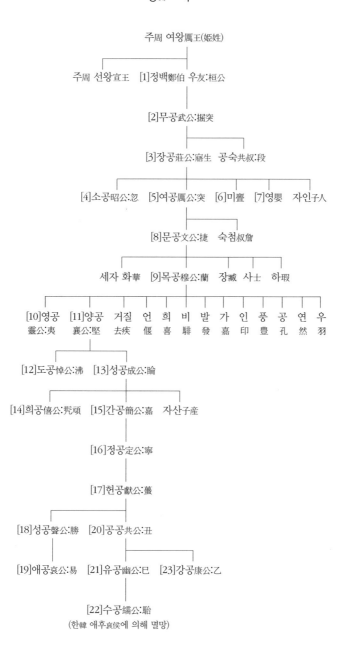

주周 여왕厲王(姬姓)

주周 선왕宣王 [1]정백鄭伯 우友:桓公

[2]무공武公:掘突

[3]장공莊公:寤生 공숙共叔:段

[4]소공昭公:忽 [5]여공厲公:突 [6]미亹 [7]영嬰 자인子人

[8]문공文公:捷 숙첨叔詹

세자 화華 [9]목공穆公:蘭 장臧 사士 하瑕

[10]영공 [11]양공 거질 언 희 비 발 가 인 풍 공 연 우
靈公:夷 襄公:堅 去疾 偃 喜 騑 發 嘉 印 豊 孔 然 羽

[12]도공悼公:沸 [13]성공成公:睔

[14]희공僖公:髡頑 [15]간공簡公:嘉 자산子産

[16]정공定公:寧

[17]헌공獻公:蠆

[18]성공聲公:勝 [20]공공共公:丑

[19]애공哀公:易 [21]유공幽公:已 [23]강공康公:乙

[22]수공繻公:駘
(한韓 애후哀侯에 의해 멸망)

위衛 계보도(1)

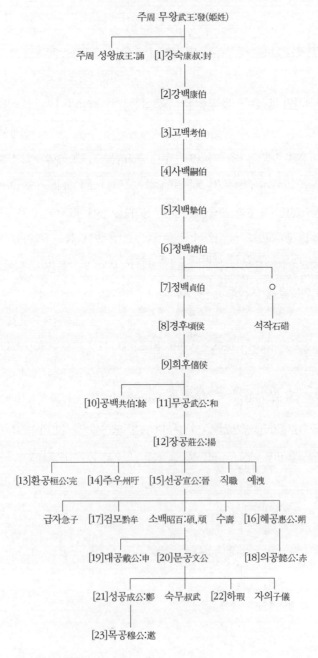

주周 무왕武王:發(姬姓)

주周 성왕成王:誦   [1]강숙康叔:封

[2]강백康伯

[3]고백考伯

[4]사백嗣伯

[5]지백摯伯

[6]정백靖伯

[7]정백貞伯   ○

[8]경후頃侯   석작石碏

[9]희후僖侯

[10]공백共伯:餘   [11]무공武公:和

[12]장공莊公:揚

[13]환공桓公:完 [14]주우州吁 [15]선공宣公:晉 직직職 예예洩

급자急子 [17]검모黔牟 소백昭百:碩,頑 수수壽 [16]혜공惠公:朔

[19]대공戴公:申 [20]문공文公   [18]의공懿公:赤

[21]성공成公:鄭 숙무叔武 [22]하瑕 자의子儀

[23]목공穆公:邀

진秦 계보도(1)

백익伯益

비자非子

진후秦侯

공백公伯

진중秦仲

장공莊公(嬴姓)

세보世父   [1]양공襄公:開

[2]문공文公

정공靜公

[3]헌공憲公:立

[5]무공武公   [6]덕공德公   [4]출자出子

[7]선공宣公   [8]성공成公:憚   [9]목공穆公:任好

[10]강공康公:罃   홍弘   은懟

[11]공공共公:和,稻

[12]환공桓公:榮

[13]경공景公:石   겸겸鍼

[14]애공哀公:畢公

노_魯 계보도(1)

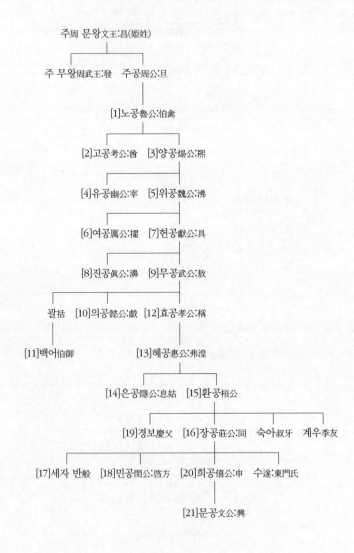

진陳 계보도(1)

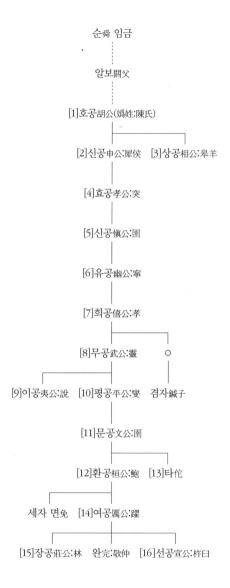

순舜 임금

알보閼父

[1]호공胡公(媯姓:陳氏)

[2]신공申公:犀侯   [3]상공相公:皋羊

[4]효공孝公:突

[5]신공愼公:圉

[6]유공幽公:寧

[7]희공僖公:孝

[8]무공武公:靈   ○

[9]이공夷公:說   [10]평공平公:燮   겹자鍼子

[11]문공文公:圉

[12]환공桓公:鮑   [13]타佗

세자 면免   [14]여공厲公:躍

[15]장공莊公:林   완完:敬仲   [16]선공宣公:杵臼

진陳 계보도(2)

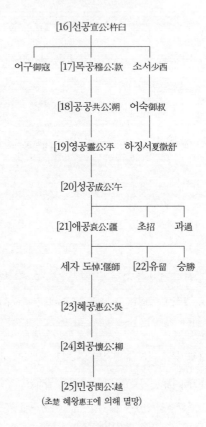

[16]선공宣公:杵臼

어구御寇　　[17]목공穆公:款　　소서少西

[18]공공共公:朔　　어숙御叔

[19]영공靈公:平　　하징서夏徵舒

[20]성공成公:午

[21]애공哀公:疆　　초招　　과過

세자 도悼:偃師　　[22]유留　　승勝

[23]혜공惠公:吳

[24]회공懷公:柳

[25]민공閔公:越
(초楚 혜왕惠王에 의해 멸망)

송宋 계보도(1)

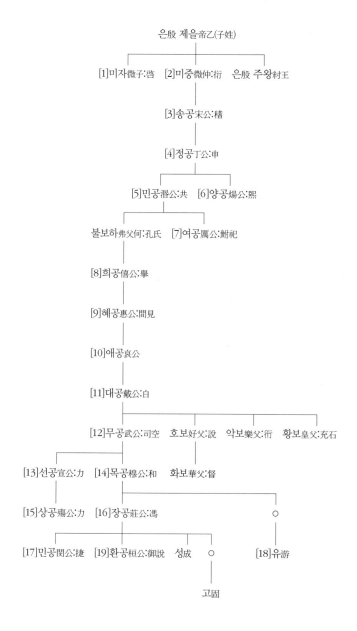

허許 계보도

태악太岳 백이伯夷

허문숙許文叔(姜姓:許氏)

허덕남許德男

허백봉許伯封

허효남許孝男

허정남許靖男

허강남許康男

무공武公

문공文公:興父

장공莊公:沸　　환공桓公:鄭　　목공穆公:新臣

희공僖公:業

소공昭公:錫我

영공靈公:寧

도공悼公:買

세자 지止　허남사許男斯　　○

원공元公:成

허남결許男結
(이후 4세 불명)

제齊 계보도(1)

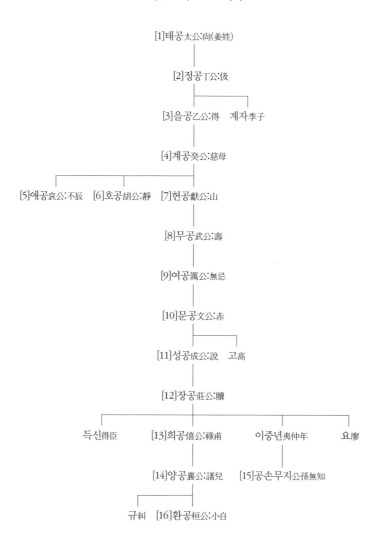

[1]태공太公:尙(姜姓)

[2]정공丁公:伋

[3]을공乙公:得　계자季子

[4]계공癸公:慈母

[5]애공哀公:不辰　[6]호공胡公:靜　[7]헌공獻公:山

[8]무공武公:壽

[9]여공厲公:無忌

[10]문공文公:赤

[11]성공成公:說　고高

[12]장공莊公:贖

득신得臣　[13]희공僖公:祿甫　이중년夷仲年　요廖

[14]양공襄公:諸兒　[15]공손무지公孫無知

규糾　[16]환공桓公:小白

채蔡 계보도(1)

주周 문왕文王

주周 무왕武王　　[1]채숙蔡叔:度(姬姓:蔡氏)

[2]채중蔡仲:胡

[3]채백蔡伯:荒

[4]궁후宮侯

[5]여후厲侯

[6]무후武侯

[7]이후夷侯

[8]희후僖侯:所事

[9]공후共侯:興

[10]대후戴侯

[11]선후宣侯:措父

[12]환후桓侯:封人　　[13]애후哀侯:獻舞

[14]목공穆公:肸

채蔡 계보도(2)

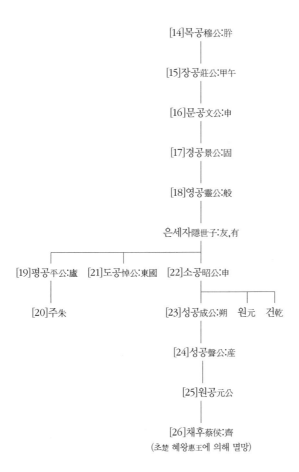

[14]목공穆公:肹

[15]장공莊公:甲午

[16]문공文公:申

[17]경공景公:固

[18]영공靈公:般

은세자隱世子:友,有

[19]평공平公:廬　　[21]도공悼公:東國　　[22]소공昭公:申

[20]주朱　　　　　　　　　　　[23]성공成公:朔　　원元　　건乾

[24]성공聲公:産

[25]원공元公

[26]채후蔡侯:齊
(초楚 혜왕惠王에 의해 멸망)

초楚 계보도(1)

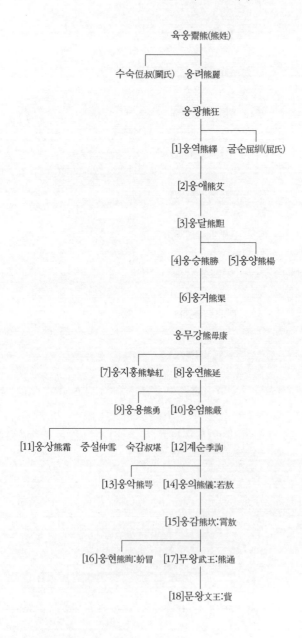

육웅鬻熊(熊姓)

수숙亘叔(鬪氏)　웅려熊麗

웅광熊狂

[1]웅역熊繹　굴순屈絀(屈氏)

[2]웅애熊艾

[3]웅달熊䵣

[4]웅승熊勝　[5]웅양熊楊

[6]웅거熊渠

웅무강熊毋康

[7]웅지홍熊摯紅　[8]웅연熊延

[9]웅용熊勇　[10]웅엄熊嚴

[11]웅상熊霜　중설仲雪　숙감叔堪　[12]계순季詢

[13]웅악熊咢　[14]웅의熊儀:若敖

[15]웅감熊坎:霄敖

[16]웅현熊眴:蚡冒　[17]무왕武王:熊通

[18]문왕文王:貲

연燕 계보도(1)

주周 문왕文王
├ 주周 무왕武王
└ 소공召公:奭(姬姓)

[1]연후燕侯:克
├ 세자 규癸
└ [2]연후燕侯:旨

[3]연후燕侯:舞

혜후惠侯

이후釐侯:莊

경후頃侯

애후哀侯

정후鄭侯

목후穆侯

선후宣侯

환후桓侯

장공莊公

양공襄公

연燕 계보도(2)

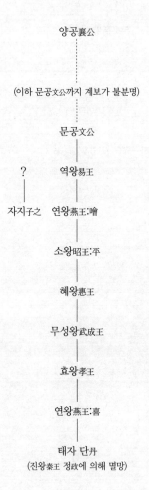

양공襄公

(이하 문공文公까지 계보가 불분명)

문공文公

?   역왕易王

자지子之   연왕燕王:噲

소왕昭王:平

혜왕惠王

무성왕武成王

효왕孝王

연왕燕王:喜

태자 단丹
(진왕秦王 정政에 의해 멸망)

거莒 계보도

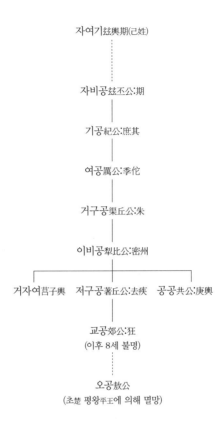

자여기兹輿期(己姓)

자비공兹丕公:期

기공紀公:庶其

여공厲公:季佗

거구공渠丘公:朱

이비공犁比公:密州

거자여莒子輿   저구공著丘公:去疾   공공共公:庚輿

교공郊公:狂
(이후 8세 불명)

오공敖公
(초楚 평왕平王에 의해 멸망)

진晉 계보도(1)

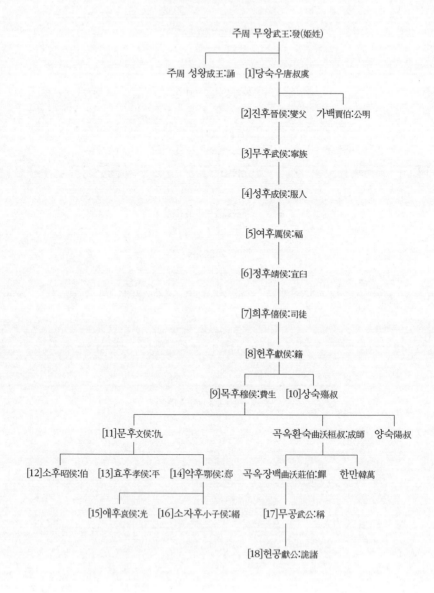

주周 무왕武王:發(姬姓)

주周 성왕成王:誦   [1]당숙우唐叔虞

[2]진후晉侯:燮父   가백賈伯:公明

[3]무후武侯:寧族

[4]성후成侯:服人

[5]여후厲侯:福

[6]정후靖侯:宜臼

[7]희후僖侯:司徒

[8]헌후獻侯:籍

[9]목후穆侯:費生   [10]상숙殤叔

[11]문후文侯:仇   곡옥환숙曲沃桓叔:成師   양숙陽叔

[12]소후昭侯:伯   [13]효후孝侯:平   [14]악후鄂侯:郄   곡옥장백曲沃莊伯:鱓   한만韓萬

[15]애후哀侯:光   [16]소자후小子侯:緡   [17]무공武公:稱

[18]헌공獻公:詭諸

동주열국지 1

1판 1쇄	2015년 5월 18일
1판 5쇄	2018년 5월 11일

지은이	풍몽룡
정리자	채원방
옮긴이	김영문
펴낸이	강성민
편집장	이은혜
마케팅	정민호 이숙재 정현민 김도윤 오혜림 안남영
홍보	김희숙 김상만 이천희
독자모니터링	황치영

펴낸곳	(주)글항아리	출판등록 2009년 1월 19일 제406-2009-000002호

주소	10881 경기도 파주시 회동길 210
전자우편	bookpot@hanmail.net
전화번호	031-955-1936(편집부) 031-955-8891(마케팅)
팩스	031-955-2557

ISBN	978-89-6735-209-7 04900
	978-89-6735-208-0 (세트)

글항아리는 (주)문학동네의 계열사입니다.

이 도서의 국립중앙도서관 출판예정도서목록(CIP)은 서지정보유통지원시스템 홈페이지 (http://seoji.nl.go.kr)와 국가자료공동목록시스템(http://www.nl.go.kr/kolisnet)에서 이용하실 수 있습니다. (CIP제어번호 : CIP2015012221)